普通高等职业教育"十三五"规划教材

现代企业管理

XIANDAI
QIYE GUANLI

主　编◎周　堃　翟　华
副主编◎赵广军　陈　涛　李　娟　曲宏飞
　　　　段媛媛　包　刚　吉兰兰
参　编◎王小丽　王　徽　林盛伟

清华大学出版社
北京

内 容 简 介

"现代企业管理"是管理类专业的一门专业基础课程,在高职类院校中普遍开设。本书分现代企业管理概述、现代企业战略管理、现代企业新产品开发及技术创新管理、现代企业生产管理、现代企业质量管理、现代企业人力资源管理、现代企业财务管理、现代企业市场营销管理、现代企业文化管理和现代企业信息化管理 10 个模块来介绍现代企业的管理过程。

本书可作为高职高专院校的学生学习企业管理基本知识的教材,也可作为成人高校、本领域相关业务人员、管理人员的培训教材和参考用书。

本书封面贴有清华大学出版社防伪标签,无标签者不得销售。
版权所有,侵权必究。举报: 010-62782989, beiqinquan@tup.tsinghua.edu.cn。

图书在版编目(CIP)数据

现代企业管理 / 周堃,翟华主编. --北京: 清华大学出版社,2016(2025.1重印)
(普通高等职业教育"十三五"规划教材)
ISBN 978-7-302-43612-6

Ⅰ.①现… Ⅱ.①周… ②翟… Ⅲ.①企业管理-高等职业教育-教材 Ⅳ.①F270

中国版本图书馆 CIP 数据核字(2016)第 082253 号

责任编辑: 刘志彬
封面设计: 汉风唐韵
责任校对: 宋玉莲
责任印制: 刘海龙

出版发行: 清华大学出版社
网　　址: https://www.tup.com.cn, https://www.wqxuetang.com
地　　址: 北京清华大学学研大厦 A 座　　邮　编: 100084
社 总 机: 010-83470000　　邮　购: 010-62786544
投稿与读者服务: 010-62776969, c-service@tup.tsinghua.edu.cn
质量反馈: 010-62772015, zhiliang@tup.tsinghua.edu.cn
印 装 者: 三河市龙大印装有限公司
经　　销: 全国新华书店
开　　本: 185mm×260mm　　印　张: 18.5　　字　数: 449 千字
版　　次: 2016 年 6 月第 1 版　　印　次: 2025 年 1 月第 8 次印刷
定　　价: 49.50 元

产品编号: 069921-02

Preface 前言

现代企业管理理论不仅是促进我国经济发展与企业发展的必要工具，也是高等职业教育学校学生素质教育的重要组成部分。本教材是依据目前科学发展的现状与趋势，结合教育部对企业管理课程教学大纲的要求所编写，系统地介绍了现代企业管理的基本理论、基本方法和主要内容。

本教材力求以就业为导向，注重对学生工作知识的传授和工作基本技能的培养，以提高学生的综合职业能力、素质和就业竞争力。本教材介绍了现代企业管理的基本模块，并在全书中贯穿现代企业管理案例，尝试培养学生实施完整的工作过程的能力，包括收集信息并分析信息的能力、制订计划能力、组织实施计划能力、调整控制能力、评估反馈结果能力，以及创新和创业能力。

本教材的特点可概括如下。

1. 根据学生的认知特点形成一套课程体系，具有一定的系统性。

本教材根据现代企业管理的流程，结合学生的认知特点，从现代企业管理概述、现代企业战略管理、现代企业新产品开发及技术创新管理、现代企业生产管理、现代企业质量管理、现代企业人力资源管理、现代企业财务管理、现代企业市场营销管理、现代企业文化管理，以及现代企业信息化管理10个模块入手，形成现代企业管理课程体系。

2. 运用大量的案例分析来表现其教材内容的同时，加大本土化案例分析的比重。

教材保留了大量国外优秀的企业管理的案例，同时也将平时关注、搜集的本土化案例融入其中，增强了本书的参考价值。

3. 注重理论和实践的结合。

为了突出教材的实用性和可操作性，本教材在编写的过程中增加了情境导入、知识链接、案例、综合案例分析以及拓展阅读等环节，这都有助于培养学生分析问题、解决问题的能力。

由于水平有限，书中难免存在不当和疏漏之处，敬请读者批评指正，以便我们再版修正。

编　者

Contents 目 录

学习情境一　现代企业管理概述

单元一　企业与现代企业制度 …………………………………………… 2
单元二　管理与企业管理 …………………………………………………… 11
单元三　企业管理理论的产生与发展 …………………………………… 16
单元四　现代企业组织管理 ……………………………………………… 25
总　　结 ………………………………………………………………………… 33
教学检测 ………………………………………………………………………… 34

学习情境二　现代企业战略管理

单元一　现代企业战略管理概述 ………………………………………… 38
单元二　现代企业战略环境分析 ………………………………………… 42
单元三　现代企业战略选择 ……………………………………………… 48
单元四　现代企业战略实施与控制 ……………………………………… 55
总　　结 ………………………………………………………………………… 58
教学检测 ………………………………………………………………………… 58

学习情境三　现代企业新产品开发及技术创新管理

单元一　新产品开发管理 ………………………………………………… 65
单元二　新产品开发过程 ………………………………………………… 73
单元三　技术创新管理 …………………………………………………… 77
单元四　知识管理 ………………………………………………………… 83
总　　结 ………………………………………………………………………… 87
教学检测 ………………………………………………………………………… 87

学习情境四　现代企业生产管理

单元一　现代企业生产管理概述 ………………………………………………… 94
单元二　现代企业生产计划 ……………………………………………………… 98
单元三　现代企业生产组织 …………………………………………………… 104
单元四　现代企业生产控制 …………………………………………………… 110
总　　结 ………………………………………………………………………… 115
教学检测 ………………………………………………………………………… 115

学习情境五　现代企业质量管理

单元一　企业质量管理概述 …………………………………………………… 120
单元二　企业质量标准 ………………………………………………………… 124
单元三　企业质量控制 ………………………………………………………… 129
单元四　企业质量检验 ………………………………………………………… 132
单元五　企业质量改进 ………………………………………………………… 138
总　　结 ………………………………………………………………………… 141
教学检测 ………………………………………………………………………… 142

学习情境六　现代企业人力资源管理

单元一　企业人力资源管理及企业人力资源规划 …………………………… 146
单元二　企业岗位分析及企业人力资源的招聘 ……………………………… 152
单元三　企业人力资源的考评与激励及培训与发展 ………………………… 164
总　　结 ………………………………………………………………………… 179
教学检测 ………………………………………………………………………… 180

学习情境七　现代企业财务管理

单元一　现代企业财务管理概述 ……………………………………………… 186
单元二　资金筹集与筹资结构优化 …………………………………………… 192
单元三　资金营运管理 ………………………………………………………… 201
单元四　成本与利润管理 ……………………………………………………… 205
单元五　现代企业财务分析 …………………………………………………… 208

总　　结 ·· 215
教学检测 ·· 216

学习情境八　现代企业市场营销管理

单元一　企业市场营销管理概述 ··· 219
单元二　企业市场营销计划 ·· 228
单元三　现代企业市场营销组织 ··· 235
单元三　现代企业市场营销控制 ··· 243
总　　结 ·· 245
教学检测 ·· 246

学习情境九　现代企业文化管理

单元一　企业文化概述 ·· 249
单元二　企业文化建设 ·· 257
总　　结 ·· 262
教学检测 ·· 263

学习情境十　现代企业信息化管理

单元一　现代企业信息化及现代企业资源计划 ··· 268
单元二　现代企业供应链管理及现代企业客户关系管理 ·· 278
总　　结 ·· 284
教学检测 ·· 284

参考文献 ·· 288

学习情境一 现代企业管理概述

>>> 知识要点

- 了解企业和企业分类。
- 了解现代企业制度的内容。
- 掌握管理及管理者的相关概念。
- 了解企业管理及企业管理的特点。
- 了解企业管理理论的产生与发展。
- 掌握企业组织结构的类型。

>>> 核心概念

管理　管理者　企业管理　企业管理组织

情境导入

不断创新的惠普公司

45年多来,惠普公司一直是硅谷高科技主要的制造商之一。该公司以其高超的工程技术闻名于世,它在早期便成功地研制出电子试验装置,这一成功使它成为集高技术于一身的飞速发展的公司。1968年,惠普研制成功第一台小型计算机。1972年推出的惠普3000型计算机始终是该时期电脑工业的畅销产品。20世纪80年代中期,计算机成为惠普公司最大的销售产品,占公司销售额和税前利润的一半以上。

惠普公司以技术为先导,历来强调各部门高度自治,如由一部分销售人员出售试验仪器、另一部分销售人员出售计算机。在整个过程中,惠普失去了协调分析仪器、试验仪器和计算机销售工作的宝贵机会。然而在1984年7月,惠普公司改进了它的组织结构,以便集中资源、更好地销售产品。公司任命了新的主管人员,形成了新的合作营销部门,并将计算机销售和仪器销售这两支队伍合二为一。

惠普公司于1982年成立个人计算机组。在改进公司的酝酿、研制和销售产品的方式这一过程中,该组起了至关重要的作用。根据公司常务董事约翰·扬的说法,建立个人计算机组是着眼于营销的一种极妙的做法，它似乎从一开始就使每个人获得这样一个信息：只有这样的营销才能取得成功。

然而，个人计算机组在此后的一个阶段内不得不面临一个不愉快的事实：惠普公司出售这条大众化生产线产品的努力一直未能奏效。实际上，惠普公司在1984年中期仅占了个人计算机零售额的2%。失败的一个明显的原因是，惠普公司无视其个人计算机及其周围的实际情况，盲目坚持以工程为基础的生产决策。例如惠普150型个人计算机使用了3.5英寸的软盘，而不是使用更普遍的5.5英寸的软盘。在该机刚投入市场时，这种3.5英寸软盘上只有25个软件程序，而IBM个人计算机的软盘却可容纳5千多个程序。此外，150型计算机不能与IBM的产品配套使用。虽然150型的速度要比IBM的个人计算机的速度更快些、储存信息也更多，但它在零售点上的销售情景却显得相当惨淡。

惠普个人计算机组牢记这次惨败，转而开始改进产品研制、试销和市场营销定量调查等常用的营销技术。公司用于个人计算机及其附件的广告宣传预算也从1983年的500万美元猛增到1984年的3000万美元。

新产品研制是个人计算机组努力扭转惠普市场失利局面的另一个方面。1984年，惠普共研制出三种新产品：便携式的小型计算机、喷墨式智慧打印机和激光打印机。惠普公司以往一直用数字来表示计算机和附件的型号（如惠普150型），而以上述产品的名称中，我们已很能看出惠普公司转向营销策略的重要意图。个人计算机市场营销人员的目标，是创造出一种零售商及消费者双方都能公认的"名牌家族"。

尽管惠普公司的营销组合产生了上述变化，公司仍面临着与工业巨头IBM公司越来越艰难的竞争。IBM和惠普在公共消费者中的印象得分分别为80%和15%；此外，IBM在价格经济这一刻度盘上也已占尽上风；它的PC/AT组合件拥有个人计算机和硬盘双倍的内储存量，且1986年年底的销售价仅为3000美元。

惠普公司要与IBM的低价格相抗争几乎是不可能的，唯一的办法是使购买者相信，惠普的技术优势值得人们多花些钱。该公司个人计算机组的副总裁西里尔·扬桑尼也承认：我不断告诫我的工程师们，他们做一笔生意只能花5分钟时间，而不能像过去那样花上5个小时，我们必须着眼于显而易见的用户利益。

资料来源：刘聪．惠普：点燃IT创新引擎．www.fortunechina.com．

思考：谈一谈惠普公司的企业管理。

单 元 一　企业与现代企业制度

一、企业概述

（一）企业的含义

企业是指从事生产、流通和服务等经济活动，为满足社会需要和获取利润，实行独立核算，进行自主经营、自负盈亏，具有法人资格的基本经济单位。作为一个企业，必须具备以下基本要求：

(1) 拥有一定数量的生产设备和资金。
(2) 要有一定的生产经营活动的场所。
(3) 有一定数量和质量的工人和管理者。
(4) 从事社会商品的生产、流通等经济活动。
(5) 企业自主经营、自负盈亏，具有法人地位。
(6) 企业生产经营活动的目的主要是为了获得利润。

(二) 企业的一般特征

企业不同，其自身的特征也不同。尽管如此，企业都具有以下的一般特征。

▶ 1. 经济性

企业的经济性是作为经济细胞的组织区别于从事非经济活动的政府机关、政治组织、事业单位、群众组织和学术团体等非经济组织的最本质的特征。

企业首先是经济组织。它在社会中所从事的是商品生产和服务的经济活动，以谋求利润为基本目的。其次，企业必须依法成立。依法成立的企业是经济的细胞，是市场中的经营主体，它以自己生产的产品或提供的服务，通过交换来满足社会需要，并从中获得利润。企业如果没有赢利，就不能发展，就会在市场竞争中失败。而且，如果没有赢利，就没有企业财产所有者和经营者的利益，他们也就没有搞好企业生产经营的积极性，企业就会消亡，社会经济就难以快速和持久发展。

▶ 2. 社会性

企业是一个社会组织，它与社会有着广泛的、各种各样的社会关系。从商品生产角度来看，企业所从事的生产经营活动是社会化大生产的一个组成部分，企业是社会经济系统中的一个子系统，它与其他子系统发生着广泛的经济联系；从企业与社会其他各部门、各单位的非经济关系来看，它既依赖于社会的进步和国家的富强，也依赖于党和政府对社会的管理，它从属于一定的政治和社会体系，还要承担一定的社会责任。因此，它具有社会性。

▶ 3. 自主性

企业是独立自主从事生产经营活动的经济组织，在国家法律、政策允许范围内，企业的生产经营活动不受其他主体干预。依法成立的企业的独立自主性在法律上表现为财产独立、核算独立、经营自主，并以自己独立的财产享有民事权利和承担民事责任。

▶ 4. 发展性

企业是一个人、财、物、技术、信息等综合的有机体。企业的发展性表现为对外部环境的适应能力、自我改造能力、自我约束能力和自我发展能力。企业是一个耗散结构系统，它通过不断地与外界进行能量、物质和信息的交换，调整自己的内部结构，以适应市场环境的变化，并发展和壮大自己。

▶ 5. 竞争性

现代企业处于国际国内竞技场上，充满着竞争的外部环境，竞争是一个个人、单位、公司、组织、国家在与其他的个人、单位、公司、组织、国家的比较上所处的相关地位。企业是市场中的经营主体，同时也是竞争主体。竞争是市场经济的基本规律。企业要生存，要发展，就必须参与市场竞争，并在竞争中取胜。企业的竞争性表现在它所生产的产品和提供的服务要有竞争力，要在市场上接受用户的评判、挑选，要得到社会的认可。市场竞争的结果就是优胜劣汰。一个企业通过自己有竞争力的产品或服务在市场经济中求生存、求发展。

(三) 企业的分类

随着市场的不断发展，现代企业形式越来越多样化。不同企业的运行规律并不完全相同。为了研究企业管理的特点与规律，根据不同的分类标准把现代企业分为不同的类型。

▶ **1. 根据企业所从事的经济活动划分**

根据企业所从事的经济活动可以划分为生产型企业、流通型企业和服务型企业。

生产型企业主要是指从事生产的工业企业、农业企业和建筑安装企业等。流通型企业是指交通运输企业、邮政电信企业和贸易型企业等。服务型企业主要是指金融、饮食、旅游、咨询和信息服务等行业的企业。

▶ **2. 根据企业生产要素结构划分**

根据企业生产要素结构可以划分为劳动密集型企业、资本密集型企业和知识技术密集型企业。

劳动密集型企业是指技术装备程度较低、用人较多、产品成本中劳动消耗所占比重较大的企业，如纺织、服装、食品和家用电器等行业的企业。资本密集型企业是指所需投资较多、技术装备程度较高、用人较少的企业，如钢铁、造船和汽车制造等行业的企业。知识技术密集型企业是指拥有较多中、高级科技专家，综合运用先进科学技术成果的企业，一般把航天、电子计算机和生物工程等行业的企业划分为知识技术密集型企业。

▶ **3. 根据企业规模划分**

根据企业规模可以划分为大型企业、中型企业和小型企业。

衡量企业规模的主要指标包括企业的生产能力、机器设备的数量或装机容量、固定资产原值、职工人数、总投资或注册资本以及销售收入等。划分企业规模的具体标准和内容随着科学技术水平、生产社会化程度的不断提高和行业的不同有所变化，如汽车行业一般以生产能力的大小即汽车的年产量作为其划分标准，而综合经营公司一般以年销售收入作为其划分标准。规模不同的企业，其内部组织结构与运行方式以及在市场竞争中占有的优劣势地位各不相同。对经营者素质的要求也不同。另外企业规模的划分也为企业确立合理的经济规模、获得规模经济效益创造了条件。

▶ **4. 根据企业的法律形式划分**

根据企业的法律形式可以划分为个人业主制企业、合伙制企业和公司制企业。

这是国际上对企业进行分类的一种常用方法。在市场经济条件下，这种分类方法划分而成的企业类型也称法律形式的企业类型。

个人业主制企业是由一个人出资设立的企业，又称个人企业。出资者就是企业业主，企业主对企业的财务、业务、人事等重大问题有决定性的控制权。他独享企业的利润，独自承担企业风险，对企业债务负无限责任。从法律上看，个人业主制企业不是法人，是一个自然人。

合伙制企业是由两人或数人约定，共同出资或以技术、智力、劳力等合作设立的企业。合伙企业的合伙人之间是一种契约关系，不具备法人的基本条件，不是法人。但也有些国家的法典中，明确允许合伙企业采取法人的形式。根据合伙人在合伙企业中享有的权利和承担的责任不同，可将其分为普通合伙人和有限合伙人。普通合伙人拥有参与管理和控制合伙企业的全部权利，对企业债务负无限连带责任，其收益是不固定的。有限合伙人无参与企业管理和控制合伙企业的权利，对企业债务和民事侵权行为仅以出资额为限负有限责任，根据合伙契约中的规定分享企业收益。由普通合伙人组成的合伙企业为普通合伙企业，由普通合伙人与有限合伙人共同组成的企业为有限合伙企业。个人业主制企业和合伙制企业统称为传统企业。

公司制企业是指依公司法设立，具有资本联合属性的企业。国际上有关公司的概念一般认为："公司是依法定程序设立，以赢利为目的的社团法人。"因此，公司具有反映其特殊性的两个基本特征：公司具有法人资格，公司资本具有联合属性。这是公司区别于其他非公司企业的本质特征。

知识链接

2015年中国企业500强榜单（前100名企业）

中国企业500强排行榜是从上市的中国公司中选择经营规模最大的500家公司按照营业收入进行排行（包括在上海和深圳证券交易所的上市公司，及海外上市、主营业务在大陆的公司），它不仅反映了快速增长的中国经济，同时也是对快速增长的中国上市公司的一次检阅。

表1-1　2015年中国企业500强榜单（前100名企业）　　　　单位：百万元

2015年排名	2014年排名	公司名称（中文）	营业收入	利润
1	1	中国石油化工股份有限公司	2 825 914	47 430
2	2	中国石油天然气股份有限公司	2 282 962	107 173
3	3	中国建筑股份有限公司	800 028.8	22 570
4	5	中国工商银行股份有限公司	658 892	275 811
5	4	中国移动有限公司	641 448	109 279
6	7	上海汽车集团股份有限公司	630 001.2	27 973.4
7	8	中国中铁股份有限公司	612 559.2	10 360
8	6	中国铁建股份有限公司	591 968.4	11 343.3
9	9	中国建设银行股份有限公司	570 470	227 830
10	10	中国农业银行股份有限公司	520 858	179 461
11	13	中国平安保险(集团)股份有限公司	462 882	39 279
12	12	中国银行股份有限公司	456 331	169 595
13	11	中国人寿保险股份有限公司	445 773	32 211
14	14	中国交通建设股份有限公司	366 673.2	13 887.5
15	16	中国人民保险集团股份有限公司	351 496	13 109
16	15	中国电信股份有限公司	324 394	17 680
17	81	中国中信股份有限公司	317 235.6	32 316.5

续表

2015年排名	2014年排名	公司名称（中文）	营业收入	利润
18	17	中国联合网络通信股份有限公司	288 570.9	3 981.7
19	18	中国海洋石油有限公司	274 634	60 199
20	20	联想集团有限公司	271 191.3	5 428
21	19	中国神华能源股份有限公司	248 360	36 807
22	24	中国太平洋保险(集团)股份有限公司	219 778	11 049
23	23	中国冶金科工股份有限公司	215 785.8	3 964.9
24	28	国药控股股份有限公司	200 131.3	2 874.8
25	26	江西铜业股份有限公司	198 833.5	2 850.6
26	25	宝山钢铁股份有限公司	187 789	5 792.4
27	29	交通银行股份有限公司	177 401	65 850
28	30	中国电力建设股份有限公司	167 091.2	4 786.3
29	33	招商银行股份有限公司	165 863	55 911
30	31	万科企业股份有限公司	146 388	15 745.4
31	34	新华人寿保险股份有限公司	143 187	6 406
32	35	美的集团股份有限公司	142 311	10 502.2
33	27	中国铝业股份有限公司	141 772.3	−16 216.9
34	36	珠海格力电器股份有限公司	140 005.4	14 155.2
35	—	万洲国际有限公司	136 104.9	4 687.2
36	38	中国民生银行股份有限公司	135 469	44 546
37	22	五矿发展股份有限公司	134 559.4	210
38	40	华润创业有限公司	133 216.8	−127
39	32	华能国际电力股份有限公司	125 406.9	10 545.8
40	42	兴业银行股份有限公司	124 898	47 138
41	48	上海浦东发展银行股份有限公司	123 181	47 026
42	37	中国建材股份有限公司	122 011.2	5 919.5
43	46	厦门建发股份有限公司	120 924.8	2 507.2
44	50	中国南车股份有限公司	119 724.3	5 315
45	79	京东商城电子商务有限公司	115 002.3	−4 996.4
46	47	上海建工集团股份有限公司	113 661.7	1 771.8
47	55	恒大地产集团有限公司	111 398.1	12 604
48	58	保利房地产(集团)股份有限公司	109 056.5	12 200.3
49	43	苏宁云商集团股份有限公司	108 925.3	866.9

续表

2015 年排名	2014 年排名	公司名称（中文）	营业收入	利润
50	49	中国南方航空股份有限公司	108 313	1 773
51	—	大连万达商业地产股份有限公司	107 871	24 839
52	51	中国国际航空股份有限公司	104 825.7	3 782.4
53	—	中国航油（新加坡）股份有限公司	104 396.4	300.8
54	53	中国北车股份有限公司	104 290.5	5 492.4
55	62	TCL 集团股份有限公司	101 296.6	3 183.2
56	59	武汉钢铁股份有限公司	99 373.1	1 257.4
57	41	河北钢铁股份有限公司	98 257.4	697.2
58	54	甘肃酒钢集团宏兴钢铁股份有限公司	95 753.2	39.1
59	86	中国海外发展有限公司	94 665.6	21 836.9
60	272	中石化石油工程技术服务股份有限公司	94 481	1 229.8
61	67	上海医药集团股份有限公司	92 398.9	2 591.1
62	73	国机汽车股份有限公司	90 343.5	855.1
63	60	中国东方航空股份有限公司	89 746	3 417
64	69	铜陵有色金属集团股份有限公司	88 818.5	300.7
65	61	青岛海尔股份有限公司	88 775.4	4 991.6
66	44	山西太钢不锈钢股份有限公司	86 766.4	442
67	89	碧桂园控股有限公司	84 548.8	10 229.2
68	71	中兴通讯股份有限公司	81 471.3	2 633.6
69	142	东风汽车集团股份有限公司	80 954	12 845
70	98	潍柴动力股份有限公司	79 637.2	5 024.5
71	93	腾讯控股有限公司	78 932	23 810
72	85	中国光大银行股份有限公司	78 531	28 883
73	66	上海电气集团股份有限公司	76 784.5	2 554.5
74	68	中国长城计算机深圳股份有限公司	75 801.7	57.7
75	70	鞍钢股份有限公司	74 046	928
76	74	中国粮油控股有限公司	73 556	−611.7
77	110	平安银行股份有限公司	73 407	19 802
78	82	中国通信服务股份有限公司	73 176.2	2 150.3
79	95	中国葛洲坝集团股份有限公司	71 605.4	2 287
80	76	冠捷科技有限公司	71 478.6	255.8
81	—	阿里巴巴集团控股有限公司	70 810	26 970

续表

2015年排名	2014年排名	公司名称（中文）	营业收入	利润
82	63	中国中煤能源股份有限公司	70 663.8	766.7
83	72	大唐国际发电股份有限公司	70 194.3	1 798.4
84	99	中国国际海运集装箱(集团)股份有限公司	70 070.9	2 477.8
85	78	新希望六和股份有限公司	70 012.2	2 019.8
86	102	华润置地有限公司	69 724	11 603.5
87	52	上海物资贸易股份有限公司	69 626	14.3
88	92	中国化学工程股份有限公司	69 255.7	3 166
89	83	华电国际电力股份有限公司	68 397.7	5 901.8
90	56	中国太平保险控股有限公司	67 149	3 188.5
91	91	中国远洋控股股份有限公司	64 374.5	362.5
92	97	兖州煤业股份有限公司	63 922.7	2 284.2
93	64	山煤国际能源集团股份有限公司	63 237.7	−1 724.3
94	100	长城汽车股份有限公司	62 599.1	8 041.5
95	116	云南铜业股份有限公司	62 404.5	73.3
96	115	复星国际有限公司	61 738.4	6 853.9
97	84	国电电力发展股份有限公司	61 474.8	6 074.6
98	114	中国船舶重工股份有限公司	60 972	2 276.2
99	88	新兴铸管股份有限公司	60 793.3	835.2
100	105	安徽海螺水泥股份有限公司	60 758.5	10 993

二、现代企业制度

（一）现代企业制度的含义

企业制度是指以产权制度为基础和核心的企业组织和管理的规范和模式。构成企业制度的基本内容主要有产权制度、组织制度和管理制度。企业制度可以分为个人业主制、合伙制和公司制三种基本类型。现代企业制度是指在现代市场经济条件下，以规范和完善的企业法人制度为基础，以有限责任制度为核心，以公司企业为主要形式，产权明晰、权责明确、政企分开、管理科学的一种新型企业制度。现代企业制度是一个内涵丰富、外延广泛的概念，其基本内容主要包括现代企业产权制度（即公司法人产权制度）、现代企业组织制度（即公司组织制度）、现代企业管理制度（即公司管理制度）、公司法律制度，以及企业与国家的关系和其他各种企业外部环境等方面。

（二）现代企业制度的基本特征

现代企业制度是社会化大生产和市场经济发展到一定阶段的法制完善的产物，它的基本主要特征如下。

▶ 1. 企业是独立的法人，拥有法人财产权

企业中财产所有权属于投资人。企业对出资者投资形成的全部法人财产享有民事权利，承担民事责任，是一个独立的法人实体。在公司企业中，出资者所有权与法人财产权是相分离的，出资者拥有股权，以股东身份依法享有资产受益、重大决策和选择管理者等权利，但不能对属于自己部分的资产进行直接的支配。

▶ 2. 企业资产所有权明晰，出资者权责明确，负有限责任

出资者包括国家、持股的自然人和其他法人。出资人出资后，拥有企业相应的资产和享有相应的权益，承担相应的责任。出资者的权益有按其投入企业的资本额，在企业赢利后可以享受派息和分红；决定企业经营的重大决策。出资者的责任是在企业发生亏损甚至破产时，出资者以投入企业的资本额对企业债务负有限责任。此外，企业以其全部法人财产，依法自主经营、自负盈亏、照章纳税；同时又要对出资者负责，承担资产保值增值的责任。

▶ 3. 政企明确分开

企业的生产经营完全由企业自己按照市场需求自主组织调节，追求利润最大化为主要目标的经济效益和社会效益，不受政府的直接干预。此外，政府的行政管理职能与国有资产管理职能必须分开。在市场经济中，与企业直接发生联系的是市场，政府对企业的调节主要通过政府对市场的调控和影响表现出来。当然，在某种情形下也不排除政府对企业的行政干预，但这种干预必须适度并符合法律规定和法律程序。另外，承担国有资产管理职能的政府机构也应将资产管理与资产经营分开，通过组建多种形式的资产经营公司，以投入企业的资本额享受股东权益和对企业的债务负有限责任。但也不能直接干预企业生产经营活动，这样就可以真正实现政企职责分开。

▶ 4. 企业领导体制管理制度科学化

现代企业建立了科学而规范的企业领导体制，使得企业的权力机构、监督机构、决策机构和执行机构之间相互独立、责任明确，使得所有者、经营者和生产者之间既相互激励，又相互制约。这样使出资者、经营者、生产者的积极性得以发挥，行为受到约束，利益得到保障，做到出资者放心、经营者精心、生产者尽心，形成共同追求最佳经济效益的强大合力。

(三) 现代企业制度的主要内容

▶ 1. 现代企业产权制度

产权是指在法律的允许下，资产的所有权以及资产的占有、使用、收益和处置权。产权的定义主要有以下四层含义。

(1) 产权受法律确认、保护和监督。产权是以所有权为基础，但也包括由所有权派生出来的相关权利和义务。这些权利和义务都受到国家法律的确认、保护和监督。

(2) 资产的原始产权。它是指受法律确认和保护的经济利益主体对财产的排他性的隶属关系。

(3) 法人产权，即法人财产权。它是指企业法人对资产所有者授予其的资产有占有、使用、收益和处分的权利。这是由法人制度的建立而产生的一种权利。

(4) 股权和债权。即在实行法人制度后，由于企业拥有对资产的法人所有权，致使原

始产权转变为股权或债权。

▶ **2. 现代企业组织制度**

现代企业组织制度要求企业根据自身的实际情况,建立符合本企业特点的组织机构,以及更好的现代企业法人治理结构,更明确地落实股东大会、董事会、经理机构和监事会的权利和责任。

(1) 股东大会。股东是指持有公司股权的投资者,它可以是自然人,也可以是法人。《中华人民共和国公司法》规定,股份有限公司由股东组成股东大会。股东大会是公司的最高权力机构,依法行使职权。

(2) 董事会。《中华人民共和国公司法》规定,股份有限公司设董事会,董事会由股东大会选举产生,并对股东大会负责。董事会要代表全体股东利益,执行股东大会的决议。在公司经营管理方面,董事会是公司的决策机构,对外代表公司。公司法定代表人依照公司章程的规定,由董事长、执行董事或者经理担任。

(3) 以经理为首的执行机构。经理主持公司的生产经营管理工作,组织实施董事会决议,对董事会负责。经理的主要职权有组织实施董事会决议;组织实施公司年度经营计划和投资方案;拟订公司内部管理机构设置方案和基本管理制度,制订公司的具体规章;提请聘任或者解聘公司副经理、财务负责人决定聘任或者解聘除应由董事会决定聘任或者解聘以外的负责管理人员。有限责任公司可以设经理,由董事会决定聘任或者解聘。

(4) 监事会。监事会是公司的监督机构,负责监督董事会和以经理为首的执行机构。它与董事会并立,直接向股东大会报告,对股东大会负责。为了保证监督的独立性和公正性,公司的董事、高级管理人员不得兼任监事。为保护企业职工权利,监事会成员中职工代表的比例不得低于1/3。

▶ **3. 现代企业管理制度**

管理制度是有关约束和调整企业经营管理活动中各种经营管理行为方式和关系的行为规则。现代管理制度要适应市场经济的发展,符合企业的实际并且积极应用现代科学技术成果,一般包括以下几个方面。

(1) 具有正确的经营思想和能适应企业内外环境变化、推动企业发展的经营战略。战略管理是现代企业管理的重要内容。现代企业处在多变的经营环境中,只有及时制订战略、强化战略管理,才能在市场中立于不败之地。

(2) 建立适应现代化大生产要求的领导制度。企业领导制度规定了企业内部领导权的归属、划分及如何行使等,建立科学完善的企业领导制度,是搞好企业管理的一项最根本的工作。现代企业领导制度应该体现领导专家化、领导集团化和领导民主化的管理原则。

(3) 实行"以人为本"的经营理念,充分发掘企业的人力资本潜力,包括建立现代企业用工制度和现代企业工资制度。现代企业用工制度要求企业依法享有用工自主权、劳动者依法享有择业自主权。公司与劳动者之间的关系,以双方平等自愿签订劳动合同的契约方式建立,以合同作为保障双方权益的依据,彻底打破企业内部干部与工人之间、不同用工形式之间、不同所有制企业之间的职工身份界限。现代企业工资制度改革的方向是实现完整意义的企业自主分配,公司享有充分的工资分配自主权,国家通过立法进行指导和宏观调控,而不直接干预公司的工资分配。

(4) 建立高效的组织机构和管理制度。企业的机构设置应根据市场竞争的需要,按照职责明确、结构合理、设置科学、人员精干、权力与责任对等等原则，由企业自主决定。大型企业和集团公司应根据自身的情况，逐步形成投资中心、利润中心、成本中心等管理新格局。

（5）运用现代的生产方式和先进的生产技术。例如，在生产经营各个主要环节普遍地、有效地使用现代化管理方法和手段，建立起完善的电子计算机管理信息系统，推行计算机集成制造系统等。

单元二　管理与企业管理

企业管理是社会化大生产发展的客观要求和必然产物，是伴随着企业的产生而产生的一种特殊的人类管理活动。要理解企业管理的性质，必须先了解管理的含义和特性，并正确把握管理与经营的区别和联系。

一、管理

（一）管理的含义

"管理"是一个具有广泛含义的名词。从中文字义来看，古时人们将中空贯通的长条物称为"管"，以后引申为规范、准则、法规。"理"字古时为整治土地、雕琢玉器等意思，以后引申为处理事务。由于"管"与"理"二字意思相近，又分别从不同侧面反映了人们的一种社会活动，于是人们便逐渐把"管理"二字合为一词使用，其原始词义为管辖或疏导，即约束与引导。

随着社会的发展，管理的外延和内涵都得到了不断的丰富和充实，众多学者从不同的角度提出了对管理的定义，具有代表性的有以下几种。

▶ 1. 管理是组织的某一专业职能或综合职能

法国管理学家亨利·法约尔认为，管理，就是实行计划、组织、指挥、协调、控制。美国管理学家赫伯特·西蒙提出，管理即制订决策。

▶ 2. 管理是对组织资源或要素进行协调利用以达成组织目的的活动

普伦基特和阿特纳把管理定义为"一个或多个管理者单独或集体通过行使相关职能和利用各种资源来制订并实现目标的活动"。

▶ 3. 管理是一种达成组织目标的活动过程

罗宾斯和库尔塔认为，管理是指和其他人一起并且通过其他人来有效地完成工作的过程。刘易斯等人指出，管理是指有效支配和协调资源，并努力实现组织目标的过程。上述定义把管理视作过程，既强调了人的重要性，又强调了管理的双重目标，即工作和效率。

▶ 4. 管理是一种艺术

福莱特把管理描述为"通过其他人来完成工作的艺术"。这一定义把管理视作艺术，强调了人的因素在管理中的重要性。

"管理"一词还有许多定义，这些定义都是从不同的角度提出来的，也仅仅反映了管理性质的某个侧面。为了对管理进行比较广泛的研究，而不局限于某个侧面，我们认为，管理是在特定的环境下，通过计划、组织、控制、激励和领导等各项职能活动，综合有效地运用组织所拥有的人力、物力、财力和信息等相关资源，以期更好地达成组织目标的过程。

(二) 管理的特性

管理从最基本的意义来看，一是组织劳动；二是指挥、监督劳动。它兼具自然属性和社会属性，既是一门科学，又是一门艺术。

▶ 1. 管理的自然属性与社会属性

管理具有二重性，这是马克思主义管理理论的主要内容。马克思认为，任何社会的管理都具有二重性——自然属性和社会属性。管理的自然属性是由协作劳动和社会化大生产而产生的合理组织生产力的管理职能，它表现为共同劳动和社会化大生产的普遍形态。它们与生产力水平有关，而与生产的不同社会形式无关。管理的社会属性是适应一定的生产关系的要求而产生的维护和调节生产关系的管理职能，它体现着生产过程或劳动过程的特殊历史形态。

管理的二重性是相互联系、相互制约的。一方面，管理的自然属性不可能孤立存在，它总是在一定的社会形式、社会生产关系条件下发挥作用；同时，管理的社会属性也不可能脱离管理的自然属性而存在，否则，管理的社会属性就成为没有内容的形式。另一方面，管理的二重性又是相互制约的。管理的自然属性要求具有一定的社会属性的组织形式和生产关系与其适应；同样，管理的社会属性也必然对管理的科学技术等方面产生影响。

▶ 2. 管理的科学性和艺术性

自19世纪末20世纪初泰勒等人经过大量科学实验，提出科学管理原理以后，人们对管理的科学性已经认识得比较清楚。虽然它还没有自然科学那样精确，但毫无疑问管理已成为一门科学。人们经过无数次的失败和成功，通过从实践中收集、归纳、检测数据，提出假设，验证假设，从中抽象总结出一系列反映管理活动过程中客观规律的管理理论和一般方法。人们利用这些理论和方法来指导自己的管理实践，又以管理活动的结果来衡量管理过程中所使用的理论和方法是否正确，是否行之有效，从而使管理的科学理论和方法在实践中得到不断的验证和丰富。因此，说管理具有科学性，是指它以反映管理客观规律的管理理论和方法为指导，有一套分析问题、解决问题的科学方法。

管理的艺术性，即强调管理的实践性。艺术的含义是指能够熟练运用知识并且通过巧妙的技能来获得某种效果。管理工作像所有其他技艺一样，也要活用系统化的知识，并根据实际的情况加以运用，以获得预期效果。管理者在管理实践中，既要运用管理知识，又要发挥创造性，采取适宜的措施，高效地实现目标。

二、管理者

(一) 管理者的定义

组织是对完成特定目标的人们的系统性安排。组织有大有小，其特征为：有一个明确的目标；都由一群人组成；形成一种系统性的结构，用以规范和限制成员的行为。

根据人们在组织中的地位和作用的不同，有操作者和管理者之分。操作者是指在组织中直接从事具体的业务、一般不承担对他人工作监督责任的组织成员，如工厂的工人、学校的教师等，他们的任务就是做好组织分派的具体操作性工作。管理者是指那些在组织中指挥他人完成具体任务的人，如企业的厂长、学校的校长等。

管理者虽然有时也承担一定的具体事务性工作，但他们的主要职责是指挥下属工作，下属向其汇报工作，这是管理者区别于操作者的显著特点。

(二) 管理者的分类

1. 管理者的层次分类

管理者可按其在组织中所处的层次划分为高层管理者、中层管理者和基层管理者。

2. 管理者的领域分类

按照管理者所在领域不同，可分为综合管理者和专业管理者。

随着组织规模的不断扩大和环境的日益复杂多变，将需要越来越多的专业管理者。相应地，专业管理者的地位也将变得越来越重要。

(三) 管理者的工作

管理者所处社会组织的不同，会使相应的工作内容有所区别，但任何社会组织的管理者都必须承担起计划、组织、领导和控制这四项基本的管理工作。

1. 计划工作

管理者必须带领下属对组织发展的前途做出安排，包括确定发展目标和制订实现目标的方法和计划。

2. 组织工作

筹划建立起组织实体，确定组织结构和相应的关系，以及调配、安排各种资源，贯彻落实计划目标。

3. 领导工作

利用各种影响力激发员工的主观能动性。

4. 控制工作

推动各项工作向目标前近，并采取必要措施加以保证。

三、管理对象与管理过程

(一) 管理对象

管理的对象，可分为两个相互关联的方面：其一为组织拥有的资源；其二为组织的目标。组织拥有一定的资源条件是任何社会组织存在的前提，组织的资源条件因组织社会功能不同而异（如企业表现为资产、技术、人才等，而学校表现为师资、教学设施、财力等）。组织的目标方面，应把具体目标与其社会功能（履行其社会责任）相统一。组织的各种具体目标，可以是利用、增加资源的数量，提高资源的质量，也可以是从结构和形态等方面将各种资源加以协调和合理配置。在组织的一切资源中，组织成员，即组织中的人是最主要、最宝贵的资源。因此，组织管理最主要的任务是对人力资源的管理。

(二) 管理过程

管理是管理者运用一系列管理职能来实现管理目标的过程。管理工作过程的计划、组织、领导、控制四项职能并不是独立起作用的，它们是管理统一体中的各个侧面，有着密切的内在联系，是交融在一起起作用的。首先，计划不能脱离组织、领导来制订和执行，计划同时也应该考虑到控制的标准和措施；领导是组织一部分，计划在领导管理下做出，也通过领导、组织职能得以实施和控制；同样，组织职能本身也包含了领导的岗位和职责。一般而言，管理者是同时贯彻执行四项管理职能，围绕着组织目标的实现而开展管理活动并产生综合的效果。图1-1表明管理过程的基本原理。

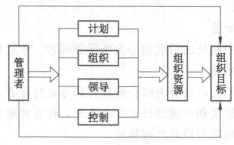

图1-1 管理过程

四、管理的职能

管理的职能一般包括计划、组织、领导、控制和创新五种。

计划职能是管理的首要职能，组织中所有层次的管理者都必须从事计划活动。计划职能是指管理者为实现组织目标对工作所进行的筹划活动。计划职能一般包括确定目标、调查与预测、选择实现预期目标的活动方案等一系列工作。

组织职能是把组织的各种资源、各个要素、各个环节，从劳动分工和协作上，从时间和空间的相互关系上科学合理地组合起来，形成一个有机整体，从而有效地完成组织计划，实现组织目标。组织职能一般包括设计与建立组织结构、合理分配职权与职责、选拔与配备人员、推进组织的协调与变革等。合理、高效的组织结构是实施管理、实现目标的组织保证。计划与组织工作做好了，也不一定能保证组织目标的实现，因为组织目标的实现要依靠组织全体成员的努力。领导职能是指管理者指挥、激励下级，以有效实现组织目标的行为。领导职能一般包括选择正确的领导方式、实现有效沟通、激励下级并调动其积极性、加强领导者修养与领导艺术等。

人们在执行计划过程中，由于受到各种因素的干扰，常常使实践活动偏离原来的计划。为了保证目标及为此而制订的计划得以实现，就需要有控制职能。控制职能是管理者为保证实际工作与目标一致而进行的活动。控制职能一般包括制订控制标准、衡量工作成效、采取有效的纠正偏差的措施等一系列工作过程。

创新职能作为管理的一项重要职能，与其他各种管理职能不同，它本身并没有某种特有的表现形式，它总是在与其他管理职能的结合中表现自身的存在与价值。创新职能一般包括目标创新、技术创新、制度创新、组织机构和结构的创新、环境创新等内容。

五、企业管理

(一) 企业管理的概念

企业管理是指企业的领导者和全体员工，为了充分利用各种资源，保证整个生产经营活动的统一协调，完成企业管理任务，实现经济效益等经营目标而进行的计划、组织、领导与控制等一系列综合性活动。企业管理是企业生产力诸要素的组织者和协调者，从这个意义上讲，管理本身就是一种生产力。

企业管理的含义主要有以下几种。

(1) 企业管理的主体应该是企业的领导者和全体员工。没有领导者和全体员工的参与，没有他们的主动性、积极性和创造性，根本上就谈不上管理。

(2) 企业管理的客体对象是企业整个生产经营活动。企业管理实际上就是对企业人财物、供产销、内外贸进行管理。

(3) 企业管理的目的是充分利用各种资源，保证整个生产经营活动统一协调，使企业的"投入—转换—产出"形成良性循环，以实现提高经济效益的根本目的。

(4) 企业管理的基本职能是计划、组织、领导和控制。

(二) 企业管理的特性

一般而言，企业管理具有以下几种特性。

▶ 1. 企业管理的目的性

企业是一个以不断创造社会所需要的产品和服务作为生存价值的经济组织。因此，企业管理的目的就是不断提高劳动生产率，争取最佳的经济效益，保证企业的稳定和发展。企业管理的目的一般表现为企业组织的共同目的，而不是表现为某个成员或管理者单方面的目的，否则，就难以形成组织协作的意愿，也就很难进行有效的管理。在实践中，企业管理的目的往往体现为管理目标。管理目标是企业管理的出发点和归宿点，也是指导和评价企业管理活动的基本依据。为此，企业管理活动都必须把制订企业管理目标作为首要任务。

▶ 2. 企业管理的有效性

企业管理的有效性通常用企业绩效来反映。企业绩效是一种衡量管理者利用资源实现企业目标的效率和效果的尺度。高效率的企业都是既有效率又有效果的。所谓效率，是指用最少的资源来达到企业目标的能力，即"正确地做事"，它是一个投入与产出的概念，如设备利用率、劳动生产率、资金周转率等。效果是指决定适当目标的能力，即"做正确的事"，其具体指标如销售收入、销售利润率、资金利润率、成本利润率等。效率涉及的是活动的方式，而效果涉及的是活动的结果，效率与效果是相互联系的，企业管理既要注重效率还要注重效果。

▶ 3. 企业管理的人本性

在任何管理活动中，人是决定性的因素。为此，企业管理必须要以人为中心，把提高人的素质，处理好人际关系，满足人的需求，调动人的主动性、积极性、创造性的工作放在首位，这就是企业管理的人本性。人本性不但要求管理者在管理中贯彻以人为本的原则，而且要求在对企业管理的研究中，也要坚持以人为中心，把对人的研究作为管理理论研究的重要内容。

▶ 4. 企业管理的创新性

管理的创新性在于管理本身是一种不断变革、不断创新的社会活动。通过管理的变革，不但能推动社会和经济的发展，在一定的条件下，还可以创造新的生产力。正如斯图尔特·克雷纳所说："五十岁的律师完全可以坐下来沉迷于他们所拥有的基础知识，因为他们知道，知识更新只是偶尔发生的事件，但管理者就不能享受这样的奢侈。五十岁的管理者也可以回顾过去，沉溺于过去的知识，但如果这样做的话，他们很快就会发现，他们将失去工作。管理需要持续的变革和持续的改进，没有什么地方可以逃避这样的变革，知识更新是永远不变的要求。"在当今经济全球化与竞争越来越激烈的条件下，面临着动态变化的环境，企业更是要在管理中不断寻求创新，以适应快速变化的环境，在激烈的竞争中生存、发展。

单元三 企业管理理论的产生与发展

企业管理经过 200 多年实践的积累和经验的总结，已经形成了一套成熟的理论体系。它的发展主要经历了早期管理、科学管理、行为科学管理和现代管理四个阶段。随着每一个阶段企业管理实践的不断发展，管理理论也进一步得以丰富和发展。

一、传统管理理论

管理活动源远流长，自从有了人类社会，出现了分工与合作，就有了管理。管理科学是随着社会生产力的发展而逐渐发展起来的。

在西方世界，奴隶社会的生产力水平低，管理也就相应落后。封建社会中的基本生产单位是家庭，也不需多少管理活动。资本主义社会初期，生产的组织形式是手工作坊，是一种简单协作劳动，需要一些管理，但仍比较简单，而且不需要专门从事管理的人员。只有一些研究者总结了一些管理思想和观点。

早期管理思想有比较大的发展还是资本主义的产业革命以后，即 18 世纪 60 年代开始的。18 世纪中叶，英国发生了产业革命，后在西方资本主义世界迅速发展。资产阶级产业革命产生了以机器为基本生产手段的工厂代替了手工业工场，生产规模扩大、专业化程度高、产品和生产技术复杂，因而要求有高水平的管理和专门从事管理事务的人员。于是，以现代工业生产为背景的管理思想和管理理论相继出现。西方资本主义社会中，早期管理思想的代表人物是英国的经济学家亚当·斯密和数学家查尔斯·巴贝奇。

亚当·斯密在他 1776 年发表的经济学著作《国富论》中，以制针业为例说明了劳动分工理论，分析了劳动分工能提高劳动生产率的原因有三个方面。

(1) 劳动分工可以使工人重复完成单项操作，从而提高劳动熟练程度，因而提高劳动生产率。

(2) 劳动分工可以减少由于转换工作而损失的时间。

(3) 劳动分工可使劳动者的注意力集中在一种特定的对象上，有利于创造新工具和改进设备。

亚当·斯密的劳动分工理论成了以后企业管理理论中的一条重要原理。查尔斯·巴贝奇在亚当·斯密劳动分工理论的基础上对专业化分工问题做了进一步深入的研究，他在1832 年发表的《论机器和制造业的经济》一书中更深入、更细致地分析了劳动分工提高工作效率的问题。从真正意义上来讲，他是一位数学管理科学家，但是他并不忽视人的因素。他坚决主张分红制度，可以说较早提出了重视员工管理的人本思想。

中国古代社会中的管理思想主要体现在政治、军事、教育和大的土建工程方面。孔子的格言中就有关于管好国家的切实可行的建议，关于选择诚实的、大公无私的和有才干的官员的教导。诞生于 2200 多年前战国时期的《周礼》一书，是一部论述国家政权职能的专著；杰出的军事家孙武所著《孙子兵法》精辟地阐述了战略战术中的预测决策思想；驰名中外的都江堰水利工程和万里长城是我国古代系统管理思想应用的结晶。

这一时期的管理思想和企业管理特点，一是主要凭经验管理；二是管理涉及的领域狭窄；三是劳资关系未能纳入管理之中。

二、科学管理理论

从20世纪初到40年代末，是资本主义企业科学管理阶段。在这一阶段，资本主义由自由竞争向垄断过渡，科学技术进一步得到发展，生产社会化程度不断提高，市场范围和企业规模不断扩大，这就对企业管理提出越来越高的要求。资本家单凭个人的经验和能力管理企业，包揽一切，已不能适应生产发展的需要，客观上要求资本所有者与企业经营者实行分离，由那些具有专门管理知识的专家来代替资本家管理企业，以适应生产力发展的要求。下面的一个事例便可以说明这一问题。1841年10月5日，在美国马萨诸塞州到纽约的西部铁路上，两列火车相撞，造成近20人的伤亡。当时，美国社会舆论哗然，公众对铁路公司老板低劣的管理进行严厉的抨击。为了平息群情激奋的局面，这家铁路公司不得不进行管理改革。资本家交出企业管理权，只拿红利，另聘具有管理才能的人担任企业领导。这就是美国历史上第一家由领薪金的经理人员进行管理的企业。

企业所有权与经营权的分离，越来越需要管理职能专业化，要求专职的管理人员，建立专门的管理机构，采用科学的管理制度和方法。同时，也要求对过去积累的管理经验进行总结提高，使之系统化、科学化并上升为理论，以指导实践，提高企业管理水平。正是基于这些客观要求，资本主义国家的一些企业管理人员和工程技术人员，开始致力于总结管理经验，进行各种试验研究，并把当时的科学技术成果应用于企业管理，出现了科学管理的理论和方法，企业科学管理由此应运而生。

（一）泰罗管理理论

泰罗出生于美国费城一个律师的家庭，1878年泰罗进入费城米德维尔钢铁厂工作，先后当过技工、工长、总机械师，1884年被提升为总工程师。泰罗长期从事企业管理工作，具有丰富的实践经验，他以毕生精力从事企业管理研究，对企业科学管理做出了卓越的贡献。他的主要著作有《计件工资》(1895年)、《工场管理》(1903年)、《科学管理原理》(1911年)等。在资本主义企业管理发展史上，泰罗被称为"科学管理之父"。

在企业管理的指导思想上，泰罗认为一切管理问题的解决都应该而且可以应用科学的方法。他主张，一切工作方法都应通过调查研究后，由管理人员决定，并实行标准化，把个人的经验上升为理论和科学，代替单凭经验办事的传统管理。泰罗从这一科学管理思想出发，对企业科学管理做了许多开拓性的工作。泰罗科学管理的内容，主要侧重于作业研究和生产管理，对于提高工人劳动生产率起了很大的作用，其主要内容有以下几项。

（1）对工人操作进行动作研究和时间研究，以科学制订劳动定额。

（2）实行机器设备、工具、原材料、工作地布置等作业环境和操作方法标准化并对个人进行科学培训。

（3）实行有差别的计件工资，奖励超定额劳动的工人，以调动工人的积极性。

（4）明确划分计划职能与作业职能，使管理工作专业化。

(5) 建立职能管理机构，作为参谋、助手协助企业高层管理人员进行管理。

(6) 管理实行"例外原则"，即把企业日常管理事务授权给下级管理人员处理，高层领导人拥有对重大事情的决策权和监督权，以保证企业高层领导人集中精力抓大事。

（二）吉尔布瑞斯夫妇管理理论

弗兰克·吉尔布瑞斯是美国一位工程师兼营造商，妻子利莲·吉尔布瑞斯是一位管理心理学家，他俩对工人操作进行了科学的"动作研究"和"时间研究"，提出了制订劳动定额的科学方法，同时还总结出改进操作的五项经济动作原则。

(1) 尽量减少动作的种类、数量和方向的变化，缩短动作的长度。

(2) 力求减少动作引起的疲劳。

(3) 要使动作习惯成自然。

(4) 各种动作应有一定的标准，并在事前给予正确的训练。

(5) 应充分注意改进提高产品质量的动作。

吉尔布瑞斯夫妇的这些贡献为后来资本主义企业劳动定额的科学制订和工效学的形成奠定了基础。

（三）亨利·甘特管理理论

亨利·甘特是美国一位机械工程师，1887年进入米德维尔钢铁厂工作，与泰罗共事14年，是泰罗的亲密合作者。甘特十分注重用图表的方法来进行管理，他在科学管理上的主要贡献是发明了掌握生产计划完成情况的作业指示图表——甘特图，从而大大改进了企业的生产管理技术，克服了生产管理的混乱状况，提高了管理工作效率。另外，甘特还提出了比泰罗"有差别计件工资制"更优越的"计件奖励工资制"，他主张工人完成当日的定额后，除日工资外，超过定额的则增发一定比例的奖金；完不成定额者，日工资照发，但不予处罚。这是一种用"工作安全感"来激励工人更好工作的制度。

（四）亨利·福特管理理论

亨利·福特是美国汽车垄断资本家，福特汽车公司的创建人。他在科学管理上的主要贡献是，在1913年借助于传送带建立了世界上第一条汽车流水装配线，工人操作时无须移动位置就可以从旁边和高架的供应线上获取各种零部件和工具，从而大大提高了生产效率和降低了汽车生产成本，为组织现代化大生产提供了样板。

（五）亨利·法约尔管理理论

亨利·法约尔的管理理论主要包含在1914年发表的《工业管理和一般管理》一书中。他认为，企业的全部经营活动可分为以下六个方面。

(1) 技术活动（生产、制造）。

(2) 商业活动（购买、销售）。

(3) 财务活动（筹集和最适当地利用资本）。

(4) 安全活动（保护财产和人员）。

(5) 会计活动（财产清点、资产负债表、成本、统计等）。

(6) 管理活动（计划、组织、指挥、协调、控制）。

他认为管理活动就是由计划、组织、指挥、协调和控制五种职能所组成。为了实现管理职能，法约尔对管理的五种因素进行了较详细的论述，并提出了14条管理原则。

法约尔的 14 条管理原则

1. 劳动分工原则

法约尔认为,劳动分工属于自然规律。劳动分工不只适用于技术工作,而且也适用于管理工作。应该通过分工来提高管理工作的效率。但是,法约尔又认为,劳动分工有一定的限度,经验与尺度感告诉我们不应超越这些限度。

2. 权力与责任原则

有权力的地方,就有责任。责任是权力的孪生物,是权力的当然结果和必要补充。这就是著名的权力与责任相符的原则。法约尔认为,要贯彻权力与责任相符的原则,就应该有有效的奖励和惩罚制度,即"应该鼓励有益的行动而制止与其相反行动"。实际上,这就是现在我们讲的权、责、利相结合的原则。

3. 纪律原则

法约尔认为纪律应包括两个方面,即企业与下属人员之间的协定和人们对这个协定的态度及其对协定遵守的情况。法约尔认为纪律是一个企业兴旺发达的关键,没有纪律,任何一个企业都不能兴旺繁荣。他认为制订和维持纪律最有效的办法是:各级好的领导、尽可能明确而又公平的协定,以及合理执行惩罚。因为,纪律是领导人造就的,无论哪个社会组织,其纪律状况都主要取决于其领导人的道德状况。

4. 统一指挥原则

统一指挥是一个重要的管理原则,按照这个原则的要求,一个下级人员只能接受一个上级的命令。如果两个领导人同时对同一个人或同一件事行使他们的权力,就会出现混乱。在任何情况下,都不会有适应双重指挥的社会组织。与统一指挥原则有关的还有下一个原则,即统一领导原则。

5. 统一领导原则

统一领导原则是指:"对于力求达到同一目的的全部活动,只能有一个领导人和一项计划。……人类社会和动物界一样,一个身体有两个脑袋,就是个怪物,就难以生存。"统一领导原则讲的是,一个下级只能有一个直接上级。它与统一指挥原则不同,统一指挥原则讲的是,一个下级只能接受一个上级的指令。这两个原则之间既有区别又有联系。统一领导原则讲的是组织机构设置的问题,即在设置组织机构的时候,一个下级不能有两个直接上级。而统一指挥原则讲的是组织机构设置以后运转的问题,即当组织机构建立起来以后,在运转的过程中,一个下级不能同时接受两个上级的指令。"统一指挥"里"指挥"一词词义偏重于动词,而"统一领导"中领导一词偏重于名词,指的是组织机构的一个环节。

6. 个人利益服从整体利益的原则

对于这个原则,法约尔认为这是一些人们都十分明白清楚的原则,但是,往往"无知、贪婪、自私、懒惰以及人类的一切冲动总是使人为了个人利益而忘掉整体利益"。法约尔认为,坚持这个原则的条件是:领导人的坚定性和好的榜样、尽可能签订公平的协定,以及认真的监督。

7. 人员的报酬原则

法约尔认为,人员报酬首先取决于不受雇主的意愿和所属人员才能影响的一些情况,如生活费用的高低、可雇人员的多少、业务的一般状况、企业的经济地位等,然后再看人员的才能,最后看采用的报酬方式。人员的报酬首先要考虑的是维持职工的最低生活消费和企业的基本经营状况,这是确定人员报酬的一个基本出发点。在此基础上,再考虑根据职工的劳动贡献来决定采用适当的报酬方式。对于各种报酬方式,法约尔认为不管采用什么报酬方式,都应该做到以下几点:①它能保证报酬公平;②它能奖励有益的努力和激发热情;③它不应导致超过合理限度的过多的报酬。

8. 集中的原则

法约尔指的是组织的权力的集中与分散的问题。法约尔认为,集中或分散的问题是一个简单的尺度问题,问题在于找到适合于该企业的最适度。在小型企业,可以由上级领导者直接把命令传到下层人员,所以权力就相对比较集中;而在大型企业里,在高层领导者与基层人员之间,还有许多中间环节,因此,权力就比较分散。按照法约尔的观点,影响一个企业是集中还是分散的因素有两个:一个是领导者的权力;另一个是领导者对发挥下级人员的积极性态度。"如果领导人的才能、精力、智慧、经验、理解速度……允许他扩大活动范围,他则可以大大加强集中,把其助手作用降低为普通执行人的作用。相反,如果他愿意一方面保留全面领导的特权,一方面更多地采用协作者的经验、意见和建议,那么可以实行广泛的权力分散。……所有提高部下作用的重要性的做法就是分散,降低这种作用的重要性的做法则是集中。"

9. 等级制度原则

等级制度就是从最高权力机构直到低层管理人员的领导系列。贯彻等级制度原则就是要在组织中建立这样一个不中断的等级链,这个等级链说明了两个方面的问题:一是它表明了组织中各个环节之间的权力关系,通过这个等级链,组织中的成员就可以明确谁可以对谁下指令,谁应该对谁负责。二是这个等级链表明了组织中信息传递的路线,即在一个正式组织中,信息是按照组织的等级系列来传递的。贯彻等级制度原则,有利于组织加强统一指挥原则,保证组织内信息联系的畅通。但是,一个组织如果严格地按等级系列进行信息的沟通,则可能由于信息沟通的路线太长而使得信息联系的时间长,同时容易造成信息在传递的过程中失真。因此,应该尊重等级制度与保持行动迅速结合起来。为了解决这个矛盾,法约尔设计了一种"联系板"的方法,以便使组织中不同等级线路中相同层次的人员能在有关上级同意的情况下直接联系。

10. 秩序原则

法约尔所指的秩序原则包括物品的秩序原则和人的社会秩序原则。对于物品的秩序原则,他认为,每一件物品都有一个最适合它存放的地方,贯彻物品的秩序原则就是要使每件物品都在它应该放的位置上。

对于人的社会秩序原则,他认为,每个人都有他的长处和短处,贯彻社会秩序原则就是要确定最适合每个人的能力发挥的工作岗位,然后使每个人都在最能使自己的能力得到发挥的岗位上工作。为了能贯彻社会的秩序原则,法约尔认为首先要对企业的社会需要与资源有确切的了解,并保持两者之间经常的平衡;同时,要注意消除任人唯亲、偏爱徇私、野心奢望和无知等弊病。

11. 公平原则

法约尔把公平与公道区分开来。他说:"公道是实现已订立的协定。但这些协定不能什么都预测到，要经常地说明它，补充其不足之处。为了鼓励其所属人员能全心全意和无限忠诚地执行他的职责，应该以善意来对待他。公平就是由善意与公道产生的。"也就是说，贯彻公道原则就是要按已定的协定办。但是在未来的执行过程中可能会因为各种因素的变化使得原来制定的"公道"的协定变成"不公道"的协定，这样一来，即使严格地贯彻"公道"原则，也会使职工的努力得不到公平的体现，从而不能充分地调动职工的劳动积极性。因此，在管理中要贯彻"公平"原则。所谓"公平"原则就是"公道"原则加上善意地对待职工。也就是说在贯彻"公道"原则的基础上，还要根据实际情况对职工的劳动表现进行"善意"的评价。当然，在贯彻"公平"原则时，还要求管理者"不能忽视任何原则，不忘掉总体利益"。

12. 人员的稳定原则

法约尔认为，一个人要适应他的新职位，并做到能很好地完成他的工作，这需要时间。这就是"人员的稳定原则"。按照"人员的稳定原则"，要使一个人的能力得到充分的发挥，就要使他在一个工作岗位上相对稳定地工作一段时间，使他能有一段时间来熟悉自己的工作，了解自己的工作环境，并取得别人对自己的信任。但是人员的稳定是相对的而不是绝对的，年老、疾病、退休、死亡等都会造成企业中人员的流动。因此，人员的稳定是相对的，而人员的流动是绝对的。对于企业来说，就要掌握人员的稳定和流动的合适的度，以利于企业中成员能力得到充分的发挥。像其他所有的原则一样，稳定的原则也是一个尺度问题。

13. 首创精神

法约尔认为，想出一个计划并保证其成功是一个聪明人最大的快乐之一，这也是人类活动最有力的刺激物之一。这种发明与执行的可能性就是人们所说的首创精神。建议与执行的自主性也都属于首创精神。法约尔认为人的自我实现需求的满足是激励人们的工作热情和工作积极性的最有力的刺激因素。对于领导者来说，"需要极有分寸地，并要有某种勇气来激发和支持大家的首创精神"。当然，纪律原则、统一指挥原则和统一领导原则等的贯彻，会使得组织中人们的首创精神的发挥受到限制。

14. 团队精神

人们往往由于管理能力的不足，或者由于自私自利，或者由于追求个人的利益等而忘记了组织的团结。法约尔认为管理者需要确保并提高劳动者在工作场所的士气，培养个人和集体积极的工作态度。为了加强组织的团结，法约尔特别提出在组织中要禁止滥用书面联系。他认为在处理一个业务问题时，用当面口述要比书面快，并且简单得多。另外，一些冲突、误会可以在交谈中得到解决。由此得出，每当可能时，应直接联系，这样更迅速、更清楚，并且更融洽。

(六) 马克斯·韦伯管理理论

韦伯的研究主要集中在组织理论方面，他的贡献是提出了所谓理想的行政组织体系理论，这集中表现在他的代表作《社会组织与经济组织理论》一书中。韦伯主张，为了实现一个组织的目标，要把组织中的全部活动划分为各种基本的作业，作为公务分配给组织中的各个成员。各个公职和职位是按照职权的等级原则组织起来的，每一职位有明文规定的权利和义务，形成一个指挥体系和阶层体系。

三、行为科学理论

从第二次世界大战结束直到现在，资本主义企业进入了现代管理的新阶段。在这个阶段，科学技术迅猛发展，生产力不断提高，市场不断扩大，企业竞争日趋激烈，这就要求企业管理不断改进和提高，以适应新的经营环境。

泰罗、法约尔等人开创的古典管理理论，完成了使管理从经验上升为科学的转变，为资本主义管理学的建立奠定了理论基础，这是资本主义管理发展的一个重要标志；但是，泰罗等人的古典管理理论，在强调了"物"的因素作用时，却忽视了"人"的因素作用，在强调人的物质需要时，却忽视了人的社会需要；在强调"正式组织"的作用时，却忽视了"非正式组织"的作用。管理实践证明，企业生产仅靠科学的设计与工艺、集中的组织与指挥、严格的管理制度、工资、奖金的刺激等，虽然能够提高工人的劳动生产率，但并不能给资本主义企业带来持久的活力，不能保持企业中劳资关系的协调一致。特别是20世纪30年代资本主义世界发生了经济大危机，企业普遍生产不景气，他们要求重新检查企业管理的活动，创立新的管理理论和管理方法，在这种形势下，一些西方管理学者把人类学、社会学和心理学等运用于企业管理领域，行为科学便应运而生。

（一）梅奥管理理论

梅奥，原籍澳大利亚，1922年移居美国，先后在美国宾夕法尼亚大学、哈佛大学任教。1927年，他在哈佛大学主持心理病理学研究小组时，与其助手们到芝加哥附近的西方电气公司的霍桑工厂进行一系列的试验，即著名的霍桑试验，这是西方国家中行为管理学派早期研究的一项重要活动。经过霍桑试验，他提出了以下几条原理。

（1）工人是"社会人"，是复杂社会系统的成员，影响工人生产积极性的因素，除了物质条件外，还有社会和心理的因素。

（2）企业中除了"正式组织"之外，还存在着"非正式组织"，这种非正式组织是组织内各成员在共同劳动过程中，由于抱有共同的社会感情、惯例和倾向，而无形地左右着成员的行为。

（3）新型的领导能力在于正确处理人际关系，善于倾听和沟通职工的意见，并通过提高职工需求的满足程度而激励职工的士气，从而达到提高生产率的目的。

（二）马斯洛管理理论

马斯洛在1943年发表了《人类动机的理论》一书，把人的需要排成五个层次。

（1）生理需要，包括衣、食、住、行、医药等人体生理上的主要需要，这是一切需要中最根本的需要。

（2）安全需要，包括心理上和物质上的安全保障，如预防危险事故、生活有保障、生病或老年有所依靠等。

（3）社交需要，包括友谊、爱情、归属感各方面的需要。

（4）尊重需要，包括自尊和受别人尊重、赏识的需要。

（5）自我实现的需要，包括事业心和实现自己对生活的期望。

马斯洛认为，只有排在前面的需要得到满足，才能产生更高一级的需要，人们一般是按照这个层次来追求各项需要的满足，只有尚未满足的，才能对行为起激励作用。由此，他认为应尽可能在客观条件许可的情况下，针对不同层次需要的追求，给予相对的满足。

这样，才能成为推动人们继续努力的内在动力，不断提高生产率。

（三）麦格雷戈管理理论

麦格雷戈，美国麻省理工学院教授，社会心理学家，他于1957年首次提出X理论和Y理论。X理论将劳动效率或工作效率不高，归结于人的本性不诚实、懒惰、愚蠢、不负责任等造成的，必须进行强制监督，并以惩罚为主要管束手段，才能迫使他们付出足够的努力去实现组织的目标。Y理论是对人性作出相反假设的一种管理观点，它认为人性并非生来就是懒惰的，要求工作是人的本能，只要给予一定的外界条件，就能激励和诱发人的能动性去努力工作，达到确定的目标；如果职工的工作没干好，应从管理本身去找妨碍劳动者发挥积极性的因素，主张以"诱导与信任"代替"强制与管束"，去鼓励职工发挥主动性和积极性。麦格雷戈认为，X理论对人的行为管理建立在错误的因果观念基础上，不适应人类科学文明水平不断提高的需要，而Y理论则是建立在正确认识人的本性与人类行为关系的基础上，适应了工业化社会经济发展的需要，它应是X理论的合理替换物。他主张在管理中采用Y理论，这样才能在管理上取得成功。

（四）赫茨伯格管理理论

赫茨伯格，美国心理学家，他在1966年出版的《工作与人性》一书中首创地提出了双因素理论，它是研究需要对行为积极影响的一种理论。这种理论把企业中的有关因素分为满意因素和不满意因素，凡能给人带来满足（或满意）的因素为激励因素。凡能防止使人产生不满的、消极的因素为保健因素。赫茨伯格认为，改善保健因素，可以消除不满情绪，维持原有的工作效率，但不能激励个人提高生产率；激励因素如得到满足可以激励个人或集体不断提高工作能力和生产率，作为一个管理者更应注意激励因素对人的作用。

另外，还有莱维特的"沟通的理论"、坦南鲍姆和施米特的"领导方式连续统一理论"、布莱克和穆顿的"管理方格理论"、布雷德福的"敏感性训练"等理论和方法，他们从不同的侧面丰富了行为科学的理论。

四、现代管理理论

从20世纪60年代末期开始，各种管理理论和管理学派如雨后春笋般涌现出来，管理学领域出现了学派林立、理论纷呈的现象，带来了管理理论的空前繁荣。这其中主要的代表学派有管理过程学派、管理科学学派、社会系统学派、管理决策学派、系统理论学派、经验主义学派、经理角色学派和权变理论学派等。这些管理学派研究方法众多，管理理论不统一，各个学派都有自己的代表人物和所主张的理论、概念和方法，哈罗德·孔茨称其为管理理论丛林。

（一）管理过程学派的理论

管理过程学派又称管理职能学派。该学派认为，无论组织的性质和组织所处的环境有多么的不同，管理人员所从事的管理职能却是相同的。管理过程学派的创始人是古典管理理论阶段的著名管理学者法约尔。法约尔在他的著作《工业管理与一般管理》一书中阐述了这一理论的基础。第二次世界大战后，以美国加利福尼亚大学的教授哈罗德·孔茨和西里尔·奥唐奈为代表的管理学家充实和发展了管理过程理论。孔茨和奥唐奈继承了法约尔的理论，并把法约尔的理论更加系统化、条理化，使管理过程学派成为管理各学派中最具有影响力的学派。孔茨和奥唐奈将管理职能分为计划、组织、人事、领导和控制五项，而把协调作为管理的本质。

该学派的基本观点如下。

（1）管理是一个过程，即让别人同自己一道去实现既定的目标的过程。

（2）管理过程的职能有五个，即计划、组织、人事、领导和控制。

（3）管理职能具有普遍性，但侧重点因管理级别的不同而异。

（4）管理应具有灵活性。

（二）管理科学学派的理论

管理科学学派的管理科学理论是指以系统的观点运用数学、统计学的方法和电子计算机的技术，为现代管理的决策提供科学的依据，通过计划和控制解决企业中生产与经营问题的理论。该理论是泰勒科学管理理论的继承和发展，其主要目标是探求最有效的工作方法或最优方案，以最短的时间、最少的支出取得最好的效果。

（三）社会系统学派的理论

社会系统学派也称社会协作系统学派，是继古典管理理论和人际关系学说之后创立的一种从社会学的角度来分析各种组织的管理理论。美国的切斯·巴德纳是这一学派的创始人，他的著作《经理的职能》对该学派有很大的影响。

社会系统学派认为人与人之间的相互关系就是一个社会系统，它是人们在意见、力量、愿望以及思想等方面的一种合作关系，受到社会环境各方面因素的影响。管理人员的作用就是要围绕物质的、生物的和社会的因素去适应总的合作系统。

（四）管理决策学派的理论

管理决策学派是在第二次世界大战之后，吸收了行为科学、系统理论、运筹学和计算机等学科的内容发展起来的，其代表人物是西蒙。美国管理学家、计算机学家和心理学家西蒙于1943年获芝加哥大学博士学位，曾任教于美国加利福尼亚大学、纽约大学等高等学府，著有《管理行为》《组织》《管理决策新科学》等著作，是管理决策学派的主要创始人。

管理决策学派认为：管理过程就是决策的过程，管理的实质就是决策。由于决策是管理人员的主要任务，因而必须集中研究决策问题，围绕决策这个核心形成管理理论。组织是由作为有限理性的决策者个人所组成的系统，任何成员在加入组织之前都要首先做出参加或不参加该组织的决策，加入组织后还要继续做出种种个人的决策，组织的决策则是组织成员及其群体参与的结果。然而由于管理人员的有限理性，管理决策不可能是最优的，只能是满意的。决策理论产生后，对现代管理产生了较大的推动作用，后来这一理论得到了广泛的重视和进一步的发展。

（五）系统理论学派的理论

系统理论学派是指将组织作为一个有机整体，把各项管理业务看成相互联系的网络的一种管理学派。该学派重视对组织结构和模式的分析，应用一般系统理论的范畴、原理，全面分析和研究企业与其他组织的管理活动和管理过程，并建立起系统模型以便分析。系统理论学派的重要代表人物是弗里蒙特·卡斯特。他是著名的管理学家，主要著作有《系统理论与管理》《组织与管理：系统与权变方法》等。

该学派的主要观点如下：组织是一个系统，是由相互联系、相互依存的要素构成的。根据需要，可以把系统分解为子系统，子系统还可以再分解。如为了研究一个系统的构成，可以把系统分解为各个结构子系统；为了研究一个系统的功能，可以把系统分解为各个功能子系统。这样，对系统的研究就可以从研究子系统与子系统之间的关系入手。

运用系统观点来考察管理的基本职能，可以提高组织的整体效率，使管理人员不至于只重视某些与自己有关的特殊职能而忽视了系统的大目标，也不至于忽视自己在组织中的地位和作用。

（六）经验主义学派的理论

经验主义学派又称为经理主义学派，以向大企业的经理提供管理当代企业的经验和科学方法为目标，强调经验或案例分析的科学意义，主张通过分析经验（或各种实际案例）来进行管理研究，并从中抽象出管理理论和方法。代表人物有彼得·德鲁克，欧内斯特·戴尔等。

经验主义学派认为，传统的管理理论和行为科学理论都不能完全适应企业发展的实际需要，有关企业管理的科学应该从企业管理的实际出发，以大企业的管理经验为主要研究对象，以便在一定情况下可能把这些经验加以概括和理论化。

经验主义学派提出了管理是管理者的技巧，是一个特殊的、独立的活动和知识领域的观点。管理者的任务是形成"生产的统体"，形成"集体力"。管理者的每一项措施都必须将当前利益和长远利益协调起来。经验主义学派还发展和完善了目标管理理论，提出了分权式的"联邦制"，即"事业部制"的组织管理模式。

（七）经理角色学派的理论

经理角色学派是以对经理所担任角色的分析为中心来考虑经理的职务和工作。该学派认为，针对经理工作的特点及其所担任的角色等问题，如能有意识地采取各种措施，将有助于提高经理的工作成效。经理角色学派的代表人物是亨利·明茨伯格。

（八）权变理论学派的理论

权变理论学派是20世纪70年代在美国形成的一个管理学派，其代表人物卢桑斯在1976年出版的《管理导论：一种权变学》是系统论述权变管理的代表著作。权变管理理论着重考察企业有关的环境变量与各种企业管理方式之间的关系，把环境变量当作解释变量，而管理方式当作被解释变量。

该学派认为，企业管理要根据企业所处的内外条件随机应变，没有什么一成不变、放之四海而皆准的"最好的"管理理论和方法。企业管理要根据企业所处的内部条件和外部环境来决定其管理手段和管理方法，即要按照不同的情景、不同的企业类型、不同的目标和价值，采取不同的管理手段和管理方法。比如，在经济衰退时期，由于企业面临供大于求的市场环境，集权的组织结构可能更适合；而在经济繁荣时期，市场环境供不应求，采用分权的组织结构可能更适合。

单元四　现代企业组织管理

组织工作是企业管理的基础职能，企业组织管理的一项重要任务是设计一套企业的组织机构，这套机构既是企业存在的形式，也是实现企业目标的基本保证。

一、企业管理组织及其作用

(一) 企业管理组织

现代企业是一个有机体,为使企业协调而有效地运转,必须建立统一的、高效率的生产经营管理系统。管理组织机构是管理系统的硬件。建立精干高效的组织机构对实现企业目标、提高企业竞争能力和赢利能力,具有重要的作用。

组织是人们为了实现某一特定的目的而形成的系统集合,它有一个特定的目的,由一群人所组成,有一个系统化的结构。组织从本质上来说是人们为了实现共同目标而采用的一种手段或工具。组织必须要有目标,共同目标的存在是组织存在的前提。为了实现共同目标,组织内部必然要进行分工与协作,没有分工与协作的群体也不是组织,分工与协作关系是由组织目标决定的。

企业组织则是为有效地向社会提供产品或服务,将企业的各种资源按照一定形式结合起来的社会系统。现代企业组织具有目的性、系统性、结构性、群体性、适应性等基本特征。

企业组织分为两大方面,一是由职工和生产资料紧密结合而形成的企业生产劳动组织;二是配备一定数量和能力的管理人员,按分工协作关系划分,具有明确职责、权限和义务的企业管理组织。管理组织通过其整体性的活动和信息传递,决定和影响企业生产劳动组织配置的合理性和效率。企业管理组织既要对直接生产过程进行计划、组织、领导、控制,又要对企业生产经营过程中出现的一系列问题负责。

管理组织主要是由管理人员、规章制度和企业信息等要素所构成。其工作内容主要包括组织机构的设计、组织规章制度的建立和组织人事工作等。

(二) 企业管理组织的作用

▶ 1. 确定企业的生产经营目标

随着社会主义市场经济的不断完善,经营决策对企业越来越起着举足轻重的作用。对企业的经营目标和经营战略做出决策并加以贯彻落实,是管理组织的重要职能之一。在做出决策和制订目标时,领导者个人的才智、能力和知识对组织整体固然有十分重要的影响力,但是只有与组织的力量和集体的智慧融合在一起,才能充分发挥其龙头作用。

▶ 2. 组织生产经营,实现企业目标

企业只有经常不断地对企业的各种物质资源、劳动力、资金和信息做出适当安排和合理配置,才能形成持续发展的生产力,才能实现企业的经营目标。

▶ 3. 协调各职能部门的工作

企业的人、财、物等各要素和供、产、销各环节,各管理部门与生产部门之间,经常会出现各种脱节和不平衡的情况,组织管理的职能就是要发现和解决这种脱节和失衡的问题,使生产经营活动均衡发展,保持良性循环状态。

▶ 4. 发挥组织的凝聚作用和群体效应

管理组织通过一定的组织制度和激励措施,能够将分散的、个体的企业员工,凝聚成一个强大的整体并充分发挥团队的优势与合力,使企业全体员工紧紧围绕企业的总目标而开展活动,产生巨大的群体效应,促进企业不断发展。

二、企业组织结构

（一）组织结构的含义

组织结构是指组织内关于职务及权力关系的一套形式化系统，它阐明各项工作如何分配，谁向谁负责及内部协调的机制。

适当的组织结构、清楚界定每个组织成员的权责角色，再加上适当的协调与控制，组织的工作效率将会提高，而组织的整体表现亦会较出色。相反，当组织的结构与其管理需要之间出现脱节时，将导致决策延误、应变失误、成本高涨及士气低落等问题。

组织结构是组织各部分之间的关系模式，是由组织目标和任务及环境所决定的。它对组织内部的正式指挥系统、沟通系统具有直接决定作用，对组织中人的社会心理也有影响。组织内各成员的互动模式，如合作、竞争和冲突等，在一定程度上受到组织结构的影响。因此，恰当地认识和设计组织结构的一般类型，对于更好地实现组织目标是十分重要的。

（二）企业组织结构设计的原则

企业组织设计是为了有效地实现企业经营目标，从实际出发探索应该如何设计组织结构，设计一个科学、合理、先进的企业组织结构，一般应遵循以下原则。

▶ 1. 目标一致原则

任何企业都有其特定的战略及目标。组织设计只是一种手段，其目的是保证组织战略的顺利实施和目标的实现。企业管理组织设计，首先必须明确组织的发展战略及目标是什么，并以此为依据，设计组织的总体框架。同时，在组织设计中要以事为中心，因事设机构、设职务、设人员，避免出现因人设事、设职、设机构的现象。

▶ 2. 有效管理幅度原则

有效管理幅度是指一名领导者能够有效地监督、管理其直接下属人员的数量。管理幅度的大小受多种因素影响，如领导者的知识、能力、经验，工作性质，下级的工作能力等。在一定规模的企业中，管理幅度与管理层次成反比，管理幅度增大，管理层次减少，但管理幅度过大，领导者管不过来，达不到有效管理的目的。管理幅度减小，管理层次增多，则机构臃肿，信息损耗量大，效率低。因此，组织机构设计要遵循有效管理幅度原则。

▶ 3. 统一指挥原则

机构设置应当保证行政命令和生产经营指挥的集中统一，这是现代化大生产的客观要求。统一指挥要求每个管理层次，各种管理组织和机构都必须实行首脑负责制，即由一个人总负责并统一指挥，以避免多头指挥和无人负责现象。统一指挥还要求分层授权，自上而下地一级指挥一级，不能越级指挥。

▶ 4. 权责对等原则

职权是指一定职位在其职责范围内，为完成其职责应具有的权力。职责是职位的责任、义务。权责对等原则是要求职责与职权保持一致，一个人在得到某种职权的同时，就应承担相应的责任。在组织机构设置时，既要明确规定每一管理层次和各职能机构的职责范围，又要赋予完成其职责所必需的权限。只有职责，没有权限，或权限太小，管理者的积极性和主动性都会受到束缚，实际上是不可能承担起应有的责任的；相反，只有权限而没有责任，就会造成滥用职权。所以设置什么机构，配备什么样的人员，规定什么职责，就要授予什么样的职权。

▶ 5. 分工协作原则

分工就是按照提高管理专业化程度和工作效率的要求，划分职责范围。组织结构中的分工有管理层次的分工、部门的分工、职权的分工。有分工就必须有协作，只有分工没有协作，分工就失去意义，而没有分工就谈不上协作。因此，分工与协作之间是相辅相成的，在组织机构设计时必须遵循分工协作原则。

▶ 6. 精干高效原则

组织结构是否精干直接影响到组织的效能。所谓精干高效就是在保证完成目标，达到高效和高质量的前提下，力求减少管理层次，精简机构和人员，充分发挥组织成员的积极性和创造性，提高管理效率和工作效率，节约非生产性开支。

▶ 7. 集权与分权相结合原则

集权与分权在企业管理体制上主要表现为企业上下级之间的权力分配问题。集权与分权是一组相对的概念，集权形式就是将企业经营管理权集中在企业的最高管理层，而分权形式则是将企业经营管理权适当地分散在企业的中下层。企业在进行组织机构设计和调整时，应根据实际情况，正确处理好集权与分权的关系。

▶ 8. 稳定性与适应性相结合的原则

为了保证企业生产经营活动有序进行和提高效率，企业组织机构设计首先应保持一定的稳定性，即保持相对稳定的组织机构、权责关系和规章制度。同时，环境条件的变化必定影响企业的目标，以及企业成员的态度和士气，企业组织机构必须针对这些条件进行适应性的调整。但是，企业组织机构过于频繁的调整，也会对企业产生不利的影响。因此，企业组织机构设计要遵循稳定性与适应性相结合的原则。

（三）企业组织结构的类型

企业组织结构的形式受行业特点、生产规模、生产技术的复杂程度、专业化协作水平、管理水平和人员素质等诸多因素的影响，并随着企业生产经营活动的发展而不断演变。企业组织结构的类型主要有以下几种。

▶ 1. 直线制

直线制是最早、最简单的一种组织结构形式。组织中各种职务按垂直系统直线排列，各级主管人员对所属下级拥有一切直接的职权，组织中每个人都只能向一个直接上级报告，如图1-2所示。

直线制结构的优点如下。

（1）命令系统单一直线传递，管理权力高度集中，实行一元化管理，决策迅速。

（2）每个组织成员责任和权限归属非常明确，每个人对实现组织目标的贡献较易评价。

（3）容易维持组织纪律，确保组织秩序。

（4）灵活。

（5）管理成本低。

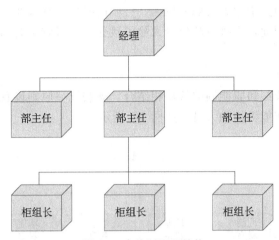

图 1-2 直线制组织结构

直线制结构的缺点如下。
(1) 要求最高管理者要通晓多种专业知识。
(2) 权力完全集中于一人，对最高领导者的依赖性大，容易发生失误。
(3) 每个人只注意听上级指示，每个部门只关心本部门工作，横向协调性差。

直线制适合产品单一、技术简单、小规模生产的情况，以及处于初建阶段、所处环境简单并且易变、组织突然面临困境等情况。

▶ 2．职能制

职能制结构是按职能实行专业分工的管理办法来取代直线结构的全能式管理。下级既要服从上级主管人员的指挥，也要听从上级各职能部门的指挥，如图 1-3 所示。

职能制组织结构，是各级行政单位除主管负责人外，还相应地设立一些职能机构。如在厂长下面设立职能机构和人员，协助厂长从事职能管理工作。这种结构要求行政主管把

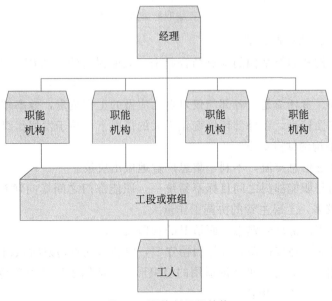

图 1-3 职能制组织结构

相应的管理职责和权力交给相关的职能机构，各职能机构就有权在自己业务范围内向下级行政单位发号施令。因此，下级行政负责人除了接受上级行政主管指挥外，还必须接受上级各职能机构的领导。

▶ 3. 直线职能制

直线职能制将直线制和职能制的特点相结合，既按统一原则设置直线行政领导人，又按分工原则设置各级职能机构和人员，如图1-4所示。

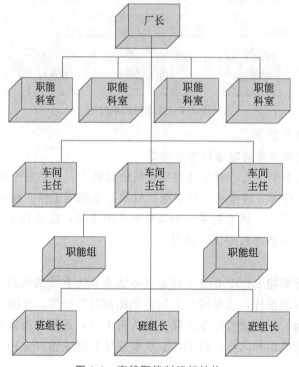

图1-4　直线职能制组织结构

直线职能制结构的优点如下。

（1）把直线结构和职能结构的优点结合起来，既能保持统一指挥，又能发挥参谋人员的作用。

（2）分工明确、责任清楚，各部门仅对自己应做的工作负责，效率较高。

（3）组织稳定性较高，在外部环境变化不大的情况下，易于发挥组织的整体效率。

直线职能制结构的缺点如下。

（1）部门间缺乏信息交流，不利于集思广益地做出决策。

（2）直线部门与职能部门之间目标不易统一，职能部门之间横向联系较差，信息传递路线较长，矛盾较多，上层主管的协调工作量大。

（3）难以从组织内部培养熟悉全面情况的管理人才。

（4）系统刚性大，适应性差，容易因循守旧，对新情况不易及时做出反应。

直线职能制组织结构是一种普遍适用的组织形式，适用于环境简单稳定，用标准化技术进行常规性大批量生产的场合。

4. 事业部制

事业部组织结构，又称为 M 形结构，最早出现在美国通用公司。它是在总公司领导下设立多个事业部，各事业部有各自独立的产品和市场，实行独立核算，又称斯隆模型。它是企业对于具有独立的产品和市场、独立的责任和利益的部门实行分权管理的一种组织形态，如图 1-5 所示。

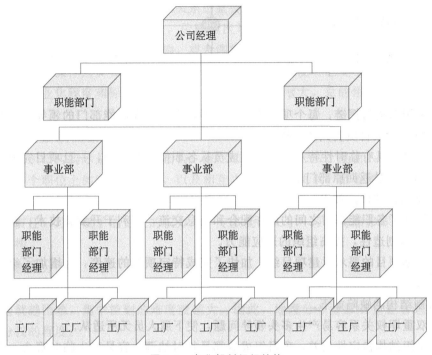

图 1-5　事业部制组织结构

事业部制结构必须具有三个要素。

（1）具备独立的产品和市场，是产品责任或市场责任单位。

（2）具有独立的利益，实行独立核算，是一个利益责任单位，即利润中心。

（3）具有足够的权力，是一个分权单位，能自主经营。

事业部制结构的关键在于最高层和下级经营机构之间的集权和分权关系。最高管理层是企业的最高决策机构，主要负责企业的战略管理，制订发展目标、方针和总体发展计划。此外，还负责企业各部门的总协调。为了使整个企业在分权的基础上保持高效运行和有效控制，最高管理层需要掌握一些重要的权力，如人事权、财务权、战略管理权等。

事业部组织结构主要适用于产品多样化和从事多元化经营的组织，也适用于面临市场环境复杂多变或所处地理位置分散的大型企业和巨型企业。

5. 矩阵制

矩阵组织结构也称为规划目标结构，这种组织形态吸收了职能制和事业部制分权自治的特点，如图 1-6 所示。矩阵结构分为两个基本组织单元：高层职能部门和按产品或项目设立的产品或项目经理部。两大基本单元必须协同配合，开展管理活动必须按两个方向同时行进。

矩阵制组织结构的特点如下。

在设计现代企业组织结构的过程中,应考虑经营业务的性质和内容、企业经营规模、技术复杂程度、人员素质因素、地理分布、外部环境因素的变化程度的因素。

教学检测

一、名词解释

企业　现代企业制度　管理　管理者　企业管理　企业管理组织

二、问答题

1. 现代企业制度的主要内容有什么?
2. 试论述企业组织结构的类型。
3. 现代企业组织设计应考虑的因素有哪些?

三、综合案例思考

广州五十铃有限公司的企业管理

广州五十铃有限公司通过对客户背景、竞争环境及国内企业经营经验的分析,意识到企业信息化建设的重要性,因此一上马就开始进行财务业务一体化的筹划。

1. 硬件解决方案

五十铃各部在同一座办公楼办公,为了给管理信息系统提供硬件环境,公司在办公楼内搭建了局域网,采用奔腾至强700(双CPU)服务器,整个网络有15个工作站。

2. 软件解决方案

五十铃管理信息系统以财务业务协同为目标,以库存控制为重点,将企业的实际业务和用友财务软件相结合,主要使用财务系统和购销存系统两大子系统,实行财务与业务的全面集成,对企业物流、资金流和信息流进行同步管理,使企业资源达到最佳配置状态,提高企业获利能力。

3. 采购业务管理

五十铃的采购业务由其采购部来执行。采购业务发生后,采购部将采购发票录入采购管理系统,采购物料入库时,采购部储运科根据验收单在库存管理系统中录入入库单;财务部根据采购发票和物料验收单据进行采购结算,系统自动生成相关凭证,登记相关库存账。

4. 销售业务管理

销售是企业生产经营成果的实现过程,是企业经营活动的中心。五十铃的销售业务主要由其销售部进行处理,一般根据订单进行销售,销售部将签订的销售订单录入销售管理系统,动态掌握销售订单执行情况。

5. 库存业务管理

在五十铃管理信息系统中,库存管理系统从物流的角度来加强对存货的管理,而存货核算系统则是从资金流的角度来加强对存货的成本管理。库存系统录入各种出入库单,登记出入库台账；存货核算系统生成存货成本的凭证传递到总账。

6. 财务管理

财务系统由总账、工资管理、固定资产、应收款管理、应付款管理、成本管理、UFO 表和现金流量表等模块组成。内部各模块之间自动传递数据，财务系统和购销存系统之间自动传递数据。

广州五十铃有限公司运用 U8 管理软件与企业管理有效结合，协助企业实现管理增值。U8 在广州五十铃有限公司的成功应用，协助企业消除了信息孤岛，真正实现了财务业务一体化；采购流程的科学化保证了库存成本最小化；项目管理的应用，加强了对成本费用的控制和分析，加速了资金的周转，保证了资金的安全性，实现了产品成本核算和管理。

资料来源：刘建明."江铃"腾飞与建设有中国特色的企业管理模式[J]. 江西社会科学.1993,06.

思考：如何看待广州五十铃有限公司的企业管理？

拓展阅读

杜邦公司组织结构的发展变化

美国杜邦公司是世界上最大的化学品生产公司，建立至今已近200年。在这200年中，尤其是20世纪以来，企业的组织结构历经变革，其根本点在于不断适应企业的经营特点和市场情况的变化。杜邦公司所创设的组织结构，曾经被美国许多公司甚至包括著名大公司所效仿，反映了企业组织结构发展演变的一般特点。

1. 成功的单人决策及其局限性

整个19世纪中期，杜邦公司基本上是单人决策式经营，这一点在亨利这一代尤为明显。在亨利的时代，这种单人决策式的经营基本上是成功的，这主要是因为以下几点。

(1) 公司规模不大，直到1902年合资时才拥有2400万美元的资产。

(2) 经营产品比较单一，基本上是火药。

(3) 公司产品质量占据绝对优势，竞争对手难以超越。

(4) 市场变化不甚复杂。

2. 集团式经营的首创

亨利去世后，单人决策式经营已经不再适合公司，新的管理者精心地设计了一个集团式经营的管理体制。在美国，杜邦公司是第一家把单人决策改为集团式经营的公司。

集团式经营最主要的特点是建立了"执行委员会"，隶属于最高决策机构董事会之下，是公司的最高管理机构。在董事会闭会期间，大部分权力由执行委员会行使，董事长兼任执行委员会主席。

由于在集团式经营的管理体制下，权力高度集中，实行统一指挥、垂直领导和专业分工的原则，所以秩序井然，职责清楚，效率显著提高，大大促进了杜邦公司的发展。20世纪初，杜邦公司生产的五种炸药占当时全美总产量的64%～74%，生产的无烟军用火药则占100%。第一次世界大战中，协约国军队40%的火药来自杜邦公司。公司的资产到1918年增加到3亿美元。

3. 充分适应市场的多分部体制

杜邦公司在第一次世界大战中的大幅度扩展，以后逐步走向多元化经营，组织结构遇到了严重问题。每次收购其他公司后,杜邦公司都因多元化经营遭到严重亏损。杜邦公司经过周密的分析,提出了一系列组织结构设置的原则,创造了一个多分部的组织结构。

在执行委员会下,除了设立由副董事长领导的财力和咨询两个总部外,还按各产品种类设立分部,而不是采取通常的职能式组织如生产、销售、采购等。在各分部之下,则有会计、供应、生产、销售、运输等职能处。各分部是独立核算单位,分部经理可以独立自主地统管所属部分的采购、生产和销售。

新分权化的组织使杜邦公司很快成为一个极具效率的集团,所有单位构成了一个有机的整体,公司组织具有了很大的弹性,能适应需要的变化。这使杜邦公司得以在20世纪20年代建立起美国第一个人造丝工厂,以后又控制了赛璐珞生产的75%~100%,垄断了合成氨,而且在30年代后,杜邦公司还能以新的战略参加竞争,那就是致力于发展新产品,垄断新的化学产品生产。从20世纪30年代到60年代,被杜邦公司首先控制的,有着重要意义的化学工业新产品有合成橡胶、尿素、乙烯、尼龙、的确良、塑料等,直到参与第一颗原子弹的制造,并迅速转向氢弹生产。

4. "三头马车式"的体制

20世纪60年代以后,为了适应日益严峻的企业竞争需要,杜邦公司的组织结构又发生了一次重大的变更,这就是建立起了"三头马车式"的组织体制。

1962年,公司的第十一任总经理科普兰上任,他被称为危机时代的起跑者。公司新的经营战略是:运用独特的技术情报,选取最佳销路的商品,强力开拓国际市场;发展传统特长商品,开发新的产品品种,稳住国内势力范围,争取巨额利润。有了新的经营方针,还必须有相应的组织结构作为保证。除了不断完善和调整公司原设的组织结构外,1967年,科普兰把总经理一职在杜邦公司史无前例地让给了非杜邦家族的人,公司财务委员会议议长也由别人担任,自己专任董事长一职,从而形成了一个"三头马车式"的体制。

20世纪60年代后杜邦公司的几次成功,不能说与新体制无关。过去,杜邦公司是向联合碳化物公司购买乙炔生产合成橡胶等产品,现在,它自己开始廉价生产,使联合碳化物公司不得不关闭乙炔工厂。在许多化学公司挤入塑料行业竞争的情况下,杜邦公司另外找到了出路,向建筑和汽车等行业发展,使60年代每辆汽车消耗塑料比50年代增加三至六倍。70年代初,又生产了一种尼龙纤维,挤入了钢铁工业市场。

所以,可以毫不夸张地说,杜邦公司成功的秘诀,首先在于使企业的组织结构设置适应需要,即适应生产特点、企业规模、市场情况等各方面的需要。而且,这样的组织结构也不是长久不变的,还需要不断地加以完善和发展。

资料来源:梅子惠. 现代企业管理案例分析教程[M]. 武汉:武汉理工大学出版社,2006.

学习情境二 现代企业战略管理

>>> 知识要点

- 掌握企业战略管理及企业战略管理过程。
- 掌握企业战略内部及外部环境分析内容。
- 掌握企业竞争战略模型。
- 掌握企业战略选择模型。
- 了解现代企业战略实施与控制过程。

>>> 核心概念

企业战略　企业战略管理　企业核心能力　波士顿矩阵　通用矩阵

情境导入

企业战略选择

某企业经营烟酒业务,其厂址在华北某市,销售市场在华北、东北、华东及西北各省。产品以高档酒为主,企业最近有以下几件事需要解决。

1. 西南某制酒企业在西北市场在春节期间开展买二赠一促销活动,本企业西部市场负责人请示总经理审批春节期间的促销活动。

2. 鉴于中档酒市场需求量大,营销部门建议本企业也加入中档酒行列,开发中档酒。

3. 当地一条街道和当地一列进京列车分别邀请本酒厂参加冠名活动,企业正在考虑是否参加竞标。

4. 与一家商场就货款问题发生争议,对方已诉至法院。

5. 企业近期请某广告公司设计了三个广告创意方案,需要从中选择一个。

思考:以上事件中哪些是企业战略层次应该研究的问题,哪些不是,请一一列举理由。

单元一 现代企业战略管理概述

一、企业战略与企业战略管理

(一) 企业战略

"战略"一词原是军事方面的概念,但现在这一概念已经广泛应用在军事、经济、政治、商业、管理等各个领域,它表示对一件事情的总体谋划和部署。

企业战略,在西方企业战略文献中没有统一的定义,不同的学者与管理人员赋予企业战略以不同的含义。有的认为,企业战略应包括企业的目的与目标,即广义的企业战略;有的则认为企业战略不应包括企业的目的与目标,即狭义的企业战略。

企业战略是企业在面对激烈变化和竞争的情况下,根据企业内外环境及可获取的资源情况,为求得企业的生存和长期稳定发展,对企业的发展目标、达到目标的途径和手段进行的总体性谋划。经营战略是企业经营思想的集中体现,是一系列战略决策的结果,同时又是制订企业规划和计划的基础。

亨利·明茨伯格认为,从企业未来发展的角度来看,战略表现为一种计划(plan);而从企业过去发展历程的角度来看,战略则表现为一种模式(pattern);如果从产业层次来看,战略表现为一种定位(position);而从企业层次来看,战略则表现为一种观念(perspective);此外,战略也表现为企业在竞争中采用的一种计谋(ploy)。这是关于企业战略比较全面的看法,即著名的5P模型。

(二) 企业战略管理

企业战略管理是指企业战略的分析与制订、评价与选择、实施与控制,使企业能够达到其战略目标的动态管理过程。企业战略管理的概念包括以下三个方面的含义。

(1) 企业战略管理是企业战略的分析与制订、选择与评价、实施与控制,三者形成一个完整的、相互联系的管理过程。

(2) 企业战略管理是把企业战略作为一个不可分割的整体来加以管理的,其目的是提高企业整体优化的水平,如何使企业战略管理各个部分有机整合以产生集成效应是战略管理的主要目的。因此,企业资源配置、各职能部门策略都要从全局出发,而不是只顾及企业内部个别子目标的实现而不顾及全局。

(3) 企业战略管理关心的是企业长期稳定和高速度发展,它是一个不断循环往复、不断完善、不断创新的过程,是螺旋式上升的过程。一次战略管理过程完成之后,并不是战略管理过程的结束,而是新一轮战略管理过程的开始。每经过一次循环,就应当使企业战略管理水平提高一步。

总之,企业战略管理是一个过程,不是一个事件。企业战略管理是将企业战略的分析与制订、评价与选择、实施与控制看成一个完整过程加以管理、这三个环节既相互联系又相互区别,忽视其中任何一个都不能获得有效的战略管理。

二、企业战略的构成要素

(一) 经营范围

经营范围是指企业从事生产经营活动的领域。它反映出企业与其外部环境相互作用的程度，也反映出企业计划与外部环境发生作用的要求。企业应该根据自己所处的行业、自己的产品和市场来确定自己的经营范围。

（二）资源配置

资源配置是指企业过去和目前对资源和技能进行配置、整合的能力与方式。资源配置的优劣差异极大地影响企业战略的实施能力。企业只有注重对异质战略资源的积累，形成不可模仿的自身特殊能力，才能很好地开展生产经营活动。如果企业的资源缺乏有效配置，企业对外部机会的反应能力会大大削弱，企业的经营范围也会受到限制。

（三）竞争优势

竞争优势是指企业通过其资源配置模式与经营范围的决策，在市场上所形成的优于其竞争对手的竞争地位。竞争优势既可以来自企业在产品和市场上的地位，也可以来自企业对特殊资源的正确运用。

（四）协同作用

协同作用是指企业从资源配置和经营范围的决策中所能寻求到的各种共同努力的效果。它可被看作资源配置与整合的规模优势。在企业管理中，协同作用主要表现为以下四个方面。

（1）企业各经营单位联合利用企业的设备、原材料储备、研发投资以及专用工具和专有技术的投资协同作用。

（2）企业充分利用现有的人员和设备，共享由经验曲线形成的优势等产生的作业协同作用。

（3）企业的产品使用共同的销售渠道、销售机构和促销手段所形成的销售协同作用。

（4）管理过程中的经验积累以及规模效益等所产生的管理协同作用。

三、企业战略的层次

企业战略目标是个十分复杂的体系，往往涉及企业内部很多部门的直接利益。对于一个典型的现代企业，其战略目标体系一般包括三个层面：公司总体战略、经营单位战略和职能战略，如图 2-1 所示。

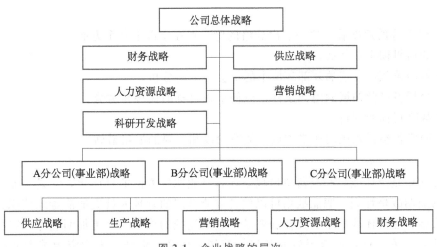

图 2-1　企业战略的层次

（一）公司总体战略

▶ 1. 公司总体战略的含义与内容

公司总体战略，是企业中最高层次的战略。它需要根据企业的目标，选择企业可以竞争的经营领域，合理配置企业经营所必需的资源，使各项经营业务相互支持、相互协调。总体战略常常涉及整个企业的财务结构和组织结构方面的问题，它的研究对象是由一些相对独立的业务或战略经营单位组合成的整体。

从企业战略管理的角度来说，公司总体战略主要表现在以下几个方面。

（1）企业使命的确定，即企业最适合于从事哪些业务领域，为哪些消费者服务，企业向何种经营领域发展。

（2）战略经营单位的划分及战略事业部的发展规划。

（3）关键战略经营单位的战略目标。

▶ 2. 公司总体战略的特点

（1）从形成的性质上看，总体战略是有关企业全局发展的、整体性的、长期的战略行为。

（2）从参与战略形成的人员看，总体战略的制订与推行人员主要是企业的高层管理人员。

（3）从对企业发展的影响程度看，总体战略与企业的组织形态有着密切的关系。企业的组织形态简单，经营业务和目标单一时，总体战略就是该项经营业务的战略，即经营战略。当企业的组织形态为了适应环境的需要而趋向于复杂化，经营业务和目标也多元化时，企业的总体战略也相应地复杂化。

（二）经营单位战略

经营单位战略，也称为经营领域战略。它是在总体性的公司战略指导下，经营管理某一特定战略经营单位的战略计划，是公司总体战略之下的子战略。企业在组织上把具有共同战略因素的若干事业部或其中某些部分组合成一个经营单位，每个战略经营单位一般都有自己独立的产品和细分市场。为了保证企业的竞争优势，各经营单位要有效地控制资源的分配和使用；同时，经营单位战略还要协调各职能层次的战略，使之成为一个统一的整体。

从战略管理的角度看，这一层次战略的侧重点在于以下几个方面。

（1）如何贯彻企业使命。

（2）各经营领域发展的外部环境中的机会与威胁分析。

（3）分析各经营领域的内部条件，以便认识自身的优势与劣势。

（4）战略目标的制订。

（5）明确各经营领域的战略重点、战略阶段和主要的战略措施。

（三）职能战略

职能战略是总体战略和经营单位战略在各专业职能方面的具体化，它是企业内主要职能部门的短期战略计划。职能战略可以使各职能部门的管理人员更加清楚地认识到本职能部门在实施企业总体战略中的责任和要求，它使笼统的战略内容更加明确化，以指导各项具体的业务决策，有效地运用研究开发、营销、生产、财务、人力资源等方面的经营职能，为实施以下两个层次的战略服务。这一层次战略的重点是提高企业资源的利用效率，使企业资源的利用效率最大化。职能战略可分为营销战略、人力资源战略、财务战略、生产战略、研究与开发战略等。

从战略管理的角度看，该战略应着力解决以下问题。

(1) 如何贯彻企业发展的总体目标。
(2) 职能目标的论证及细分。
(3) 确定其战略重点、战略阶段和主要战略措施。
(4) 战略实施中的风险分析和应变能力分析。

从实施意义上讲，只有在对各专业职能充分探讨的基础上，制订出职能战略之后，公司总体战略才得以形成。因为职能战略涉及战略在各专业职能之间如何展开以形成战略体系；也涉及各职能如何利用所分配的资源及其利用的效果，以保证战略的实施。所以，职能战略不明确，公司战略仅仅是个空中楼阁。

四、企业战略管理过程

战略是计划的一种形式，但战略管理却不仅仅是制订战略。战略管理是制订和实施战略的一系列管理决策与行动。一般认为，战略管理由几个相互关联的阶段所组成，这些阶段有一定的逻辑顺序，包含若干必要的环节，由此而形成一个完整的体系。

(一) 战略分析

战略分析的主要任务是对为保证组织在现在和未来能够处在良好状态的那些关键性影响因素形成一个概括，即对企业的战略形成有影响的关键因素进行分析，并根据企业目前的"位置"和发展机会来确定未来应该达到的目标。

(1) 明确企业当前使命、目标和战略。首先要明确企业当前的宗旨、目标和战略，这些指导企业目前行动的纲领性文件是战略分析的起点。

(2) 外部环境分析。外部环境分析的目的就是要了解企业所处的战略环境，掌握各环境因素的变化规律和发展趋势，发现环境变化将给企业的发展带来哪些机会和威胁，为制订战略打下良好的基础。

(3) 内部条件分析。战略分析还要了解企业自身所处的相对地位，分析企业的资源和能力，明确企业内部条件的优势和劣势；还需要了解不同的利益相关者对企业的期望，理解企业的文化，为制订战略打下良好的基础。

(4) 重新评价企业的使命和目标。当掌握了环境的机会和威胁，并且识别了自身的优势和劣势之后，需要重新评价企业的使命，必要时要对它做出修正，以使它们更具有导向作用，更好地确定下一步的战略目标。

(二) 战略选择

战略选择也就是制订战略。根据对内外部条件的分析，确定宗旨、目标和政策，具体从经营领域、竞争优势、经营结构方面进行战略规划，制订可供选择的几种发展战略方案；根据一定的评价标准和资源约束条件，对战略方案进行分析评价；对选定的方案进行资源分配，确定战略实施的政策和计划，并对战略目标进行分解，制订相应的策略和计划。

(三) 战略实施与控制

战略实施与控制的过程就是把战略方案付诸行动，保持经营活动朝着既定战略目标与方向不断前进的过程。这个阶段主要包括计划、组织、领导和控制四种管理职能的活动。

战略实施的关键在于其有效性。要保证战略的有效实施，首先要通过计划活动，将企业的总体战略方案从空间上和时间上进行分解，形成企业各层次、各子系统的具体战略或策略、政策，在企业各部门之间分配资源，制订职能战略和计划，分阶段、分步骤地贯彻和执行战略。

战略控制是战略管理过程中一个不可忽视的重要环节，它伴随战略实施的整个过程。建立控制系统是为了将每一阶段、每一层次、每一方面的战略实施结果与预期目标进行比较，以便及时发现偏差，适时采取措施进行调整，以确保战略方案的顺利实施。

单元二 现代企业战略环境分析

企业战略环境是指对当前企业的经营与前途具有战略性影响的各种内外因素的组合，它包括外部战略环境和内部战略环境。企业的外部环境是企业生存和发展的前提条件，内部条件则是企业生存和发展的基础。外部环境因素对企业来说是不可控的，企业的内部环境因素是企业可以加以控制的。根据外部环境因素对企业作用的方式和特征的不同，又可将其分为宏观环境因素和经营环境因素。企业的内部条件从其构成要素上看，可分为资源要素、管理要素和能力要素。

一、企业外部环境分析

（一）企业宏观环境分析

企业所面对的宏观环境是指给企业带来市场机会或环境威胁的主要外部力量，它们直接或间接地影响企业的战略，无形地会给企业的生存与发展带来重大的影响。企业的宏观环境分析一般用 PEST 宏观分析方法，具体包括以下四个方面。

▶1. 政治法律环境因素

企业的政治环境因素是指制约和影响企业的各种政治要素及其运行所形成的环境系统。政治环境具体包括政治制度、政党和政党制度、政治性团体、党和国家的方针政策、政治气氛等方面的内容。法律环境因素是指与企业相关的社会法律系统及其运行状态。法律环境主要包括国家的法律法规、国家司法与执法机关和企业的法律意识等。

▶2. 经济环境因素

经济环境因素主要是指构成企业生存和发展的社会经济状况及国家的经济政策。主要有社会经济结构、经济发展水平、经济体制和宏观经济政策等要素以及 GNP、GDP、人均收入和消费水平、失业率、通货膨胀率、通货紧缩率、利率、汇率、货币供应量等指标。

▶3. 社会文化环境因素

企业的社会文化环境主要是指人口因素（人口规模、地理分布、受教育的程度）、家庭结构、社会结构、社会风俗和习惯、信仰和价值观念、行为规范、生活方式、文化传统等。这些方面的变化和形成，必然要反映到企业的生产经营活动中，影响到社会对企业产品及服务的需求状况。

▶ 4. 科学技术环境因素

科学技术环境因素是指企业所处社会环境中的科技要素以及与该要素相关的各种社会现象的总和。企业的科技环境大体上包括社会科技水平、社会科技力量、国家科技体制、国家科技政策和立法等要素。

知识链接

PEST分析是指宏观环境的分析，P是政治(political)，E是经济(economic)，S是社会(social)，T是技术(technological)。在分析一个企业集团所处的背景的时候，通常是通过这四个因素来分析企业集团所面临的状况。

(二) 经营环境分析

企业经营环境是指影响企业经营领域的行业环境因素。行业环境是根据企业所处的行业来思考的环境。行业泛指由于产品类似而相互竞争、满足同类购买需求的一组企业。行业环境分析的任务是：明确行业长期利润潜力的来源及其状况，发现影响行业吸引力的相关因素，以确定企业进行行业选择的范围和风险。进行研究的目的在于弄清行业中成功的关键因素和行业的特征，确定行业所面临的机会和威胁，确定行业的吸引力，分析竞争对手的实力。

传统的产业组织理论是以市场结构、企业行为和效益为研究框架的。哈佛商学院的著名的战略管理学者迈克尔·波特教授在20世纪90年代末，将传统的产业组织理论与企业战略结合起来，形成了竞争战略与竞争优势的理论。根据他的观点，在一个行业中存在着五种基本的竞争力量，即潜在的进入者、替代品、购买者、供应者以及行业中现有竞争者间的抗衡，彼此之间相互作用。

知识链接

迈克尔·波特是哈佛商学院的大学教授(大学教授，University Professor，是哈佛大学的最高荣誉，迈克尔·波特是该校历史上第四位获得此项殊荣的教授)。迈克尔·波特在世界管理思想界可谓是"活着的传奇"，他是当今全球第一战略权威，是商业管理界公认的"竞争战略之父"，在2005年世界管理思想家50强排行榜上位居第一。

在一个行业里，这五种基本竞争力量的状况及其综合强度，引发行业内在经济结构上的变化，从而决定着行业内部竞争的激烈程度，决定着行业中获得利润的最终潜力，如图2-2所示。

在行业中，这五种力量共同决定行业竞争的激烈程度以及行业的获利能力。企业所要做的就是找到能够较好防御这五种竞争力量的方法，甚至通过对五种基本竞争力量施加影响使它们朝着有利于本企业的方向发展。以下就这五种竞争力量逐一展开分析。

▶ 1. 潜在的进入者

对于一个行业来说，潜在的进入者或新加入者会带来新的生产能力，带来新的物质资源，从而对已有的市场份额的格局提出重新分配的要求。特别是那些进行多种经营的企业从其他的行业进入后，常常运用已有的资源优势对新进入的行业产生强有力的冲击，结果是行业内产品价格下跌或企业内部成本增加，使得行业的获利能力降低。

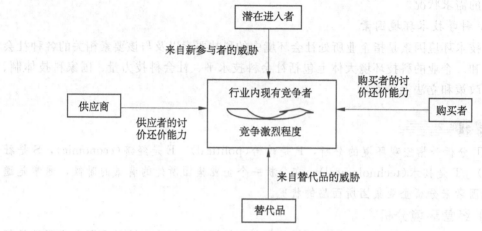

图 2-2 行业中的竞争力量

潜在的进入者或新加入者是否能够进入某行业，并对该行业构成威胁，取决于该行业所存在的进入障碍。如果进入障碍高，外部进入的威胁就小。可以构成行业的进入障碍的主要因素有以下几点。

(1) 规模经济。规模经济是指在一定时期内，企业所生产的产品或劳务的绝对量增加时，其单位成本趋于下降。产品或服务的规模经济可以构成行业的进入障碍，迫使新加入者在考虑进入某行业时，做出两种令人难以接受的选择：或者以大的生产规模进入该行业并且冒着行业中现有企业强烈抵制的风险；或者以小的生产规模进入该行业，忍受着产品成本过高的劣势。

规模经济几乎存在于企业的每一个职能之中，如制造、采购、研究和开发、市场营销、服务网络等。例如，计算机主机工业中，生产、研究、市场营销和服务的规模经济，可能构成主要的进入障碍。

(2) 产品差别化。产品差别化是指由于顾客或用户对企业产品的质量或商标信誉的忠实程度不同，而形成的产品之间的差别。当产品或服务形成进入障碍时，新加入者往往要花费较长的时间攻克这一壁垒，并且会以一定时期的亏损作为代价。

(3) 资金的需求。资金也可以形成一种重要的进入障碍。在进入新的行业时，企业如果需要大量的投资，则会考虑是否进入或如何进入。特别是对于资金密集型的行业来讲，企业如果筹不到足够的资金，便很难进入该行业；即使贸然进入，也要承担巨大的投资风险。

(4) 转换成本。转换成本是指企业从一个行业转向另一个行业从事生产经营活动时或从一种产品转向另一种产品时，所要支付的成本。转换成本包括企业购置新的辅助设备的成本、产品再设计的成本、职工再培训的成本等。如果转换成本过大，企业又不能在内部消化掉，则面对着一种新的进入障碍。企业或者冒着成本过高的风险，忍受失败或者停滞不前。

(5) 分销渠道。企业在进入一个新的行业时如果没有自己的产品分销渠道，也会面临着进入障碍。原有的分销渠道一般都是为已有的企业服务。新加入者必须通过让利、合作、广告津贴等方式让原有的分销渠道接受其产品。这样必然减少新加入企业的利润。为了克服这种进入障碍，企业必须开辟新的分销渠道，为自己的产品服务。

(6) 原材料与技术优势。行业中已有的企业可能会凭借自己在获得原材料方面的优势，或者拥有技术专利等方面的优势，为潜在的进入者或新加入者设置了进入障碍。新加入企业无论怎样扩大自己的规模，都难以消除这种壁垒。

(7) 政府政策。政府的政策、法规和法令等都会在某些行业中限制新加入者，例如，政府对环境污染的法令就可能禁止那些不合格的企业在某种行业中从事生产经营活动。

▶ 2. 替代品

替代品是指那些与本企业产品具有相同功能或类似功能的产品。在质量相等的情况下，替代品的价格会比被替代产品的价格更具有竞争力。替代产品投入市场后，会使企业原有产品的价格处在较低的水平，降低了企业的收益；替代产品的价格越具有吸引力，价格限制的作用就越大，对企业构成的威胁也就越大。为了抵制替代品对行业的威胁，行业中各企业往往采取集体行动，进行持续的广告宣传，改进产品质量，提高产品利用率改善市场营销等活动。

不过，有些替代品是新技术的产物，符合社会需求。例如，电力机车的出现替代了蒸汽机车，这是科学技术进步的产物，是社会发展的必然。如果原有行业中的企业顽固地坚持旧有技术，最终会被社会淘汰。因此，企业在研究与替代品的竞争关系时，一定要考虑双方的寿命周期阶段与总的发展方向，不能盲目地竞争。

▶ 3. 购买者的讨价还价能力

对于行业中的企业来讲，购买者是一个不可忽视的竞争力量。购买者所采取的手段主要有要求压低价格、较高的产品质量或更多的服务，甚至迫使作为供应者的企业互相竞争等，所有这些方式都会降低企业的获利能力。重要的购买集团对行业所产生的竞争能力，取决于该集团所处市场的特性，取决于该集团在该行业的购买活动与其整个业务相比较的重要程度。

当具备以下条件时，购买集团就会有较高的竞争能力。

(1) 该集团的购买力集中，或者对于企业来说是一笔很可观的交易。如果企业的大部分产品为某个固定的购买者所购买，该购买者的重要性就会增加。

(2) 该集团从某行业中购买的产品占该集团全部费用或全部购买量的相当大的一部分。在价格优惠并且可以挑选的情况下，购买者愿意花费必要的资金购买。反之，该集团从某行业中购买的产品如果只占其全部费用的一小部分，购买者通常对价格不很敏感。

(3) 该集团从某行业中购买的产品是标准的，或是没有差别的。在这种情况下购买者常常确信自己总可以找到可以挑选的供应者，并使供应企业之间互相竞争，从而得利。

(4) 该集团转换成本不高。转换成本高，会迫使购买者不得不固定地从某个或某些特定的销售企业处购买产品。相反，如果转换成本低，购买者不必固定地从某个或某些特定的企业处购买产品，其竞争能力便会提高。

(5) 该集团赢利低。由于赢利低，购买者就会千方百计地压低购买费用。如果购买者赢利高，便不会在价格上太敏感。

(6) 购买者采用向后一体化，会威胁作为供应者的企业。购买者实行向后一体化，会使其在交易中取得优惠者的地位。例如，有的公司在自己内部生产所需的一部分零部件，从而了解零部件的生产成本。在从公司外的供应者手中购买同类的零部件时，该公司就会处于有利的谈判地位。同样，作为供应者的企业如果实行向前一体化时也会削弱购买者的竞争能力。

随着时间的推移或由于公司的战略决策发生变化等原因，购买者的竞争能力也会发生变化。企业应将对购买者集团的选择看成是一项具有决定性的战略决策。在进行购买者选择时，企业应了解其所面临的各种购买者集团很少对企业具有同等的影响。即使企业只在一个行业里销售，该行业通常也会存在着不同的分市场。有些分市场的讨价还价能力较低。要改善自己的战略态势，企业必须寻找那些对该企业影响力最小的购买者。

▶ 4. 供应者的讨价还价能力

供应者通过扬言要抬高产品和劳务的价格或降低出售的质量，对作为购买者的企业进行威胁，以发挥他们讨价还价的能力。

上述的那些可以使购买者具有强大竞争能力的条件，基本上也适用于供应者。一般来讲供应者加强自己竞争能力的方式有以下几种。

（1）少数几家公司控制供应者集团。在将产品销售给较为零散的购买者时，供应者通常能够在价格、质量和条件上对购买者施加相当大的影响。

（2）替代品不能与供应者所销售的产品相竞争。如果替代品加入市场竞争，供应者即使再强大有力，其竞争能力也会受到替代品的牵制。

（3）作为购买者的企业不是供应者的重要主顾。在一些行业里，市场上所销售的产品或劳务对供应者来说不占其产品或劳务很大比重时，供应者便具有较强的竞争能力。反之，如果某行业中的企业是供应者的重要主顾，供应者的命运与该行业息息相关。在这种情况下，供应者为了自己的发展，会采取降价、加强研究开发、疏通销售渠道等活动来保护购买者行业。

（4）供应者的产品是购买者从事生产经营的一项重要投入。由于这种投入者的制造过程或产品质量有着重要的影响，从而提高了供应者讨价还价能力。

（5）供应者集团的产品存在着差别化。购买其产品的企业便不会设想去打供应者的牌，而承认供应者的竞争能力。

（6）供应者集团实行向前一体化。这样，供应者集团便具有较强的竞争能力，购买者行业很难在购买条件上与之进行讨价还价。

同购买者的情况一样，供应者的讨价还价能力也会发生变化。企业可以审时度势，通过战略来改善自己的处境。

▶ 5. 行业内部现有竞争者间的抗衡

行业内部的抗衡是指行业内各企业之间的竞争关系与程度。常见的抗衡手段主要有价格战、广告战、引进新产品以及增加对消费者的服务等。

行业内现有企业的竞争激烈程度取决于以下几个因素。

（1）行业集中度。在行业中，如果企业较多，常常会有些表现特殊的企业引发竞争。如果行业中企业在规模与资源上比较均衡，也会产生不稳定的现象。

（2）行业增长速度。如果行业发展缓慢，企业为了寻求发展，便转向在市场占有率上进行竞争。这种竞争变化较大，而且比行业快速发展时还要激烈。

（3）固定费用和库存成本。在行业存在剩余生产能力时，固定成本高，会对行业中所有企业造成巨大压力，迫使它们进一步满足生产能力，结果，往往导致企业的价格下降。在库存高的情况下，企业常常为了尽快销售积压产品，不得不采取降价的行动。结果，企业的获利很少。

（4）产品差异化。在企业的产品缺少差别化时，购买者在挑选企业的产品时，常常从产品的价格或服务上进行考虑。在这种情况下，企业之间常常会爆发激烈的价格战或服务战。事实上价格战等形式的竞争是不可取的。在价格战中，一个企业的减价行动会很快被同行的竞争对手采纳，结果，降价会使行业中所有企业的收入水平降低。

（5）行业内生产能力增长幅度。在规模经济要求生产能力大量增加的行业，新增的生产能力会经常打破行业的供需平衡。结果，该行业就会出现生产能力过剩与价格削减的周期性循环。

（6）退出行业的障碍。退出障碍高时，过剩的生产能力不能离开行业而且那些在竞争中败北的企业，也不能放弃经营。结果，那些经营不善的企业不得不继续在行业中消耗有限的资源，会使整个行业的获利能力一直保持较低的水平。

二、企业内部条件分析

企业内部条件分析的目的是了解企业自身的各种条件和组织状态，确认企业自身的优势与劣势，在战略的实施过程中克服自身的不足，发掘长处。这是企业内部生产经营活动的基础，企业战略的制订和实施，必须建立在这个基础上。

（一）企业内部资源分析

企业战略的制订要以能控制的资源为依据，战略实施应有必要的资源为保证。一般来说，对企业资源分析主要是评估五个方面的内容：财力资源、人力资源、物力资源、技术信息资源及声誉。

▶ 1. 财力资源

企业自有资金的数量和融资的能力，总体上决定了企业的投资能力和资金使用的弹性。

▶ 2. 物力资源

物力资源包括企业设备规模、技术水平，占地和建筑面积以及地理位置，企业拥有的原材料决定了企业可能的成本、质量以及生产能力和水准。

▶ 3. 人力资源

员工培训和专业知识决定了他们的基本能力；员工的适应能力表明了企业本身的灵活性。员工的忠诚度和奉献精神往往决定了企业维持竞争优势的能力。

▶ 4. 技术信息资源

技术储备决定了企业的技术应用状况；技术创新方面包括进行研究的技术装备以及科技人员的状况。

▶ 5. 声誉

声誉包括通过品牌、质量、与顾客的关系，建立起的在客户心目中的企业声誉，企业在其供应商、金融机构、公众、员工等心目中的声誉形象。

（二）企业核心能力分析

企业持续竞争的源泉和基础在于核心能力。核心能力是 1990 年由哈默尔和普拉哈拉德在《哈佛商业评论》上发表的《企业核心竞争力》一文中提出的，核心能力和企业能力理论在企业发展和企业战略研究方面迅速占据了主导地位，成为指导企业经营和管理的重要理论之一。它的产生代表了一种企业发展的观点企业的发展由自身所拥有的与众不同的资源决定，企业需要围绕这些资源构建自己的能力体系，以实现自己的竞争优势。根据麦肯锡咨询公司的观点，所谓核心能力，是指某组织内部一系列互补的技能和知识的结合，它具有使一项或多项业务达到竞争领域一流水平的能力。核心能力由洞察预见能力和前线执行能力构成。洞察预见能力主要来源于科学技术知识、独有的数据、产品的创造性、卓越的分析和推理能力等；前线执行能力产生于这样一种情形，即最终产品或服务的质量会因前线工作人员的工作质量而发生改变。

企业核心能力由五部分构成，分别如下。

（1）全体员工的知识和技能水平。它不仅是指员工的知识和技能水平，还包括企业全体员工的知识结构和技能结构。企业核心能力的形成不仅取决于企业的战略决策，更经常地依赖于企业全体员工每天做出的无数个小决策，例如，是否注意了产品质量的下降，是否注意了材料成本的小变化等，恰恰正是这些无数个小决策才是竞争对手所无法模仿的。而决定这无数小决策正确与否的，就是全体员工的知识结构和技能水平，也就是我们平时所说的员工素质。

（2）企业技术体系。企业的技术体系不仅仅是由厂房、设备、机械等硬件所组成的，还包括企业技术的软件体系，例如企业的技术规范、各种在生产经营过程中积累下来的技术诀窍等。

（3）企业的管理体系。企业的管理体系包括企业的管理思想，管理理念，企业管理的方式、方法及手段，企业战略管理及其他职能管理等。

（4）企业文化。企业文化是为企业成员所共同认可的价值观念、行为准则等意识形态和精神形态，这也是竞争对手很难模仿的。

（5）整合集成。整合集成是指将最合适的要素，采取创造性的融合方式，在相互优势互补后以最合理的结构形式结合成的一个有机体。这样可以成倍地提升核心能力的整体效果，是优胜劣汰及动态变化的过程，也是核心能力全方位与企业内外资源要素相互作用的过程，是发挥人的创造性思维的过程。

单元三 现代企业战略选择

企业战略规定了企业在一定时期内基本的发展目标和实现的基本途径，指导和激励着企业全体员工为实现企业经营战略目标而努力。因此，企业经营战略的选择十分重要。

一、战略选择的原则

企业经营战略的选择一般要遵循以下原则。

（一）长远性原则

企业经营战略考虑的不是企业经营管理中一时一事的得失，要着眼于企业未来3~5年范围乃至更长远的目标，考虑企业在未来相当长一段时期内的总体发展问题。

(二) 现实性原则

企业经营战略的制订离不开对企业未来发展的预测，而科学的预测必须以历史事实和现实状况为依据。因此，企业必须从现有的主观因素和客观条件出发，合理地选择企业经营战略。

(三) 竞争性原则

企业选择什么样的经营战略，都应当是在审时度势、全面衡量各种因素的基础上，为在激烈的市场竞争中求生存、求发展所做出的决定，其目的是为了克"敌"制胜，在竞争中战胜竞争对手。

(四) 适应性原则

企业管理模式必须服从于企业经营战略，包括企业组织机构的设置，人、财、物等资源的配置，管理方法与手段的选择等。同时，企业战略目标的提出与战略的制订，必须建立在企业现实可行的管理模式的基础上，不能超越管理模式的现实可行性。

二、战略选择的影响因素

影响企业战略选择的主要因素有以下几个方面。

(一) 企业过去的战略

对大多数企业来说，过去的战略常常被当成战略选择过程的起点，这样，一个很自然的结果是，进入考虑范围的战略数量会受到企业过去战略的限制。由于企业管理者是过去战略的制订者和执行者，因此，他们常常不倾向于改动这些既定战略，这就要求企业在必要时撤换某些管理人员，以削弱失败的目前战略对企业未来战略的影响。

(二) 管理者对风险的态度

企业管理者对风险的态度影响着企业战略态势的选择。风险承担者一般采取一种进攻性的战略，以便在被迫对环境的变化做出反应之前做出主动的反应。风险回避者一般采取一种防御性战略，只有环境迫使他们做出反应时他们才不得不这样做。风险回避者相对来说更注重过去的战略，而风险承担者则有着更为广泛的选择。

(三) 企业对外部环境的依赖性

企业总是生存在一个受到股东、竞争者、客户、政府、行业协会和社会的影响之中。企业对这些环境力量中的一个或多个因素的依赖程度也影响着企业战略管理的过程。对环境的较高的依赖程度通常会减少企业在其战略选择过程中的灵活性。此外，当企业对外部环境的依赖性特别大时，企业还会不得不邀请外部环境中的代表参加战略态势的选择。

(四) 企业文化和内部权势关系

任何企业都存在着或强或弱的文化。企业文化和战略态势的选择是一个动态平衡，相互影响的过程。企业在选择战略态势时不可避免的要受到企业文化的影响。企业未来战略的选择只有充分考虑到与目前的企业文化和未来预期的企业文化相互包容和相互促进的情况下才能被成功地实施。此外，企业中总存在着一些非正式的组织。由于种种原因，某些组织成员会支持某些战略，反对另一些战略。这些成员的看法有时甚至能够影响战略的选择因素，因此在现实的企业中，战略态势的决策或多或少的都会打上这些力量的烙印。

(五) 时期性

时期性指允许进行战略态势决策前的时间限制。时间限制的压力不仅减少了能够考虑的战略方案的数量，而且也限制了可以用于评价的方案的信息和数量。有研究表明，在时间的压力下，人们倾向于把否定的因素看得比肯定的因素更重要，因而往往做出更加具有防御性的策略。时期性的第二点包括战略规划取得长短，即战略的时期着眼点。战略规划期长，则外界环境的预测相对复杂，因而在做战略选择时的不确定性因素更多，这会使战略方案的决策的复杂性大大增加。

（六）竞争者的反应

在战略态势的选择中，还必须分析和预计竞争对手对本企业不同战略方案的反应，企业必须对竞争对手的反击能力做出恰当的估计。在寡头垄断的市场结构中，或者市场上存在着一个极为强大的竞争者时，竞争者反应对战略选择的影响更为重要。

三、战略选择模型

战略选择模型也就是企业战略选择的分析方法，主要有波士顿矩阵分析法和SWOT分析法。

（一）波士顿矩阵分析法

波士顿矩阵（BCG矩阵），又称市场增长率-相对市场份额矩阵，是由美国的布鲁斯·亨德森提出的用来分析和规划企业产品组合的方法。其核心是要解决如何使企业的产品品种及结构适合市场需求变化。同时，如何将企业有限资源有效分配到合理的产品结构中去，以保证企业收益，是企业在激烈竞争中能否取胜的关键。

波士顿矩阵认为，一般决定产品结构的基本因素有市场引力和企业实力。

（1）市场引力。市场引力包括企业销售量（额）增长率、目标市场容量、竞争对手强弱及利润高低等。其中最主要的是反映市场引力的综合指标——销售增长率，这是决定企业产品结构是否合理的外在因素。

（2）企业实力。企业实力包括市场占有率、技术、设备、资金利用能力等，其中，市场占有率是决定企业产品结构的内在要素，它直接显示出企业竞争实力。销售增长率与市场占有率既相互影响，又互为条件：市场引力大，销售增长率高，可以显示产品发展有良好前景，企业也具备相应的适应能力，实力较强；如果仅有市场引力大，而没有相应的高销售增长率，则说明企业尚无足够实力，则该种产品也无法顺利发展。相反，企业实力强，而市场引力小的产品也预示了该产品的市场前景不佳。

▶ **1. 基本原理**

BCG矩阵法将企业的每一个战略事业单位（strategic business unit，SBU）所有产品从销售增长率和市场占有率角度进行组合，从而显示出哪个SBU能提供高额的潜在利益，以及哪个SBU是组织资源的漏斗。在坐标图上，以纵轴表示企业销售增长率，横轴表示市场占有率，根据高低不同，将坐标图划分为四个象限，分别为"问号产品""明星产品""现金牛产品""瘦狗产品"，如图2-3所示。

▶ **2. 基本步骤**

（1）核算企业各种产品的销售增长率和市场占有率。销售增长率可以用本企业的产品销售额或销售量增长率。时间可以是一年或是三年以至更长时间。市场占有率，可采用相对市场占有率或绝对市场占有率。

（2）绘制四象限图。以10%的销售增长率和20%的市场占有率为高低标准分界线，将

图 2-3 波士顿矩阵

坐标图划分为四个象限。然后把企业全部产品按其销售增长率和市场占有率的大小,在坐标图上标出其相应位置。定位后,按每种产品当年销售额的多少,绘成面积不等的圆圈,顺序标上不同的数字代号以示区别。定位的结果即将产品划分为四种类型。

▶ 3. 各象限产品的定义及战略对策

(1)明星产品。它是指处于高增长率、高市场占有率象限内的产品群,这类产品可能成为企业的现金牛产品,需要加大投资以支持其迅速发展。

应采用发展战略:积极扩大经济规模和市场机会,以长远利益为目标,提高市场占有率,加强竞争地位。明星产品的管理与组织最好采用事业部形式,由对生产技术和销售两方面都很内行的经营者负责。

(2)现金牛产品。它是指处于低增长率、高市场占有率象限内的产品群,已进入成熟期。其财务特点是销售量大,产品利润率高、负债比率低,可以为企业提供资金,而且由于增长率低,也无须增大投资。因而成为企业回收资金,支持其他产品(明星产品)投资的后盾。

应采用收获战略:即所投入资源以达到短期收益最大化为限。把设备投资和其他投资尽量压缩;采用榨油式方法,争取在短时间内获取更多利润,为其他产品提供资金。

对于这一象限内产品,应进一步进行市场细分,维持现存市场增长率或延缓其下降速度。对于现金牛产品,适合于用事业部制进行管理,其经营者最好是市场营销型人物。

(3)问号产品。它是处于高增长率、低市场占有率象限内的产品群。前者说明市场机会大,前景好,而后者则说明在市场营销上存在问题。其财务特点是利润率较低,所需资金不足,负债比率高。如在产品生命周期中处于引进期、未能开拓市场局面的新产品即属此类问题的产品。

应采取选择性投资战略:即首先确定对那些经过改进可能会成为明星的产品进行重点投资,提高市场占有率;对将来有希望成为明星的产品在一段时期内采取扶持的对策。因此,对问题产品的改进与扶持方案一般均列入企业长期计划中。对问题产品的管理组织,最好是采取智囊团或项目组织形式,选拔有规划能力、敢于冒险、有才干的人负责。

(4)瘦狗产品。瘦狗产品也称衰退类产品,它是处在低增长率、低市场占有率象限内的产品群。其财务特点是利润率低、处于保本或亏损状态，负债比率高，无法为企业带来收益。

应采用撤退战略：首先应减少批量，逐渐撤退，对那些销售增长率和市场占有率均极低的产品应立即淘汰。其次是将剩余资源向其他产品转移。最后是整顿产品系列，最好将瘦狗产品与其他事业部合并，统一管理。

▶ **4. 运用波士顿矩阵选择战略目标**

充分了解四种业务的特点后还须进一步明确各项业务单位在公司中的不同地位，从而进一步明确其战略目标。通常有四种战略目标分别适用于不同的业务。

（1）发展。以提高经营单位的相对市场占有率为目标，甚至不惜放弃短期收益。要想现金牛类业务尽快成为"明星"，就要增加资金投入。

（2）保持。投资维持现状，目标是保持业务单位现有的市场份额、对于较大的"现金牛"可以此为目标，以使它们产生更多的收益。

（3）收缩。这种战略主要是为了获得短期收益，目标是在短期内尽可能得到最大限度的现金收入。对处境不佳的现金牛类业务及没有发展前途的问号类业务和瘦狗类业务应视具体情况采取这种策略。

（4）放弃。目标在于清理和撤销某些业务，减轻负担，以便将有限的资源用于效益较高的业务。这种目标适用于无利可图的瘦狗类和问号类业务。一个公司必须对其业务加以调整，以使其投资组合趋于合理。

（二）通用矩阵分析法

▶ **1. 基本分析原理**

通用矩阵，又称行业吸引力矩阵，是美国通用电气公司设计的一种投资组合分析方法，如图2-4所示。相对于波士顿矩阵，通用矩阵有了很大的改进，在两个坐标轴上都增加了中间等级，增多了战略的变量。这不仅适用于波士顿矩阵所能适用的范围，而且对需求、技术寿命周期曲线的各个阶段以及不同的竞争环境均可适用。九个区域的划分更好地说明了企业中处于不同地位经营业务的状态，使企业可以更为有效地分配其有限的资源。

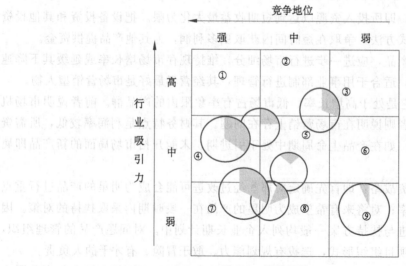

图2-4 通用矩阵

▶ 2. 分析方法

如图 2-4 所示，通用矩阵的横轴表示经营业务的竞争地位，纵轴表示行业的吸引力。行业吸引力和竞争地位的值决定着企业某项业务在矩阵上的位置。矩阵中圆圈面积的大小与行业规模成正比。圈中扇形部分（涂黑部分）表示某项业务所占有的市场份额。

企业利用通用矩阵比较其经营业务以及决定其资源的分配方式时，必须估测行业吸引力及经营业务的竞争地位。

影响行业吸引力的因素，有行业增长率、市场价格、市场规模、获利能力、市场结构、竞争结构、技术及社会政治因素等。评价行业吸引力的大致步骤是：首先根据每个因素的相对重要程度，定出各自的权数；然后根据业务定出行业吸引力因素的级数，一般用1、2、3、4、5表示；最后用权数乘以级数，得出每个因素的加权数，并将各个因素的加权值汇总，即为整个行业吸引力的加权值。

影响经营业务竞争地位的因素，有相对市场份额、市场增长、买方增长率、产品差别化、生产技术、生产能力、管理水平等。评估经营业务竞争地位的原理，同评估行业吸引力的原理基本相同，如表 2-1 所示。

表 2-1　行业吸引力测定

因素	权数	等级评分	加权分
税收	0.05	4	0.20
汇率变化	0.08	2	0.16
零件供应	0.10	5	0.50
工资水平	0.10	1	0.10
技术力量	0.10	5	0.50
人员来源	0.10	4	0.40
市场容量	0.15	4	0.60
市场增长率	0.12	1	0.48
行业赢利率	0.20	3	0.60
总计	1.00	…	3.54

从矩阵图 9 个方格的分布来看，企业中处于左上方的三个方格即①、②、④的业务称为"绿色地带"，最适于采取增长与发展战略，企业应优先分配资源；处于右下方的三个方格即⑥、⑧、⑨的业务，称为"红色地带"，一般应采取停止、转移、撤退战略；处于对角线的三个方格即③、⑤、⑦的业务，称为"黄色地带"，应采取维持或有选择地发展的战略，保护原有的发展规模，同时调整其发展方向。

▶ 3. 通用矩阵的局限

通用矩阵虽然改进了波士顿矩阵，但它只提出了一般性的战略思考，不能有效地说明一些新的经营业务在新的行业中得到发展的状况。

(三) SWOT 分析法

SWOT 分析是一种综合考虑企业内部条件和外部环境的各种因素进行系统评价，从而选择最佳经营战略的方法,其中的 S 是指企业的优势(strength),W 是指企业的劣势(weakness),O 是指企业外部环境的机会(opportunity),T 是指企业外部环境的威胁(threat)。使用 SWOT 方法的前提是企业已经对一个或者几个业务有了初步的选择意向,通过分析可以进一步考察这些业务领域是否适合企业进入,是否能够建立持久竞争优势。

▶ 1. SWOT 分析法的基本思路

首先是外部环境分析和企业能力分析,然后将企业的优势和劣势与环境中的机会和威胁进行配对分析,形成对环境的战略设想,并进行持久竞争优势检验,最后形成企业战略。该分析法的基本要点就在于企业战略的制订必须使其内部能力分析中的优势和劣势与外部环境分析中的机会和威胁相适应,且要对企业的综合情况进行客观公正的分析。

▶ 2. SWOT 分析内容

(1) 在公司现有的内外部环境下,公司如何最优地运用自己的资源,在分配公司资源时哪些机会应该拥有最高优先权。

(2) 为了更好地对新出现的行业和竞争环境做出反应,必须对公司的资源采取哪些调整行动。

(3) 是否存在需要弥补的资源缺口,公司需要从哪些方面加强其资源。

(4) 要建立公司未来的资源必须采取哪些行动。表 2-2 表示的是 SWOT 分析中通常需要考虑的内外部因素。

表 2-2 SWOT 分析要素

内部因素		外部因素	
潜在内部优势(S)	潜在内部劣势(W)	潜在外部机会(O)	潜在外部威胁(T)
1. 产权、竞争、成本优势 2. 特殊能力 3. 产品创新 4. 规模经济性 5. 良好的财务资源 6. 高素质的管理人员 7. 公认的行业领先者 8. 买方的良好印象 9. 适应力强的经营战略 10. 其他	1. 竞争劣势 2. 设备老化 3. 产品线太窄 4. 技术开发水平滞后 5. 营销水平低于其他竞争者 6. 管理不善 7. 不明原因的利润率下降 8. 资金拮据 9. 成本过高 10. 其他	1. 纵向一体化 2. 市场增长迅速 3. 可以增加互补产品 4. 能争取到新的用户群 5. 有进入新市场的可能 6. 有能力进入更好的企业集团 7. 在同行业中竞争业绩优良 8. 扩展产品线满足用户需要 9. 其他	1. 市场增长缓慢 2. 竞争压力增大 3. 不利的政府政策 4. 新的竞争者进入行业 5. 替代产品销售额逐步上升 6. 用户讨价还价能力增强 7. 用户需要与爱好逐步转变 8. 通货膨胀递增 9. 其他

▶ 3. 企业战略的确定

在利用 SWOT 分析来确定企业战略时,一般采用十字图结构,如图 2-5 所示。具体方法是建立十字象限,横轴表示为内部优势与劣势,纵轴表示外部机会与威胁,然后将表 2-2 所示各类要素逐项打分,按其重要程度加权并求其代数和,再将所得结果在 SWOT 分析图上具体定位,根据其所存的象限,确定企业战略能力。根据所在象限不同,企业战略可以分为以下四种。

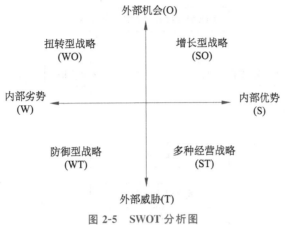

图 2-5 SWOT 分析图

(1) 增长型战略(SO)。它是指依靠内部优势去抓住外部机会的战略。如一个资源雄厚的企业(具有内部优势)发现某一国际市场尚未饱和(存在着外部机会),那么就应该采取 SO 战略去开拓这一市场。

(2) 扭转型战略(WO)。它是指利用外部机会来弥补企业内部劣势的战略。例如,当市场上对于某项业务的需求快速增长的时候(外部机会),企业自身却缺乏这一方面的资源(内部劣势),企业就应该抓紧时机采取扭转型战略,购买相关设备、技术,雇用技术人员或者干脆并购一个相关企业,以抓住这个机会。

(3) 多种经营战略(ST)。它是指利用企业的优势去避免或减轻外部威胁的打击。例如,一个企业的销售渠道很多(内在优势),但是由于种种限制又不允许它经营其他产品(外在威胁),那么企业就应该采取多种经营战略,在产品的多样化以及其他方面多下功夫。

(4) 防御型战略(WT)。它是指减少内部弱点同时避免外部威胁的战略。例如,一个资金不充裕(内在劣势)而市场对其产品的认知度又不高(外在威胁)的企业,就应该采取防御型战略,稳扎稳打地强化企业管理,提高产品质量,稳定供应渠道,或者以联合、合并的方式谋求长期的生存和发展。

单元四 现代企业战略实施与控制

企业战略管理过程可以分为确立企业愿景和企业使命、企业环境分析、战略制订、战略评估与选择、战略实施、战略控制与反馈六个阶段,每一个阶段又各自包含若干个不同的步骤,如图 2-6 所示。

一、确定企业愿景和企业使命

确定企业愿景和企业使命是战略管理过程的起点,是企业战略管理最重要的环节。确定企业愿景和企业使命,应当重点明确界定企业应该从事什么业务,它的顾客是谁,它要向自己的顾客提供什么样的产品和服务。同时,还要制订与之相配套的系列目标。一般来

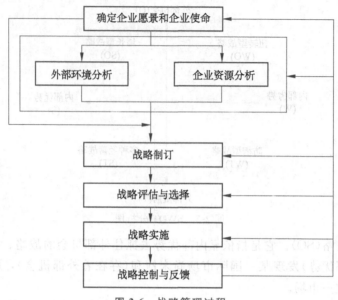

图 2-6　战略管理过程

说，企业使命的表述必须把企业的性质、特点和目的描述清楚，既不能界定过窄，也不能界定过宽。过窄的企业使命会限制企业的行动，使企业不能灵活地适应外界环境的变化，过宽的企业使命则因包罗万象而使企业无所适从，实现不了指导企业经营管理的目的。企业使命必须定位于企业的外部，因为顾客是企业生存的基础，一个企业只有为自己的产品和服务找到足够的顾客，它才能够生存下去。因此，企业必须根据它所服务的顾客及顾客的需要来确定自己的使命。企业目标的确定是企业战略管理过程中至关重要的一步。只有明确战略目标，企业才能根据实现目标的需要，合理地分配各种资源，正确地安排日常经营活动的优先顺序和时间表，恰当地指明任务和职责。没有确定的企业目标，企业使命就会形同虚设。

二、企业环境分析

企业环境分析主要是对企业所处的外部环境和企业自身内部资源条件的准确分析，进而为制订战略、实施战略提供依据。概括地说，企业环境分析是通过对企业内外部环境因素的分析和组合，为制订符合客观条件的企业战略提供依据。这种分析应以能够有效地发挥企业的优势、克服劣势、利用机会、避免威胁为基本原则。

（一）企业外部宏观环境分析

这里所指的外部宏观环境因素只能间接影响企业的生产经营活动和决策，包括政治、经济、社会文化、科技等客观环境因素。其中，政治环境重点研究政治体制、政治性团体、党和国家的方针政策、法律法规对企业制订战略的影响；经济环境重点研究经济发展水平、经济结构、经济体制、经济政策对企业制订战略的影响；社会文化环境重点研究人口压力和就业预期、人口迁移和人口年龄分布、价值观和社会文化氛围对企业制订战略的影响；科技环境重点研究科技体制对企业制订战略的影响。

（二）行业结构分析

行业结构是企业所处的中观环境，重点分析行业结构的形成和变化规律，寻找在行业中所处的特定位置。同时，还要分析行业内战略集团的地位以及战略集团内企业间的相互关系，分析创造价值的企业内在系统和价值链间的联系，这些对制订战略都有深刻的影响。

（三）企业内部微观条件分析

企业内部微观条件的分析主要应当考虑资源因素和能力因素。对企业资源条件的分析一般可以从五个方面入手。

（1）企业产品生产条件和产品结构状况。

（2）企业所拥有的资源状况。

（3）企业在市场营销、财务、生产、研究与开发、人事管理等方面的现实表现。

（4）企业文化建设方面的现实表现。

（5）企业组织结构，以及组织结构变革的方向。

对企业内部能力因素的分析，重点需要关注的是基于异质性、活性资源因素而形成的能力，这种能力可保证企业获得相对的竞争优势。正确确认、培养、维护核心竞争力对于推动企业健康成长具有深远的战略意义。

三、战略制订

企业战略是为实现企业使命和企业目标服务的，它是指导企业经营管理的综合性蓝图，是从企业发展全局出发而做出的较长时期的总体性的谋划和活动纲领。战略制订就是要在认清企业外部机会与威胁、认清内部组织资源优势与劣势的基础上，制订出可供选择的战略方案。它涉及企业发展中带有全局性、长远性和根本性的问题。

企业战略制订必须解决企业始终面临的四个基本问题。

（1）面对条件变化可能带来的威胁，企业应当做出什么样的反应，利用新的机会，减少外界条件变化带来的不良影响。

（2）在不同的业务，不同的部门、不同的行动方案之间，企业应当如何分配自己的资源。

（3）在企业从事的行业中，企业应当如何与每一个同行业企业竞争。

（4）为了贯彻实施总体战略，企业应当在每一项业务范围内管理好主要的职能部门，使企业内部的每一个单位都能为企业战略的实施而努力。

四、战略评估与选择

战略评估与选择是对若干种类的战略分别进行评估后做出选择的过程。战略评价的标准主要有适用性标准、可行性标准和可接受性标准三类。适用性标准主要用来评估所提出的战略与企业组织情况的适应程度，以及它如何保持和改进企业的竞争地位；可行性标准主要用来分析是否能够成功地实现战略，分析企业的资源条件是否能够承受该战略的实施；可接受性标准主要用来分析战略与人们期望的密切关系。

五、战略实施

战略实施是战略管理的行动阶段，虽然它往往是在企业最高管理层的监督和指导下，由企业中下层管理人员组织实施的，但是，作为企业的最高层管理者，企业的高层经理仍必须对企业战略的实施承担最为主要的责任。实际上，对于大多数企业家来说，较之制订企业战略，他们不得不将更多的时间用于将战略计划付诸行动，努力在客观条件允许的情况下，顺利地实现企业预期使命和目标体系。战略实施活动包括建立有效的组织结构、建立和使用信息系统、培育支持战略实施的企业文化，以及将员工报酬与组织绩效挂钩等。

六、战略控制与反馈

战略控制与反馈就是将经过信息反馈回来的实际战略实施成效与预定的战略目标进行比较，检查两者之间的偏离程度以及产生偏离的原因，并采取有效措施纠正战略偏差，以便完成企业使命，实现战略目标。因为战略管理过程是动态的、连续的，任何一个环节的变化都可能导致其他某些要素的变化，甚至所有的要素发生变化，所以战略控制与反馈工作也应当是连续的。

总　结

在本情境的课程中，我们通过学习现代企业战略管理概述，了解了企业战略和企业战略管理，企业战略管理的构成要素及企业战略层次，企业战略管理的战略分析、战略选择、战略实施与控制的过程。

在战略分析中，我们通过学习多种方法了解了在进行企业战略管理的第一步骤时，要对企业外部环境和内部环境分析。

在企业战略选择学习中，通过分析战略选择的原则、战略选择的影响因素，进而得出战略选择三大模型：波士顿矩阵分析法、通用矩阵分析法、SWOT分析法。

最后，通过确定企业愿景和企业使命、企业环境分析、战略制订、战略评估与选择、战略实施、战略控制与反馈六个步骤的学习，使我们掌握了现代企业战略实施与控制的过程。

教　学　检　测

一、名词解释

战略　企业战略管理

二、问答题

1. 试分析行业中的五种竞争力量。
2. 试分析波士顿矩阵分析法。
3. 试分析通用矩阵分析法。
4. 试分析SWOT分析。
5. 现代企业战略实施与控制的过程有哪些？

三、综合案例思考

格力空调的战略选择及战略实施

一、公司战略选择

1. 纵向一体化战略

(1) 1986 年 4 月，中瑞公司表壳投入批量生产。

(2) 1986 年 12 月 4 日，塑胶公司正式投入生产。

(3) 1998 年 9 月 8 日珠海对口支援万州移民开发区移建工程重庆格力新元电子元件有限公司正式开业。

2. 相关多样化战略

格力电器(中山)小家电制造有限公司，是珠海格力电器股份有限公司旗下的大型小家电专业制造商，也是国内领先的小家电专业制造商。自 1989 年创立以来，公司不断强化在研发、生产、销售等方面的综合优势，不断扩大产能、扩充产品品种，巩固作为小家电顶级制造商的地位。目前，公司经过各方面的优化重组，并采用了格力电器的各种资源优势平台，迅速地将产能、研发技术力量、管理能力、供应链等扩大。

3. 跨行业非相关多样化战略

旺角百货、格力集团财务有限公司、新香洲旺角商业地产、格力集团石化公司都是格力多样化战略实施的产物。

4. 收购和合资经营战略

2004 年 8 月，中国中化集团公司与格力集团石化项目正式达成合作，联手投资珠海高栏岛，建造华南地区最大的石化仓储物流基地，搭建现代化的石化物流平台。

2005 年，珠海格力电器股份有限公司全资收购珠海格力小家电有限公司，正式进军小家电，对小家电项目重资投入，旗下现已形成包括电风扇、电暖器、电磁炉、电饭煲、电饭锅、电热水壶、饮水机、加湿器等在内的丰富产品群，年产销量 2000 万台。格力小家电以"做精、做大、做强"为目标，始终坚持格力电器的精品路线，拥有 50 多套先进检测设备、3 个国家认可实验室，全部原材料均选用行业品质优良的物料，如宝钢、攀钢、韩国浦项、三星、美国华福、日本 NEG、德国西门子、肖特的产品，并采用先进的生产工艺严格控制产品质量。

二、经营单位战略选择

1. 差异化竞争战略

空调行业是一个规模经济效益非常明显的行业。在规模经济效益明显的行业里，实施规模化生产，降低制造成本，大幅调低产品售价，刺激更大的市场需求，形成大规模销售，然后再形成更大规模制造的良性循环。可一味的降价也不利于自己品牌的维护，并且随着消费者的个性化需求增加，格力现阶段实行的低成本战略已经不合时宜，低成本领先不可能无限地采取降价手段，应该转变策略，发展差别化战略，不同技术水平阶段的有限低成本领先优势战略与产品技术不断进步的差异化战略相结合的混合竞争战略。

(1) 当今社会健康、节能的变频空调已经成为主流，格力应该进行详尽的市场调查，了解消费者的需求，并且满足消费者的需求。

(2) 发展核心技术，创新技术，避免产品的同质化，新技术为武器，赢得差异化竞争的胜利。

(3) 特殊类型的管理技能和组织结构。

(4) 良好的创造性文化,鼓励技术人员大胆的创新。

(5) 对业务领域做全新定位,也对经营理念做更新,是以调整战略,应对外部环境。

2. 专业化经营战略

"专"是为了"精",也只有"专"才能保证"精"和"高"。现代社会化大生产,专业分工越来越细,只有集中精力、财力、物力和人力专攻一业,才能缩短新产品开发周期,不断抢占技术制高点。专业化可为格力的技术创新奠定了坚实的基础、提供了可靠的保证。格力集团的专业化经营战略主要包括以下几个方面。

(1) 市场开发战略。实施这一战略过程中,所运用的主要策略是重点经营专卖店,通过良好的售后服务保证顾客利益。

(2) 产品开发战略。格力产品开发的最大特点是一切以市场为导向,适应市场需要,同时又根据未来发展潮流创造市场。

在适应市场需求方面,格力"思消费者之所思",先后开发出:"空调王"——制冷效果最好的空调器;"冷静王"——噪声最低的空调器;三匹窗机——最便宜的空调器。

在创造市场方面,格力开发出:灯箱柜式空调——适用于酒吧饭店广告兼制冷;家用灯箱柜机——适用于三室一厅的家庭之用;三匹壁挂机、分体吊顶式空调、分体式天井空调等,适用于黄金地段的商店之用。这些产品的开发,各有自己的特色和目标市场,又形成了较为完整的产品系列,充分显示出专业化经营战略的优势。

(3) 市场渗透战略。格力市场渗透的主要方式如下。

① 扩大生产规模、降低产品成本,扩大市场份额。

② 广告宣传。格力的广告主题侧重于信誉与品牌,"好空调、格力造",以实实在在的质量与服务来赢得顾客。

③ 建立以专卖店和机电安装公司为主的销售渠道,形成销售、安装、维修的一条龙服务活动,并与经销商互惠互利,长期合作。

④ 科学管理,严格保证产品的质量,使之在市场选择中得到顾客的信任。

三、国际化战略选择

实施国际化战略,必须培育适应国际市场的核心竞争力。格力一直把技术、质量和规模,作为企业的三大核心竞争力加以培育和强化。

2001年,格力集团技术改造和新品开发投入达1.5亿元,新品销售收入预计占全部产品销售收入的48%。以格力的主导产品空调为例,其技术开发体系、生产体系和质量保证体系均具有国际先进水平,在空调的变频、智能、降低噪声和节能等技术研究领域,格力始终站在世界同行业的前列。现在格力每年都要推出200多个新产品,部分主要产品在许多技术领域都赶上或超过了国外品牌。此外,格力集团的其他主要产品也在技术创新、质量保证的前提下实现了规模生产。

近几年,格力品牌的空调以技术、质量和价格的优势得到了国际上的普遍认可,出口已经遍及全球100多个国家和地区。格力商标已经在全球77个国家申请了国际注册,为格力产品国际化奠定了品牌基础。

格力集团的石英手表、漆包线、小家电、电子元器件等其他产品也有一定数量的外销。同时,格力正在把生产流水线延伸到国外,以增强国外经销商和消费者对格力的信心,提升格力品牌的国际形象。2001年6月,格力在巴西投资3 000万美元、年产20万台空调的生产基地正式投产。目前,格力在巴西的销售网点遍布24个州,拥有200多家代理商,近1 000家经销商。格力巴西工厂的投产,受到国际空调业的极大关注,其产品不仅能够满足巴西市场的需求,而且还将辐射到整个南美。

四、战略实施

(一) 市场营销策略

现代化的大企业好比火车,生产和销售如同铁轨,只有两者都坚固,才能跑得稳、跑得快。珠海格力电器股份有限公司作为全球单产规模最大的空调生产企业,视销售为自己的"另一个车间",既严格遵照市场规律,又不失灵活性,因此,逐步掌握了市场的主动权。1999年,格力空调销售额超过60亿元,位居全国第一。短短的几年间,格力电器由一个无名小厂成为后来居上的空调行业巨头,销售业绩平均以每年30%的速度递增。在市场竞争的实践中,格力人摸索出一套独具风格的销售经验。

(二) 财务战略

格力在经营空调公司时就充分意识到流动资金的重要性。公司一方面利用供应商进行举债;另一方面加强了对客户的货款预收,减少形成坏账的机会,降低财务风险。

格力电器的财务状况良好,风险控制得较好,较高的资产负债率反而为其经营活动提供了较大比例的财务杠杆。公司2000年的销售毛利率29%,销售净利率仅4%,但股东权益收益率高达16%,原因正是有效地利用了负债经营。

2011年,对空调生产企业影响最大的莫过于价格战,由于利润率较高,还存在一定的降价空间。另外空调普及率远低于彩电,市场空间更大。市场的扩大对格力电器这种生产销售已经形成规模的厂商来说较有利。

格力电器于2010年6月底在西班牙成立了以销售为主的子公司,目前格力空调在欧洲空调市场占有率已经超过15%,预计今年格力电器的海外市场销售额仍将保持稳步增长。

(三) 制造战略

格力既注重技术,同时通过先进的设备和工装,以及不断提高的工艺水平,始终保持着制造方面的优势;格力不仅有适应多种工质(R22、R407C、R134A、R410A)的智能总装生产线,而且通过室外机管理的充氮焊接工艺、高效精确的冷媒灌注工艺、系统双向过滤杂质工艺、带模拟工况自动商检系统和自动打包、套包工艺的配合,形成了一套高质量、高效率的整机生产流程。

(四) 人力资源战略

格力公司本着以人为本的人力资源理念,致力于通过一物质和教育为内容的人力资源规划与配置方案,从员工那里得到支持。通过利润分享计划和股利分红计划,激励员工更加努力的工作以确保公司利润最大化。

(五) 研究发展战略

格力电器自诞生之日起,在空调研发和技术创新方面就一直是领先者,并且这种创新精神一直鼓励着格力人。至今已开发出包括家用空调、商用空调在内的20大类、400个系列、7000多个品种规格的产品,申请注册国家专利700多项,成功研发出GMV数码多联一拖多、离心式中央空调等高端技术,并全球首创国际领先的超低温热泵中央空调,填补了国内空白,打破了美、日等制冷巨头的技术垄断,在国际制冷界赢得了广泛的知名度和影响力。

另外,格力还在积极开拓全球市场。目前,格力电器全球用户超过1.5亿,并拥有珠海、巴西、巴基斯坦、越南等8大生产基地,8万多名员工,坚持"先市场,再工厂"。

近年来,格力空调在持续不断的国际化进程中,已多次获得"国际最佳品牌奖""国际质量之星金奖"等荣誉。格力电器总裁董明珠表示:"作为国际化的品牌,我们仍有巨大的增长空间。许多外国人曾评价格力,中国也能生产出高档的、耐用的产品。格力电器不仅要走大量出口之路,而且要立志成为空调品牌中的翘楚。"

未来五年,格力电器仍将继续家用、商用、中央空调等全方位空调领域的专业化路线。

资料来源:梅子惠. 现代企业管理案例分析教程[M]. 武汉:武汉理工大学出版社,2006.

思考:
1. 格力战略选择策略对我们有哪些启示?
2. 格力战略实施对企业发展有哪些作用?

拓展阅读

华为公司国际化经营的 SWOT 分析

1. 优势

(1) 通信制造商的领先地位。华为网络产品的技术领先水平和价格性能比已具备发展国际市场的能力,海外市场创新高。

(2) 综合成本低。华为的成功,很大程度上是利用国内的人力成本优势,向电信市场提供更具性价比的电信解决方案,挑战成本的极限。华为的成本优势主要体现在研发成本、产品生产成本、管理人员成本、工程安装、测试、网络优化、营销费用以及售后服务成本等环节上。

(3) 技术创新能力。华为拥有一批自主知识产权技术和消化吸收后二次开发的专利技术,使其在出口产品的价格变动余地较大,有低成本竞争的实力。华为的研发水平从华为专利的申请可见一端,截至目前,华为累计申请国内专利35773件。华为已加入 ITU-T、ITU-R、ITIJ-D、IEEESA、IETF、3GPP 等几十个国际标准组织,还积极参与国家标准工作,通过广泛参与国际各类标准协会,华为对国际竞争以及标准要求有了较强的适应力。

(4) 成功的营销和客户服务。在国际市场上,尤其是欧美发达国家,运营商更看重的是产品的质量和服务。华为在全球建立了100多个分支机构,营销及服务网络遍及全球,为客户提供快速、优质的服务。目前,华为的产品和解决方案已经应用于全球100多个国家,服务全球运营商前50强中的36家。高性价比的产品,加上快速响应客户的需求,是华为屡屡获得海外运营商订单的一个主要原因。

(5) 丰富的产品线和产品。华为的主要产品包括 SDH 光网、接入网、智能网、信令网、电信级 Internet 接入服务器等,此外还有 DWDM、C&C08iNET 综合网络平台、路由器、以太网交换机等产品,以及 CDMAIX 全套产品,目前已有相当数量的产品属于下一代的先导型产品。丰富的产品线和产品使得华为能够响应和满足用户多方面的需求，为公司的发展赢得更广泛的空间。

2. 劣势

(1) 缺乏国际化管理人才。随着华为海外业务的进一步推进，为应对多样化的全球市场环境，公司急需多方面的具有国际视野的人才支持，以帮助公司加快国际化进程。这些人才包括国际金融人才、具备跨文化管理经验的管理人员、熟悉全球法律运作的法律人才、具备国际知识产权运作经验的人才、具备领先通信技术领域经验的人才等。

(2) 内部管理有待规范。华为在内部管理上虽然取得了相对于本土企业的比较优势，但缺少符合国际化公司所必需的董事会设置，将使华为公司的技术决策、市场决策、管理决策三者间的衔接失衡，与国际网络及通信设备供应商相比，华为在费用管理、产品开发管理、人力资源管理和由IBM协助建立的供应链管理上存在不小的缺陷，导致与国际市场的竞争成本将由此远远大于竞争对手。

3. 机遇与挑战

(1) 世界通信市场的不断需求，中国3G未来的高速增长以及国际市场的复苏将对我国通信行业产生有利影响。中国电信重组带来网络升级与转型和3G项目启动将带来巨大的产业投资机会。同时，庞大的国内市场规模和政府产业政策的支持，全球通信设备产业出现向中国转移的趋势，为行业带来趋势性投资机会。

(2) 国际市场进入壁垒降低，可以通过国际市场增加销售，相对于中国，大部分的海外市场电信网络水平还很落后，经营水平低，利润空间也比较大。

(3) 全球化可以在全球范围实现全球人财物资源的优化配置，通过与其他相关企业建立战略联盟、合作、合资经营，利用到更丰富的全球资源，都有助于企业克服进入外国市场的障碍，进一步提高竞争优势。

(4) 行业竞争愈加激烈。国内电信设备市场的总体发展速度已明显放缓，随着市场增量的减小，在传统产品市场上，收入与利润的增长已变得异常艰难。国内设备制造商恶性的价格战，产品同质化，价格不断下降，已严重破坏了市场秩序。

(5) 贸易歧视、技术标准等软性壁垒的风险。我国企业跨国投资大都集中在经济欠发达的第三世界国家，而这些国家在政治、安全、法律、市场、信誉等方面又有很多的不确定因素，风险很大；而我国目前境外投资风险保障体系很不健全，基本处于空白状态。华为目前仍未在北美市场站稳脚跟，在世界经济不景气的情况下，华为的国际化战略，特别是在北美市场依然面临严峻的挑战。

资料来源：谢文新. 华为公司国际化战略分析[J]. 国际工商管理，2010，09.

学习情境三
现代企业新产品开发及技术创新管理

>>> 知识要点

- 掌握新产品开发的含义、类型。
- 重点掌握新产品开发的方式及新产品开发的策略。
- 掌握新产品开发过程的八大阶段。
- 了解技术创新的含义、分类及内容。
- 熟悉技术创新管理的概念、特点及类型。
- 掌握企业知识管理的实施。

>>> 核心概念

新产品　新产品开发　创新　技术创新　技术创新管理　知识管理

情境导入

润妍退市

世界著名消费品公司宝洁的营销能力早被营销界所传颂，但 2002 年宝洁在中国市场却打了败仗，其推出的润妍洗发水一败涂地，短期内就黯然退市。

在润妍洗发水进入市场之前，宝洁旗下产品被竞争对手贴上了"化学制品"、"非黑头发专用产品"的标签。为了改变这种被动的局面，宝洁从 1997 年调整了其产品战略，决定为旗下产品中引入黑发和植物概念品牌。

在新策略的指引下，宝洁按照其一贯流程开始研发新产品。

经过了长达 3 年的市场调查和概念测试，宝洁公司终于在中国酝酿出一个新的产品：推出一种全新的展示现代东方女性黑发美的润发产品，取名为"润妍"，意指"滋润"与"美丽"。在产品定位上，宝洁舍弃了已经存在的消费群体市场而独辟蹊径，将目标人群定位为 18～35 岁的城市高阶女性。

产品研制出来后，宝洁公司并没有马上投放市场，而是继续请消费者做使用测试，并根据消费者的要求，再进行产品改进。最终推向市场的"润妍"倍黑中草药润发露强调专门为东方人设计，在润发露中加入了独创的水润中草药精华（含首乌），融合了国际先进技术和中国传统中草药成分，能从不同层面上滋润秀发，特别适合东方人的发质和发色。

宝洁还通过设立模拟货架让消费者检验其包装的美观程度，即将自己的产品与不同品牌特别是竞争品牌的洗发水和润发露放在一起，反复请消费者观看，然后调查消费者究竟记住什么、忘记什么，并据此进行进一步的调整与改进。

在广告测试方面，宝洁让消费者选择她们最喜欢的广告。广告片的音乐组合也颇具匠心，现代的旋律配以中国传统的乐器古筝、琵琶等，进一步呼应"润妍"产品的现代东方美的定位。在润妍广告的最终诉求上体现的是：让秀发更黑更漂亮，内在美丽尽释放。

在推广策略上，宝洁选择了从中国杭州起步再向全球推广，并在"润妍"产品正式上市之前，委托专业的公关公司在浙江进行了一系列的品牌宣传，如举办书法、平面设计和水墨画等比赛和竞猜活动等，创新地用黑白之美作为桥梁，表现了现代人对东方传统和文化中所蕴含的美的理解，同时也呼应着润妍品牌通过乌黑美丽的秀发对东方女性美的实现。

从宝洁的产品研究与市场推广来看，宝洁体现了它一贯的谨慎。但在三年漫长的准备时间里，宝洁似乎在为对手创造蓄势待发的机会。奥妮败阵之后，联合利华便不失时机地将夏士莲"黑芝麻"草本洗发露系列推向市场，借用了奥妮遗留的市场空间，针对大众人群，以低价格快速占领了市场。对于黑发概念，夏士莲通过强调自己的黑芝麻成分，让消费者由产品原料对产品功能产生天然联想，从而事半功倍，大大降低了概念传播难度。而宝洁在信息传播中似乎没有大力强调它的首乌成分。

并且，宝洁因为四大品牌的缘由，已经成为主导渠道的代表，每年固定6%左右的利润率成为渠道商家最大的痛。一方面，润妍沿袭了飘柔等旧有强势品牌的价格体系，另一方面，经销商觉得没有利润空间而消极抵抗，也不愿意积极配合宝洁的工作，致使产品没有快速地铺向市场，甚至出现了有广告却见不到产品的现象。润妍与消费者接触的环节被无声地掐断了。

资料来源：肖瑞海. 润妍退市的背后：宝洁公司润妍品牌推介失败的案例[J]. 沪港经济，2004.

思考：

1. 宝洁作为一个大公司，其新产品的开发过程体现了严格的规范性和程序性，这样做有什么利弊？请结合案例分析。

2. 润妍从产品研究到推广上市的过程中有什么值得称道的地方？润妍的退市说明了新产品要成功还应考虑哪些因素？

单元一　新产品开发管理

一、新产品开发概述

（一）新产品的含义

什么是新产品，从不同的角度去理解，可以得出不同的概念。

(1) 产品功能原理和技术创新角度。所谓新产品，指的是在工业生产中采用新技术原理、新设计构思研制生产的产品；或在材质、结构、技术、工艺等某一方面比老产品有明显改进，从而显著提高了产品性能的产品。

(2) 市场和企业角度。对市场而言，新产品指的是第一次出现的产品是新产品；对企业而言，新产品指的是第一次生产销售的产品。

(3) 市场营销学角度。凡是消费者认为是新的、能从中获得新的满足的、可以接受的产品都属于新产品。

一般来说，新产品是指采用新的原理、技术、结构、元件、材料，具有新的功能、用途，有市场销售前景的产品。显然，新产品具有新颖性、市场适应性、时效性和可生产性的特点。产品如果缺乏新颖性，就不称其为新产品。市场适应性包括满足用户对产品功能、用途、质量、可靠性、使用、包装、价格等方面的要求。时效性是指新产品必须在适当的时机投放市场，而且寿命期有限，即新产品的时间性很强，如果时机不当或者超过寿命期，新产品就不能发挥应有的作用。可生产性指新产品能以市场可接受的价格进行工业化生产。

（二）新产品开发的含义

新产品开发是指新产品从构思、筛选、概念测试、商业化等活动的全过程。新产品开发实际上是把商业机会转变成有形产品的过程。新产品开发往往涉及与新产品开发有关学科的管理，图3-1给出了这种多学科的视角看待新产品开发。例如，生产管理从生产角度分析新产品开发，即企业怎样才能非常有效地制造研究中的产品？市场营销可能会有不同的观点，它关注的是努力了解顾客的需要以及公司如何才能更好地满足市场的这些需求。

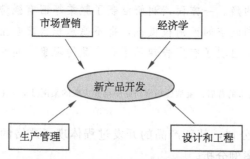

图3-1 从多个角度分析新产品开发

由于大多数公司倾向于增长，新产品开发给企业的成长提供了机会，因此许多公司热衷于开发新产品。安索夫产品与市场关系矩阵为企业新产品开发提供了一个有效的分析工具。

知识链接

安索夫产品与市场关系矩阵

安索夫博士于1975年提出安索夫矩阵。他以产品和市场作为两大基本面，区别出四种产品/市场组合和相对应的营销策略，以2×2的矩阵代表企业企图使收入或获利成长的四种选择，其主要的逻辑是企业可以选择四种不同的成长性策略来达成增加收入的目标，这是应用最广泛的营销分析工具之一，如图3-2所示。

	现有产品	新产品
现有市场	市场渗透 扩大占有率	产品开发 更新、系列化
新市场	市场开发 新区域/新顾客	多样化 新产品/新市场

图 3-2 安索夫产品与市场关系矩阵

1. 市场渗透

市场渗透，即以现有的产品面对现有的顾客，以产品市场组合为发展焦点，力求增大产品的市场占有率。采取市场渗透的策略，借由促销或是提升服务品质等方式来说服消费者改用不同品牌的产品，或是说服消费者改变使用习惯、增加购买量。

2. 市场开发

市场开发，即提供现有产品开拓新市场，企业必须在不同的市场上找到具有相同产品需求的使用者顾客，其中往往产品定位和销售方法会有所调整，但产品本身的核心技术则不必改变。

3. 产品延伸

产品延伸，即推出新产品给现有顾客，采取产品延伸的策略，利用现有的顾客关系来借力使力。通常是以扩大现有产品的深度和广度，推出新一代或是相关的产品给现有的顾客，提高该厂商在消费者中的占有率。

4. 多样化经营

多样化经营，即提供新产品给新市场，此处由于企业的既有专业知识能力可能派不上用场，因此是最冒险的多元化策略。其中成功的企业多半能在销售、通路或产品技术等核心知识上取得某种综效，否则多元化的失败概率很高。

(三) 新产品开发的类型

为了便于对新产品开发进行分析研究，可以从多个角度进行分类。

▶ 1. 按新产品创新程度分类

(1) 全新新产品，指利用全新的技术和原理生产出来的产品。据统计，在美国市场，这类新产品占到新产品总数的 10% 左右。

(2) 换代新产品，指采用新技术、新结构、新方法或新材料在原有技术基础上有较大突破的新产品。

(3) 改进新产品，指在原有产品技术和原理的基础上，采用相应的改进技术，使外观、性能有一定进步的新产品。

(4) 仿制型新产品，即产品的市场已经存在，本企业模仿生产并推向市场的新产品。

换代型产品和改进型产品都是以原有产品为基础实行产品开发，企业资源要求不高，风险较小，开发出的产品也容易为市场所接受，一般可作为企业产品开发的重点。

▶ 2. 按新产品所在地的特征分类

(1) 地区或企业新产品，指在国内其他地区或企业已经生产，但本地区或本企业初次生产和销售的产品。

(2) 国内新产品，指在国外已经试制成功，但国内尚属首次生产和销售的产品。

(3) 国际新产品，指在世界范围内首次研制成功并投入生产和销售的产品。

▶ 3. 按新产品的开发方式分类

(1) 技术引进新产品，指直接引进市场上已有的成熟技术制造的产品，这样可以避开自身开发能力较弱的难点。

(2) 独立开发新产品，指从用户所需要的产品功能出发，探索能够满足功能需求的原理和结构，结合新技术、新材料的研究独立开发制造的产品。

(3) 混合开发的产品，指在新产品的开发过程中，既有直接引进的部分，又有独立开发的部分，将两者有机结合在一起而制造出的新产品。

此外，新产品还可以按照人们的习惯分为新问世产品、新产品线、现有生产线的补充、现有产品的改进更新、市场重新定位和降低成本六种类型。

二、新产品开发的方式

(一) 独立研制开发

独立研制开发是一种独创性的研制，是指企业依靠自己的科研力量开发新产品。它根据国内外市场情况和用户的使用要求，或者针对现有产品存在的问题，从根本上探讨产品的原理与结构，开展有关新技术、新材料等方面的研究。在此基础上研制出具有本企业特色的新产品，特别是研制换代新产品或全新新产品。企业自行独立研制新产品，要求具备较强的科研能力、雄厚的技术力量。凡是具备科研开发条件的企业，都应当组织独立研制，以便充分发挥企业的现有科学技术能力，促进科学技术的发展，它包括三种具体的形式。

(1) 从基础理论研究开始，经过应用研究和开发研究，最终开发出新产品。一般是技术力量和资金雄厚的企业采用这种方式。

(2) 利用已有的基础理论，进行应用研究和开发研究，开发出新产品。

(3) 利用现有的基础理论和应用理论的成果进行开发研究，开发出新产品。

(二) 技术引进

技术引进是指企业发展某种主要产品时，借鉴国内外市场上已有成熟的制造技术，开发自己的新产品，既可以从国外引进技术，也可以从国内其他地区引进技术。这种方式不仅能节约研制费用，避免研制风险，而且还节约了研制的时间，保证了新产品在技术上的先进性。因此，这种方式被许多开发力量不强的企业所采用，但难以在市场上形成绝对的优势，也难以拥有较高的市场占有率。这种方式有以下优点。

(1) 可以节省企业的科研经费和技术力量，把企业研制新产品的人力、物力集中起来研制其他新产品，迅速增加产品品种。

(2) 可以赢得时间，尽快缩短竞争企业之间的技术差距。

(3) 可以把引进的先进技术作为发展产品的新起点，加速企业的技术发展，迅速提高企业的技术水平。

(4) 确保发展的产品有足够的经济寿命周期。

(三) 研制与技术引进相结合

研制与技术引进相结合是指企业在开发新产品时，既利用自己的科研力量研制，又引进先进的技术，并通过对引进技术的消化吸收与企业的技术相结合，创造出本企业的新产品。这是在对引进技术充分消化和吸收的基础上，与本企业的科学研究结合起来，充分发挥引进技术的作用，以推动企业科研的发展、取得预期效果。这种方式适用于企业已有一定的科研技术基础，外界又具有开发这类新产品比较成熟的一部分或几种新技术可以借鉴的情况。

这种方式使研制促进引进技术的消化吸收，使引进技术为研制提供条件，从而可以加快新产品的开发。

（四）协作研究

协作研究是指企业与企业、企业与科研单位、企业与高等院校之间协作开发新产品。这种方式有利于充分利用社会的科研力量，发挥各方面的长处，有利于把科技成果迅速转化为生产力。

（五）合同式新产品开发

合同式新产品开发是指企业雇用社会上的独立研究的人员或新产品开发机构，为企业开发新产品。

（六）购买专利

购买专利是指企业通过向有关研究部门、开发企业或社会上其他机构购买某种新产品的专利权来开发新产品。这种方式可以大大节约新产品开发的时间。

知识链接

专利产品是指所生产的产品，已取得国家知识产权局核发的专利证书，并且专利权尚未失效的产品。属于专利法保护范畴，任何人未得到授权和许可不得擅自生产和销售。

三、新产品开发应考虑的要素

（一）新产品开发应考虑的基本要素

新产品开发具有风险大和收益高的特点。要取得新产品开发的成功，就得对造成失败的原因和取得成功所必备的条件进行研究。大量研究结果表明，新产品开发成功与否主要取决于以下一些因素，这些因素也是进行新产品开发的基本要素。

（1）选择有特色的产品。据很多研究发现，与其他因素相比，产品的超值完美或与众不同更能博得消费者的青睐。

（2）强烈的市场导向。即由市场拉动并以消费者为中心的新产品开发过程，是新产品成功所必备的条件。彻底地了解和掌握顾客的需求和欲望、竞争状况及市场特性，是新产品成功的基本因素。要想成功，市场导向的思想必须贯彻于整个新产品开发的始终。

（3）充分的开发前准备工作。准备工作必须在产品开发前进行，研究表明，开发前的各阶段工作，如开始筛选、前期的市场和技术研究、市场研究和经济分析，其质量与产品的财务绩效有紧密联系。这些筛选、分析和定义的阶段对于成功特别重要，因此要求管理者必须循序渐进地做好开发前的各项准备工作，坚决反对跳过开发前阶段，使错误确定的和未经严格检查的项目进入开发阶段。

（4）有明确的产品定义。产品定义是新产品开发成功的关键因素之一，这些定义包括目标市场的识别；产品概念和将产生的离异的描述；定位策略的详细表述；产品的特性、好处、要求和表示清单。

（5）必须具备有效的组织结构及其支持系统。产品创新并非某一个部门的独立工作。一个跨职能的项目队伍，与从各职能部门抽出的核心骨干一起，配备一个经过授权的权威领导，是成功的基本要素。

（6）高层管理者的积极支持和推动是不可少的。高层管理者可以通过集中资源和削弱组织中的官僚主义而使项目付诸实施。在成功的企业中，高层管理者的主要作用是作为创新的设计和实施阶段的幕后推动者，而不是做具体工作的成员。

（7）市场吸引力及与公司协同是两个重要的成功驱动器。瞄准有吸引力市场的新产品容易成功，这些市场包括高增长、高需求的市场，高利润的市场，以及缺少强有力的、占绝对优势的竞争者的市场。协同对成功来讲也是很重要的。市场营销协同将产品卖给企业已有的顾客，表明了企业现有的销售力量和销售渠道与生产技能及资源之间取得平衡。

（8）一个经过充分论证，且较好执行的定位是新产品成功的核心。世界上最好的产品都不会自我销售，因此需要强有力的市场营销努力，需要一个具有很好目标的销售方法以及有效的售后服务。一个完整的目标和市场的定位不是偶然产生的，它是较好设计的市场营销计划、合适的资助、充分的资源且有效执行等所共同产生的结果。

（9）关键活动的完全性、一致性及执行的质量造就了赢家和输家。某些关键的活动执行的情况如何、是否尽全力去做等，与成功紧密相关。这些活动包括在项目初期承担最初的项目和技术评价，在产品设计之前进行详细的市场研究或市场营销研究，周密的进行经济分析和财务分析，高质量的测试市场和进行市场定位。

一种解决问题的方法是将产品创新视为一个过程。为这一过程的质量保证设计一个正式的控制过程。一是导入和实施全面质量管理（TQM），树立质量意识，使TQM贯穿于创新的全过程，人人抓质量；二是在这一过程中引入检测点，集中于质量标准的执行，保证过程中的每项行动都是高质量的。通过对某些环节实施强制的方法将会保证整个过程的质量，这对于成功也是非常关键的。

知识链接

TQM全面质量管理，是以产品质量为核心，建立起一套科学严密高效的质量体系，以提供满足用户需要的产品的全部活动，是改善企业运营效率的一种重要方法。

（二）新产品开发应考虑的企业内部要素

企业在实施新产品开发前，除了具备上述的基本要素外，还应该研究企业内部要素。企业内部要素是取得新产品开发成功的基本保障。企业的内部要素表现为是否有足够的能力支持新产品的开发。这些能力包括技术能力、成本投入能力、经营网络能力等。

▶ **1. 技术能力**

检验技术能力必须要求企业的生产能力以及产品或服务能实现设计的功能。例如，某公司开发新产品的原型，将这种新产品安装在一个正常的灯泡上可使灯泡的使用寿命延长10倍，市场前景非常可观，而且他们可以利用自己闲置的机器生产这种产品。但存在的问题是需要找到一种能抗高温的黏合剂。他们自己没有这方面的技术能力开发这种抗高温的黏合剂，若与国际上较先进和厂商合作开发，费用将远远超出利润，因此从整体上来分析，这是不成功的。

2. 成本投入能力

规模越大，资金投入越大，成本回收就越慢。如果没有数千万元的资金准备和两年内回笼投资的思想准备，做高档品牌的结果一定没有好结果。

3. 经营网络能力

如果你只熟悉低档市场，拥有一批低档产品的代理商，那么你的产品最好定位在低档范围，否则不仅会造成原有资源的浪费，而且开发新的商业网络也需要雄厚的资本，使企业不堪负担。更重要的是，重新开发商业网络未必能达到预期的目的。

四、新产品开发的策略

现代企业中常用的新产品开发策略主要有四种，分别是领先者策略、紧随领先者策略、仿制策略、部分市场策略。

（一）领先者策略

这种策略的目的是赶在所有竞争者之前，率先采用新技术并使新产品最早进入市场，争取创名牌产品，获取较大的市场占有率和利润。采用这一策略要求企业实力雄厚，有较强的应用研究与开发研究的力量，能先发制人，保证技术处于领先地位，但风险也较大。采用技术领先策略在争取赢利上有两种方式：一是把价格定得较高；二是通过平价政策赢得较大的市场占有率，以便在较长时期内取得赢利，亦即采用"薄利多销"和"细水长流"的方式取得赢利。究竟应采取哪一种方式，是确定"领先者"策略中的一个重要决策问题。

（二）紧随领先者策略

这一策略是通过迅速地仿用领先者的产品技术，在产品生命周期成长期的初期将新产品投入市场。这种策略需较强的开发能力与工程技术力量。在营销方面，不像"领先者"那样将重点放在激发用户的初始需求，而把重点放在把现有用户吸引过来，同时要善于总结"领先者"所犯错误和经验，从而开发出性能更好、可靠性更高和具有先进性的产品。

（三）仿制策略

这种策略是通过仿制，以较低的成本开拓市场。它要求设计与工艺部门在降低成本与费用方面有较强的能力，产品进入市场的时机一般选择在成长期或稍后一段时间里，这时销售量较大，可以接近在经济上最合理的产量规模，并使设备的大量投资在产品定型化或标准化之后进行。

（四）部分市场策略

这是一种将基本技术专门用来为少数特定需求服务的策略。要求有较强的设计与工艺力量，并要求制造力量有较强的适应性。产品投入市场的时机可以选在早期或成长期，也可选在后期，即市场进一步细分的时期。

新产品开发策略，由于进入市场的时期有明显的不同，因而也可分别用进入市场的时间来划分，即把"领先者策略"称为"第一个进入市场策略"，把"紧随领先者策略"称为"第二个进入市场策略"，把"仿制策略"称为"晚进入市场策略"。

拓展阅读

新可乐的失败

自从 1886 年亚特兰大药剂师约翰·潘伯顿发明神奇的可口可乐配方以来，可口可乐在全球开拓市场可谓无往不胜。1985年4月23日,为了迎战百事可乐,可口可乐在纽约宣布更改其行销99年的饮料配方,此事被《纽约时报》称为美国商界一百年来最重大的失误之一。

在20世纪80年代,可口可乐在饮料市场的领导者地位受到了挑战,其在市场上的增长速度从每年递增13%下降到只有2%。

在巨人踌躇不前之际,百事可乐却创造着令人瞩目的奇迹。它首先提出"百事可乐新一代"的口号。"百事挑战"系列广告使百事可乐在美国的饮料市场份额从6%猛升至14%。

可口可乐公司市场调查部的研究也表明,可口可乐独霸饮料市场的格局正在转变为可口可乐与百事可乐分庭抗礼。

面对百事可乐的挑战,1980年5月,可口可乐董事会接受了奥斯丁和伍德拉夫的推荐,任命戈伊祖艾塔为总经理。不久,戈伊祖艾塔召开了一次全体经理人员大会,他宣布,对公司来说,没有什么是神圣不可侵犯的,改革已迫在眉睫,人们必须接受它。于是,公司开始将注意力转移到调查研究产品本身的问题上来,证据日益明显地表明,味道是导致可口可乐衰落的唯一重要的因素,已经使用了99年的配方,似乎已经合不上今天消费者的口感要求了。在这种情况下,公司开始实施堪萨斯计划——改变可口可乐的口味。

1984年9月,可口可乐公司技术部门决定开发出一种全新口感、更惬意的可口可乐,并且最终拿出了样品,这种"新可乐"比可口可乐更甜、气泡更少,因为它采用了比蔗糖含糖量更多的谷物糖浆,是一种带有柔和的刺激味的新饮料。公司立即对它进行了无标记味道测试,测试的结果令可口可乐公司兴奋不已,顾客对新可乐的满意度超过了百事可乐,市场调查人员认为这种新配方的可乐至少可以将可口可乐的市场占有率提高1%~2%,这就意味着多增加2亿~4亿美元的销售额。

1985年4月23日,可口可乐公司董事长戈伊祖艾塔宣布经过99年的发展,可口可乐公司决定放弃它一成不变的传统配方,原因是现在的消费者更偏好口味更甜的软饮料,为了迎合这一需要,可口可乐公司决定更改配方调整口味,推出新一代可口可乐。为了介绍新可乐,戈伊祖艾塔和基奥在纽约城的林肯中心举行了一次记者招待会。请柬被送往全国各地的新闻媒介机构,大约有200家的报纸、杂志和电视台的记者出席了记者招待会,但他们大多数人并未信服新可口可乐的优点,他们的报道一般都持否定态度。新闻媒介的这种怀疑态度,在以后的日子里,更加剧了公众拒绝接受新可口可乐的心理。

然而,他们看到的是灾难性的上市效果:"我感到十分悲伤,因为我知道不仅我自己不能再享用可口可乐,我的子孙们也都喝不到了……我想他们只能从我这里听说这一名词了。"人们纷纷指责可口可乐作为美国的一个象征和一个老朋友,突然之间就背叛了他们。有些人威胁说以后不喝可口可乐而代之以茶或白开水。下面是这些反应中的几个例子:"它简直糟透了!你应该耻于把可口可乐的标签贴在上面……这个新东西的味道比百事可乐还要糟糕。""很高兴地结识了你,你是我33年来的老朋友了,昨天我第一次喝了新可乐,说实话,如果我想喝可乐,我要订的将是百事可乐而不是可口可乐。"

在那个春季和夏季里,可口可乐公司收到的这样的信件超过了4万封。在西雅图,一些激进的忠诚者(他们称自己为美国喝可口可乐的人)成立"美国老可口可乐饮用者"组织来威胁可口可乐公司:如果不按老配方生产,就要提出控告。在美国各地,人们开始囤积已停产的老可口可乐，导致这一"紧俏饮料"的价格一涨再涨。当7月份的销售额没有像公司预料的那样得到增长以后，瓶装商们要求供应老可乐。

公司的调查也证实了一股正在增长的消极情绪的存在。新可乐面市后的三个月，其销量仍不见起色，而公众的抗议却愈演愈烈。最终可口可乐公司决定恢复传统配方的生产。这一消息立刻使美国上下一片沸腾，当天即有18000个感激电话打入公司免费热线。当月，可口可乐的销量同比增长了8%，股价攀升到12年来的最高点每股2.37美元。但是可口可乐公司已经在这次的行动中遭受了巨额的损失。

资料来源：郭思达. 可口可乐营销危机启示：失败的新配方. www.chinaluxus.com.

单元二　新产品开发过程

新产品开发是一项极其复杂的工作，从根据用户需要提出设想到正式生产产品投放市场为止，其中经历许多阶段，涉及面广、科学性强、持续时间长，因此必须按照一定的程序开展工作，这些程序之间互相促进、互相制约，才能使产品开发工作协调、顺利地进行。产品开发的程序是指从提出产品构思到正式投入生产的整个过程。由于行业的差别和产品生产技术的不同特点，特别是选择产品开发方式的不同，新产品开发所经历的阶段和具体内容并不完全一样。一个完整的新产品开发过程包括以下几个方面。

一、调查研究阶段

发展新产品的目的，是为了满足社会和用户需要。用户的要求是新产品开发选择决策的主要依据。为此必须认真做好调查计划工作。企业可以从国内外同类产品及相关产品的性能指标和技术水平方面、同类产品及相关产品的市场占有率、价格及竞争能力等方面、顾客对同类产品及相关产品的使用意见和对新产品的要求等方面进行调查研究分析，提出新产品构思以及新产品的原理、结构、功能、材料和工艺方面的开发设想和总体方案。

二、构思创意阶段

(一) 新产品构思创意来源

新产品开发是一种创新活动，产品创意是开发新产品的关键。在这一阶段，要根据社会调查掌握的市场需求情况以及企业本身条件，充分考虑用户的使用要求和竞争对手的动向，有针对性地提出开发新产品的设想和构思。产品创意对新产品能否开发成功有至关重要的意义和作用。企业新产品开发构思创意主要来自三个方面。

▶ 1. 来自用户

企业着手开发新产品，首先要通过各种渠道掌握用户的需求，了解用户在使用老产品过程中有哪些改进意见和新的需求，并在此基础上形成新产品开发创意。

▶ 2. 来自本企业职工

特别是销售人员和技术服务人员，经常接触用户，用户对老产品的改进意见与需求变化，他们都比较清楚。

▶ 3. 来自专业科研人员

科研人员具有比较丰富的专业理论和技术知识，要鼓励他们发扬这方面的专长，为企业提供新产品开发的创意。此外，企业还通过情报部门、工商管理部门、外贸等渠道，征集新产品开发创意。

（二）新产品构思创意的方法

新产品构思创意的方法如下。

（1）产品属性列举法。将现有产品的属性一一列出，寻求改良这种产品的方法。

（2）强行关系法（组合创意）。列出多个不同的产品或物品，然后考虑它们彼此之间的关系，从中启发更多的创意。

（3）顾客问题分析法。

（4）开好主意会。

（5）群辩法。

进行新产品构思时应遵循的原则：不准批评、打破常规、争取数量、创意组合。

三、构思筛选阶段

不是所有的产品构思都能发展成为新产品。有的产品构思可能很好，但与企业的发展目标不符合，也缺乏相应的资源条件；有的产品构思可能本身就不切实际，缺乏开发的可能性。因此，必须对产品构思进行筛选。

这一阶段是将前一阶段收集的大量构思进行评估，研究其可行性，尽可能地发现和放弃错误的或不切实际的构思，以较早避免资金的浪费。一般分两步对构思进行筛选：第一步是初步筛选，首先根据企业目标和资源条件评价市场机会的大小，从而淘汰那些市场机会小或企业无力实现的构思。第二步是仔细筛选，即对剩下的构思利用加权平均评分等方法行评价，筛选后得到企业所能接受的产品构思。

新产品构思筛选时要考虑两个重要因素：

（1）是否符合企业的战略目标，如利润、销售、销售增长、企业形象目标等。

（2）企业有无足够资源能力，包括技术、资金、人才能力等。

四、新产品概念的形成阶段

经过筛选后的构思仅仅是设计人员或管理者头脑中的概念，离产品还有相当的距离。还需要形成能够为消费者接受的、具体的产品概念。产品概念的形成过程实际上就是构思创意与消费者需求相结合的过程。

新产品构思是企业创新者希望提供给市场的一些可能的新产品的设想。新产品设想只是为新产品开发指明了方向，必须把新产品构思转化为新产品概念才能真正地指导新产品的开发。新产品概念是企业从消费者的角度对产品构思进行的详尽描述，即将新产品构思具体化，描述出产品的性能、具体用途、形状、优点、外形、价格、名称、提供给消费者的利益等，让消费者能一目了然地识别出新产品的特征。因为消费者不是购买新产品构思，而是购买新产品概念。

新产品概念形成的过程亦即把粗略的产品构思转化为详细的产品概念。任何一种产品构思都可转化为多种不同的产品概念。

新产品概念的形成来源于针对新产品构思提出的问题的回答。一般通过对以下三个问题的回答，可形成不同的新产品概念：谁使用该产品？该产品提供的主要利益是什么？该产品适用于什么场合？

此阶段注意区别以下几个概念。

（1）产品创意——企业从自己的角度考虑能够向市场提供可能产品的构想。

（2）产品概念——企业从消费者角度对产品创意所作的详尽描述。

（3）产品形象——消费者对某种现实产品或潜在产品所形成的特定形象。

五、新产品设计阶段

产品设计是指从确定产品设计任务书起到确定产品结构为止的一系列技术工作的准备和管理，是产品开发的重要环节，是产品生产过程的开始，必须严格遵循"三段设计"程序。

（一）初步设计阶段

这一般是为下一步技术设计作准备。这一阶段的主要工作就是编制设计任务书，让上级对设计任务书提出体现产品合理设计方案的改进性和推荐性意见，经上级批准后，作为新产品技术设计的依据。

它的主要任务在于正确地确定产品最佳总体设计方案、设计依据、产品用途及使用范围、基本参数及主要技术性能指标、产品工作原理及系统标准化综合要求、关键技术解决办法及关键元器件，特殊材料资源分析、对新产品设计方案进行分析比较，运用价值工程，研究确定产品的合理性能（包括消除剩余功能）及通过不同结构原理和系统的比较分析，从中选出最佳方案等。

知识链接

消费者剩余是指消费者消费一定数量的某种商品愿意支付的最高价格与这些商品的实际市场价格之间的差额。马歇尔从边际效用价值论演绎出所谓"消费者剩余"的概念。范里安提出了关于消费者剩余的几种计算方法。消费者剩余是衡量消费者福利的重要指标，被广泛地作为一种分析工具来应用。产业的社会福利等于消费者剩余加上生产者剩余之和，或者等于总消费效用与生产成本之差。1977年，迪克西特和斯蒂格利茨将内在规模经济引进一般均衡模型，推出了市场考虑最适度边际利润而社会考虑消费者剩余的结论。一般认为，消费者剩余最大的条件是边际效用等于边际支出。

（二）技术设计阶段

技术设计阶段是新产品的定型阶段。它是在初步设计的基础上完成设计过程中必须的试验研究（新原理结构、材料元件工艺的功能或模具试验），并写出试验研究大纲和研究试验报告；作出产品设计计算书；画出产品总体尺寸图、产品主要零部件图，并校准；运用价值工程，对产品中造价高的、结构复杂的、体积笨重的、数量多的主要零部件的结构、材质精度等选择方案进行成本与功能关系的分析，并编制技术经济分析报告；绘出各种系统原理图；提出特殊元件、外购件、材料清单；对技术任务书的某些内容进行审查和修正；对产品进行可靠性、可维修性分析。

（三）工作图设计阶段

工作图设计的目的，是在技术设计的基础上完成供试制（生产）及随机出厂用的全部工作图样和设计文件。设计者必须严格遵守有关标准规程和指导性文件的规定,设计绘制各项产品工作图。

六、新产品试制与新产品实体开发阶段

新产品构思经过一系列可行性论证后,就可以把产品概念交给企业的研发部门进行研制,开发成实际的产品实体。产品实体开发包括设计、试制和功能测试等过程。这一过程是把产品构思转化为在技术上和商业上可行的产品,需要投入大量的资金。只有进入本阶段,产品概念才能真正转为实际的产品,才能证明产品概念在技术上的可行性。新产品试制阶段又分为样品试制和小批试制阶段。

▶ 1. 样品试制阶段

它的目的是考核产品设计质量,考验产品结构、性能及主要工艺,验证和修正设计图纸,使产品设计基本定型,同时也要验证产品结构工艺性,审查主要工艺上存在的问题。

▶ 2. 小批试制阶段

这一阶段的工作重点在于工艺准备,主要目的是考验产品的工艺,验证它在正常生产条件下(即在生产车间条件下)能否保证所规定的技术条件、质量和良好的经济效果。

产品实体开发主要包括以下几个步骤。

(1) 技术方面的可行性论证,包括外形设计分析、材料加工分析、价值工程分析。由工程部门负责。

(2) 商业方面的可行性分析,包括包装、品牌设计,花色、款式设计。由营销部门负责。

(3) 试制样品。

(4) 检验,包括功能检验和消费者检验。

知识链接

根据美国科学基金会调查,新产品开发过程中的产品实体开发阶段所需的投资和时间分别占总开发费用的30%和总时间的40%,且技术要求很高,是最具挑战性的一个阶段。

七、新产品试销阶段

新产品开发出来后,一般要选择一定的市场进行试销,以判断新产品的成效。

新产品试销也称市场检验,是指把根据选定的产品概念研制出来的产品,投放到通过挑选并具有代表性的小型市场范围内进行销售试验,以了解顾客对新产品的反映和意见,以便企业采取相应的营销对策的过程。

实际上,并非所有的新产品上市都要进行试销。是否需要进行试销,取决于对该产品的信心,以及顾客对产品的选择程度。如果企业在新产品试制与新产品实体开发阶段已经通过各种方式收集了顾客对该产品的意见和建议,对产品作出改进,或者顾客对该产品的选择性小,就可以不必进行试销,而直接向市场推出;反之则应该试销。此外,对一些价格比较昂贵,并且非大量销售的工艺品,通常也不进行市场试销。

如果试销市场呈现高试用率和高再购率,表明该产品可以继续发展下去;如果市场呈现高试用率和低再购率,表明消费者不满足,必须重新设计或放弃该产品;如果市场呈现低试用率和高再购率,表明该产品很有前途;如果试用率和再购率都很低,表明该产品应

当放弃。

八、商业化阶段

如果新产品的试销成功，企业就可以将新产品大批量投产，推向市场。要注意研究选择适当的投放时机和地区、市场销售渠道以及销售促进策略。

新产品商业化阶段的营销运作，企业应在以下几方面慎重决策。

（1）何时推出新产品。针对竞争者的产品而言，有三种时机选择，即首先进入、平行进入和后期进入。

（2）何地推出新产品。

（3）如何推出新产品，企业必须制订详细的新产品上市的营销计划，包括营销组合策略、营销预算、营销活动的组织和控制等。

九、新产品开发过程中应注意的问题

企业在新产品开发过程中应特别注意以下问题。

（1）以功能为中心制订产品开发计划。新产品开发是围绕实现一定的功能开展的，在进行市场研究弄清用户的确切需求后，就可以分析企业目前产品所提供的实际功能和客观需求之间的差距，得到哪些功能尚属空白、哪些功能尚未很好提供有益信息。显然，在对企业的研究与开发力量及生产运作条件进行分析后，就能编制出旨在克服上述某种不足的产品开发计划，它包括的工作内容也就沿着功能这条主线开展。

（2）最大限度地降低产品总成本。产品成本主要取决于设计开发和生产运作部门，而制造部门成本责任的绝大部分是由设计阶段所决定的。因此，应将降低产品总成本的努力贯穿于新产品开发的整个过程中，并协调统一好制造成本和使用成本的关系。

（3）形成新产品开发的良性循环。良性循环是指产品能正常地更新换代。为此，企业必须高度重视新产品开发工作，并制订完善的新产品开发工作规划，力争做到在生产运作第一代产品的同时，就积极开发第二代，研究第三代，构思设想第四代，确保有连续不断的新产品投放市场，使企业在整个生产经营过程中保持旺盛的生命力，不断谋求发展。

（4）开展创造性思维。不管是更新换代新产品的开发，还是老产品的小改革，都要以创造性的设想为基础。新产品的开发源于有创造性的设想。因此，应借助有效的创造技法来挖掘潜在创造力，以获取有价值的产品构思创意，指导人们进行全方位立体思考。

单元三 技术创新管理

一、创新及技术创新的概念

（一）创新

创新作为经济学的概念，是美籍奥地利经济学家熊彼特于1912年在《经济发展理论》一书中提出的。熊彼特认为，创新就是把生产要素和生产条件的新组合引入生产体系，即建立一种新的生产函数。

熊彼特把创新活动归结为以下几点。
(1) 生产新产品或提供一种产品的新质量。
(2) 采用一种新的生产方法、新技术或新工艺。
(3) 开拓新市场。
(4) 获得一种原材料或半成品的新的供给来源。
(5) 实行新的企业组织方式或管理方法。

(二) 技术创新

技术创新是指人类通过新技术改善经济福利的商业行为。技术创新不是纯技术概念，而是一个经济学范畴。技术创新在经济学上的意义是指包括新产品、新过程、新系统和新装备等形式在内的技术首次实现商业化的转化。

知识链接

技术创新的相近概念

1. 技术创新与技术进步

这两个概念是有区别的。技术进步是指技术所涵盖的各种形式知识的积累与改进。在开放经济中，技术进步的途径主要有技术创新、技术扩散、技术转移与引进。而技术创新是"生产函数的移动"，是一个科技、经济一体化过程，是技术进步与应用创新"双螺旋结构"共同作用催生的产物。

2. 技术创新与研究开发

经济合作与发展组织把研究开发定义为："研究和实验开发是在一个系统的基础上的创造性工作，其目的在于丰富有关人类、文化和社会的知识库，并利用这一知识进行新的发明。"研究开发是创新的前期阶段，是创新的投入，创新成功的物质基础和科学基础。

3. 技术创新与模仿、扩散

模仿是指企业仿制生产创新者的产品。模仿是创新传播的一种重要形式，模仿不只是简单地仿制，它包含着渐进的创新、对原设计的不断改进。扩散是指创新的成果被其他企业通过合法手段采用的过程。创新的潜在效应一般通过扩散逐渐得以发挥。

二、技术创新的分类

▶ **1. 按技术变化的程度分类**

按技术变化的程度，可将技术创新分为重大创新和渐进性创新。重大创新是指在技术上有重大突破的根本性创新；渐进性创新是指对现有技术进行局部改进或重新组合的创新。

▶ **2. 按创新对象分类**

按创新对象的不同，可将技术创新分为产品创新和工艺创新。产品创新是指对产品的原理、结构、用途、性能、原材料等方面进行的创新；工艺创新又称为过程创新，是指在生产(服务)过程中在技术变革的基础上实现的创新。产品创新和工艺创新如果在技术上有重大突破即为重大创新，如果仅是局部改进或小改革则为渐进性创新。

▶ **3. 按创新活动方式分类**

按照创新活动方式，技术创新可分为独创创新和模仿创新。独创创新是指企业通过研发过程,将以自创为主的科研成果用于创造经济价值的创新活动;模仿创新是指企业学习市场上其他企业的创新成果,为市场提供适销对路的产品、创造收益的过程和活动。独创创新需要大量的投入并具有较大的风险,但可能获得首先进入市场的机会;模仿创新风险较小,成本较低,而在模仿基础上的大幅度优化与创新也可能使企业后来居上。

三、技术创新的内容

(一) 要素创新

要素创新可分为材料创新和手段创新。

▶ 1. 材料创新

在技术创新的各种类型中,材料创新可能是影响最为重要、意义最为深远的。材料创新迟早会引发整个技术水平的提高。材料创新的主要内容是寻找和发现现有材料,特别是自然提供的原材料新用途,以使人类从大自然的恩赐中得到更多的实惠。随着科学的发展,人们对材料的认识渐趋充分,利用新知识和新技术制造的合成材料不断出现,材料创新的内容也正在逐渐地向合成材料的创造这个方向转移。

▶ 2. 手段创新

手段创新主要指生产的物质手段的改造和更新。任何产品的制造都需要借助一定的机器设备等物质生产条件才能完成。手段创新主要包括以下方面。

(1) 将先进的科技成果用于改造和革新原有设备,以延长其技术寿命或提高效能,如用计算机把老式的织布机改装成计算机控制织布机等。

(2) 用更先进、更经济的生产手段取代陈旧、落后、过时的机器设备,以使企业生产建立在更加先进的物质基础上,如用电视卫星传播系统取代原有的电视地面传播系统等。

(二) 要素组合方法创新

要素组合方法创新包括生产工艺和生产过程时空组织两个方面。

▶ 1. 生产工艺

工艺创新包括生产工艺的改革和操作方法的改进。生产工艺包括工艺过程、工艺参数和工艺配方等;操作方法是劳动者利用生产设备在具体生产环节对原材料、零部件或半成品的加工方法。生产工艺和操作方法的创新既要求在设备创新的基础上,改变产品制造的工艺、过程和具体方法,也要求在不改变现有物质生产条件的同时,不断研究和改进具体的操作技术,调整工艺顺序和工艺配方,使生产过程更加合理,现有设备得到充分利用,现有材料得到更充分的加工。

▶ 2. 生产过程时空组织

生产过程的组织包括设备、工艺装备、在制品及劳动在各空间上的布置和时间上的组合。空间布置不仅影响设备、工艺装备和空间的利用效率,而且影响人机配合,从而直接影响工人的劳动生产率;各生产要素在时空上的组合,不仅影响在制品、设备、工艺装备的占用数量,从而影响生产成果,而且影响产品的生产周期。因此,企业应不断地研究和采用更合理的空间布置和时间组合方式,以提高劳动生产率、缩短生产周期,从而在不增加要素投入的前提下,提高要素的利用效率。

(三) 产品创新

产品创新的内容很多,这里主要是指物质产品创新,它包括品种创新和结构的创新。

1. 品种创新

品种创新要求企业根据市场需要变化和消费者偏好转移，及时调整企业的生产方向和生产结构，不断开发出用户欢迎、适销对路的产品。

2. 产品结构的创新

产品结构的创新，在于不改变原有品种的基本性能，对现在生产的各种产品进行改进和改造，找出更加合理的产品结构，使其生产成果更低、性能更完善、使用更安全，从而更具有市场竞争力。产品创新是企业技术创新的核心内容，它既受制于技术创新的其他方面，又影响其他技术创新效果的发挥，新产品、产品新的结构，往往要求企业利用新机器设备和新工艺方法；而新设备、新工艺的运用又为产品的创新提供了更优越的物质条件。

四、技术创新的决定因素

（一）竞争程度

竞争会引起技术创新，技术创新可以给企业带来降低成本、提高产品质量和经济效益的好处，帮助企业在竞争中占据优势。因此，每个企业只有不断进行技术创新，才能在竞争中击败对手，保存和发展自己，获得更大的超额利润。

（二）企业规模

企业规模的大小从两方面影响技术创新的能力，因为技术创新需要一定的人力、物力和财力，并承担一定的风险。规模越大，这种能力越强。另一方面，企业规模的大小影响技术创新开辟的市场前景的大小，企业规模越大，技术创新开辟的市场也就越大。

（三）垄断力量

垄断力量影响技术创新的持久性。垄断程度越高，垄断企业对市场的控制力就越强，别的企业难以进入该行业，也就无法模仿垄断企业的技术创新，垄断厂商技术创新得到的超额利润就越能持久。垄断竞争下的市场结构最有利于技术创新。在这种市场结构中，技术创新又可分为两类：一是垄断前景推动的技术创新，指企业由于预计能获得垄断利润而采取的技术创新；二是竞争前景推动的技术创新，指企业由于担心自己的产品可能在竞争对手模仿或创新的条件下丧失利润而采取的技术创新。

知识链接

技术创新的发展

技术创新，指生产技术的创新，包括开发新技术，或者将已有的技术进行应用创新。科学是技术之源，技术是产业之源，技术创新建立在科学道理的发现基础之上，而产业创新主要建立在技术创新基础之上。进入21世纪，信息技术推动下知识社会的形成及其对技术创新的影响进一步被认识，科学界进一步反思对技术创新的认识。《复杂性科学视野下的科技创新》认为技术创新是各创新主体、创新要素交互复杂作用下的一种复杂涌现现象，是技术进步与应用创新的"双螺旋结构"共同演进的产物。信息通信技术的融合与发展推动了社会形态的变革，催生了知识社会，使得传统的实验室边界逐步"融化"，进一步推动了科技创新模式的嬗变。

五、技术创新管理

(一) 技术创新管理的概念

一般来说,技术创新管理是指通过计划、组织、控制、领导、激励、教育等职能过程,使人力、财力、物力、技术各类资源得到更加有效的配置、运转,实现技术创新的过程。企业技术创新管理的主要活动由产品创新管理和工艺创新管理两部分组成,包括从新产品、新工艺的设想、设计、研究、开发、生产和市场开发、认同与应用到商业化的完整过程。技术创新管理的根本目的就是通过满足消费者不断增长和变化的需求来保持和提高企业的竞争优势,从而提高企业当前和长远的经济效益。

(二) 技术创新管理的特点

▶ 1. 技术创新管理是基于技术的活动

技术创新管理与非技术创新管理的区别在于基本手段,技术创新管理是基于技术的活动,而不是基于管理、组织、制度的变动。这里的"技术"是一种广义概念,它包含各种工艺流程、加工方法、劳动技能和诀窍、生产工具和其他物质装备、知识经验与方法。

▶ 2. 技术创新管理对"技术"变动的程度有较大的弹性

从技术的发展来看,既存在技术的根本性变动,也存在技术的渐进、微小的弱变化。技术创新管理效益高低不能直接仅用技术变动强弱和大小来衡量,还与市场的销量及份额、单件产品或服务的收益率等因素有关。

▶ 3. 技术创新管理是技术与经济的结合

与技术发明不同,技术创新管理不是纯技术活动,而是技术与经济结合的活动,本质上讲,技术创新管理是一种以技术为手段实现经济目的的活动。技术创新管理的关键在于商业化,检验技术创新管理成功与否的基本标准是商业价值。

(三) 技术创新管理的类型

▶ 1. 按技术创新管理的对象分类

按技术创新管理的对象不同,可分为产品创新管理和工艺创新管理。产品创新管理是指在产品技术变化基础上进行的技术创新管理。按照产品技术变化量的大小,产品创新管理又可细分为全新的产品创新管理和渐进的产品创新管理。产品用途及其应用原理有显著变化的可称为全新产品创新管理。渐进的产品创新管理则是指技术原理本身没有重大变化,基于市场需要对现有产品进行功能上的扩展和技术上的改进。

▶ 2. 按技术变化强度不同分类

按技术变化强度不同,可分为渐进性创新管理和根本性创新管理。渐进性创新管理是指对现有技术进行局部性改进所引起的渐进性的技术创新管理。根本性创新管理是指在技术上有重大突破的技术创新管理,它往往伴随着一系列渐进性的产品创新管理和工艺创新管理,并在一段时间内引起产业结构的变化。

▶ 3. 按技术创新管理的来源分类

按技术创新管理的来源不同,可分为自主型、模仿型和引进型技术创新管理。自主型技术创新管理是指依靠自我技术力量,进行研究、开发新技术并实现其工程化和商业化生产的技术创新管理。自主型技术创新管理要求企业须拥有高素质创新管理人才和较雄厚的资金保障。模仿型技术创新管理指通过模仿已有技术成果的核心技术,并根据自我实际情况做进一步改进完善的技术创新管理。

（四）企业技术创新管理过程

企业技术创新过程管理涉及创新计划的制订、开发过程控制及创新过程的阶段整合。

▶ 1. 产品创新计划的制订

（1）确定产品竞争领域。包括产品类型和档次、最终用途、面向的顾客群及产品所拥有的技术资源。这些因素的组合就是产品竞争领域的备选方案。最终确定产品竞争领域需要综合考虑各种备选方案对企业总体目标的贡献。

（2）确定具体的产品创新目标。

① 发展目标。发展目标有四种选择：一是率先进入市场，迅速发展；二是形成竞争优势，受控发展；三是逐步更新现有产品，保持竞争地位；四是转移阵地，受控收缩。

② 市场态势。市场态势反映创新产品在市场上体现竞争优势的方式。它也有四种选择：一是开拓型态势，即通过产品创新创造新的市场机会；二是发展型态势，即通过产品创新来扩大市场占有率；三是维持型态势，即通过创新产品代替即将退出市场的产品，保持市场份额；四是收缩型态势，即放弃部分市场份额，通过产品创新巩固其余市场。

③ 特殊目标。特殊目标包括产品多样化、产品结构合理化、避免被收购、取得满意的投资回报率及维持或改善企业形象等。

▶ 2. 开发过程控制

（1）开发过程控制的主要任务。制订合理的资源配置计划、开发活动计划和各阶段的开发产出目标；根据项目实施过程的反馈信息纠正偏差，调整计划和目标，协调各职能部门活动；消除开发过程中企业内部技术转移障碍；解决因意外情况出现或影响开发的企业内外部因素变化导致的有关问题。

（2）开发过程控制的方法。采用何种方法进行开发过程控制，取决于开发项目的复杂性和控制可能带来的损失。

（3）开发过程中的技术转移。在新产品或新工艺的开发过程中，新技术在企业内部从上游开发部门向下游部门的完整转移是一个非常复杂和困难的问题。解决这个问题涉及四项相互关联的决策：技术转移时机、技术转移去向、参与转移的人员及上下游部门间的沟通方式。

▶ 3. 创新过程的阶段整合

创新阶段整合的方式主要有串行整合、交叉整合和并行整合。

（1）串行整合。这是一种传统的创新阶段整合方式。在该方式下，创新构思形成、实验原型开发、工程原型开发、小批量试制、商业规模生产、市场营销和售后服务等这些阶段依次完成。上游阶段的任务完成后，创新阶段成果被移交到下游工作部门，下游阶段的工作才能开始。该方式的优点是：在各创新阶段中，职能部门内部效率较高，易于管理。但部门之间缺乏信息交流，在移交创新阶段成果时缺乏负责的态度，创新思想在转移过程中会失真，造成工作反复。

（2）交叉整合。如果对创新过程中各个阶段仔细剖析的话，就会发现下游阶段的工作往往不必等到上游阶段的工作完全结束以后再开始，上下游的工作可以有一定的交叉。交叉整合方式就是基于这种认识提出的。交叉整合有两重含义：①上游阶段的工作还未完成时就开始下游阶段的工作；②在每一个上游工作阶段都吸收一定的下游工作部门人员参加，从而在不同的职能部门之间形成了一定的交叉。

在交叉整合方式中，由于有下游阶段的人员参与上游阶段的工作，在上游阶段的开发过程中就会充分考虑到下游阶段的要求，人员交叉也有助于下游阶段的职能部门加深对上游阶段创新成果的理解，这使得前一阶段的成果向后一阶段转移的效率大为提高，从而减少信息失真和工作反复，节约费用和时间。

（3）并行整合。并行整合是一种全新的创新协调与管理方式。并行整合也称为同步工程或并行工程，这是一种在创新过程中支持集成化并行作业的系统方法。它要求把创新看成是多职能部门并行推进的过程，各部门一开始就一起运行，一开始就要考虑到创新过程中的全部要素，及时沟通信息，发现问题并及时解决，尽量缩短创新周期，降低创新成本。与交叉整合相比，并行整合的优点在于强调尽可能早地开始下游阶段的工作，不仅相邻的阶段有交叉，不相邻的阶段之间也尽可能地交叉。

单元四　知识管理

一、知识管理及特征

(一) 知识概述

▶ 1. 什么是知识

知识是指通过学习、实践或探索所获得的认识、判断或技能。世界银行在 1998 年《世界发展报告——知识促进发展》报告中指出，知识是用于生产的信息（有意义的信息）。

▶ 2. 知识的特性

知识的特性如下。

（1）惊人的可有多次利用率和不断上升的回报。

（2）散乱、遗漏和更新需要。

（3）不确定的价值。

（4）不确定的利益分成。

▶ 3. 知识的分类

知识可分为显性知识和隐性知识两大类。显性知识是能用文字和数字表达出来，容易以数据的形式交流和共享；隐性知识是高度个性化而且难于格式化的知识，主观的理解、直觉和预感都属于这一类。

表 3-1　隐性知识和显性知识的区别

	显性知识	隐性知识
存在形式	存在于文档中	存在于人的头脑中
能否编码	可编码的	不可编码的
记录方式	容易用文字的形式记录	很难用文字的形式记录
转移性	容易转移	难于转移

知识链接

根据德尔菲公司的调查显示,企业中的最大部分知识(约42%)是存在于员工头脑中的隐性知识;但是几种不同种类(电子的和纸质的)的显性知识总和却又大于隐性知识。可见,隐性知识和显性知识在企业中的分布是相对平衡的,所以两种知识都必须得到相同的重视。

(二)知识管理概述

1986年,斯威比博士用瑞典文出版了《知识型企业》,这成为知识管理理论与实践"瑞典运动"的思想源泉。1987年,斯威比和英国知识管理专家汤姆·劳埃德合著出版了《知识型企业的管理》,提出一整套知识型企业管理理论和实用方法,成为知识型企业管理的开山之作。1990年,斯威比出版了《知识管理》,是世界上第一部以"知识管理"为题的著作。为什么需要知识管理?斯威比认为:知识成为最主要的财富来源;形成竞争优势需要知识管理;企业的可持续发展需要知识管理;优化企业经营需要知识管理;信息技术的发展催生知识管理;知识管理是利用组织的无形资产创造价值的艺术。

美国生产力和质量中心APCQ对知识管理的定义是:知识管理应该是组织一种有意识采取的战略,它保证能够在最需要的时间将最需要的知识传送给最需要的人。这样可以帮助人们共享信息,并进而将其通过不同的方式付诸实践,最终达到提高组织业绩的目的。

(三)知识管理特征

▶ 1. 知识管理重视对员工的精神激励

在知识经济时代,企业管理更加重视对员工的精神激励,但不只是那种给予赞赏、表扬或荣誉的传统式精神激励,而是一种新型的精神激励,即赋予更大的权利和责任,使被管理者意识到自己也是管理者的一员,进而发挥自己的自觉性、能动性和首创性,充分挖掘自己的潜能以实现其自身的人生价值。

▶ 2. 知识管理重视知识的共享和创新

未来知识经济下的企业之间的竞争取决于企业的整体创新能力,即运用集体的智慧,提高应变能力和创新能力,从而增强企业的竞争能力。因此,知识管理要求企业的领导层要把集体知识共享和创新视为赢得竞争优势的支柱,雇员共同分享他们所拥有的知识,并且要求管理层对那些做到这一点的人予以鼓励。

▶ 3. 知识管理对知识和人才高度重视

对于显性知识的取得、分享可以通过计算机的网络化和软件系统实现。对于隐性知识,除了重视员工自身的潜能发挥以外,企业应重视组织内外专家学者及领导层智慧的作用,即人才智力的高效能发挥。对信息的利用必须把信息与信息、信息与人、信息与过程联系起来,从而进行大量创新。总之,对知识的重视,要求企业逐步构建起学习型组织。

▶ 4. 知识管理重视企业文化建设

知识经济时代的知识管理强调企业文化建设,每一个成功的企业必须有自己的企业精神,用一种共同的价值观来熏陶全体员工。独特的企业文化全面地影响着各项管理职能的实现,以及集体效力的发挥。

▶ 5. 知识管理重视领导方式的转型

知识管理需要有新的领导方式,让每个成员都有参与领导的机会,领导层要不断进行学习,扩展成员的能力。未来的领导应是集体领导。

二、企业知识管理的实施

(一) 企业实施知识管理的原因

21世纪,企业的成功越来越依赖于企业所拥有的知识的质量,利用企业所拥有的知识创造竞争优势和持续竞争优势对企业来说始终是个挑战。企业实施知识管理的原因如下。

(1) 竞争加剧。市场竞争越来越激烈,创新的速度加快,所以企业必须不断获得新知识,并利用知识为企业和社会创造价值。

(2) 顾客导向。企业要为客户创造价值,因而需要获得知识,并对知识进行管理。

(3) 工作流动性增强。雇员的流动性加快,雇员倾向于提前退休,如果企业不能很好地管理其所获得的知识,企业有失去其知识基础的风险。

(4) 环境的不确定性加大。环境的不确定性表现在竞争导致的不确定性和模糊性带来的不确定性,在动态的不确定环境下,技术更新速度加快,学习已成为企业得以生存的根本保证,组织成员获取知识和使用知识的能力成为组织的核心技能,知识已成为企业获取竞争优势的基础,成为企业重要的稀缺资产。

(5) 全球化的影响。全球化经营要求企业具有交流沟通能力及知识获取、知识创造与知识转换的能力,知识创造、知识获取和知识转换依赖于企业的学习能力,学习是企业加强竞争优势和核心竞争力的关键。

(二) 企业实施知识管理的主要工作

一个企业实施知识管理应做好以下几项工作。

▶ 1. 调整公司结构,将公司建成知识型公司

知识管理要建立起能适应知识经济要求的知识型企业组织结构,任何一名员工的信息、意见或建议都可以通过简化了的组织结构直接传输到公司的高层领导。

▶ 2. 建立能够为公司员工进行交流的设施和环境

实施知识管理最基本的是要建立一个能为公开交流提供完好基础设施的网络。当代信息技术特别是国际互联网的发展,改变了人类的生产、生活方式,较大地改变了商业运行环境,把全球商业带进电子商务时代,这样企业内部的管理手段和设施也就不可避免地与各种网络联系到了一起。各种网络对企业管理的影响是多重的,一方面它提出了知识管理的要求;另一方面又使知识管理成为可能,并且降低了建立知识管理基础设施所需的成本。

▶ 3. 公司设立知识总监

美国德尔福集团的创始人之一卡尔·弗拉保罗认为:"那种认为人们在没有先例可循的情况下能够训练有素地丰富、支配和管理不断发展的知识的看法,未免要求太高。"正是因为认识到这一点,公司提出设立知识总监。弗拉保罗解释说,知识总监的地位居于首席执行官和信息总监之间,但知识总监不同于信息总监。库珀·利布兰公司的知识总监埃伦·纳普指出:"知识总监就是创造、使用、保存并转让知识。这些知识不仅仅是数据,

更主要的是深入人心的和发表在著作中的智力资本。"

▶ 4. 建立透明、公平、民主化的决策机制

知识管理的核心在于强调每一个员工的价值和作用。在知识高度发达的今天，决策透明和民主化是非常重要的，要让公司的每一个员工都参与公司的决策，了解公司的决策过程。美国哈佛管理杂志指出，要笼络员工的心，公平、透明的决策过程比加薪更有效。

▶ 5. 创造有利于每位员工创造力发挥的文化氛围

实施有效的知识管理，所要求的不仅仅是拥有合适的软件系统和充分的培训，它要求公司的领导层把集体知识共享和创新视为赢得竞争优势的支柱。如果公司里的雇员为保住自己的工作而隐瞒信息，如果公司里所采取的安全措施是为了激励保密而非信息公开共享，那么这将对公司构成巨大的威胁。因此，知识管理要求雇员共同分享他们所拥有的知识，并且要求管理层对做到的员工给予鼓励，公司要真正建立起对积极参与知识共享的员工予以奖励的激励机制，要不断地激发员工的创造意识，增强公司员工的创造能力。

三、企业知识管理战略模式与实施方法

（一）企业知识管理战略模式

美国生产力与质量研究中心（APQC）曾对在知识管理实践方面走在前列的十一家公司和组织进行了调查，提出了六种企业知识管理战略模式。

▶ 1. 把知识管理作为企业经营战略

这是一种在全企业范围内实施的综合性战略计划。它们把知识视为产品，对知识实施有效管理将对企业的赢利甚至生存产生直接的积极影响，因此不遗余力地推行知识管理战略计划。

▶ 2. 知识转移和最优实践活动

这是最为普遍采用的知识管理战略计划，通过建立获取、重建、储存和分配知识的系统和方法，把知识融入企业产品和服务中，达到减少生产周期、降低生产成本和增加销售的目的。大多数公司强调团队精神和网络设施作为知识有效基础的重要性，并采取多种手段鼓励知识转移活动。

▶ 3. 以客户为重点的知识战略

该战略旨在通过获取、开发和转移客户的要求、偏爱和业务情况等方面的知识，提高企业的竞争能力。该战略要求针对客户的问题实施知识管理。

▶ 4. 建立企业员工对知识的责任感

这种战略支持员工建立起对识别、保持和扩展自身知识以及更新和共享知识资产的责任感，让每个员工认识到知识对他们担负高度竞争性工作的重要价值。同时，建立有利于知识管理活动的企业文化也是该战略的主要内容之一。

▶ 5. 无形资产管理战略

充分发挥专利、商标、经营及管理经验、客户关系、企业组织体系等企业无形资产的作用是该战略的目的，管理的重点是无形资产的更新、组织、评估、保护和增值及市场交易。

▶ 6. 技术创新和知识创造战略

该战略是通过企业基础和应用研究、开发，进行新知识的创造和技术的创新活动。

（二）企业知识管理战略的实施方法

▶ 1. 构建支持知识管理的组织体系

在这一体系中，一是要有负责知识管理活动的领导人，承担制订管理计划和协调企业的各种知识活动；二是成立专门的小组完成与知识管理活动有关的任务；三是建立支撑知识管理的基础设施，如统一的信息技术平台、数据库和图书馆等。

▶ 2. 加大对知识管理的资金投入

企业知识管理活动需要资金支持，要动员全企业，加强对知识管理的投资，以保证知识管理活动的正常开展。

▶ 3. 创造有利于知识管理的企业文化

主要包括良好的员工职业道德、企业荣誉感和团队精神等。

▶ 4. 开发支撑知识管理的信息技术

互联网和企业内联网技术是知识管理活动的催化剂，为知识的识别、获取和利用提供了强有力的工具。许多公司还开发了用于知识管理的数据库系统和其他信息技术。

▶ 5. 建立知识管理评估系统

要研究和建立面向知识管理和无形资产的评估体系，如无形资产组成指标法、计算知识管理的投资回报率等。

总　　结

现代企业新产品开发在企业管理中占有重要的地位。通过学习新产品开发管理，我们知道什么是新产品及新产品开发的方式和策略；通过学习新产品开发过程，我们了解了新产品开发分为调查研究阶段、构思创意阶段、构思筛选阶段、新产品概念的形成阶段、新产品设计阶段、新产品试制与新产品实体开发阶段、新产品试销阶段、商业化阶段八大阶段。

同样，现代企业也离不开技术创新管理。本情境还介绍了技术创新管理、技术创新的类型及内容，以及哪些因素会影响技术创新。

最后，通过知识管理内容的讲解，介绍了作为企业，应如何实施知识管理、了解企业知识管理战略模式与实施方法。

教　学　检　测

一、名词解释

新产品　技术创新　知识管理

二、问答题

1. 新产品开发应考虑的要素是什么？

2. 试述新产品开发的策略。
3. 新产品开发过程有哪些？
4. 试论述技术创新的决定因素？
5. 试论述企业如何实施知识管理。

三、综合案例思考

招商"一卡通"新产品发展战略

招商银行是在1987年4月8日经中国人民银行批准并由招商局出资成立的。1989年进行了首次股份制改造，成为我国第一家完全由企业法人持股的股份制商业银行。经过17年的发展，招商银行已从当初偏居深圳蛇口一隅的区域性小银行，发展成为一家具有一定规模与实力的全国性商业银行，它以不足国内银行业4%的从业人员和2%的机构网点支撑起了约占国内银行业1.6%的资产规模和6%的收益。2000年还被美国《环球金融》评为中国本土最佳银行。2001—2003年，招商银行连续3年被北京大学和《经济观察报》联合评选为"中国最受尊敬企业"。目前，招商银行总资产逾5000亿元，在英国《银行家》杂志"世界1000家大银行"的最新排名中居前200位。

招商银行在业务上真正取得突破始于"一卡通"的推出，"一卡通"是招商银行个人业务的核心产品。1995年7月招商银行推出银行卡——"一卡通"，被誉为我国银行业在个人理财方面的一个创举。至今累计发卡量已超过3000万张，卡均存款余额超过4500元，居全国银行卡首位。在中央电视台和《人民日报》联合开展的"全国34个主要城市居民消费者喜爱的品牌"调查中，"一卡通"被广大消费者评为"最受欢迎的国内银行卡"之一。

招商银行成立之初是一家以对公业务为主的商业银行，个人储蓄只占银行业务的很少部分。20世纪90年代初，国内经济的快速发展使银行业对公业务风险逐步加大、呆账率逐渐升高，国内银行业对公业务的发展均受到了极为严峻的挑战。而在国际金融界，银行业正在发生巨大变化，电子网络和信息技术在银行领域获得充分重视并广泛运用，新业务、新产品和技术创新不断涌现，成为银行业开辟新市场、寻找新客户和新的利润增长点的有利条件。1992年，正逢国际银行业的创新浪潮，招商银行敏锐地意识到金融创新的必要性，决定以储蓄业务为突破口，制订了"依托科技创新业务，创立品牌进入大市场"的储蓄发展思路。在产品开发的过程中，由于充分意识到自己在网络规模、员工数量、资产总量上都与国有银行存在较大差距，而机制却相对灵活，招商银行决定利用时间差吸引优质客户，迅速抢占市场。1993年，招商银行首先在深圳地区实现储蓄通存通兑。1995年2月成立了针对个人银行业务的个人银行部，开始全面进军国内的个人银行业务市场。同时开始对国内沿袭使用了上百年的存单、存折方式展开深入的市场调查和论证，得知消费者需要一种更加小巧、灵活、安全、方便的储蓄形式。于是，以统一的银行业务电子化处理系统为基础，招行向社会大众推出基于客户号管理的，以真实姓名开户，集本外币、定活期、多储种、多币种和多功能于一身的个人综合理财工具——"一卡通"，以先进的电脑处理替代了几十年来传统的储蓄方式。招商银行是国内银行业第一家采取先进的客户管理方式的银行，对储户的账号实行全面的覆盖和系统管理，将客户在银行的所有资金包括本外币、定活期、甚至信用卡全部归类为同一个号，而原来意义上的账号则由这同一个客户号派生出来，类似于建立起完全的个人理财基本账户。充分体现了一切从客户利益出发、客户成为市场主体的观念,不仅使储蓄业务从单一型、分散型向综合型、系统化处理的转变,而且实现了单纯储蓄业务向个人理财综合服务的质的飞跃。1996年6月,得益于统一的电子系统架构,"一卡通"实现了国内银行业其他银行想做但一直未能实现的储蓄全国通存通兑。1998年,招行在全国首家推出了网上个人银行,实现了"一卡通"全国范围内的消费。1996年下半年开始,招商银行每天新增储蓄额数以百万计,发卡量开始以几何倍数增长,到1998年4月,招行一卡通已发行200万张,吸存110亿元,一卡通占招行储户总数的50%,吸存占储蓄存款余额的63%。高科技应用于银行业务开始显现巨大效益。

为更好地满足市场需求,招商银行为"一卡通"注入更多的科技含量和服务功能,并致力对"一卡通"已有业务品种和功能进行整合、完善,加快业务门类和服务品种多元化的开发,逐步构建起一个多层面、多元化、包含个人资产、负债、中间业务的全方位、综合性个人银行理财架构。随后,招商银行发行全国第一张INTRERLINK卡,建立在全国第一家离行式自助银行,第一个在国内推出网上支付业务;同时,以"一卡通"为依托的储蓄业务于1997年3月26日,率先在深圳地区建立和实施ISO 9001储蓄服务质量体系并通过认证,同时获得了英国BSI、中国船级社两家权威认证机构颁发的质量认证证书,成为国内第一家通过ISO 9001认证的商业银行。经过多年的持续开发,"一卡通"已具备一卡多户、通存通兑、约定转存、自动转存、电话银行、手机银行、查询服务、商户消费、ATM取款、CDM取款、自助转账、代理业务、证券转账、证券买卖、质押贷款、酒店预定、网上支付、长话服务、IP电话服务、外汇买卖等多项功能,这些功能和"安全、快捷、方便、灵活"的特点为客户带来了收益和便利:"一卡通"证券转账和炒股功能,吸引了大批股民;自动转存、卡折互转功能,使个人存款业务从柜台服务不断向外延伸,借助电话银行和网上银行走进千家万户,使人们实现了"足不出户,理财购物"的梦想;自助缴费功能,打破了时间、地域的界限,解决了多年来居民缴费难的问题,延伸了银行的服务空间;手机银行功能,使"一卡通"真正成为客户"随身携带的银行"。短短几年间,招商银行"一卡通"在全国已拥有3300多万个用户,吸存数百亿元,产生了良好的经济效益和社会效益,成为国内银行卡中具有鲜明个性的特色品牌。

自"一卡通"打响品牌以来,招行一直没有停下创新的脚步。在当前我国广大老百姓金融意识比较差,人们还普遍习惯于使用现金和银行存折的情况下,在商业银行竞争激烈、争相向公众提供近于同质的各种金融工具的形势下,招行又马不停蹄地开通了"一卡通"POS全国消费网,即只要持有招行"一卡通"就可以在北京、上海、深圳、沈阳、广州、武汉等16个大中城市的3000多家招商银行特约商户直接刷卡结账。这一功能的开通,标志着招商银行个人金融服务的柜台、自动柜员机和消费终端三大系统已实现网络化经营,从而不仅使"一卡通"成为老百姓"口袋中的银行",而且使其直接走进消费市场。当然,"酒香也怕巷子深","一卡通"作为个人理财的金融工具,要让普通老百姓在众多的银行卡中关注它、了解它、拥有它、使用它,并不是那么容易。为了推广"一卡通"这一全国消费联网的新功能,招行举行了全国性的宣传展示活动,以"穿州过省、一卡通行"为主题,充分利用元旦、春节前后居民消费旺季的有利时机,以统一的形象、统一的宣传营销方式在16个大中城市的电视台、电台、报刊等媒体上集中宣传,在银行网点进行服务推广,统一组织员工到各个城市的大型商场和闹市区开展业务巡回展示活动。通过与客户进行面对面的交流、沟通以及现场演示、现场咨询、现场开卡、现场存款、现场消费等便民服务,不仅使广大市民对"一卡通"品牌及其商户消费全国联网功能有了直观的了解,而且有效地促进了市民持卡购物消费。自1998年12月22日以来,该项活动在16城市持续开展,活动效果十分显著,在当地居民和银行界引起了强烈反响。有的市民说:"银行搞这么大的宣传活动还是第一次见到";有的市民则感慨道:"还是招行与市民心连心,招行'一卡通'贴近我们市民的生活";一位前来采访的记者也由衷地感叹:"招行市场感觉又好又快,总是领先一步。"据了解,在1998年12月22日至1999年3月8日期间,"一卡通"全国商户消费交易额累计达2.6亿元,消费笔数累积为49万笔,新增发卡54万张,吸收存款30亿元,比同期分别增长了65%、30%、33%、40%。

资料来源:王永贵.产品开发与管理:案例·点评·分析[M].北京:北京师范大学出版社,2008.

思考:
1. 你认为,招商银行"一卡通"成功要素有哪些?
2. 分析招商银行"一卡通"新产品的发展战略。

拓展阅读

斯沃琪新产品开发

瑞士机械表一向以精美华贵而君临天下,然而20世纪70年代,日本的精工、西铁城、卡西欧等品牌突然刮起电子表和石英表的强旋风,一下子占领了世界钟表市场,强烈地冲击着传统的瑞士机械表在世界表坛的霸主地位。在不到10年的时间里,瑞士钟表在世界市场的份额,从1974年的43%降至1983年的不足15%。

1984年,面对日本同行的兴起,两家瑞士钟表制造商,拥有欧米茄的SSAH公司和拥有雷达、浪琴的ASUAG公司合并为SMH集团。1985年,德国企业家赫雅克和投资者收购了上述两家公司全部资产的51%,开始了缔造品牌神话的过程。1991年,SMH集团生产了8000万只手表和其他计时产品,到1992年,数量增至差不多一亿,并成功地将瑞士在世界钟表市场的占有率提升到53%,而且还在继续提升。可以说,SMH集团依靠Swatch,在20世纪80年代初推出全塑电子手表,打了一场漂亮的翻身仗,那么Swatch的产品开发历程又有什么独到之处呢?

当时,瑞士钟表业为保住霸主地位,经过多年的不断攻关和改进,一种完全不同于传统概念的新型手表终于于1981年定型问世。新型手表的外壳全部采用合成材料,机芯直接从手表正面装入而不再需要保留后盖,这两项改革不仅使手表变得既薄又轻,并且还可进入流水线批量生产,从而降低了生产成本,确保了销售的低价位。赫雅克认为,瑞士表尽管在产品成本上与日本表存在差距,但手表除了简单的计时功能外,还可以像时装一样成为时尚艺术品。在他的带领下,瑞士钟表业大胆创新,不断改进新型电子手表,将手表的外壳变成了一件件色彩绚丽的艺术品。他还委托国际著名的商标设计所,将这一手表新品定名"Swatch"(斯沃琪),名字中的"S"不仅代表它的产地瑞士,而且含有"second-watch"即第二块表之意,表示人们可以像拥有时装一样,同时拥有两块或两块以上的手表。这正如赫雅克所倡导的,Swatch不仅是一种新型的优质手表,同时还将带给人们一种全新的观念;手表不再只是一件昂贵的奢侈品和单纯的计时工具,而是一件"戴在手腕上的时装"。

斯沃琪在价格上始终奉行低端策略,因为通过市场调查,SMH发现消费者可以接受瑞士表相对日本、中国香港产品更贵一些的价格，瑞士手表这种产品上的差别优势，使得即使日本劳动力成本为零，瑞士手表仍会有市场。因此，赫雅克大胆提出进入低价市场。随后，为实现这一目标，SMH对生产制造工艺进行改进，并实现了一系列突破。例如，把手表零件从155个减少到51个，减少转动部分，也就降低了损坏概率，并且组装手表所需人手也少多了；新建自动装配线，每天能生产3.5万块斯沃琪手表和上百万的零部件，劳动力成本从30%降到10%；保证质量，手表的返修率一般是不到3%，而斯沃琪表的返修率不到1%。

产品质量是企业生存和发展的根本，价廉物美的产品才是受欢迎的产品。斯沃琪价格虽然只有40~100美元不等，但它质量优良，重量轻，能防水防震，电子模拟，表带是多种颜色的塑料带，充满了青春活力，可以和任何高档手表相媲美，从而打破了人们"便宜没好货"的传统观念。据说，一名瑞士游客去希腊海滨度假，不小心把一块斯沃琪表丢在海滩。一年后，他旧地重游，居然在海边又找到丢失的手表，虽然经过一年的日晒雨淋，但走时依然准确。

SMH集团同样也在低端市场上寻求产品的差异性，对低端市场进行细分。他们将新产品定位为时装表，以吸引活跃的追求潮流的年轻人。赫雅克认为，要在这个市场上取得成功，必须能够感知消费者口味的变化，这比掌握新的生产技术更重要。年轻人没有很多钱购买高档表，但需要一种时尚来满足个性化的需求。

于是，为了强调斯沃琪手表可作为配饰不断换新而在潮流变迁中永不衰落的特点，SMH做出了一个惊人的举动：设计了一个巨大的斯沃琪手表，长达152米，悬挂在法兰克福最高的一幢摩天大厦——德国商业银行总部大楼上，并传达了简单的信息：斯沃琪—瑞士—60德国马克。该举动立刻引起了轰动，德国新闻界为斯沃琪免费做了许多广告。在接下来的两个星期内，每个德国人都知道了斯沃琪。第二个巨型斯沃琪手表条幅悬挂在东京的银座，同样取得了轰动性的效果。

斯沃琪通过充满活力的广告攻势迅速将斯沃琪的讯息传递至它的目标对象：关心时装潮流的年轻人。从1984开始，新推出的每一款斯沃琪都有一个别出心裁的名字，在款式上或标新立异或保守，或是方格或是条子，表带上刻有坑槽或是穿个洞，个性化色彩非常浓烈，市场反应更加热烈。由于每年都会推出新的式样，以至于人们都焦急地期待新产品的出现。许多人拥有的斯沃琪手表都不止一块，因为他们希望在不同的时间、不同的场合佩带不同颜色的手表。最初斯沃琪被定位为"第二只表"，但结果它却变成第二只、第三只、第四只……并最终成为收藏家的手表。并且由于每款推出5个月后就停止生产，因此即使最便宜的手表都是有收藏价值的。

同时，公司建立了斯沃琪会员俱乐部，向会员消费者出售特制手表，邀请他们参加俱乐部的活动。俱乐部会员还会收到漂亮的斯沃琪手表杂志，这是一份按季度出版的全彩色杂志，上面刊登关于斯沃琪手表的全部信息；鼓励经销商创立斯沃琪手表博物馆，为斯沃琪手表收集者举办活动，并特制有纪念意义的手表。而且，公司每年分两次推出数目极为有限的时髦手表设计版本，斯沃琪手表的收藏家有特权参与投标，购买其中的一种设计版本。虽然斯沃琪手表只有12年的历史，但它已取得了"现代古董"的地位。在里斯本博物馆，专门设有数目有限的斯沃琪手表的陈列台，并有防弹玻璃的保护。而公司自身拥有几百万美元的"斯沃琪情感经历"展览，在全世界周游展出。

为了在手表市场上站稳脚跟,斯沃琪始终保持与时俱进的风格。最关键的是,斯沃琪的设计师并不是坐等灵感、跟随潮流,而是洞悉先机,预先估计即将出现的潮流。事实上,整个创作过程于一年前已经开始:首先产生基本的意念,然后按照大家共识的工作原则加以发展。这种由生产上的要求主导的创作动力,是斯沃琪享有"潮流先锋"美誉的原因之一。正如斯沃琪一直强调的风格:"我们唯一不变的是,我们一直在改变。"公司每年都要向社会公开征集钟表设计图,根据选中的图案生产不同的手表系列,其中包括儿童装、少年表、少女表、男装、坤表、春天表、夏天表、秋天表、冬天表,后来又推出了每周套装,从星期一到星期天,每天一块,表面图案各不相同。由于公司的产品不断翻新,迎合了社会不同层次、不同年龄、不同爱好、不同品味的需要,因此深受广大消费者的欢迎和喜爱,销售量年年攀升,市场份额不断扩大,公司的效益自然也越来越好。

在新品推广上,斯沃琪同样显示了它的独到之处,其新产品发布会简直是一场无比精彩的"腕上时装秀"。优美的音乐、绚丽的灯光、美轮美奂的场面、千挑万选的模特、精心设计的时装……所有这一切都是为了衬托斯沃琪的风采——青春、时尚、与众不同。例如,1998年4月斯沃琪在上海几大著名商厦举行的"Swatch1998"春夏新款展示,就像一次艺术品的展览,运用高科技的成果,显示了丰富的艺术想象力。

据中国台湾的一项消费者调查表明,在手表的满意度方面,劳力士第一名,占30%;斯沃琪是第二名,占23%。撇开劳力士高品质高价位不谈,这份调查显示了斯沃琪的品牌战略的成功。斯沃琪手表目前在150多个国家和地区销售。如今,斯沃琪手表已经成为了世界各国青少年的腕上宠物,它早已不再是简单地发挥计时作用,而是代表了一种观念、一种时尚、一种艺术和一种文化。正如赫雅克所说:"斯沃琪最叫人心悦诚服的,是它使瑞士的制表工业一直凌驾于先进的欧洲及北美洲等地,同时又保留了瑞士传统的制表技艺。凭借着想象力、创造力以及誓要成功的意志,斯沃琪制造出了优秀而实惠的产品,现在,斯沃琪肩负了明确的使命,将继续发展和推出更多有意思的产品。"

资料来源:马玉杰.产品开发与管理:案例·点评·分析[J].中国经济信息,2004,19.

学习情境四 现代企业生产管理
Chapter 4

>>> 知识要点

- 掌握企业生产管理的概念与特征，目标和内容，地位及作用。
- 了解企业生产计划的内容与主要指标，编制步骤。
- 掌握企业生产能力计划的概念、分类与影响因素。
- 了解企业生产组织过程的概念及组成。
- 明确企业生产类型的概念、种类及特点，生产过程的组织。
- 明确企业生产控制的原因及类型，控制的方式与基本程序。

>>> 核心概念

生产管理　生产计划　生产组织　生产类型　生产控制

情境导入

A 开关厂的问题

A 开关厂是生产开关键的中型厂，产品涉及 12 大类、共 2200 多个规格，每年的订货合同在 5000 份以上，每月要生产 2500 万件左右的零件，临时任务占总任务的 20% 左右。这种多品种、多规格的生产类型，在组织上有它的复杂性。A 开关厂现在需要建立起一套科学的生产计划管理系统，以保证稳定的生产秩序。A 开关厂目前面临的主要问题是，产品零件齐套难、急件多；当月组装、当月不齐套的产品就有 120 多个规格。因此，开关厂现在决定就生产计划问题进行咨询，想通过生产计划管理的改善来改变目前生产的被动局面。

思考：

1. A 开关厂的产品生产有什么特点？
2. 你能够为 A 开关厂的生产计划提供哪些建议？

单元一 现代企业生产管理概述

生产活动是人类最基本的活动,有生产活动就有生产管理。可以说,人类最早的管理活动就是对生产活动的管理。由于经济的发展,技术的进步以及信息化时代的到来,世界各国产业结构的组成发生了很大的变化,其中以各种服务为特征的第三产业在国民经济中所占比重越来越大。

现代企业内部分工越来越精细,任何一个生产环节的失误都可能使整个生产过程无法进行。为了适应变化多端的市场竞争,提高产品综合竞争能力,采用先进的制造技术和先进的生产制造模式,提高生产与运作管理水平已势在必行。

一、生产与运作概述

(一) 生产与运作的概念及扩展

生产与运作的实质是一种生产活动。人们习惯把提供有形产品的活动称为制造型生产,而将提供无形产品即服务的活动称为服务型生产。在知识经济的社会里,制造业和服务业已无本质区别。制造业多年积累起来的成功的丰富的管理理论与方法完全可以应用于服务性企业。因此,使用运作这个术语,来表述以操作性为主的服务业的生产特征,从而来拓展生产管理的研究领域。

过去,西方国家的学者把有形产品的生产称作"production"(生产),而将提供服务的生产称作"operations"(运作)。而近几年来更为明显的趋势是把提供有形产品的生产和提供服务的生产统称为"operations",都看成是为社会创造财富的过程。

事实上,在现代社会已经很难将制造产品和提供服务完全分开。单纯制造产品不提供任何服务的企业几乎是不存在的。不同社会组织只是提供产品和服务的比例不同,比如,汽车制造厂提供产品的比重大一些,餐馆提供服务的比重大一些,教育则提供服务的比重更大一些。然而,单纯提供服务而不提供任何有形产品的活动也是存在的,比如顾问。因此,生产的概念必须扩展。英文教科书已从最初的生产管理(production management)改为生产和运作管理(production and operations management)。现在大多称为运作管理(operations management),如图 4-1 所示。

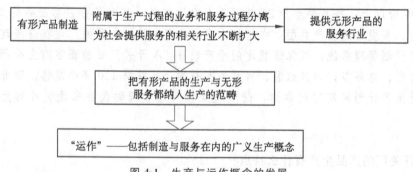

图 4-1 生产与运作概念的发展

从一般意义上讲,我们可以给生产运作下这样一个定义:生产运作是一切社会组织将对它的输入转化、增值为输出的过程。

社会组织要提供输出,则必须有输入,输入是由输出决定的。生产什么样的产品和提供什么样的服务,决定了需要什么样的原材料和其他投入。输入不同于输出,这就需要转化。转化是通过人的劳动实现的,转化的过程就是生产运作。

转化是在生产运作系统中实现的。生产运作系统是由人和机器构成的、能将一定输入转化为特定输出的有机整体。生产运作系统本身是一个人造的系统,它也是由输出决定的。输出的"质"不同,则生产运作系统不同。不仅如此,生产运作系统还取决于输出的"量"。输入、转化和输出与社会组织的三项基本活动——供应、生产运作和销售相对应。

知识链接

生产的概念

所谓生产,简而言之,就是制造某种新的物品。随着人类社会的不断发展,生产的概念也在不断地发展变化,一般可分为三个阶段。

1. 自然生产阶段

在古代,生产力水平极低,基本生产活动是农耕、捕鱼和狩猎等。人类的全部劳动成果除维持自身生存外,几乎没有剩余,生产只是为了生存。

2. 市场生产阶段

随着社会的发展,劳动工具有了改进,生产力得到提高,生产成果不仅自足,还有剩余,出现了商品生产、价值和利润的概念,生产内容也由农林牧渔转向加工业和制造业。

3. 效用生产阶段

社会的进步、科学的发展,使生产力有了极大提高,生产成果使社会物质进一步丰富,生产的含义也进一步扩大到教育、医疗、娱乐等领域。19世纪末,威廉、斯坦利、杰文斯和卡尔·门格尔首先提出"效用"的概念,把一些服务性活动也包括在生产范围内。因此,现代生产,即效用生产是一个把生产要素转换为有形的产品和无形(产品)服务的经济财富,通过创造效用,增加附加价值的过程。

(二)生产与运作管理的研究对象

生产与运作管理是企业对提供产品或服务的系统进行设计、运行、评价和改进的各种管理活动的总称。生产与运作系统的运行,是指在现行的运作系统中如何适应市场的变化,按用户的需求生产合格产品和提供满意服务,主要涉及生产计划、组织与控制三个方面。

生产与运作管理学的研究对象是生产与运作系统。生产与运作过程是一个"投入—变换—产出"的过程,是一个劳动过程或价值的增值过程。生产与运作系统是指使上述的变换过程得以实现的手段,其特征主要表现为以下几点。

(1)能够满足人们某种需要,即有一定的使用价值。

(2)需要投入一定的资源,经过一定的变换过程才能实现。

(3)在变换过程中需投入一定的劳动,实现价值增值。

生产与运作管理的构成与变换过程中的物质转化过程和管理过程相对应,也包括一个物质系统和一个管理系统。物质系统是一个实体系统,主要由各种设施、机械、运输工具、仓库等组成。例如,一个机械工厂,其实体系统包括车间、车间内的各种机床等工具、车间与车间之间的在制品仓库等。管理系统主要是指生产与运作系统的计划和控制系统,以及物质系统的设计、配置等问题。其中的主要内容是信息的收集、传递、控制和反馈。

二、生产与运作管理的内容

(一)生产与运作战略制订

生产与运作战略是企业总体战略下的职能战略,按照所选定的目标市场和企业既定的竞争战略,对企业的生产运作系统进行全局性和长远性的谋划,构造一个能不断发展的具有高效益、高效率的先进的生产运作模式。

(二)生产与运作系统的设计

生产运作系统的设计对其运行有先天性的影响。如果产品和服务选择不当,会导致方向性错误,一切人力、物力和财力都将付之东流。它包括生产规模、设施选择与建设、设备选择与购置、车间及工作地布置等,其目的是为了以最快的速度、最少的投资建立起最适宜企业的生产系统。生产运作系统的设计往往决定了产品和服务的成本,决定了产品和服务在价格上的竞争力。

(三)生产与运作系统的运行管理

生产与运作系统的运行管理是对生产与运作系统的正常运行进行计划、组织和控制。其目的是按技术文件和市场需求,充分利用企业资源条件,实现高效、优质、安全、低成本生产,最大限度地满足市场销售和企业赢利的要求。

生产与运作系统的运行管理包括三方面内容:计划,指与产品有关的生产计划工作和负荷分配工作,包括生产计划、过程计划、生产作业计划、材料计划、人员计划和负荷分配等;组织,指生产的物质准备、技术准备和组织工作,包括工厂与车间的平面布置、产品开发与设计、工作研究、生产过程组织、物资管理、设备管理、企业文化等;控制,围绕着完成计划任务所进行的检查、调整管理工作,包括生产进度控制、库存控制、质量控制、成本控制及企业的标准化工作。

知识链接

"系统"这个词最早出现在1619年,它与其他科学一样也是来源于人类的长期社会实践。"系统"是相对于"个体"或"部分"而言的,在《韦氏大辞典》中,"系统"一词被解释为"有组织的或被组织化的整体;结合着整体所形成的各种概念和原理的综合;由有规则的相互作用、相互依存的形式组成的诸要素集合等"。

三、生产与运作管理的目标

生产与运作管理的目标是:高效、低耗、灵活、清洁、准时地生产合格产品或提供满意服务。

效率是投入和产出的比较,提高效率就是提高生产率。生产率是投入资源和产出(产品和服务)的比率,产品和服务是通过各种资源转化而来的,这种转化的效率越高,产出就越多,也就越能提供更多的产品或服务。

低耗是指生产同样数量和质量的产品,人力、物力和财力的消耗最少才能实现低成本,低成本才有低价格,低价格才能争取用户。

灵活是指能很快地适应市场的变化,生产不同的品种和开发新品种或提供不同的服务和开发新的服务。要能够很快地适应市场变化，需要提高处理环境变化的能力。

清洁是指在生产过程中，节约原材料和能源，减少从原材料提炼到产品处理的全生产周期的不利影响。

准时是在用户需要的时间，按用户需要的数量，提供用户需要的产品和服务。

四、生产与运作管理的地位和作用

（一）生产与运作管理的地位

企业是由各种要素，如车间、设备、人员等所构成，并服从于企业的统一目标。生产与运作管理是对企业生产活动的管理，主要是解决企业内部的人、财、物等各种资源的最佳结合问题。生产与运作管理是把企业的经营目标，通过产品的制造过程转化成为现实。

生产与运作管理在企业管理中的地位，首先表现为生产与运作管理是企业管理的一部分，从企业管理系统分层来看，经营决策属上层，即企业领导层，生产管理属中层，即管理层。生产管理相对经营决策来说，在企业管理系统中处于执行地位，是执行系统，而经营计划则属于决策系统，它们之间是决策和执行的关系，生产与运作管理在企业管理中起保证作用。

其次，生产与运作管理活动是企业管理一切活动的基础。对生产活动管理不好，企业就很难按品种、质量、数量、期限和价格向社会提供产品并满足用户要求，无法实现经营目标。所以，市场经济条件下的企业，要使经济效益的提高建立在可靠的基础上，就应当重视生产与运作管理。

（二）生产与运作管理的作用

在市场竞争条件下，企业竞争到底靠什么？不同的企业有各自不同的战略和各自不同的成功经验。归纳起来，最终都体现在企业所提供的产品上，体现在产品的质量、价格上。哪个企业的产品质量好、价格低，就能在竞争中取胜。一个企业也许面临许多问题，如资金问题、设备问题、技术问题、生产问题、销售问题、人员管理问题等，任何一个方面的问题，都有可能影响整个企业的正常生产和经营。但消费者只关心企业所提供的产品对他们的效用。因此，企业之间的竞争实际上是企业产品之间的竞争，而企业产品的竞争力，在很大程度上取决于企业生产与运作管理的绩效，即如何保证质量和降低成本。

从这个意义上来说，生产与运作管理是企业竞争力的真正源泉。在市场需求日益多样化、顾客要求越来越高的情况下，如何适时、适量地提供高质量、低价格的产品，是现代企业经营管理领域中最富有挑战性的内容之一。今天，绝大多数企业已经意识到了生产与运作管理对企业竞争力的重要意义，开始重新审视生产与运作管理在整个企业经营管理中的地位和作用，并大力通过信息技术的应用等手段来加强生产与运作管理。

五、现代生产与运作管理的特征

现代生产与运作管理的概念及内容与传统生产与运作管理已有很大不同。随着现代企业经营规模的不断扩大，产品的生产过程和各种服务的提供过程日趋复杂。市场环境的不断变化，生产与运作管理学本身也在不断地发生变化，特别是随着信息技术突飞猛进的发展，更为生产与运作管理增添了新的有力手段，也使生产与运作管理学的研究进入了一个新的阶段，使其内容更加丰富，体系更加完整。企业环境变化促进了生产与运作管理的发展，从而形成现代生产与运作管理的一些新的特征。

（一）现代生产与运作管理的范围比传统的生产与运作管理更宽

传统的生产管理着眼于生产系统的内部，主要关注生产过程的计划、组织和控制等，因此，也称之为制造管理。随着社会经济的发展和管理科学的发展，以及整个国民经济中第三产业所占的比重越来越大，生产与运作管理的范围已突破了传统制造业的生产过程和生产系统控制，扩大到了非制造业的运作过程和运作系统的设计上，从而形成对整个企业系统的管理。

（二）生产与运作管理和经营管理联系更加紧密，并相互渗透

随着市场经济的发展，企业的生存与发展需要搞好企业经营管理，其中的关键是制订正确的经营决策，而经营决策的实现是加强企业生产与运作管理的基础。这是由于产品质量、品种、成本、交货期等生产与运作管理的指标结果直接地影响到产品的市场竞争力。此外，为了更好地适应市场需求，生产战略已成为企业经营战略的重要组成部分，同时生产系统的本身要求经营决策的产品研究与开发、设计与调整要同步进行，以便使生产系统运行的前提能够得到保障。由此可见，在现代生产与运作管理中，生产活动和经营活动，生产与运作管理和经营管理之间联系越来越密切，并相互渗透，朝着一体化方向发展。

（三）多品种、小批量生产以及个性化服务将成为生产与运作方式的主流

市场需求的多样化，大批量生产方式正逐渐失去优势，而多品种、小批量生产方式将越来越成为生产的主流。这种生产方式的转变，使生产与运作管理面临着多品种、小批量生产与降低成本之间相悖的新挑战，从而给生产与运作管理带来了从管理组织结构到管理方法上的一系列变化。

总而言之，在技术进步日新月异、市场需求日趋多变的今天，企业的生产经营环境发生了很大的变化，相应地给企业的生产与运作管理带来了许多新课题。这就要求我们从管理观念、组织结构、系统设计、方法手段和人员管理等多方面进行探讨和研究。

单元二　现代企业生产计划

生产计划是关于企业生产系统总体方面的计划，是企业经营计划的重要组成部分，是企业对生产任务做出的统筹安排，是企业组织生产运作活动的依据。编制生产计划是生产与运作管理的一项基本任务，它是根据市场的需求和企业的技术、设备、人力、物资、动力等资源能力条件，合理地安排计划期内应当生产的产品品种、质量、产量、产值和出产期等生产方面的指标、生产进度，用以满足社会和用户的需要，它是指导企业计划期生产活动的纲领性方案。

一、企业生产计划概述

（一）生产计划的定义及特征

生产计划工作，是指生产计划的具体编制工作。它将通过一系列综合平衡，完成生产计划的确定。我们设计生产计划系统，就是要通过不断提高生产计划工作水平，为企业生产系统的运行提供一个优化的生产计划。

所谓优化的生产计划,必须具备以下三个特征。
(1) 有利于充分利用销售机会,满足市场需求。
(2) 有利于充分利用赢利机会,实现生产成本最低化。
(3) 有利于充分利用生产资源,最大限度减少浪费。

知识链接

企业里有各种各样的计划,这些计划是分层次的。一般可以分成战略层计划、战术层计划与作业层计划。战略层计划涉及产品发展方向,生产发展规模,技术发展水平,新生产设备的建造等。战术层计划是确定在现有资源条件下所从事的生产经营活动应该达到的目标,如产量、品种和利润等。作业层计划是确定日常的生产经营活动的安排。三个层次的计划有不同的特点,从战略层到作业层,计划期越来越短,计划的时间单位越来越细,覆盖的空间范围越来越小,计划内容越来越详细,计划中的不确定性越来越小。

(二) 生产计划的内容与主要指标

企业为了生产出符合市场需要或顾客要求的产品,通过生产计划确定什么时候生产、在哪个车间生产以及如何生产。企业的生产计划是根据销售计划制订的,它又是企业制订物资供应计划、设备管理计划和生产作业计划的主要依据。

生产计划工作的主要内容包括:调查和预测社会对产品的需求、核定企业的生产能力、确定目标、制订策略、选择计划方法、正确制订生产计划、库存计划、生产进度计划和计划工作程序、计划的实施,以及检查计划执行情况等工作。

生产计划的主要指标如下。

▶ 1. 产品品种指标

产品品种指标指企业在品种方面满足社会需要的程度,同时能够反映出企业专业化协作水平、技术水平和管理水平,包括产品品名、规格、型号和种类数等。

▶ 2. 产品质量指标

产品质量指标通常指企业在计划期内,各种产品应达到的质量标准。质量指标通常包含两个方面的内容:一是产品的技术标准或质量要求;二是产品生产的工作标准,工作标准一般用综合性的质量指标来表示,如合格品率、一等品率、优质品率、废品率等。质量指标反映企业产品满足用户需要的程度以及企业的生产技术水平。

▶ 3. 产品产量指标

产品产量指标通常指企业在计划期内应当生产的合格产品的实物数量或提供的服务数量。产量指标反映企业在一定时期内向社会提供的产品其使用价值的数量以及企业生产能力水平。

▶ 4. 产值指标

产值指标就是用货币表示的产量指标。它综合体现企业在计划期内生产活动的总成果。产值指标可分为总产值、商品产值、工业增加值三种形式。

▶ 5. 出产期

出产期是为了保证按期交货而确定的产品出产期限。产品出产期是确定生产进度计划的重要条件,也是编制主生产计划、物料需求计划、生产作业计划的依据。

上述各项计划指标的关系十分密切。既定的产品品种、质量和产量指标,是计算以货币表现的各项产值指标的基础,而各项产值指标又是企业生产成果的综合反映。企业在编制生产计划时,应当首先安排落实产品的品种、质量与产量指标,然后据以计算产值指标。

(三) 生产计划的编制步骤

编制生产计划的主要步骤大致可以归纳如下。

▶ 1. 调查研究、收集资料

制订生产计划之前,要对企业经营环境进行调查研究,充分收集各方面的信息资料,作为编制生产计划的依据,其主要内容包括以下几点。

(1) 国内外市场的经济技术情报及市场调查、预测资料。
(2) 上级下达的国家计划任务。
(3) 企业长远发展规划。
(4) 上期产品的销售量、上期合同执行情况、产品库存量及上期生产计划完成情况。
(5) 原材料、外购件、外协件、工具、燃料、动力供应情况。
(6) 计划生产能力及产品工时定额。
(7) 分车间、分工种、分技术等级的工人数。
(8) 产品价格目录及厂内各种劳务价格等资料。

同时,认真总结和分析上期计划执行中存在的主要问题,制订在本期计划实施中进行改进的具体措施。

▶ 2. 确定生产计划指标方案

确定生产计划指标是制订生产计划的中心内容。企业应根据国家、社会的需要和提高企业的经济效益统筹安排,其中包括以下几方面。

(1) 产品品种、质量、产量、产值和利润等指标的选优和确定。
(2) 产品出产进度的合理安排。
(3) 各个产品的合理搭配生产。
(4) 将企业的生产指标分解为各个分厂、车间的生产指标等工作。

计划部门提出的指标方案应该是多个,并从多个方案中进行分析研究,通过定性和定量评价、比较,选择较优的可行方案。

▶ 3. 综合平衡,确定最佳方案

对计划部门提出的初步指标方案,需要进行综合平衡、研究措施、解决矛盾,以达到社会需要与企业生产可能之间的相互平衡。使企业的生产能力和资源都能得到充分的利用,并获得良好的经济效益。生产计划的综合平衡有如下几个方面。

(1) 生产任务与生产能力的平衡,测算企业设备、生产场地、生产面积对生产任务的保证程度。
(2) 生产任务与劳动力的平衡,测算劳动力的工种、等级、数量、劳动生产率水平与生产任务的适应程度。
(3) 生产任务与物资供应的平衡,测算原材料、燃料、动力、外协外购件及工具等的供应数量、质量、品种、规格、供应时间对生产任务的保证程度。
(4) 生产任务与生产技术准备的平衡,测算设计、工艺、设备维修、技术措施等与生产任务的适应和衔接程度。

(5) 生产任务与资金占用的平衡，测算流动资金对生产任务的保证程度与合理性。

▶ 4. 编制年度生产计划表

企业的生产计划，经过反复核算与综合平衡，确定生产指标，最后编制出年度生产计划表，作为企业正式计划。

年度生产计划表，主要包括产品产量计划表、工业产值计划表及计划编制说明。

生产计划的编制说明应主要包括：编制生产计划的指导思想和主要依据；预计年度生产计划完成情况；计划年度产量产值增长水平及出产进度安排；实现计划的有利条件和不利因素，存在的问题及解决措施；对各单位、各部门的要求等。

另外，编制生产计划还可以在现有工作计划的基础上，通过"取消—合并—重排—简化"四项技巧形成对现有工作计划的改进，具体做法如表4-1所示。

表4-1　ECRS(四种技巧)技术的内容

技巧	内容
取消	对任何工作首先要问：为什么要干？能否不干？包括取消所有的多余工作、步骤和动作；减少工作中的不规则性；取消工作中一切怠工和闲置时间
合并	如果工作不能取消，则考虑是否应与其他工作合并。实现的方式包括工具的合并、控制的合并和动作的合并
重排	对于工作顺序进行重新排列
简化	指工作内容、步骤方面的简化

二、企业生产能力计划

(一) 生产能力的概念与分类

生产能力是指企业在一定时期内和一定的生产技术组织条件下，经过综合平衡以后能够产出一定种类的产品或提供服务的最大数量，或者是加工处理一定原材料的最大数量，它是反映企业产出可能性的一种指标。生产能力说明的是将人和设备结合起来的预期结果，通常是以单位时间的产量来表示。产出量的大小与企业的技术组织条件有关，并受到企业投入资源的数量制约。

生产能力是保证一个企业未来长期发展和事业成功的核心问题。一个企业所拥有的生产能力过大过小都是很不利的：能力过大，导致设备闲置、人员富余、资金浪费；能力过小，又会失去很多机会，造成机会损失。因此，企业必须做好生产能力的规划和决策，制订周密细致的生产能力计划。特别是在多品种、中小批量生产正逐步成为主流生产方式的情况下，生产能力成为竞争的一个关键因素。

因此，生产能力是指一定时间内直接参与企业生产进程的固定资产，在一定的组织技术条件下，所能生产一定种类的产品或加工处理一定原材料数量的最大能力。

企业生产能力一般分为三种。

▶ 1. 设计能力

设计能力是企业基本建设或改扩建时设计任务书和技术文件中所规定的生产能力。它是按照建厂时设计规定的产品方案、技术装备和各种设计数据要求确定的。这种能力是假定产品生产过程中所需要的劳动者和劳动对象，都能按规定的质量和数量得到充分保证的前提下，通过配备必要的固定资产而形成的，是新建、改建和扩建后企业达到的最大生产能力。显然，这只是一种潜在的能力。

2. 查定能力

查定能力指在企业产品方向、固定资产、资源供应、劳动状况等方面，发生了某些重大变化后，原来的设计能力已不能反映实际情况时，重新调查核定的能力。企业查定生产能力时，应以现有固定资产等条件为依据，并考虑到查定期内可能实现的各种技术组织措施或技术改造取得的效果。

3. 计划能力

计划能力指企业在计划期内，充分考虑了现有的生产技术条件，并考虑到计划年度内能够实现的各种技术组织措施的实施效果。这种能力才是作为生产计划基础的现实的生产能力，是编制生产计划的依据。

设计能力和查定能力是企业编制长远规划、确定扩建、改建方案和采取重大技术组织措施的依据；而计划能力只能表明目前的生产能力水平，因此只能作为编制中短期生产计划的依据。

（二）影响生产能力的因素

企业的生产能力大小受到多种因素的影响，如产品品种、产品结构的复杂程度、质量要求、零部件标准化水平；生产设备的数量、生产率及有效利用率；企业生产专业化程度、工艺加工方法、生产组织方式和劳动组织形式；劳动者业务技术水平、劳动技能的熟练程度和劳动积极性；企业所能运用的物质资源的数量、企业的经营管理水平等。在计算生产能力时，可归纳为三个主要因素：固定资产数量、固定资产工作时间和固定资产生产效率。

1. 固定资产数量

固定资产数量是指企业在计划期内用于产品生产的全部机器、设备的数量、厂房和其他生产性建筑物的面积。在机器设备中，包括正在运转、修理、安装或等待修理安装的机器设备，因任务不足或其他变化而暂停使用的机器设备。不包括已经批准报废的设备和留作备用的设备，也不包括那些损坏严重在计划期内不能修复使用的设备。

2. 固定资产工作时间

固定资产工作时间是指按照企业现行工作制度计算的机器设备全部有效工作时间。设备的有效工作时间同企业的全年工作日数、日工作班次、轮班工作时间、设备计划停修时间等有关。

3. 固定资产生产效率

固定资产生产效率，又称为固定资产的生产率定额，是指机器设备的生产效率和生产面积的利用效率。它有两种表示方法，一种是用设备（生产面积）的产量定额来表示，即单位设备（生产面积）在单位时间内的产量定额；另一种是用产品的时间定额来表示，即生产单位产品的设备台时消耗定额或生产单位产品占用的生产面积量大小和占用时间。

（三）生产能力计划

在市场经济条件下，要赢得竞争优势，就不能只局限于运用现有的生产能力，还必须有一套积极发展生产能力的计划。生产能力计划按计划期长短可分为长期生产能力计划和中短期生产能力计划。

▶ 1. 长期生产能力计划

长期生产能力计划具有战略性质,是考虑长期需求预测、企业长期发展战略和产品开发计划的基础上,对企业生产能力做出的规划。长期生产能力计划具有风险性,需要周密研究,充分论证,谨慎决策。长期生产能力计划可分为扩张型和收缩型两类。

(1) 扩张型生产能力计划。扩张型生产能力计划是企业在现有正常生产能力的条件下,按照企业长远经营目标的要求,为了满足未来需求,做出如何扩大生产能力的决策。扩大生产能力往往要进行投资,扩建厂房、增添设备、引进技术,同时还要招聘员工,进行教育培训。

(2) 收缩型生产能力计划。当企业不能适应市场需求,经营状况不佳,面临严重经济困境时,就需要企业收缩生产能力。收缩是为了生存而被迫采取的决策,在收缩时要尽可能减少损失,力争在收缩中求得新的发展。

▶ 2. 中短期生产能力计划

一年以内的生产能力计划称为中短期能力计划,它的最大特点是当年可供使用的设备、厂房等固定资产数量已经基本固定,即使当年投资增添固定资产,也很难在年内形成生产能力。因此要扩大生产能力,可以从三个方面着手。

(1) 提高设备利用率和生产效率。生产能力与设备工作时间是成正比的,许多企业是一班制或两班制生产,当生产能力不足时,首选方案就是增加班次,提高设备利用率。当工作班次已满负荷不能增加时,可以合理安排设备维修计划,减少设备停工检修时间,提高时间利用率。

(2) 利用外部资源方式。当生产能力短期不足时,可以采用外协、外购方式来解决供需矛盾。如许多制造企业在生产能力不足时,将大量的零部件转让给外协加工厂生产,或购买其他厂的零部件,自己进行组装出产成品。

(3) 利用库存调节方式。当企业生产的产品具有季节性时,往往旺季和淡季的销售量相差很大,如空调、时装等。旺季时生产能力不足,淡季时生产能力过剩。用库存来调节能力与需求量之间的缺口是比较常用的方法。

企业中短期生产能力调整是一项比较复杂而又操作性很强的工作。各种不同的能力计划都会对成本有很大影响。如增加班次要支付额外工资奖金,外协外购的成本往往高于自制,利用库存调节要占用大量流动资金,增加库存费用。因此,究竟选择哪种方式,要进行费用分析,选择成本最低的能力计划方案。

三、产品出产计划的编制

产品出产计划的编制方法,取决于企业的生产类型和产品的生产技术特点。

(一) 大量大批生产企业

大量大批生产企业安排出产进度的主要内容是确定计划年度内各季、月的产量。

(1) 各期产量年均分配法,也叫均匀分配法,即将全年计划产量平均分配到各季、月。这种方法适用于社会对该产品需要比较稳定的情况。

(2) 各期产量均匀增长分配法,即将全年计划产量均匀地安排到各季、月。这种方法适用于社会对该产品需要不断增加的情况。

（3）各期产量抛物线型增长分配法，即将全年计划产量按照开始增长较快，以后增长较慢的要求安排各月任务，使产量增长的曲线呈抛物线形状。这种方法适用于新产品的开发，且对该产品的需求不断增加的情况。

（二）成批生产企业

成批生产的产品，由于各批的数量大小不一，企业在计划内生产的产品种类必然比较多。因此，安排产品出产进度更为复杂。通常方法如下。

（1）将产量较大的产品，用"细水长流"的方式大致均匀地分配到各季、月生产。

（2）产量较少的产品，用集中生产方式参照用户要求的交货期和产品结构工艺的相似程度及设备负荷情况，安排当月的生产。集中生产可以减少生产技术准备和生产作业准备的工作量，扩大批量，有利于建立生产秩序和均衡生产，但可能与用户要求的交货期不完全一致。

（3）精密产品和一般产品、高档产品和低档产品也要很好地搭配，以充分利用企业各种设备和生产能力，为均衡生产创造条件。

（三）单件小批生产企业

这类企业的特点是产品品种多、产量少，同一种产品很少重复生产。在编制年度生产计划时，不可能知道全年具体的生产任务，生产任务应灵活安排。单件小批生产任务时紧时松，设备负荷忙闲不均，安排生产进度的出发点，只能是尽量提高企业生产活动的经济效益。为此安排进度时应注意以下几点。

（1）优先安排国家重点项目的订货。

（2）优先安排原材料价值和产值高的订货。

（3）优先安排生产周期长，工序多的订货。

（4）优先安排交货期紧的订货。

单元三　现代企业生产组织

一、生产过程

（一）生产过程的概念

企业的生产过程是社会财富的生产过程，也是企业最基本的活动过程。劳动过程是人们为社会所需要的产品而进行的有目的的活动。劳动过程是生产过程的主体，是劳动力、劳动对象和劳动工具（手段）结合的过程；也就是劳动者利用劳动手段作用于劳动对象，同时又是创造具有新价值和使用价值的物质财富的过程。

产品的生产过程是针对某种产品而言的，它没有考虑这个过程是在一个或多个企业中完成的。另一方面，在一个企业中常常并不是只生产一种产品，有时会同时生产多种产品，这些产品在生产管理方面存在着相互联系。显然，在一个企业内的生产过程与某种产品的生产过程通常并不是一回事。企业的生产过程是在企业范围内各种产品的生产过程和与其直接相连的准备、服务过程的总和。

(二) 生产过程的组成

▶ 1. 基本生产过程

基本生产过程是指对构成产品实体的劳动对象直接进行工业加工的过程，企业的基本产品是代表企业生产发展方向的产品，通常这类产品的产量或产值相对较大，生产时间较长。如机械制造企业的铸造、机械加工和装配等，基本生产过程对企业来说有决定性的意义，是企业生产过程中主要的部分。

▶ 2. 辅助生产过程

辅助生产过程是指为保证基本生产过程的正常进行而从事的各种辅助生产活动的过程。如为基本生产提供动力、工具和维修工作等。

▶ 3. 生产技术准备过程

生产技术准备过程是企业正式生产前所进行的一系列生产技术上的准备工作过程，具体的工作有产品设计、工艺设计、试制与调整、材料与工时定额的制订、设备布置、劳动组织等。生产技术准备工作的完善程序和时间长短，直接影响到正式生产的许多方面，特别是产品的质量和竞争能力、生产费用的高低。

▶ 4. 生产服务过程

生产服务过程是指为保证生产活动顺利进行而提供的各种服务性工作，如供应工作、运输工作和技术检验工作等。

▶ 5. 附属生产过程

附属生产过程是指利用企业生产基本产品的边角余料、其他资源、技术能力等，生产市场所需的不属于企业专业方向的产品的生产过程。附属生产过程与基本生产过程是相对的，根据市场的需求，企业的附属生产产品也可能转化成为企业的基本产品。

企业的基本生产过程和辅助生产过程是企业的主要生产过程，由若干相互联系的工艺阶段组成，而每个工艺阶段又是由若干个工序组成。工艺阶段是按照使用的生产手段的不同和工艺加工性质的差异而划分的局部生产过程。工序是指一个工人或一组工人在同一工作地上对同一劳动对象进行连续加工的生产环节。

知识链接

生产技术准备

产品的生产过程包含着准备和生产两个阶段，生产技术准备是指为试制和生产创造一切必要条件的工作。没有生产技术准备，即使一般的生产也难以顺利进行，更难取得较好的经济效益。

生产技术准备工作是指企业开发新产品，改进老产品，采用新技术和改进生产组织方法时所进行的一系列生产技术上的准备工作，具体工作内容取决于生产技术准备的对象。它是提高生产技术、生产效率，充分挖掘潜力，提高产品质量和工作质量，节约开支、降低成本的重要管理环节。

企业生产技术准备的任务主要有以下几点。

（1）以最快的速度、最低的费用开发适销对路的产品。

(2) 做好企业产品、技术和生产方式新旧交替的准备工作，实现有条不紊的转变。
(3) 保证产品设计、制造和使用的经济性。
(4) 提高企业的生产技术水平和经济效益。

二、生产类型

（一）生产类型的概念

企业的生产类型是影响生产过程组织的主要因素，也是设计企业生产系统首先应确定的重要问题。企业的产品结构、生产方法、设备条件、生产规模和专业化程度等方面都有各自的特点，这些特点都直接影响企业的生产过程组织。因此，有必要将各种不同的生产过程划分为不同生产类型，以便有针对性地选择合适的生产组织形式。

影响生产类型的因素较多，为了便于研究，需按一定的标志将企业划分为不同的生产类型，并根据各生产类型的特点来确定相应的生产组织形式和计划管理方法。

（二）生产类型的种类及特点

▶ **1. 按工作地专业化程度划分**

（1）大量生产。生产数量很大，而品种只有几种，或在同一工作地重复同一工作的频率很高，这类生产过程就是大量生产。大量生产中工序划分细，每个工作地固定完成一道或少数几道工序，生产条件稳定。由于工作地专业化程度高，所以广泛采用专用、自动化生产设备。

（2）成批生产。在计划期内，有较多品种的产品分成若干批，轮流投入，其批量不算太大，且要重复生产，这类生产过程就是成批生产。成批生产中，每个工作地完成的工序数目比大量生产多，因而专业化程度较大量生产低，每次更换产品都需调整生产设备，生产条件不大稳定。所以，只能部分使用专用、自动化设备，部分使用通用设备。

（3）单件生产。这类生产品种繁多，而每种产品仅生产一件或少数几件，只生产一次或不定期重复，故生产条件最不稳定。由于每个工作地完成的工作内容不固定，变化很大，其专业化程度最低，所以大多采用通用设备。

生产类型的技术经济特征比较，如表4-2所示。

表4-2 生产类型的技术经济特征比较

因素＼生产类型	大量	成批	单件
品种	一个或几个	较少	多
生产重复性	不间断生产几种产品	周期性重复	不重复
工作地专门化	很少，一般为1~2道工序	较多工序	很多工序
生产设备	绝大部分为专用的	万能的和专用的	绝大部分为万能的
对工人技术水平的要求	低	一般	高
管理工作	比较简单	比较复杂	复杂
产品成本	低	较高	高
应变能力	差	较好	好

2. 按接受生产任务的方式划分

（1）订货生产。这类生产的任务是根据顾客的订单确定的。按用户的特殊要求设计，有明确的交货期。由于先订货后生产，无须大量储存成品，没有销售风险。但根据顾客订单制造产品或提供服务比运用库存满足顾客的需求需要更长的时间，因此，如何缩短生产周期，保证按时交货是这种生产类型的管理重点。

（2）备货生产。这类生产的任务是企业根据对市场需要的预测确定的。产品是面向广大用户的共同需要设计的，多是标准化产品，其生产数量是估计的。一般而言，备货生产方式的生产效率比较高，但由于先生产后销售，如果预测不准或销售不力，就可能导致生产效率越高，库存积压越严重的后果。因此，生产管理的重点是提高预测的准确性和增强产品的竞争能力。

3. 按生产的连续程度划分

（1）连续生产。它是长时间连续不断地生产一种或很少几种产品，生产的产品、工艺流程和使用的生产设备都是固定的、标准的，工序之间没有在制品储存。

（2）间断生产。它是指输入生产过程的各种要素是间断性地投入，生产设备和运输装置必须适合多种产品加工的需要，工序之间要求有一定的在制品储存。

三、生产过程的组织

生产过程组织，就是要根据顾客需求的特点和生产类型的性质，对加工过程中的各种要素，包括加工设备、输送装置、工序、工作中心、在制品存放地点等进行合理配置，使产品在生产过程中行程最短、通过时间最快和各种耗费最小，并且有利于提高生产过程，满足顾客要求和适应环境变化。

(一) 组织生产过程的原则

为提高效率，现代化大生产应遵循分工原则，实行专业化生产。组织生产过程的原则有两个：工艺专业化原则与对象专业化原则。

1. 工艺专业化原则

工艺专业化原则就是由工艺相同的工序或工艺阶段组成一个生产单位，如工艺专业化车间或工段、班组。在这种生产单位内集中了同类型的设备、同工种的工人，用相同的工艺方法对不同类型产品进行部分加工。

2. 对象专业化原则

对象专业化原则就是把某种产品的全部或大部分工艺过程集中起来，组成一个生产单位，如对象专业化车间或工段、班组。在这种生产单位内各工作地的加工对象相同，但工艺方法、生产设备、工人种类不相同。

(二) 组织生产过程的基本要求

建立某种产品的生产过程，不仅是生产出某种产品，而是在保证正常的生产秩序的前提下，为获得更大经济效益，还必须使生产过程满足多方面的要求，如连续性、平行性、比例性(协调性)、均衡性(节奏性)、适应性与准时性。这些要求是现代化大生产所决定的，只有按这些要求去做，才能取得更好的经济效益。

1. 生产过程的连续性

生产过程的连续性是指物料处于不停的运动之中，且流程尽可能短，它包括空间上的连续性与时间上的连续性。空间上的连续性要求生产过程各个环节在空间布置上合理紧凑,使物料的流程尽可能短,没有迂回往返现象。时间上的连续性是指物料在生产过程的各个环节的运动自始至终处于连续状态,没有或很少有不必要的停顿与等待现象。

增加生产过程的连续性可以缩短产品的生产周期,减少在制品数量,加快资金流转,提高资金利用率。为此,要从生产组织方面采取措施,努力使产品不停顿地流过生产的各个阶段和工序,尽量做到各工序之间在时间上和空间上紧密衔接。

▶ 2. 生产过程的平行性

生产过程的平行性是指不同产品的生产过程或不同生产阶段在时间上的重叠程度。在一定时间内同时进行生产的产品越多,重叠程度就越高,平行性也就越高,完成同样数量的产品所需的生产周期也就会成倍减少。

▶ 3. 生产过程的比例性(协调性)

生产过程的比例性是指生产过程各环节在生产能力方面相互协调的程度,不同产品在各生产环节所需要的生产能力是不相同的,同种产品在各生产环节所需要的生产能力也随批量不同而变化,但这些生产能力之间的比例关系却大体保持不变。因此,生产过程中各环节的生产能力应符合这一比例关系,使各环节的生产能力都能得到充分合理的利用。

▶ 4. 生产过程的均衡性(节奏性)

生产过程的均衡性是指在生产各环节生产速度的稳定程度。在生产过程的各工艺阶段、各个工序在相同的时间间隔内,产品产量大致相等或均匀递增,使每个工作地的负荷保持均匀,保证生产正常进行。

▶ 5. 生产过程的适应性

生产过程的适应性是指当社会对企业产品的需求发生改变时,企业能够由生产一种产品转到生产另一种产品或改变生产数量的应变能力。企业所做的一切都是为了让用户满意,用户需要什么样的产品,企业就生产什么样的产品;需要多少就生产多少;何时需要,就何时提供。要做到既让用户满意,又同时保持生产过程的比例性和均衡性,能及时满足市场变化要求。

▶ 6. 生产过程的准时性

生产过程的准时性是指生产过程各工艺阶段和工序要按时生产并保证产品质量,达到用户要求。

四、生产过程的劳动组织

合理地组织劳动是保证企业正常生产的条件。为保证生产顺利进行,必须把劳动者合理地组织起来,正确地处理他们之间的关系,以及他们与劳动工具、劳动对象之间的关系。

(一)劳动组织的主要内容

企业进行生产劳动组织管理时,需要围绕以下五个方面的内容开展相应工作。

(1)合理确定人员构成。

(2)合理安排劳动分工协作和员工配备。

(3)合理组织多设备管理。

(4) 合理安排工作时间和工作轮班。

(5) 合理组织好工作地。

(二) 劳动组织的任务

企业的劳动组织工作的主要任务包括如下三个方面。

(1) 在合理分工与协作的基础上，正确地配备员工，充分发挥每个劳动者的专长和积极性，从而不断提高劳动生产率。

(2) 正确处理劳动力与劳动工具、劳动对象之间的关系，保证劳动者有良好的工作环境和工作条件。

(3) 根据生产发展的需要，不断调整劳动组织，采用合理的劳动组织形式，以保证不断提高劳动生产率。

(三) 劳动协作及其组织形式

劳动分工一般表现为工作简化、合理分工的原则，合理的劳动分工对企业生产的发展和经济效益的提高有着积极的作用。劳动分工应有利于劳动者较快掌握业务和技术，有利于缩短产品生产周期，有利于降低产品生产制造成本。

劳动协作是指把生产工作的各组成部分紧密地联系起来，形成整体活动。协作以分工为前提，分工以协作为条件。

企业中的劳动协作有空间协作和时间协作两个方面。空间的协作形式有车间之间、车间内部、生产小组之间、工作地之间，以及工作组内部的协作；时间上的劳动协作主要是指工作轮班。

▶ 1. 工作地的组织

工作地是工人进行生产活动的场所，工作地组织是空间协作的主要工作。工作地组织工作就是要在一个工作地上，把劳动者、劳动工具和劳动对象科学地组织，正确处理它们之间的相互关系，使机、物之间进行合理的布局与安排，以促进劳动率的提高。合理组织工作地的要求如下。

(1) 便于工人进行操作，减轻劳动强度，节省工时，提高劳动效率，保证劳动质量。

(2) 充分利用工作地的装备，节约生产面积和各种材料的消耗。

(3) 有良好的工作环境和劳动条件，保证工人的安全和健康。

工作地组织的内容如下。

(1) 合理装备和布置工作地。

(2) 保持工作地的正常秩序和良好的工作环境。

(3) 有效组织工作地的供应、服务工作。

▶ 2. 工作轮班组织

工作轮班组织是劳动协作的时间联系形式。企业各生产单位根据工艺性质不同、生产任务多少，采用不同的轮班制度。

单班制是指每天只组织一个班生产，工人都在统一时间上下班。但有些生产单位由于工作班内工作量不均衡，开始工作只需少数人做生产准备，然后全组才能全面展开，工作结束又只需少数人做结尾工作。在这种情况下，为了充分利用工时，提高全班产量，可以组织一部分人提前上下班，一部分人稍后上下班，使工时得到充分利用。

多班制是指每天组织两班或两班以上轮换生产。由于某些工艺特点，生产过程必须连续不断地进行，要组织三班或四班交叉制；工艺过程可以间歇地进行，按生产任务要求也可以组织两班制或三班制生产。

戴尔的库存管理

近年来，在全球电脑市场不景气的大环境下，戴尔却始终保持着较高的收益，并且不断增加市场份额。每一个成功者都有自己的成功秘诀，正如谈及沃尔玛成就商业王国时，"天天低价"被我们挂在嘴边；论及戴尔的成功之道，几乎是众口一词地归结为"直销模式"。戴尔成功的诀窍在哪儿？该公司分管物流配送的副总裁迪克·亨特一语道破天机："我们只保存可供5天生产的存货，而我们的竞争对手则保存30天、45天，甚至90天的存货，这就是区别。"由于材料成本每周就会有1%的贬值，因此库存天数对产品的成本影响很大，仅低库存一项就使戴尔的产品比许多竞争对手拥有了8%左右的价格优势。亨特在分析戴尔成功的时候说："戴尔总支出的74%用在材料配件购买方面，2000年，这方面的总开支高达210亿美元，如果我们能在物流配送方面降低0.1%，就等于我们的生产效率提高了10%。物流配送对企业的影响之大由此可见一斑。"而高效率的物流配送使戴尔的过期零部件比例保持在材料开支总额的0.05%～0.1%，2000年戴尔全年在这方面的损失为2100万美元。而这一比例在戴尔的对手企业都高达2%～3%，在其他工业部门更是高达4%～5%。

资料来源：中国经营报，2013，6.

思考：
1. 试分析库存的利与弊。
2. 请结合案例，分析提高企业库存周转率的作用。

单元四 现代企业生产控制

一、生产控制概述

（一）生产控制的概念

生产系统运行控制涉及生产过程中各种生产要素、各个生产环节及各项专业管理，控制贯穿于生产系统运动的始终。生产系统凭借控制功能，监督、制约和调整系统各环节的活动，使生产系统按计划运行，并能不断适应环境的变化，从而达到系统预定的目标。生产控制的内容主要有对制造系统硬件的控制（设备维修）、生产进度控制、库存控制、质量控制、成本控制、数量控制等。

（二）实行生产控制的原因

生产计划是生产活动发生之前制订的，尽管制订计划时充分考虑现有生产能力，但在实施计划的过程中由于某些原因，往往造成实施情况与计划要求偏离，原因如下：

▶ 1. 加工时间估计不准确

对于单件小批量生产类型，很多任务都是第一次碰到，之前没有经验可以借鉴，因此很难将每道工序的加工时间估计得很准确。而加工时间是编制作业计划的依据，加工时间不准确，计划也就不准确，实施中就会出现偏离计划的情况。

▶ 2. 随机因素的影响

即使加工时间的估计是精确的，但很多随机因素的影响也会引起计划偏离，例如工人的劳动态度和劳动技能的差别，人员缺勤，设备故障、原材料的差异等，这些都会造成实际进度与计划要求不一致。

▶ 3. 加工路线的多样性

调度人员在决定按哪种加工路线进行加工时，往往有多种加工路线可供选择，不同的加工路线会造成完成时间的偏离。

▶ 4. 企业环境的动态性

尽管制订了一个准确的计划，但第二天又来了一个更有吸引力的新任务，或者关键岗位的职工跳槽、物资不能按时到达、发生停电等，这些都使得实际生产难以按计划进行。

当实际情况与计划发生偏离，就要采取措施，要么使实际进度符合计划要求，要么修改计划使之适应新的情况，这就涉及生产控制的问题。

（三）实施生产控制的条件

▶ 1. 制订标准

标准一般是指生产计划，没有标准就无法衡量实际生产作业情况是否发生了偏离。生产计划规定的产品出产期、零部件投入出产计划等，都是实行生产控制的标准。

▶ 2. 查找原因

控制离不开信息，当实际生产进度与生产计划发生偏离时，要尽快查找原因，并制订相应的措施，使两者保持一致。并且，要从中吸取经验，为今后再遇到此类情况时提供参考。

▶ 3. 纠正偏差

查明生产进度与生产计划发生不一致的原因之后，要通过生产调度来实行适时的调整，以便及时纠正偏差。

（四）生产进度控制的类型

生产进度控制是对生产量和生产期限的控制，其主要目的是保证完成生产进度计划所规定的生产量和交货期限，这是生产控制的基本方面。其他方面的控制水平，如库存控制、质量控制、维修等都对生产进度产生不同程度的影响。在某种程度上，生产系统运行过程中各个方面的问题都会反映到生产作业进度上。因此，在实际运行管理过程中，企业的生产计划与控制部门通过对生产作业进度的控制，协调和沟通各专业管理部门和生产部门之间的工作，可以达到整个生产系统运行控制的协调统一。

▶ 1. 库存控制

库存控制是使各种生产库存物资的种类、数量以及存储时间维持在一个必要的水平上。其主要功能在于，既要保障企业生产经营活动的正常进行，又要通过采取有效的控制方式，使库存数量、成本和占用资金维持在最低限度。

▶ 2. 质量控制

质量控制，其目的是保证生产出符合质量标准要求的产品。由于产品质量的形成涉及生产的全过程，因此，质量控制是对生产政策、产品研制、物料采购、制造过程以及销售使用等产品形成全过程的控制。

▶ 3. 设备维修

设备维修是对机器设备、生产设施等制造系统硬件的控制。其目的是尽量减少并及时排除物资系统的各种故障，使系统硬件的可靠性保持在一个相当高的水平。如果设备、生产设施不能保持良好的正常运转状态，就会妨碍生产任务的完成，造成停工损失，加大生产成本。

▶ 4. 成本控制

成本控制涉及生产的全过程，是从价值量上对其他各项控制活动的综合反映，需要与其他各项控制活动结合进行。

二、生产管理控制的方式

对生产活动实施控制，主要是运用控制论中的负反馈控制和前馈控制，两者的作用都是为了把系统输出量控制在预定的目标范围内。生产控制方式主要就是负反馈控制方式和前馈控制方式两种，这是根据生产管理的自身特点来定义控制方式的。

生产管理的发展历史上，控制方式有一个典型的演化过程，最初出现的是事后控制，而后是事中控制，最后是事前控制，这是从时间上定义管理活动的一种方法。事后与事中控制都是使用负反馈控制原理，事前控制使用的是前馈控制原理。

企业的实际操作中，三种控制方式（事后控制、事中控制与事前控制）一般是结合起来使用。事后控制是最基本和最普遍的一种方式，但效果不如事中和事前控制好。在可能的场合应该更多地采用事中控制方式和事前控制方式，如图 4-2 所示。

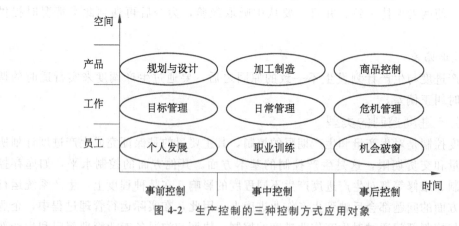

图 4-2　生产控制的三种控制方式应用对象

（一）事后控制

生产控制的事后控制方式是指根据当期生产结果与计划目标的分析比较，提出控制措施，在下一轮生产活动中实施控制的方式。它利用反馈信息实施控制，控制的重点是今后的生产活动，其控制思想是总结过去的经验与教训，把今后的事情做得更好。事后控制的优点是方法简便，控制活动量小，控制费用低。但其缺点也很明显，不良结果一旦发生，就表明损失已经造成,无法挽回了。

事后控制方式的控制要点如下。

(1) 以计划执行后的信息为主要依据。

(2) 要分析内外部环境的干扰情况。

(3) 计划执行情况分析要客观,控制措施要可行,确保下一轮计划执行的质量。

(二) 事中控制

生产活动的事中控制方式是一种对进行中的生产系统进行日常性控制的控制方式,它实现了在生产活动进行之中对其实施有效的控制。

事中控制方式是利用反馈信息实施控制的。通过作业核算和现场观测获取信息,及时把输出量与控制目标进行比较分析,做出纠正偏差的控制措施,不断消除由干扰产生的不良后果,确保计划目标的实现。事中控制活动是经常性的,每时每刻都在进行之中。显然,它的控制重点是当前的生产过程,要把生产活动置于严密的控制之中,保证计划的顺利执行。事中控制可以避免计划不能完成的损失,但是频繁的控制活动本身也需要付出代价。

事中控制方式的要点如下。

(1) 以计划执行过程中获取的信息为依据。

(2) 要有完整准确的统计资料和完备的现场活动信息。

(3) 决策迅速,执行有力,保证及时控制。

(三) 事前控制

生产控制中的事前控制方式是在生产活动之前进行调节控制的一种方式。生产控制依次出现了事后控制、事中控制以后,人们自然提出了是否可实行事前控制,以防患于未然,并从目标管理中得到启示,创造了事前控制方式。

事前控制方式是利用前馈信息实施控制,重点放在事前的计划与决策上,即在生产活动开始以前根据对影响系统行为的扰动因素做种种预测,制订出控制方案。这种控制方式是十分有效的。

事前控制方式的控制要点如下。

(1) 以对扰动因素的预测作为控制的依据。

(2) 对生产系统的未来行为有充分的认识。

(3) 依据前馈信息制订计划和控制方案。

三、生产管理控制的基本程序

企业生产管理控制的基本程序包括四个阶段:制订标准、测量比较、控制决策和实施执行,分述如下。

(一) 制订标准

制订标准就是对生产过程中的人力、物力和财力,对产品质量特性、生产数量、生产进度规定一个数量界限。它可以用实物数量或者货币数量表示,包括各项生产计划指标、各种消耗定额、产品质量指标、库存标准、费用支出限额等。控制标准要合理可行,制订标准的方法有如下几种。

▶ 1. 类比法

类比法参照本企业的历史水平制订标准,也可参照同行业的先进水平制订标准。这种方法简单易行,标准也比较客观。

▶ 2. 分解法

分解法是把企业层的指标按部门按产品层层分解为一个个小指标,作为每个生产单元的控制目标。这种方法在成本控制中起到重要作用。

▶ 3. 定额法

定额法是为生产过程中某些消耗规定标准,主要包括劳动消耗定额和材料消耗定额。

▶ 4. 标准化法

标准化法是根据权威机构制订的标准作为自己的控制标准,如国际标准、国家标准、部颁标准,以及行业标准等。这种方法常用于质量控制,当然,也可用于制订工作程序或作业标准。

(二)测量比较

测量比较是以生产统计手段获取系统输出值,并根据预定的控制标准做出对比分析,及时发现偏差。偏差有正负之分,正偏差表示目标值大于实际值,负偏差表示实际值大于目标值,正负偏差的控制论意义视具体的控制对象而定。如对于产量、利润、劳动生产率,正偏差表示没有达标,需要考虑控制;而对于成本、工时消耗等目标,正偏差表示优于控制标准。

(三)控制决策

控制决策是根据产生偏差的原因,提出用于纠正偏差的控制措施,一般的工作步骤如下。

(1)分析原因。要实施有效控制,就必须查找失控的最基本的原因。即便有时从表象出发采取的控制措施也能有成效,但它往往以牺牲另一目标为代价。另外,造成某个控制目标失控的原因有时会有很多,所以要做客观的实事求是的分析。

(2)拟定措施。从造成失控的主要原因着手,研究控制措施。传统观点认为控制措施主要是调节输入资源,而实践证明对于生产系统,这样做是远远不够的,除此之外,还要检查计划的合理性,组织措施是否可以改进。总之,要全面考虑各方面的因素,才能找到有效的解决措施。

(3)效果预期分析。生产系统是个大系统,不能用实验的方法去验证控制措施。但为了保证控制的有效性,必须对控制措施进行效果分析。一般可采用推理方法,即在观念上分析实施控制措施后可能会产生的各种情况,尽可能使控制措施制订得更周密。

(四)实施执行

实施执行是控制程序中的最后一项工作,由一系列的具体操作组成。控制措施贯彻执行得如何,直接影响控制效果,如果执行不力,则整个控制活动功亏一篑。所以在执行中要有专人负责,及时监督检查。

四、生产管理控制的传统缺点

生产计划的发展促进了制造性能的改善,但是还有许多问题没有解决,这主要是因为生产控制系统的问题。简而言之,传统的生产控制系统主要存在着三方面的缺点:尽管用于计算机系统和数据处理的费用很高,但是计划和实际结果却差别很大;不恰当的性能数据报告,对生产周期、计划性能、库存几乎没有实际控制能力;计划与操作人员决策责任很小。下面对这三方面缺点予以详细阐述。

(1) 尽管生产的计划、反馈和生产活动控制系统中广泛地应用了数据处理技术，而且在能力调度和精确调整上花费了许多计算时间，由计算机计算得到的"最佳"生产过程与实际的生产过程却很少相符合。许多专家认为，"通常，计算得到的周计划常常由于紧急订单、技术意外和故障很快就过时""通常，必须在很短的时间以后重新修订精确调度"，因此，为"赶日期"而"绕开系统"进行的特别行动在实际中经常可见。

(2) 通常的生产控制系统不能提供直接可利用的信息和指示，从而不能帮助人们有针对性地对生产周期、库存和产出率等目标进行控制。另外，生产控制系统初看很明了，但实际上常常不能够对其宣称的控制参量进行测量，也不具有合适的控制参数。

(3) 越来越复杂的系统使"正在工作的人"进行自治决策的空间越来越小。计划人员或计划所涉及的人员没有足够的信息或未经充分的培训，可能会使得花了很多钱安装起来的系统被丢弃在一旁。在这种情况下，车间主任会转向使用非正式的系统，比如在他的笔记本上保存一个数据库和一组分发规则。

总　　结

现代企业生产管理是企业管理的核心，其主要包含三方面的内容，即生产管理的计划、组织和控制。掌握这三方面的内容有助于更深刻地理解企业生产管理的实质。

本情境包括四单元内容，第一单元讲述了现代企业生产管理的概念，明确了生产管理的研究对象、管理的目标与内容、地位及作用，最后阐述了现代生产管理的特征，这些内容旨在使之了解企业生产管理的基本知识。第二单元讲述了现代企业生产计划的定义及特征、内容与主要指标、编制步骤，介绍了企业生产能力计划的概念、分类与影响生产能力的因素，以及产品出产计划的编制，掌握这些内容，会对企业生产计划有一定的了解。第三单元讲述了现代企业生产组织过程的概念及组成，企业生产类型的概念、种类及特点，生产过程的组织等，帮助理解企业生产组织过程的实质。第四单元讲述了现代企业生产控制的概念、原因、条件及类型，生产管理控制的方式、基本程序等，以便了解企业生产控制的主要内容。

教　学　检　测

一、名词解释

生产管理　生产计划

二、问答题

1. 企业生产管理的概念及特征是什么？

2. 企业生产管理的地位及作用如何？
3. 企业生产计划的主要指标是什么？如何编制生产计划？
4. 企业生产能力如何分类？它会对企业造成哪些影响？
5. 企业生产组织过程的概念是什么？它是如何组成的？
6. 企业生产类型的种类及特点是什么？
7. 企业生产控制的方式是什么？
8. 企业生产控制的基本程序是什么？

三、综合案例思考

超级食品公司的困惑

超级食品有限公司是一家新加坡独资企业，由新加坡超级咖啡股份有限公司于1993年在常州投资成立。该公司在建立初期，以麦片饮料类的生产为主，随着麦片市场的竞争日益加剧，逐步引入了咖啡类和固体饮料类的产品，完善了自身的产品结构。在超级食品有限公司进入中国以前，国内市场上尚无麦片类的饮料产品。可以这样讲，正是超级食品公司将麦片饮料引入了中国市场，为中国的消费者提供了这样一种富含营养的早餐或休闲食品，带来了一种新的生活方式，与此同时，也为超级食品公司及其投资者带来了丰厚的利润。在20世纪90年代的前、中期，超级食品公司的产品从来不用为销路发愁，生产管理也相对简单，开足马力生产即可。采购更是单纯，物料数量有限，订购批量尽量大，根本不可能有冗余的库存出现；供应商也是趋之若鹜，谈不上管理，更没有战略；物流配送也用不着，基本都是上门送货、提货。但是，由于商家的趋利性，一时间全国各地出现了形形色色的麦片生产厂家，麦片饮料市场的竞争突然之间变得异常的严峻、残酷。超级食品公司的年销售额也由数亿元人民币逐步下降到不足一亿元人民币，而在此期间，为了缓解市场竞争的压力，公司管理层决定增加产品类别，并且在原有的基础上，针对不同的消费群体将公司的主打产品——麦片类饮料增加品种，以增强抵御市场竞争大潮冲击的能力。公司管理层决定开发的产品主要有两类：咖啡类和固体饮料类。考虑到咖啡类产品为新加坡母公司的拳头产品，具有相当的技术开发实力和一定的市场知名度，因而决定开发该大类产品，并逐步在市场上推出了超级三合一咖啡、超级意大利泡沫咖啡、超级爱尔兰咖啡、超级二合一咖啡，以及超级瓶装咖啡礼盒等产品。由于中国气候具有四季分明的特点，并且在下半年集中了中国人最重要的几个节日：中秋节、国庆节、元旦及春节，麦片类的产品消费具有比较明显的季节性，即从8月底到来年的2月初为销售旺季，其余的时间则为销售淡季。而咖啡类产品与其具有相似性，因此公司急需开发出与上述两类产品在销售季节上具有互补性的产品，以此来平衡生产能力，缓解淡季的销售压力。基于以上的考虑，公司管理层决定开发固体饮料类产品，其中包括超级蜂蜜菊花经济装、超级鲜橙粉袋装及经济装、超级柠檬茶袋装及经济装等产品。

随着公司产品组合的宽度、长度及深度的不断扩大，以前公司在生产与运作管理上"轻易解决"的问题，如今真正地成为难题了。

(1) 生产安排上出现了问题，有时成品来不及做，而仓库催促要发货；有时入库成品仓库拒绝接收，原因是仓库该类货品太多，没有多余库位。

(2) 采购管理上，经常有紧急订单催供应商交货，而有的物料却又是几个月甚至数年不动。

（3）在物流上，压力同样不小。经常收到销售部门的投诉称，由于运力不足，或是运输的网络覆盖不到，而使得好不容易到手的生意无法做成等，不一而足。

以上的这些问题一而再，再而三地出现，终于引起了公司管理层的高度重视，从2001年下半年开始，将生产与运作管理工作作为重点解决的问题列入工作议程。时间转眼间进入了2002年的6月份，某一个星期二上午，超级食品公司的所有中层以上的管理人员都集中在会议室，参加每周一次的例会。随着会议的议程进入本周各部门的情况通报，主持会议的总经理请销售总监首先发言。销售总监一脸激动地开始了他对生产运作上的不满的发泄："我们的客户——几家大的连锁超市反馈回来的信息表明，我们的夏季主打产品——超级鲜橙粉袋装和经济装全面断货，客户对此非常不满意。甚至问我们的销售人员，我们公司是否想撤出这两种产品，如果是，那么赶快腾出地方给其他公司的产品。有的客户还以嘲弄的口吻说，你们超级食品公司很奇怪，冬季咖啡卖得好的时候，你们的超级咖啡礼盒断货；夏季饮料卖得好的时候，鲜橙粉系列产品又断货了。我也从物流、仓库、生产部等几个部门做了一点初步的调查，据说是有一种原料缺货。我想再一次地呼吁各部门大力协助销售部的工作，否则今年的销售指标很难完成！"总经理看了一眼上任半年有余的营运总监，"这件事确实相当严重，我们这半年多来一直在解决生产运作方面的问题。商务部、技术部、销售部、生产部都在通力合作，建立了销售预测、库存数据的在线即时反映、物料清单、需求计划等，虽然我们做了这些工作，但问题仍在不断地重复出现！我们现在要全力解决这方面的问题，决不能再让这些问题困扰我们的经营了。"真是一石激起千层浪，彻底地暴露了超级食品有限公司在生产与运作管理上存在的问题。

（1）库存控制上不平衡。既有断货、零库存现象的经常发生；同时仓库也有许多的积压库存，有些产品由于生产日期超过6个月而无法发货，有些物料已有6个月以上，甚至数年没有发生领用。在库存管理上，这种缺货与冗余同时并存的现象，已成为超级食品有限公司生产与运作系统管理不善的最直接表现。如何控制库存已成为了公司管理层急需解决的首要问题。

（2）订单管理的无序。在订单管理上，首先表现为紧急订单多，由此必然是引起小批量订单多，而整个订单数量大。这样也就间接增加了与供应商/生产部关系的管理难度。

（3）供应链管理的低效。内部供应链管理的低效率体现在对物料管理的不分主次，没有重点，既影响了物料的库存控制，也影响了供应商关系的管理。外部供应链管理的低效率，既有采购策略的不明确，也有客户服务的缺乏针对性。

当然，除了以上这些问题之外，在超级食品有限公司的生产与运作管理上也还存在一些问题，但归根结底，以上的三个问题是主要的，解决了它们，其他问题也就迎刃而解了。

资料来源：夏谷. 超级食品有限公司生产运作系统缺陷分析与对策研究[D]. 南京理工大学，2004，6：14-16.

思考：

1. 结合案例，分析超级食品有限公司的生产与运作管理系统存在的问题。
2. 结合案例，探讨解决这一问题的思路。

拓展阅读

空肥皂盒的启示

这是某企业管理研究中的一则案例。一天，某家大型化妆品公司接到了顾客的投诉。该顾客称，她买了一盒肥皂，但打开肥皂盒后，发现里面竟然是空的。

公司高层知道这件事情后十分重视，随即展开了全面调查，发现顾客投诉属实，在公司生产的肥皂成品中的确有空盒子现象。进一步调查后，找到了原因，是生产流水线上机器的差错。

这种差错的概率非常小，但影响却很不好。公司管理层要求技术人员技术攻关，保证这样的差错不再发生。技术人员十分努力，很快研究出一种X射线仪器，这种X射线仪器由两个人控制，可以及时确认出空的肥皂盒。

当然，技术人员的工作卓有成效。但是，他们研究出的这种仪器成本也不菲。

当这种仪器正式使用时，一名在流水线上工作的工人嫌仪器麻烦，提出了另一个解决办法。他对准流水线放置了一台电扇，当肥皂装盒后经过这台电扇面前时，空的肥皂盒就会从流水线上随风吹落。

我们遇到难题时，往往心急如焚，无意中把问题想得复杂化了。其实，很多时候，非常恼人的问题往简单想，反而更容易解决。

学习情境五 Chapter 5 现代企业质量管理

>>> 知识要点

- 掌握质量及质量管理的概念。
- 了解质量管理的发展阶段及特点。
- 了解 ISO 9000 质量标准产生的背景及内容。
- 掌握质量控制的定义及方法、QC 小组。
- 掌握质量检验的定义、类型及主要制度。
- 掌握质量改进的定义、步骤及改进对象。

>>> 核心概念

质量管理　质量标准　质量控制　质量检验　质量改进

情境导入

三鹿奶粉事件

2008 年 9 月初,不断有媒体报道婴幼儿患肾结石的病例且多数食用过三鹿的奶粉,三鹿集团被怀疑与婴幼儿患结石有关。经过调查,2008 年 9 月 11 日晚,三鹿集团声明其 2008 年 8 月 6 日前出厂的婴幼儿奶粉受到污染,市场上大约有 700 吨,并决定召回受污染的奶粉。这是三鹿集团首次公开承认自己的奶粉有问题,"三鹿问题奶粉"事件由此开端。2008 年 9 月 16 日,22 家婴幼儿奶粉厂家 69 个批次的产品被检出三聚氰胺,伊利、蒙牛、光明等榜上有名,至 2008 年 9 月 19 日 9 时,全国下架退市的问题奶粉已达 3215.1 吨。至此,"三鹿问题奶粉"事件波及整个乳制品行业。"三鹿问题奶粉"事件共造成全国 29.4 万余患儿致病,至少有 6643 名重患婴幼儿,3 名婴幼儿因此死亡。

三鹿集团因此破产,问题奶粉所造成的经济损失巨大,行业遭受的经济损失和信誉损失难以估量。其一期的损害赔偿数额巨大,重患婴幼儿的后遗症问题仍难以确定。受"三鹿问题奶粉"事件影响,中国 2008 年 10 月乳制品出口量锐减 9 成多,同比下降 99.2%,其中奶粉更是成为乳制品中出口下降幅度最大的品种。

纵观全国，2007年全国奶类总产量3633.4万吨，是2000年的4倍之多，年均增长21.7%。一方面是乳制品行业的快速扩张；另一方面却是整个行业的产能严重过剩，一些省份产能过剩40%～50%都很普遍。这两方面的原因必然导致企业奶源短缺、质量过低。在2007—2008年奶源出现短缺的时候，企业为了保证生产就降低了对原料乳的质量要求，使得不法分子有机可乘，认为加入三聚氰胺，这样一来可以通过检验，二来可以虚增奶量。

资料来源：谭小芳. 质量管理十大案例.

思考：你认为三鹿集团在企业管理中存在哪些质量管理问题？

单元一　企业质量管理概述

质量管理是企业管理的一个重要组成部分，随着现代化生产和科学技术的发展及科学化管理的需要，质量管理已经从管理科学中分支出来，形成了一门独立学科，即质量管理学。现代质量管理更是与企业的经营管理紧密联系在一起，质量管理学是研究和揭示质量产生、形成和实现过程的客观规律的科学。质量是质量管理学的研究对象。质量管理是技术与管理的结合，如果只有技术没有管理，技术很难充分发挥作用；反之，如果只有管理没有技术，管理就只能成为无米之炊。

质量管理是企业管理的一个组成部分，本单元主要研究企业如何建立健全质量管理体系，企业各个部门在产品质量产生、形成和实现过程中所承担的质量职能，质量控制、质量检验和改进过程中所使用的各种方法等，以此提高产品质量。

一、企业质量管理的相关概念

（一）质量

▶1. 朱兰的定义

美国著名的质量管理专家朱兰博士认为，产品质量就是产品的适用性，即产品在使用时能成功地满足用户需要的程度。用户对产品的基本要求就是适用，适用性恰如其分地表达了质量的内涵。

这一定义有两个方面的含义，即使用要求和满足程度。人们使用产品，对产品质量提出一定的要求，而这些要求往往受到使用时间、使用地点、使用对象、社会环境和市场竞争等因素的影响，这些因素变化，会使人们对同一产品提出不同的质量要求。

用户对产品的使用要求的满足程度，反映在对产品的性能、经济特性、服务特性、环境特性和心理特性等方面。因此，质量是一个综合的概念。它并不要求技术特性越高越好，而是追求诸如性能、成本、数量、交货期、服务等因素的最佳组合，即所谓的最适当。

▶2. ISO8402质量术语定义

质量：反映实体满足明确或隐含需要能力的特性总和。

标准中，"质量"的定义由两个层次构成。第一层次是说产品或服务必须满足规定或潜在的需要,这种"需要"既可以是技术规范中规定的要求,也可以是用户在使用过程中实际存在的需要。"需要"是动态的、发展的和相对的,实质上就是产品或服务的"适用性"。第二层次指,质量是产品特征和特性的总和,这些特征和特性通常是可以衡量的:全部符合特征和特性要求的产品,就是满足用户需要的产品,实质上就是产品的"符合性"。

▶ 3. ISO 9000:2000 质量术语定义

2000 版 ISO 9000 族标准对质量管理中的重要术语给出了标准定义,现摘录如下。

质量:一组固有特性满足要求的程度。

质量术语可使用形容词,如差、好或优秀来修饰。

"固有的"(其反义是"赋予的")就是指在某事或某物中本来就有的,尤其是那种永久的特性。

上述定义可以从以下几方面理解。

(1) 对质量管理体系来说,质量的载体主要是指产品、过程和体系,对质量的载体不作界定,说明质量可存在各个领域或任何事物中。质量由一组固有特性组成,这些固有特性是指满足顾客和其他相关方要求的特性,并由其满足要求的程度加以表征。

(2) 满足要求就是应满足明示的(如明确规定的)、通常隐含的(如组织的惯例、一般习惯)或必须履行的(如法律法规、行业规则)的需要和期望。只有全面满足这些要求,才能评定为好的质量或优秀的质量。

(3) 顾客和其他相关方对产品、体系或过程的质量要求是动态的、发展的和相对的。因此,应定期对质量进行评审,按照变化的需要和期望,相应地改进产品、体系或过程的质量,确保持续地满足顾客和其他相关方的要求。

知识链接

产品或服务的质量可以分为等级。等级是指对功能用途相同但质量要求不同的产品、体系或过程所做的分类或分级。等级反映的是实体功能用途与费用之间的相互关系,反映了预定和认可的不同质量要求。

(二) 质量管理

ISO 9000:2000 中对"质量管理"的定义:在质量方面指挥和控制组织的协调的活动。

质量管理是指在质量方面指挥和控制的与质量有关的活动,通常包括制订质量方针和质量目标的建立、质量策划、质量控制、质量保证和质量改进。组织可以通过建立和健全质量管理体系来实施质量管理。

质量管理是组织管理的重要组成部分,是组织围绕着质量而开展的各种计划、组织、指挥、控制和协调等所有管理活动的总和。质量管理必须与组织其他方面的管理如生产管理、财务管理、人力资源管理等紧密结合,才能在实现组织经营目标的同时实现质量目标。

知识链接

质量管理五大工具

质量管理五大工具,也称品管五大工具。

(1) 统计过程控制(statistical process control,SPC)。

(2) 测量系统分析(measure system analyse，MSA)。

(3) 失效模式和效果分析(failure mode & effect analyse，FMEA)。

(4) 产品质量先期策划(advanced product quality planning，APQP)。

(5) 生产件批准程序(production part approval process，PPAP)。

二、质量管理的发展阶段及特点

质量管理科学的发展是以社会对质量的要求为原动力的。质量管理是由于商品竞争的需要和科学技术的发展而产生、形成、发展至今的，是同科学技术、生产力水平以及管理科学化和现代化的发展密不可分的。按照质量管理在工业发达国家实践中的特点，质量管理的发展一般可分为三个阶段：质量检验阶段、统计质量控制阶段和全面质量管理阶段。

(一) 质量检验阶段(20世纪初—20世纪30年代)

这一阶段是质量管理的初级阶段，其主要特点是以事后检验为主。20世纪初，美国工程师泰勒提出"科学管理"理论，创立了"泰勒制度"。泰勒的主张之一就是计划与执行必须分开，于是，检查产品质量的职责由工人转移到工长手中，就形成了所谓的"工长的质量管理"。到了20世纪30年代，随着资本主义大公司的发展，生产规模的扩大，对零件的互换性、标准化的要求也越来越高，使得工长已无力承担质量检查与质量管理的职责，因此，大多数企业都设置了专职检验人员和部门，并直属经理(或厂长)领导，由他们来承担产品质量的检验工作，负责全厂各生产部门的产品(零部件)质量管理工作，形成了计划设计、执行操作、质量检查三方面都各有专人负责的职能管理体系，那时的检验工作有人称之为"检验员的质量管理"。人们对质量管理的理解还只限于质量的检验，即依靠检验手段挑出不合格品，并对不合格品进行统计而已，管理的作用非常薄弱。

产品质量检验阶段质量管理的主要手段是：通过严格的检验程序控制产品质量，并根据预定的质量标准对产品质量进行判断。检验工作是质量管理工作的主要内容，其主导思想是对产品质量"严格把关"。

产品质量检查阶段的优点在于：设计、制造、检验分属三个部门，可谓"三权分立"。有人专职制订标准(计划)；有人负责制造(执行)；有人专职按照标准检验产品质量。这样对产品质量标准的严肃性有好处，各部门的质量责任也得到严格划分。

这种"检验的质量管理"有两个缺点：一是解决质量问题缺乏系统的观念；二是只注重结果，缺乏预防，"事后检验"只起到"把关"的作用，而无法在生产过程中"预防"和"控制"不合格品的产生，一旦发现废品，一般很难补救。

质量检验的专业化及其重要性至今仍不可忽视。只是早期的质量检验主要是在产品制造出来后才进行的，即事后把关。在大量生产的情况下，由于事后检验信息反馈不及时所造成的生产损失很大，故又萌发出"预防"的思想，从而导致质量控制理论的诞生。

(二) 统计质量控制阶段(20世纪40年代—20世纪50年代)

统计质量控制，就是主要运用数理统计方法，从产品(指原材料、零件、部件、半成品、产品等)质量波动中找出规律性，消除产生波动的异常因素，使生产过程的每一个环节控制在正常的、比较理想的生产状态，从而保证最经济地生产出符合用户要求的合格产品。这一阶段的主要特点是：从单纯依靠质量检验、事后把关，发展到过程控制，突出了质量的预防性控制的管理方式，其主要代表人物是美国贝尔研究所的工程师休哈特、道奇和罗米格等。这种质量管理方法，一方面，应用数理统计技术；另一方面，它着重于生产过程的控制，做到以预防为主。它使质量管理工作从单纯的产品检验发展到对生产过程的控制，并为实行质量标准化提供了合理依据，从而把质量管理提高到一个新的水平。

从事后检验的质量管理发展到统计质量管理，是第二次世界大战以后的事，是随着战争引起的科学技术发展以及推动军工生产大幅度提高的客观需要。

统计质量控制阶段是质量管理发展史上的一个重要阶段。在管理科学中首先引入统计数学的就是质量管理，而在统计质量控制阶段，除去定性分析以外，还强调定量分析，这是质量管理科学开始走向成熟的一个标志。

但是，在宣传、介绍和推广统计质量管理的原理和方法的过程中，由于过分强调质量控制的数理统计方法，使人们对质量管理产生了一种高不可攀的感觉，妨碍了统计质量管理方法的普及和推广，使它未能充分发挥应有的作用。

（三）全面质量管理阶段(20 世纪 60 年代起至今)

从统计质量控制发展到全面质量管理，是质量管理理论与实践的一大进步。统计质量控制着重于应用统计方法控制生产过程质量，发挥预防性管理作用，从而保证产品质量。全面质量管理更适应现代化大生产对质量管理整体性、综合性的客观要求，从过去局部性的管理进一步走向全面性、系统性的管理。

随着生产力水平的不断提高、科学技术的日新月异，以及市场经济的迅速发展，出现了许多新的情况，促使统计质量控制向全面质量管理过渡。这些新情况主要有以下方面。

（1）人们对产品质量的要求更高、更多了。由于科学技术的发展，产品的精度和复杂程度大为提高，使得人们对产品质量的要求从仅注重性能指标转向可靠性、安全性、经济性等指标。对产品的可靠性等质量要求的极大提高，单靠在制造过程中应用数理统计方法进行质量管理是难以达到要求的。

（2）在生产技术和企业管理活动中广泛应用系统分析的概念，它要求用系统的观点分析研究质量问题，把质量管理看成是处于较大系统中的一个子系统。因为在这种产品复杂、竞争激烈的情况下，即使产品制造过程的质量控制得再好，每道工序都符合工艺要求，而试验研究、产品设计、试制鉴定、准备过程、辅助过程、使用过程等方面工作不纳入质量管理轨道，不很好衔接配合、协调起来，则仍然无法确保产品质量，也不能有效地降低质量成本，提高产品在市场上的竞争力。

（3）管理理论又有了新的发展和突破，其中突出的一点就是所谓"重视人的因素"。过去的"科学管理"理论忽视了人的主观能动作用，现在则要把人作为一个独立的个体在生产中发挥作用，从人的本性出发来研究如何调动人的积极性，尽量采取能够调动人的积极性的管理办法，使质量管理从过去仅限于有技术、有经验的少数人参与的管理逐步走向多数人参加的管理活动。

（4）随着市场竞争，尤其是国际市场竞争的加剧，各国企业都很重视"产品责任"和质量保证问题。激烈的市场竞争迫使企业提供的产品不仅性能要符合质量标准规定，而且要保证在产品售后的正常使用期限中，使用效果良好，可靠、安全、经济，不出质量问题。这就要求企业建立起贯穿全过程的质量保证体系，把质量管理工作转到质量保证的目标上来。

全面质量管理是基于组织全员参与的一种质量管理形式。它是以质量为中心，由全体职工及有关部门参与，把专业技术、经营管理、数理统计方法和思想教育工作相结合，建立产品研究、设计、生产、服务等全过程的质量管理体系，有效地利用人力、物力、财力、信息等资源，以最经济的手段生产出顾客满意的产品，使组织、全体成员和社会受益，从而使组织获得长期的成功和发展。

与以往的质量管理方法相比，全面质量管理有如下转变：从过去以事后检验为主的管理转变为以预防为主的管理；从过去只在局部进行的分散的管理转变为系统的、全面的和综合的管理；从过去只是少数人参与的管理转变为全员参与的管理；从过去重视结果的管理转变为重视过程的管理；从过去单纯以符合标准为中心的管理转变为以满足顾客需要为中心的管理。

全面质量管理的一个重要特点就在于它管理的全面性，即它是全面质量的管理、全过程的质量管理、全员性的质量管理和综合性的质量管理。全面质量管理不仅要管最终产品质量，还要管产品质量赖以形成的过程质量。实行全面质量管理，就是为达到预期的产品目标和不断提高产品质量水平，经济而有效地提高产品质量的保证条件，使过程质量处于最佳状态，最终达到预防和减少不合格品，提高产品质量的目的，并做到成本降低、价格便宜、供货及时、服务周到，以全面质量的提高来满足用户各方面的使用要求。

质量管理发展三个阶段的比较如表 5-1 所示。

表 5-1 质量管理发展三个阶段的比较

对比内容	质量检验阶段	统计质量控制阶段	全面质量管理阶段
生产特点	手工及半机械生产为主	大量生产	现代化大生产
管理对象	限于产品质量	从产品质量向工作质量发展	产品质量和工作质量
管理特点	事后把关为主	把关与部分预防相结合	防检结合，全面管理
管理方法	技术检验方法	数理统计方法	运用多种管理方法
管理标准化	标准化程度差	由技术标准发展到质量控制标准	技术、管理标准化

应该看到，质量管理发展的三个阶段不是孤立的、互相排斥的，而是前一个阶段为后一个阶段的基础，后一个阶段是前一个阶段的继承和发展。

单元二 企业质量标准

一、ISO 9000 系列标准产生的背景

（一）科技进步与生产力水平的提高是其产生的客观环境

ISO 9000 系列标准本身是一项科学技术成果，它的产生首先是科学技术这一重要生产力推动的结果。生产力发展推动生产方式变化；高新技术产品出现带来产品质量风险的增加；产品规范化、复杂化，最终导致质量管理和质量保证标准的产生和发展。

（二）国际贸易发展的必然要求

自 20 世纪 60 年代以来，随着国际交往的日益增多，出现产品国际化，其结果必然出

现产品责任国际化的问题。为了有效开展国际贸易，分清产品责任，减少产品质量问题的争端，人们希望在产品国际化的基础上再提高一步，要求质量管理国际化。这不仅要求产品质量符合统一的技术标准，而且要求有一个共同的语言，能对企业的技术、管理和人员能力进行评价。许多国家和地区性组织陆续发布了一系列质量保证标准，作为贸易往来供需双方认证的依据和评价的规范，但由于缺乏国际统一的标准，给不同国家企业之间在技术合作、质量认证和贸易往来上带来困难。在这样的背景下，为保证国际贸易的迅速发展，制定质量管理和质量保证方面的国际标准已势在必行。

（三）质量管理发展的必然产物

随着管理观念的不断深化，高科技产品和大型复杂产品的出现，这些产品任何一个元器件的失效都可能导致严重的后果，产品质量在很大程度上依靠对各种影响质量因素的控制来实现。这种情况下，仅在制造过程中实施质量控制已不足以保证产品质量，必须应用新的理论、技术手段来进行管理，以适应生产力的发展。20世纪60年代，美国的菲根堡姆提出了较系统的全面质量管理的概念，这一新的质量管理理论很快被各国所接受。各国的全面质量管理经验丰富和发展了质量管理理论，又为 ISO 9000 族标准提供了必要的理论基础。

二、ISO 9000 族标准的内容

（一）ISO 9000 族标准文件结构

2000 版 ISO 9000 系列标准的文件结构如下。

▶ 1. 核心标准

(1) ISO 9000：2000《质量管理体系——基础和术语》。

(2) ISO 9001：2000《质量管理体系——要求》。

(3) ISO 9004：2000《质量管理体系——业绩改进指南》。

(4) ISO 90011：《质量和环境管理体系审核指南》。

▶ 2. 其他标准

ISO10012《测量控制系统》。

▶ 3. 技术报告

(1) ISO/TR 10006《项目管理指南》。

(2) ISO/TR 10007《技术状态管理指南》。

(3) ISO/TR 10013《质量管理体系文件指南》。

(4) ISO/TR 10014《质量经济性管理指南》。

(5) ISO/TR 10015《教育和培训指南》。

(6) ISO/TR 10017《统计技术指南》。

▶ 4. 小册子

(1)《质量管理原则》。

(2)《选择和使用指南》。

(3)《小型企业的应用指南》。

（二）ISO 9000 族核心标准

ISO 9000 族核心标准是指 ISO 9000、ISO 9001、ISO 9004 和 ISO 19011 四项标准。

该四项国际标准已等同转化为相应的国家标准。该四项标准从概念和术语、要求和有效性、改进和效率，以及审核和审核员四个方面全面阐述了质量管理体系，从而构成了一组密切相关的质量管理体系标准，可帮助各种类型和规模的组织建立、实施一个有效且高效的质量管理体系，也是各种类型和规模的组织在建立、实施质量管理体系时必须理解和掌握的最基本和最重要的四项标准。ISO 9000 族的其他标准文件则是对核心标准的支持，或是在核心标准的基础上针对某一问题的更详细的阐述，是为了更好地理解和实施核心标准，但不能代替核心标准。

▶ 1. ISO 9000 质量管理体系——基础和术语

该标准提出了质量管理的八项原则，形成了 ISO 9000 族质量管理体系标准的基础；该标准还描述了 ISO 9000 族标准中质量管理体系的 12 项基础，确定了相关的 80 条术语。

▶ 2. ISO 9001 质量管理体系——要求

该标准规定了质量管理体系的要求，以证实组织稳定地提供满足顾客和适用的法律法规要求的产品的能力，旨在增强顾客满意程度，可用于组织内部，也可用于认证或合同目的。

▶ 3. ISO 9004 质量管理体系——业绩改进指南

该标准提供了超出 ISO 9001 要求的指南，以便考虑提高质量管理体系的有效性和效率，进而考虑开发改进组织业绩的潜能，使顾客及所有相关方满意，可用于组织内部，但不拟用于认证或合同目的。

▶ 4. ISO 19011 质量和（或）环境管理体系审核指南

该标准为审核的原则、审核方案的管理、质量管理体系审核和环境管理体系审核的实施提供了指南，也为审核员的能力提供了指南，适用于需要实施质量和（或）环境管理体系内部和外部审核或需要管理审核方案的所有组织，原则上也可用于其他领域的审核。

▶ 5. 一对协调一致的标准

ISO 9001 和 ISO 9004 现已被制定为一对协调一致的质量管理体系标准，相互补充，也可单独使用。虽然这两项标准具有不同的范围，但却具有相似的结构，以有助于它们作为协调一致的一对标准使用，如表 5-2 所示。

表 5-2 ISO 9001 与 ISO 9004 的比较

标准 对比	ISO 9001	ISO 9004
内容	基本要求	业绩改进
用途	组织内部 合同认证	组织内部
作用	有效性	有效性和效率
目标	产品质量	产品质量和组织业绩
目的	顾客满意	顾客和相关方满意

三、质量管理的八项原则

一个组织的管理者，若要成功地领导和运作其组织，需要采用一种系统的、透明的方式，针对顾客和所有相关方的需求，建立、实施并保持持续改进组织业绩的管理体系，对其组织进行管理，可以使组织获得成功。一个组织的管理活动涉及多个方面，如质量管理、营销管理、人力资源管理、财务管理、环境管理、职业健康安全管理等。质量管理是组织各项管理的内容之一，也是组织管理活动的中心内容。

在1994版ISO 9000族标准业已形成的质量管理八项原则思想的基础上，2000版ISO 9000族标准正式提出了质量管理八项原则，即以顾客为关注焦点、领导作用、全员参与、过程方法、管理的系统方法、持续改进、基于事实的决策方法，以及与供方互利的关系等。组织的最高管理者可以运用这八项原则作为发挥其领导作用的基础，指导组织达到改进总体业绩的目的，还可以运用这八项原则作为组织制定其质量方针的基础。现将八项原则介绍如下。

（一）以顾客为关注焦点

组织依存于顾客。因此，组织应当理解顾客当前和未来的需求，满足顾客要求并争取超越顾客期望。

这项原则可以体现在以下方面。

（1）确保组织的目标与顾客的需求和期望相结合。

（2）确保在整个组织内沟通顾客的需求和期望。

（3）将这些需求和期望传达到整个组织。

（4）测量顾客的满意程度并根据结果采取相应的措施。

（5）系统地管理好与顾客的关系。

（二）领导作用

领导者确立组织统一的宗旨及方向。他们应当创造并保持使员工能充分参与实现组织目标的内部环境。

这项原则可以体现在以下方面。

（1）考虑顾客和所有相关方的需求和期望。

（2）为组织的未来描绘清晰的远景，确定富有挑战性的目标。

（3）在组织的所有层次上建立价值共享、公平公正和道德伦理观念。

（4）为员工提供所需的资源和培训，并赋予其职责范围内的自主权。

（5）鼓舞、激励和承认员工的贡献。

（三）全员参与

各级人员都是组织之本，全体人员的充分参与，可使其才干为组织带来收益。

这项原则可以体现在以下方面。

（1）让每个员工了解自身贡献的重要性及其在组织中的角色。

（2）以主人翁的责任感去解决各种问题。

（3）使每个员工根据各自的目标评估其业绩状况。

（4）使员工积极地寻找机会增强自身的能力、知识和经验。

（5）为顾客创造价值。

（四）过程方法

将活动和相关的资源作为过程进行管理，可以更高效地得到期望的结果。

这项原则可以体现在以下方面。

(1) 为了取得预期的结果，系统地识别所有的活动。
(2) 明确管理活动的职责和权限。
(3) 分析和测量关键活动的能力。
(4) 识别组织职能之间与职能内部活动的接口。
(5) 注重能改进组织的活动的各种因素，如资源、方法、材料等。

（五）系统管理

将相互关联的过程作为系统加以识别、理解和管理，有助于组织提高实现目标的有效性和效率。

这项原则可以体现在以下方面。

(1) 建立一个体系，以最佳效果和最高效率实现组织的目标。
(2) 理解体系各过程间的相互关系。
(3) 更好地理解为实现共同目标的作用和责任，从而减少职能交叉造成的障碍。
(4) 理解组织的能力，在行动前识别资源的局限性。
(5) 通过测量和监视，持续改进体系。

（六）持续改进

持续改进总体业绩应当是组织的一个永恒目标。

这项原则可以体现在以下方面。

(1) 在整个组织范围内使用一致的方法持续改进组织的业绩。
(2) 为员工提供有关持续改进的方法和手段的培训。
(3) 将产品、过程和体系的持续改进作为组织内每位成员的目标。
(4) 持续地改进过程的效率和有效性。
(5) 建立目标以指导、测量和追踪持续改进。

（七）基于事实的决策方法

有效决策是建立在数据和信息分析的基础上。

这项原则可以体现在以下方面。

(1) 确保数据和信息足够准确和可靠。
(2) 让数据信息需要者能够得到数据信息。
(3) 使用正确的方法分析数据信息。
(4) 基于事实分析，权衡经验与直觉做出决策并采取措施。

（八）与供方互利的关系

组织与供方是相互依存的，互利的关系可增强双方创造价值的能力。

这项原则可以体现在以下方面。

(1) 在对短期收益和长期利益综合平衡的基础上，确立与供方的关系。
(2) 与供方或合作伙伴共享专门技术和资源。
(3) 识别和选择关键供方。
(4) 和供方保持清晰与开放的沟通。
(5) 对供方所做出的改进和取得的成果进行评价并予以鼓励。

"以顾客为关注焦点"是质量管理八项原则的核心，若丧失了这项原则，也就丧失了整个八项原则。因为在任一情况下，产品是否可被接受最终由顾客确定，组织依存于顾客，没有顾客，组织就没有存在的价值，八项原则也就失去了意义。组织不仅要通过开展质量保证活动向顾客提供信任，更要通过满足顾客要求并争取超越顾客期望来使顾客达到满意，正如 ISO 9001：2000 标准指出的那样，标准名称不再有"质量保证"一词，"反映了本标准规定的质量管理体系要求除了产品质量保证以外，还旨在增强顾客满意"。ISO 9000 标准将"要求"定义为"明示的、通常隐含的或必须履行的需求和期望"，顾客要求不仅包括顾客规定的要求，还包括"顾客虽然没有明示，但规定的用途或已知的预期用途所必需的要求"，进一步强调了"以顾客为关注焦点"这一原则的重要性和在组织中的地位。

质量管理八项原则提出了组织应正确处理好三个关系的重要思想，即组织与顾客的关系：组织依存于顾客；组织与员工的关系：员工是组织之本；组织与供方的关系：组织与供方相互依存。其实质上也是组织管理的普遍原则，充分体现了管理科学的原则和思想，不仅适用于质量管理，还可以对组织的其他管理活动(如环境管理、职业健康安全管理等)提供帮助和借鉴，真正促进组织建立一个持续改进全面业绩的管理体系。

单元三　企业质量控制

一、质量控制的定义

质量控制是指为达到质量要求所采取的作业技术和活动。在企业领域，质量控制活动主要是企业内部的生产现场管理，是指为达到和保持质量而进行控制的技术措施和管理措施方面的活动。

对于质量控制，应从以下三个方面理解。

▶ 1. 质量控制范围包括专业技术作业过程和质量管理过程

质量控制是指为达到质量要求，在质量形成的全过程的每一个环节所进行的一系列专业技术作业过程和质量管理过程的控制。对生产制造类产品来说，专业技术作业过程是指产品实现所需的设计、工艺、制造、检验等；对服务类产品而言，专业技术作业过程是指具体的服务过程。

▶ 2. 质量控制的关键是使所有质量过程和活动始终处于完全受控状态

实施质量控制时，应事先对受控状态做出安排，并在实施中进行监视和测量，一旦发现问题应及时采取相应措施，恢复受控状态。

▶ 3. 质量控制的基础是过程控制

无论制造过程还是管理过程，都需要严格按照程序和规范进行。控制好每个过程，特别是关键过程，是达到质量要求的保障。

知识链接

质量随时随地可见，如生活质量(吃、穿、住、用)，工作质量(效果、速度、方法)，产品质量(尺寸、性能、外观)等。它们可用(好、差；合格、不合格等)来形容。就产品来说，对现场作业员，产品尺寸、性能可能不大好掌握和控制，需要专门检测并采用一些检测手段进行管制。但外观这一质量特性，很直观，显而易见，作业员应该是可以掌握和控制的。即使是新员工，只要经过一段时间的熟悉和了解，也可以掌握。每一个产品都是作业员自己做出来的，可以这么说，在外观检测方面，作业员比检验员还有经验，还要懂得多，因此，这种情况下最有效的质量控制来自于作业员自身。质量就在我们的身边，就在我们生活、工作当中，并在我们做的每一件事情里面得到体现，在我们做的每一个产品里得到体现。

二、质量控制小组

（一）质量控制小组的定义

质量控制（QC）小组，是指在生产或工作岗位上从事各种劳动的员工，围绕企业的方针目标和现场存在的问题，以改进质量、降低消耗、提高经济效益和人的素质为目的组织起来，运用质量管理的理论和方法开展活动的群众组织。质量控制不是要再建立一个组织机构或程序，而是要求在整个公司范围内实行良好的管理。

（二）质量控制小组的分类

根据工作性质和内容的不同，质量控制小组大致可以分为五种类型。

▶ 1. 现场型

主要以班组、工序、服务现场员工为主组成，以稳定工序、改进产品或服务质量、降低物质消耗、提高服务质量为目的。

▶ 2. 攻关型

一般由干部、工程技术人员和工人结合组成，由技术人员和现场人员配合找出关键质量问题，以解决有一定难度的质量问题为目的。

▶ 3. 管理型

以管理人员为主组成，以提高工作质量，改善与解决管理中的问题，提高管理水平为目的。

▶ 4. 服务型

由从事服务性工作的员工组成，以提高服务质量，推动服务工作标准化、程序化、科学化、提高经济效益和社会效益为目的。

▶ 5. 创新型

以有一定业务能力，想进行改进的员工组成，以打破现状，分析、筛选最佳创新措施及手段为目的。

（三）质量控制小组的特点

▶ 1. 明显的自主性

质量控制小组以员工自愿参加为基础，实行自主管理、自我教育、互相启发、共同提高，充分发挥小组成员的聪明才智和积极性、创造性。

▶ 2. 广泛的群众性

质量控制小组是吸引广大员工积极参与质量管理的有效组织形式，不仅包括领导、技术人员、管理人员，而且更注重吸引工作在生产、服务工作第一线的操作人员参加。广大员工在质量控制小组活动中学技术、学管理，群策群力分析问题、解决问题。

3. 高度的民主性

这里包括两层含义：第一，质量控制小组的组长可以是民主推选的，可以由质量控制小组成员轮流担任课题小组长，以发现和培养管理人才；第二，在质量控制小组内部讨论问题，解决问题时，小组成员间是平等的，不分职位与技术等级高低，高度发扬民主、各抒己见、互相启发、集思广益，以保证既定目标的实现。

4. 严密的科学性

质量控制小组在活动中遵循科学的工作程序，步步深入地分析问题、解决问题，在活动中坚持用数据说明事实，用科学的方法来分析与解决问题。

（四）质量控制小组的活动步骤

质量控制小组组建以后，从选择课题开始，开展活动。活动的具体步骤如下。

1. 选择课题

选择课题是质量控制小组在一个时期内的质量目标，关系到质量控制小组活动的方向。选题可以依据企业的方针目标和中心工作，生产、服务存在的关键或薄弱环节，用户迫切需要解决的问题来开展。

2. 设定目标

课题选定以后，应确定合理的目标值。目标值的确定要注重目标值的定量化，使小组成员有一个明确的努力方向，便于检查，活动成果便于评价；注重实现目标值的可能性，既要防止目标值定得太低，小组活动缺乏意义，又要防止目标值定得太高，使小组成员失去信心。

3. 调查现状

调查现状是解决问题的出发点。为了解课题目前的状况，需要认真做好现状调查，找到现状与用户需求的差距。

4. 分析原因

对调查后掌握到的现状，首先要分析产生问题的具体原因。在分析原因时，不能把原因笼统化，一定要具体，否则在以后制订对策时会无所适从。

5. 制订对策

制订对策就是针对引起质量问题的主要原因，依据此前设定的目标，提出达到本次活动目的的具体措施，一般用对策的形式列出来。措施要针对为什么制订这个决策、做什么、在哪做、谁来做、什么时候做完，以及怎么来做这六个方面来制订。

6. 实施对策

即把制订出来的改进措施付诸实施，这是质量控制小组活动的具体步骤。组长要组织成员，定期或不定期地研究实施情况，随时了解课题进展，发现新问题要及时研究、调查措施计划，以达到活动目标。

7. 检查效果

措施实施后，应进行效果检查。效果检查是把措施实施前后的情况进行对比，看实施后的效果，是否达到了预定的目标。如果达到了预定的目标，小组就可以进入下一步工作；如果没有达到预定目标，就应对计划的执行情况及其可行性进行分析，找出原因并加以改进。

▶ 8. 制订巩固措施

达到了预定的目标值，说明该课题已经完成。但为了保证成果得到巩固，小组必须将一些行之有效的措施或方法纳入工作标准、工艺规程或管理标准，经有关部门审定后纳入企业有关标准或文件。

▶ 9. 分析遗留问题

小组通过活动取得了一定的成果，也就是经过了一个 PDCA 循环。

知识链接

PDCA 循环又称为质量环，由美国质量管理专家戴明博士在 1950 年运用于持续改善产品质量方面。PDCA 是英语单词 plan（计划）、do（执行）、check（检查）和 action（行动）的首字母，PDCA 循环就是按照这样的顺序进行质量管理，并且循环不止地进行下去的科学程序。计划，调查用户对产品质量的要求，确定质量的政策、目标和计划；执行，根据质量标准进行产品设计、方案和计划布局并进行具体运作；检查，总结执行计划的结果，是否符合预期效果；行动，根据检查结果，采取相应措施。对成功的经验进行标准化；对失败的教训要引起重视；对遗留的问题转入下一个 PDCA 循环去解决。

▶ 10. 总结成果资料

小组将活动的成果进行总结，是自我提高的重要环节，也是成果发表的必要准备，还是总结经验、找出问题，进行下一个循环的开始。

以上步骤是质量控制小组活动的全过程，体现了一个完整的 PDCA 循环。由于质量控制小组每次取得成果后，能够将遗留问题作为小组下个循环的课题（如没有遗留问题，则提出新的打算），因此就使质量控制小组活动能够持久、深入地开展，利用 PDCA 循环推动其不断前进。

单元四　企业质量检验

一、质量检验概述

检验是指通过观察和判断，必要时结合测量、试验所进行的符合性评价。美国质量管理专家朱兰对质量检验所做的定义是：所谓检验，就是这样的业务活动，决定产品是否在下道工序使用时适合要求，或是在出厂检验，决定能否向消费者提供。

质量检验就是通过某种手段或方法对产品的一个或多个质量特性进行观察、测量、试验，并将结果与规定的质量要求进行比较，以判断每项质量特性是否合格的一种活动过程。

质量检验的目的是对产品的一个或多个质量特性是否符合规定的质量标准取得客观证据。

质量检验的对象是产品的一个或多个质量特性。这里的产品可以是原材料、外购件、半成品和成品，也可以是单个成品或成批产品。

（一）质量检验的基本任务

(1) 按程序和相关文件规定对产品形成的全过程包括原材料进货、作业过程、产品实现的各阶段、各过程的产品质量，依据技术标准、图样、作业文件的技术要求进行质量符合性检验，以确认是否符合规定的质量要求。

(2) 对检验确认符合规定质量要求的产品给予接受、放行、交付，并出具检验合格凭证。

(3) 对检验确认不符合规定质量要求的产品按程序实施不合格品控制。剔除、标识、登记并有效隔离不合格品。

（二）质量检验的具体工作

(1) 度量：包括测量与测试，可借助一般量具，或使用机械、电子测量仪器。

(2) 比较：把度量结果与质量标准进行对比，以确定质量是否符合要求。

(3) 判断：根据比较结果，判定被检验的产品是否合格，或一批产品是否符合规定的质量标准。

(4) 处理：对单件产品决定是否可以转到下道工序或产品是否准予出厂；对批量产品决定接收还是拒收，或重新进行全检或筛选。

（三）质量检验的地位

质量检验在企业管理中占据重要地位。

(1) 质量检验是企业管理科学化、现代化的基础工作之一。生产过程如果没有质量检验，就无法掌握其动态，这必将使生产失去必要的控制与调节。如果企业削弱了质量检验，那么一切生产活动都会陷入盲目和混乱之中。

(2) 质量检验是企业最重要的信息源。企业许多信息都直接或间接地通过质量检验获得。例如，与企业经济效益密切相关、计算企业经济效益的依据和基础的各种指标，如合格率、返修率、返工率、废品率等，如果没有质量检验的结果和数据，就无法计算。此外，质量检验的结果还是设计工作、工艺工作、操作水平、文明生产乃至整个企业管理水平的综合反映。

(3) 质量检验是保护用户利益和企业信誉的卫士。即使在现代管理阶段，传统的质量检验仍然是保护用户利益和企业信誉的有效手段，如果放松或取消质量检验，就是企业的一种"自杀"行为。

（四）质量检验的作用

▶ 1. 把关作用

把关是质量检验最基本的作用，也可称为质量保证职能。这种作用存在于质量管理发展的各个阶段。企业的生产是一个复杂的过程，生产中的各个工序不可能处于绝对的稳定状态，质量特性的波动是客观存在的。因此，通过质量检验把关，挑出不合格品以保证产品质量，是完全必要的。只有通过质量检验，做到不合格的原材料不投产、不合格的半成品不转序、不合格的零部件不组装、不合格的产品不出厂，才能真正保证产品质量。

▶ 2. 预防作用

质量检验的预防作用是现代质量检验与传统质量检验的区别。广义地说，原材料和外购件的入厂检验、前工序的把关检验，对后面的生产过程和下工序生产，都起到了预防作用。此外，这种预防作用还表现在：在生产过程中通过检验收集一批或一组数据，进行工序能力测定或绘制控制图，以了解工序能力状况。如发现工序能力不足或生产过程出现异常状态，则要及时采取相应措施，以提高工序能力，消除生产过程的异常状态，预防不合格品的发生。

▶ 3. 报告作用

报告作用也就是信息反馈作用。为了使各级管理者及时掌握生产过程中的质量状态，评价和分析质量体系的有效性，做出正确的质量决策，质量检验部门需要把检验获取的数据和信息，经汇总、整理、分析后写成报告，反馈给领导及有关管理部门，以便做出正确的评价和决策。

▶ 4. 改进作用

充分发挥质量检验的把关和预防作用的关键是质量检验参与质量改进工作，这也是质量检验部门参与提高产品质量活动的具体体现。质量检验人员一般都是由具有一定生产经验、业务熟练的工程技术人员和技术工人担任。他们经常工作在生产第一线，质量信息也最灵通，能提出更切实可行的建议和措施，这正是质量检验人员的优势所在。在管理中实行设计、工艺、检验和操作人员相结合进行质量改进，对加快质量改进步伐，取得良好的质量管理效果是十分必要的。

二、质量检验的主要管理制度

在质量管理中，加强质量检验的组织和管理工作是十分必要的。通过长期的管理实践，我们总结了一套行之有效的质量检验的管理原则和制度，主要内容如下。

（一）三检制

三检制就是把操作者的自检、工人之间的互检和专职检验人员的专检三者结合起来，进行过程质量检验的一种管理制度。实行三检制，可以发挥生产者和专业检验人员两方面的积极性，防止个人差错所造成的大量报废，保证产品质量。

▶ 1. 自检

自检是指生产者对自己所生产的产品，按照图纸、工艺和合同中规定的技术标准自行进行检验，并做出产品是否合格的判断。这种检验的优势在于，生产者必须对自己生产的产品质量负责。通过自我检验，使生产者充分了解自己生产的产品在质量上存在的问题，并寻找出现问题的原因，进而采取改进措施，这也是生产者参与质量管理的重要形式。

▶ 2. 互检

互检是指生产者之间相互对所生产出来的产品进行检验并做出合格性判断的活动。主要有下道工序对上道工序流转过来的半成品进行检验；同一机床、同一工序轮班交接班时进行相互检验；小组质量人员或班组长对本小组人员加工出来的产品进行检验等。

▶ 3. 专检

专检是指由专业检验人员对"自检"、"互检"的结果进行的复核以及按规定必须由专业检验人员进行的质量检验活动。专业检验是自检和专检不能取代的，而且三检制必须以专业检验为主导，这是由于现代生产中，检验已成为专门的工种和技术，专职检验人员对产品的技术要求、工艺知识和检验技能，都比生产者熟练，所用检测仪器也比较精密，检结果比较可靠，检验效率也比较高；其次，由于生产者有严格的生产定额，而定额一般又同奖金挂钩，所以容易产生错检和漏检。

知识链接

GB/T 10111-2008是随机数的产生及其在产品质量抽样检验中的应用程序，由国家标准化管理委员会发布。本标准规定了随机数的产生及利用随机数进行随机抽样的方法。本标准适用于分立个体类产品质量抽样检验的随机样本的抽取。

（二）质量复查制

质量复查制是指有些生产重要产品的企业，为了保证交付产品的质量或参加试验的产品稳妥可靠、不带隐患，在产品检验入库后的出厂前，要请与产品有关的设计、工艺、生产、试验及技术部门的人员进行复查。复查的主要内容包括查图纸、技术文件是否有错；查检验结果是否正确；查有关技术问题或质量问题的处理是否得当等。这种做法，对于质量保证还不够健全的企业是很有效的。

（三）质量跟踪制

质量跟踪制要求在生产过程中，每完成一项作业都要做记录，记下检验结果和存在问题，操作者和检验者的姓名，检验时间、地点和情况分析，并在产品的适当位置上做出质量状况标记。这种记录与带标记的产品同步流转，产品完工后将记录存档备查。产品出厂时还附有质量跟踪卡，该卡片随产品一起流转至最终用户，以便用户将产品使用中出现的问题及时向生产厂家反馈。反馈回来的信息是生产企业进行质量改进的重要依据。

（四）不合格品管理制

不合格品管理不仅是质量检验也是整个质量管理工作的重要内容。对不合格品的管理要坚持"三不放过"原则，即：不查清不合格的原因不放过；不查清责任者不放过；不落实改进措施不放过。对不合格品的现场管理主要做好两项工作，一是对不合格品的标记工作，即凡是检验为不合格的产品、半成品或零部件，应当根据不合格品的类别，分别涂以不同的颜色或做出特殊标记，以示区别；二是对各种不合格品在涂上标记后应立即分区进行隔离存放，避免在生产中发生混乱。对已发现的不合格产品应采取纠正措施，如返修、返工、报废和重新更换等，使用、放行或接受不合格品须经企业内授权人员批准。

（五）质量检验考核制

▶ 1. 质量检验的误差分类

在质量检验中，由于主客观因素的影响，产生检验误差是很难避免的，有时甚至是经常发生的，检验误差可分为以下几种。

（1）技术性误差，指由于检验人员缺乏检验技能造成的误差。

（2）情绪性误差，指由于检验人员马虎大意、工作不细心造成的检验误差。

（3）程序性误差，指由于生产不均衡、加班突击及管理混乱造成的误差。

（4）明知故犯误差，指由于检验人员动机不良造成的检验误差。

▶ 2. 测定和评价检验误差的方法

测定和评价检验误差的主要方法如下。

（1）采用重复检查，由检验人员对自己检查过的产品再检验1~2次，查明合格品中有多少不合格品及不合格品中有多少合格品。

（2）复核检查，由技术水平较高的检验人员或技术人员，复核检验已检查过的一批合格品和不合格品。

（3）改变检验条件，为了解检验是否正确，当检验人员检查一批产品后，可以用精度更高的检测手段进行重检，以发现检测工具造成检验误差的大小。

（4）建立标准品，用标准品进行比较，以便发现被检查过的产品所存在的缺陷或误差。

由于各企业对检验人员工作质量的考核办法各不相同，所以很难采用统一的考核制度。但在考核中应当注意：第一，质量检验部门和人员不能承包企业或车间的产品质量指标；第二，正确区分检验人员和操作人员的责任界限。

三、质量检验的基本类型

从产品质量形成的过程来看，应该将两头（原材料和成品）和中间（工序）的质量环节控制住，因此，企业质量检验的基本类型有以下几种。

（一）进货检验

进货检验是指企业购进的原材料、辅料、外构件、外协件和配套件等入库前的接收检验。为了确保外购物料的质量，入库时的验收检验应配备专门的质检人员，按照规定的检验内容、检验方法及检验数量进行严格认真的检验。这是保证生产正常进行和产品质量的重要措施。

进货检验包括首批（首件）进货检验和成批进货检验两种方式。

▶ 1. 首批（首件）进货检验

首批（首件）样品检验的目的，主要是为了对供应单位所提供的产品质量水平进行评价，并建立具体的衡量标准。通常在首次交货、设计或产品结构有重大变化、工艺方法有重大变化时进行首件检验。

▶ 2. 成批进货检验

成批进货检验是指在正常生产情况下，对与企业有合同或合作关系的供货方按购销合同规定持续性的成批供货进行的进厂检验。这种检验，首先要重视供货方的质量证明文件，并在此基础上实行核对性检查。

一般情况下，进货检验时要用到检验指导书，它是具体规定检验（检查、测量、试验等）操作要求的一种技术文件，具体格式如表 5-3 所示。

表 5-3　检验指导书（格式举例）　　　　　　文件编号：

零件名称：		所属部件：		检验流程号：	
检验项序号	受检特性值	质量特性	重要性分级	检验手段与方法频次	注意事项
提示与说明事项	（写出对检验作业的有关提示或需说明的事项）				
批准：	审核：		编制：		日期：

（二）过程检验

过程检验又称工序检验，是指为防止不合格品流入下道工序，而对各道工序加工的产品及影响产品质量的主要工序要素所进行的检验。其作用是根据检测结果对产品做出判定，即产品质量是否符合规格标准的要求；根据检测结果对工序做出判定，即工序要素是否处于正常的稳定状态，从而决定该工序是否能继续进行生产。

过程检验通常有下列三种方式。

▶ 1. 首件检验

首件检验指在一批产品投产时、设备重新调整或工艺有重大变化时、轮班或操作人员变化时、毛坯种类或材料发生变化时，对生产出的第一件或一定数量的样本产品进行检验。首件检验一般采用"三检制"的办法，检验人员检验合格后，要做出首件合格的标识，并打上检验人员的责任标记。只有当首件检验合格后，才允许操作者进行批量加工。这是一项防止产品成批报废的有效措施。

▶ 2. 巡回检验

巡回检验指检验人员按一定的时间间隔和路线，依次到工作地或生产现场，用抽查的形式检查加工出来的产品是否符合图纸、工艺或检验指导书中所规定的要求。巡回检验是按生产过程的时间顺序进行的，因此有利于判断工序生产状态随时间变化而发生的变化，这对保证整批加工产品的质量是非常有利的。当巡回检验发现工序有问题时，应进行两项工作：一是寻找工序不稳定的原因，并采取有效的纠正措施，以恢复正常的生产状态；二是对上次巡回检验后到本次巡回检验前所生产的产品，全部进行重检或筛选，以防不合格品流入下道工序。

▶ 3. 末件检验

末件检验指主要依靠模具或专用工艺装备加工并保证质量的产品，在批量加工完成后，对加工的最后一件（几件）进行的验证检验，其目的是判断模具或专用工艺装备是否处于完好状态。

(三) 最终检验

▶ 1. 完工检验

完工检验，又称最后检验，是对全部加工活动结束后的半成品或完工的产品进行的检验。它是一种综合性的核对活动，应按产品图纸等有关规范，认真仔细地核对。

▶ 2. 成品验收检验

成品验收检验指将经过完工检验的零件、部件组装成成品后，以验收为目的的产品检验。它是产品出厂前的最后一道质量防线和关口，必须认真按有关程序进行，确保出厂产品的质量，避免给用户造成重大损失。

瑞南造纸厂的纸张质量问题

瑞南造纸厂是一家生产纸张的企业，产品质量在2003年前两个月一直不很稳定，经常出现的问题有两个：一是纸张易碎，没有张力；二是纸张厚薄不均匀。这两点都是考核纸张质量的主要因素，企业的产品销售因此一落千丈。瑞南造纸厂立即对产品质量问题进行分析，得出结论：①工厂外购原材料纸浆的长纤维含量不够导致纸张易碎，没有张力；②造纸机拉纸时机速过快导致纸张厚薄不均匀。工厂针对这一情况对纸张产品的生产工序质量控制进行了调整，产品的质量也迅速得到了提高。针对上述问题，结合你所学的质量的相关知识,回答下面问题。

资料来源:生产与运营管理,2010,3.

思考:
1. 你认为瑞南造纸厂的分析是否正确,为什么?
2. 对该产品的生产工序质量控制应该进行哪些方面调整?调整的具体内容应该是什么?

单元五 企业质量改进

在市场竞争机制的前提下,为满足不断变化的市场质量的要求,企业必须永不间断地进行质量改进活动。市场竞争的焦点是质量竞争,质量改进的重要性关系到企业参与市场竞争的成败。

一、质量改进概述

(一)质量改进的定义

ISO 9000:2000 标准的定义是:质量管理的一部分致力于满足质量要求的能力。

对质量改进的内涵可以通过以下内容来理解。

(1)改进的对象是活动和过程。质量改进的范围包括开发设计过程、生产制造过程、使用服务过程的改进。

(2)改进的目的是为供需双方提供更多的利益。质量改进既要考虑供方本身的利益,又要满足顾客的利益。质量改进的结果必须使活动和过程的效益和效率都得到提高。

(3)质量改进要求把活动和过程的效益与效率提高到一个新的水平,它的成效应是具有突破性的。

(4)改进的性质是创造性的,质量改进必须勇于改变现状,以创造性的思维方式或措施,使活动和过程获得有益的改变。

知识链接

质量改进的意义

(1)质量改进有很高的投资收益率。

(2)能够促进新产品开发,改进产品性能,延长产品的寿命周期。

(3)通过对产品设计和生产工艺的改进,更加合理、有效地使用资金和技术力量,充分挖掘组织的潜力。

(4)提高产品的制造质量,减少不合格品的出现,实现增产增效的目的。

(5)通过提高产品的适应性,从而提高组织产品的市场竞争力。

(6)有利于发挥各部门的质量职能,提高工作质量,为产品质量提供强有力的保证。

(二)质量改进与质量控制的关系

质量改进是建立在一些基本过程之上的,致力于增强满足质量要求的能力。组织的质量管理活动,按其对产品质量水平所起的作用不同,可分为两类:一类是质量"维持",是为保持现有质量水平稳定的活动,通常通过质量控制来实现;另一类是质量"突破",是根据用户需求和组织经营的需要对现有的质量水平在维持的基础上,加以突破和提高,使产品质量水平上新台阶的活动。质量改进与质量控制、质量突破都有着紧密的关系。

▶ 1. 两者的联系

质量控制与质量改进是互相联系的。质量控制的重点是防止差错或问题的发生,充分发挥现有的能力;而改进的重点是提高质量保证能力。因此,要搞好质量管理工作,首先要搞好质量控制,充分发挥现有控制系统的能力,使全过程处于受控状态。然后在控制的基础上进行质量改进,使产品从设计、制造、服务到最终满足顾客要求达到一个新水平。

▶ 2. 两者的区别

(1) 从定义上区分,质量控制是消除偶发性问题,使产品保持已有的质量水平,即质量维持;而质量改进是消除系统性的问题,对现有的质量水平在控制的基础上加以提高,使质量达到一个新水平、新高度。

(2) 从实现手段区分,质量改进是通过不断采取纠正和预防措施来增强企业的质量管理水平,使产品的质量不断提高;而质量控制主要是通过日常的检验、试验和配备必要的资源,使产品质量维持在一定的水平。

二、质量改进的对象

质量改进活动涉及质量管理的全过程,改进的对象既包括产品(或服务)的质量,也包括各部门的工作质量。改进项目的选择重点,是长期性的缺陷。产品质量改进是指改进产品自身的缺陷,或是改进与之密切相关事项的工作缺陷的过程。一般来说,应把影响企业质量方针目标实现的主要问题,作为质量改进的选择对象,同时还应优先考虑以下情况。

(一) 市场上质量竞争最敏感的项目

企业应了解用户对产品众多的质量项目中最关切的是哪一项,因为它往往会决定产品在市场竞争中的成败。

(二) 产品质量指标达不到规定"标准"的项目

所谓规定"标准"是指在产品销售过程中,合同或销售文件中所提出的标准。在国内市场,一般采用国标或部颁标准;在国际市场,一般采用国际标准,或者选用某一个先进工业国的标准。产品质量指标达不到这种标准,产品就难以在市场上立足。

(三) 产品质量低于行业先进水平的项目

颁布的各项标准只是产品质量要求的一般水准,有竞争力的企业都执行内部控制的标准,它的质量指标高于公开颁布标准的指标。因此选择改进项目应在立足于与先进企业产品质量对比的基础上,将本企业产品质量项目低于行业先进水平的项目列入计划,制订改进措施,以占领市场。

(四) 寿命处于成熟期至衰退期产品的关键项目

产品处于成熟期后,市场已处于饱和状态,需要量由停滞转向下滑,用户对老产品感到不足,并不断提出新的需求项目。在这一阶段必须改进产品质量,以推迟衰退期的到来，此类质量改进活动常与产品更新换代工作密切配合。

三、质量改进实施步骤

（一）基础准备工作

为了使质量改进按照预定步骤顺利地进行，必须做好以下工作。

（1）技术上的准备工作：确立质量改进的方向、目标以及变革的技术措施和手段。

（2）人际关系的准备工作：了解变革所涉及人员的短期目标和长期目标，并要使他们得到"体面的对待"，向他们说明情况，使他们成为"促使变革的因素"。

（3）变革规模方面：先将质量改进的变革局限于"小范围"之内，待阻力逐渐消失，并取得经验和成果以后再逐步扩大。

总之，质量改进的步骤是否能按期完成，取决于技术性与社会性阻力的大小以及所制订对策的正确性。

（二）制订质量改进计划

企业的质量改进计划一般包括：产品升级换代计划、质量创优计划、质量攻关计划等，前者着重于产品设计的质量改进，后两项体现产品制造的质量改进。制订质量改进计划的要点如下。

▶ 1. 收集产品质量信息

主要收集本企业的、同行业的、先进工业国的同类产品质量信息，并加以对比分析，找出质量经常出现问题的项目及受损失的情况。

▶ 2. 选择质量改进的目标

把质量成本高或故障频率高的项目进行排列，从中确定质量改进的顺序，制订各个阶段质量改进的目标值。在选定目标时，应考虑效果和费用两方面因素。人们往往首先选择费用小、效果明显的项目进行突破，这样既容易取得经济效益，又能有效促使人们进行质量改进。

▶ 3. 找出主导性因素

一般要综合运用缺陷统计分析和技术分析两种方法。其中，缺陷统计分析可以了解故障的频数、发生的时间、类型和发生的部位等；技术分析方法是对不合格品进行的技术性调查和研究，它有利于找出产品质量缺陷在原理、设计、工艺、材料等方面的影响因素，为质量改进找出主攻方向。

▶ 4. 制订质量改进的具体措施

在明确主导性因素的基础上，制订详细的改进措施，由有关方面组织贯彻执行，其内容包括改变设计和工艺等技术措施和改善质量管理的具体措施。

（三）质量改进组织

质量改进难度大、环节多，必须建立相应的组织机构，才能确保其有效进行。组织形式一般有两种：一种是上级的综合性指导组织，如升级创优、质量攻关等领导小组；另一种是具体执行的组织，如质量攻关组、质量控制小组等。建立组织的要素如下。

（1）要有明确的责任制，任命攻关组的负责人，并将技术方面和管理方面的具体项目落实到个人，实行目标管理。

（2）质量改进组织的模式要根据改进项目的规模大小和复杂程度来确定。

(3) 慎重选择项目组长，组长应具有较高的技术水平和组织能力。

(四) 加强质量改进的监督

要建立跟踪调查系统，以监督的手段确保质量改进取得预期的效果。由于质量改进对象是长期性质量缺陷，其难度大又不为人们所重视，所以要加强质量改进的过程监督，才能保证质量改进工作进行到底。

四、质量改进的方法

在质量改进活动中，以实际状况和资料分析为基础进行决策是很重要的，需要正确地运用有关方法。表 5-4 列出了部分常用的方法。

表 5-4　用于质量改进的方法

方　　法	在质量管理方面的应用
调查表	系统地搜集资料和事实
分层图	将大量的有关某一特定主题的意见、观点或想法分类汇总
因果图	分析和表达因果关系
流程图	说明现有的过程，设计新过程
控制图	确定过程是否处于稳定状态以及何时需要对过程加以调整
排列图	按重要性顺序显示出每一项目对整个问题的作用

总　　结

保证和提高产品质量，为社会提供高质量的产品，是现代企业的一项重要任务，也是提高产品竞争力的关键。

本情境包括五单元，第一单元讲述了企业质量与质量管理，着重理解质量和质量管理的概念，质量管理的发展阶段及特点；第二单元讲述了企业的质量标准，着重掌握 ISO 9000 质量标准的文件结构及其八项原则的内容，了解 ISO 9000 质量标准产生的背景；第三单元讲述了企业产品的质量控制，要求掌握质量控制的定义，质量控制小组的分类、特点及活动步骤；第四单元讲述了企业产品的质量检验，要求掌握质量检验的任务、基本类型、具体工作，质量检验的地位、作用以及五项主要的管理制度，质量检验的五项制度对加强组织管理起到了切实的指导作用，要熟练掌握并在实践中灵活运用；第五单元讲述了企业产品的质量改进，要求掌握质量改进的定义、意义、改进对象及实施步骤，以促进质量改进有效执行。

教 学 检 测

一、名词解释

质量管理　质量检验

二、问答题

1. 质量及质量管理的概念是什么？现代企业提高产品质量有何重要意义？
2. 质量管理经历了哪几个发展阶段？各阶段的特点是什么？
3. ISO 9000族核心标准是什么？
4. 质量管理八项基本原则的内容是什么？
5. 质量控制小组的特点及活动步骤是什么？
6. 什么是质量检验？质量检验的基本类型有哪些？
7. 质量改进与质量控制的关系如何？
8. 质量改进的实施步骤有哪些？

三、综合案例思考

联合汽车公司的困惑

联合汽车公司高层管理者长期关心的问题是，零部件车间和汽车最后装配线车间的工人对他们的工作缺乏兴趣，使得产品质量不得不由检验部门来保证。对那些在最后检查中不合格的汽车，公司解决的唯一办法是在装配车间内设置一个由高级技工组成的班组，在生产线的最后解决问题。之所以这么做，主要是因为质量问题大多是装配零部件和汽车本身的设计而导致的，但这种做法费用很高。在公司总裁的催促下，分公司总经理召集主要部门领导开会，研究这个问题如何解决。生产经理比尔·伯勒斯断言，有些问题是工程设计方面的原因造成的。他认为，只要工程设计上充分仔细地设计零部件和车辆，许多质量问题就不会出现。他又责怪人事部门没有仔细挑选工人，并且没有让工会的企业代表参与到这个问题中来。他特别指出装配工人的流动率每月高达5%以上，且星期一的旷工率经常达到20%。他的见解是：用这样的劳动力，没有一个生产部门能有效运转。总工程师查利斯·威尔逊认为，零部件和车辆设计没有问题。如果标准要求再高一点，装备就更加困难和费时，必将使汽车成本提高。人事经理查利斯·特纳从多方面说明人事问题。首先，她指出鉴于本公司有强有力的工会，人事部门在公司员工雇佣和留用方面很少或没有控制权；其次，她观察到装配工作是单调、苦得要命的工作，公司不应该期望人们除了领取工资以外对这种工作有更多的兴趣。但是特纳女士说，公司可以提高工人的兴趣。她认为，如果降低装配工作的单调性，肯定会降低缺勤率和流动率，提高工作质量。为此，她提出建议：工人必须掌握几道工序的操作，组成小组进行工作，而不只是做些简单的工作；小组间每星期轮流换班，从装配线的一个位置换到另一个位置，目的是给他们创造更具挑战性的工作。特纳的建议被采纳并付诸实施。使每个人感到意外的是，工人对新计划表示极大不满。一星期后，装配线关闭罢工。工人们认为新计划只是管理上的一种诡计：训练他们替代其他工人，要他们完成比以前更多的工作，却不增加任何工资。分公司经理和人事部门都觉得惊奇，当分公司经理问人事经理发生了什么事情时，特纳女士只是说："这对我是不可思议的。我们要使他们工作更有兴趣,而他们却罢工!"

资料来源:生产与运营管理.2010年3月.

思考:

1. 你认为这个计划存在什么问题?
2. 你认为应采取什么程序和办法来解决这一产品质量问题?

拓展阅读

汽车对冰淇淋过敏?

有一天,美国通用汽车公司的庞帝雅克(Pontiac)部门收到一封客户抱怨信,上面是这样写的:这是我为了同一件事第二次写信给你,我不会怪你们为什么没有回信给我,因为我也觉得这样别人会认为我疯了,但这的确是一个事实。

我们家有一个传统的习惯,就是我们每天在吃完晚餐后,都会以冰淇淋来当我们的饭后甜点。由于冰淇淋的口味很多,所以我们家每天在饭后才投票决定要吃哪一种口味,等大家决定后我就会开车去买。但自从最近我买了一部新的庞帝雅克后,在我去买冰淇淋的这段路程中,问题就发生了。

你知道吗?每当我买的冰淇淋是香草口味时,我从店里出来车子就发动不起来。但如果我买的是其他的口味,车子就发动得很顺利。我要让你知道,我对这件事情是非常认真的,尽管这个问题听起来很不可思议。为什么这部庞帝雅克当我买了香草冰淇淋它就发动不了,而我不管什么时候买其他口味的冰淇淋,它就正常发动?

事实上,庞帝雅克的总经理对这封信还真的心存怀疑,但他还是派了一位工程师去查看究竟。当工程师去找这位顾客时,很惊讶地发现这封信是一位事业成功、乐观,且受了高等教育的人写的。工程师安排与这位顾客的见面时间刚好是在用完晚餐的时间,两人于是往冰淇淋店开去。那个晚上投票结果是香草口味,当买好香草冰淇淋回到车上后,车子又发动不了了。这位工程师之后又连续来了三个晚上。第一晚,巧克力冰淇淋,车子没事。第二晚,草莓冰淇淋,车子也没事。第三晚,香草冰淇淋,车子发动不了。

这位思考有逻辑的工程师,到目前还是死不相信这位顾客的车子对香草过敏。因此,他仍然不放弃继续安排相同的行程,希望能够将这个问题解决。工程师开始记下从开始到现在所发生的种种详细资料,如时间、车子使用油的种类、车子开出及开回的时间……根据资料显示,他有了一个结论,这位顾客买香草冰淇淋所花的时间比其他口味的要少。

为什么呢?原因是这家冰淇淋店的内部设置的问题。因为,香草冰淇淋是所有冰淇淋中最畅销的口味,店家为了让顾客每次都能很快地取拿,将香草口味特别分开陈列在单独的冰柜,并将冰柜放置在店的前端;至于其他口味则放置在距离收银台较远的后端。

现在,工程师所要知道的疑问是,为什么这部车会因为从熄火到重新激活的时间较短时就会发动不了?原因很清楚,绝对不是因为香草冰淇淋的关系,工程师很快想到,答案应该是"蒸气锁"。因为当这位顾客买其他口味时,由于时间较久,引擎有足够的时间散热,重新发动时就没有太大的问题。但是买香草口味时,由于花的时间较短,引擎太热以至于还无法让"蒸气锁"有足够的散热时间,因此车子无法正常启动。

资料来源:宁樱.汽车对冰淇淋过敏[J].大科技(百科新说),2011,11:49.

思考: 站在质量管理的角度,你从这个故事中得到哪些启示?

学习情境六 现代企业人力资源管理
Chapter 6

>>> **知识要点**

- 企业人力资源管理的概念及特点。
- 企业人力资源规划的含义及内容。
- 企业岗位分析的含义、程序、方法及结果。
- 企业人力资源招聘的意义及途径。
- 企业人力资源绩效考评的概念和目的、分类、程序和方法。
- 企业人力资源的培训与开发规划，员工培训方法。

>>> **核心概念**

人力资源管理　人力资源规划　岗位分析　绩效考评

情境导入

索尼人力资源开发的"黄金法则"

20世纪90年代，在日本泡沫经济崩溃后，很多企业举步维艰，唯有索尼（SONY）能在短短几年内重新调整好经营状况，成为日本最具活力的企业，人们将其称为"索尼奇迹"。而创造这一"奇迹"的原动力来自索尼在人力资源开发上独有的"黄金法则"。

选人：千甄万别，唯才是举

索尼公司非常重视招聘人才的工作，他们招聘人才不论出身及身体是否残疾，尤其欢迎在目前工作的公司不能发挥潜力的人。该公司对应聘的人选考试极其严格，每个应试人员都要经过30个经理以上干部的面试。面试考官所做的评分表，必须在5年的工作过程中一一应验。面试通过后，还要经过集训考试，时间长达三天三夜，内容包括第一天的笔试、第二天的市场调查习作和第三天做"20年后的日本"的作文。此外，公司不惜投入大量的经费，还要做一次集训考试，以便真正了解每一个应试人的思考力、判断力等优秀与否，经过层层考试被选进来的员工素质都比较高。即便如此，公司对这些人仍不放松，继续实施彻底的在职培训，由监督人员按照自己制订的指南进行教育并向他们传授必需的技能。

用人：爱你就给你自由发展的空间

为了促进人才的进一步发展。索尼推行一种独特的公司内部人才流动制度。公司每周出版一次内部小报，刊登公司各部门的"求人广告"，允许并鼓励员工"毛遂自荐"，自我申报各种研究课题和开发项目。另外，索尼公司每隔两年便让员工轮换一次工作，允许他们在公司各部门、各科研院所之间合理自由流动，为他们能够最大限度地发挥个人的聪明才智提供机会。鼓励挑战、宽容失败是索尼的用人特色。对说出"我想干这个"的人来说，索尼给他们提供最能充分发挥能力的场所，鼓励其不断挑战新事物。在索尼，尝试各种工作，对于喜欢挑战自己能力极限的人来说特别具有意义。在这样的环境中，索尼人特别乐于承担那些具有挑战性的工作，整个企业始终充满了生机和活力，几十年来的辉煌历程表明，索尼所取得的巨大成功，源泉正是索尼人。

留人：极力创造家庭般的温馨

索尼基本上实行终生雇用制，在公司中管理者同普通员工之间关系并不对立，而是把他们看成是索尼的家庭成员。索尼工厂的任何一位管理人员都没有自己的个人办公室，索尼提倡管理人员和普通员工在一起办公，并共用办公用品和设备。盛田昭夫以身作则，他几乎每天晚上都要和年轻员工在一起吃饭、聊天。夏天来临时，首先装上空调的是车间。公司经营不景气时，削减工资总是从上层领导开始，也不会轻易解雇员工。

索尼大家庭式文化还表现在对员工的关心和对偶然过失的包容上。如果发现某个员工更适合其他职位的工作，公司绝不会漠然视之。索尼也从不因为某个员工的偶然过失而解雇员工，而是给他一个改错的机会。家庭意识也使索尼员工视企业为己所有，热心为企业出谋划策。在索尼，平均每一位员工一年间为企业提出的改革方案达13件，其中大部分方案都使生产操作得到了简化，提高了生产效率。值得一提的是，索尼在1973年的石油危机中曾受到了严重的打击，公司被迫让员工回家休息，但他们不忍心在自己的公司危难之际赋闲在家，不约而同地回到公司，或扫地或除草，不管什么累活、脏活，员工都抢着干。

育人：以人为本，不遗余力

索尼花在培训上的费用，每个员工大约每年15 000日元；大学新毕业的员工进行培训的时间，每人每年约3.3天。公司还建立了索尼厚木工厂高工学校和索尼技术专科学校。另有各种工业讲座、英语班、海外留学制度等，由从业人员自由报名参加。公司还设立了智能情报中心，有任何疑难问题只要拨通公司专用电话号码中的一个就有专人解答。

自我开发是索尼公司培育员工的一个重要内容。公司采取分发各种阅读材料、推荐学习书目，并资助员工购买书籍的费用等方式鼓励员工自我学习。在索尼，有80%以上的员工都参加了各种读书小组活动，公司还给这些读书小组活动付加班费。

索尼为了让员工没有后顾之忧，免费为员工提供住宅、医疗和娱乐场所。此外，为员工提供购买家产用的低息贷款和部分优惠的公司股权和高利率的公司储蓄账户。

索尼认为，文体活动有时比教育培训更能取得事半功倍的效果，应该把两者很好地结合起来。为此，公司成立有许多娱乐团体，如网球俱乐部、滑雪俱乐部、棒球俱乐部、围棋俱乐部等，他们经常举行各种文娱活动，公司给予部分资助。通过这些活动，员工心情感到愉快，在工作中更易发扬集体精神和保持对组织的忠诚。

资料来源：张岩松，李健. 人力资源管理案例[M]. 北京：经济管理出版社，2005.

思考：
1. 如何评价该公司的人力资源管理？
2. 该公司的人力资源管理在企业发展中的作用是什么？

单元一　企业人力资源管理及企业人力资源规划

一、人力资源管理的基本概念

（一）人力资源及其特点

人力资源是指在一定时间、空间条件下，现实和潜在的劳动力的数量和质量的总和。从时间序列上看，包括现有劳动力和潜在劳动力；从空间范围上看可区分为某个国家、某区域、某产业或某企业的劳动力；它既包括劳动力的数量，还包括劳动力的质量，更包括劳动力的结构。人力资源的内涵至少包括劳动者的体质、智力、知识、经验和技能等方面的内容。

知识链接

戴维·乌尔里克（Dave Ulrich）被誉为人力资源管理的开创者，他最早提出了"人力资源"的概念。乌尔里克认为，现在唯一剩下的有竞争力的武器就是组织，因为那些传统的竞争要素，如成本、技术、分销、制造及产品特性，或早或晚都能被复制，它们无法保证你就是赢家。在新经济中，胜利将来源于组织能力，包括速度、响应性、敏捷性、学习能力和员工素质。而人力资源部的新使命就牵涉到卓越的组织能力的培养。

人力作为一种可供开发的资源，不同于可供企业利用的其他资源，它具有如下的自身的特点。

▶ **1. 自有性**

人力资源属于人类自身所有，具有不可剥夺性。虽然在从事雇用劳动中，人力资源会阶段性地被雇主所使用，但劳动者仍拥有其终极所有权，这是区别于其他任何资源的根本特征。

▶ **2. 生物性**

人力资源存在于人体之中，是一种有生命的"活"资源，与人的自然生理特征相联系。一般来说，从事劳动密集型岗位的劳动者对人力资源的体能要求较高，从事技术和智力密集型岗位的劳动者对其智力、情感、经验等要素要求较高。此外，人力资源的生物性还表现在个人和社会角度的人力资源的再生性。

▶ **3. 时效性**

人力资源的形成、开发、配置、使用和培训均与人的生命周期有关。人的一生都存在着人力资源的积累过程，但被开发和利用则仅是一生的中间阶段。在这一阶段中由于劳动者类型不同、层次不同，其发挥作用的最佳年龄段也不同。人力资源只有在使用中才能发挥其作用，它不能像物质财富那样储存起来。如果是体力型的人力资源，不能使用不仅会造成浪费还要消耗其他资源来维持它。作为智力型的人力资源，如果长期得不到开发使用，不仅会造成浪费，还可能因跟不上时代步伐而贬值。人力资源的时效性也与其他管理手段有关，有效的管理能够长期使人力资源发挥最佳功效，无效的管理则会导致人力资源的浪费和流失，就是对于同一个人，不同时期不同的激励方式也可能带来不同的效益。

▶ 4. 创造性

人力资源区别于其他资源的最本质特征在于它是"有意识的"，它能够通过其智力活动，产生巨大的创造力，创造出比资源本身更大的价值，从而促进生产力的发展。人力资源的创造性特征，从社会角度要求给予科学的制度安排和制度创新来调动其积极性并有效地配置资源，从企业角度要求给予恰当的激励以提高人力资源使用效益，从个人角度要求增加智力投资，选择最适合自己的专业，以使人力资本投资效益实现最大化。

▶ 5. 能动性

人不同于自然界的其他生物，因为人具有思想、感情，具有主观能动性，能够有目的地进行活动，能动地改造客观世界。作为劳动者的人具有社会意识，并在社会生产中处于主体地位，因此表现出主观能动作用。人力资源的能动性，主要表现在自我强化、选择职业和积极劳动三个方面。

▶ 6. 连续性

就物质资源而言，人们对其进行一次两次开发后形成相对固定的产品，就此资源和产品而言开发到此结束。但人力资源则不同，它是可连续开发的资源，尤其是智力型人力资源，其使用过程本身也就是开发过程。在知识更新周期缩短，社会经济日趋国际化的时代，人力资源管理者应把自己管理的对象视作需要不断开发的资源，加以有效开发利用，才能使人力资源不断增值。

(二) 人力资源管理及其特点

▶ 1. 人力资源管理的概念

人力资源管理是指组织为了实现既定的目标，运用现代管理措施和手段，对人力资源的取得、开发、培训、使用和激励等方面进行管理的一系列活动的总称。人力资源管理的主体是人。人力资源管理的概念包括以下几个方面的内容。

(1) 任何形式的人力资源管理都是为了实现一定的目标，如企业效益最大化。

(2) 人力资源管理必须充分有效地运用计划、组织、领导、控制、激励等现代管理手段才能达到人力资源管理的目标。

(3) 人力资源管理主要研究人与人关系的利益调整，个人的利益取舍，人与事的配合，人力资源潜力的开发，工作效率和效益的提高以及实现人力资源管理效益的相关理论、方法、工具和技术。

(4) 人力资源管理不是单一的管理行为，必须使用相关手段相互配合才能取得理想的效果，如报酬必须与绩效考核、晋升、流动等相配套。

▶ 2. 人力资源管理的特点

(1) 综合性。人力资源管理是一门相当复杂的综合性科学，需要综合考虑经济、政治、文化、心理、民族等多种因素。它涉及经济学、社会学、心理学、人才学、管理学等多门学科，是一门综合科学。

（2）实践性。人力资源管理的理论来源于实际生活中对人力资源管理的经验，是对经验的概括和总结，并反过来指导实践，接受实践的检验。

（3）发展性。人们对客观规律的认识总要受一系列主客观条件的制约，不可能一次完成，总是需要一个漫长的过程。因此，各个学科都不是封闭的、停滞的体系，而是开放的、发展的认识体系。作为一门新兴学科，人力资源管理更是如此。它是由过去的人事管理思想发展到以科学管理与行为科学相结合的现代管理思想为理论基础的一门学科。

（4）民族性。人毕竟不同于物，人的行为深受其思想观念和感情的影响，而人的思想感情无不受到民族文化传统的制约。因此，人力资源管理带有鲜明的民族特色。不顾民族特点对他国的人力资源管理经验盲目搬用，对人力资源管理是极为有害的。

（5）社会性。现代经济是社会化程度非常高的经济，在影响劳动者工作积极性和工作效率的诸因素中，生产关系和意识形态是两个重要因素，而它们都与社会制度密切相关。因此，在借鉴和研究不同国家的人力资源管理经验时，千万不要忘记这一点。

（三）人力资源管理的目标

在科学技术迅速发展及市场竞争日趋激烈的今天，越来越多的企业已经认识到，企业的竞争将日益表现为人才的竞争，企业的成功将越来越依靠人才，因而人力资源管理对企业越来越具有战略性的意义。有效的人力资源管理能够吸引人才，充分发挥人的潜能，提高劳动者素质，促进生产力发展，提高企业的经济效益。

人力资源管理的目标是：探索最大限度地利用人力资源的规律和方法，正确处理和协调生产经营过程中人和人的关系，人和事、人和物的关系，使人与人、人与事、人与物在时间和空间上达到协调，实现最优结合，做到人事相宜，人尽其才，才尽其用。充分调动职工的积极性，合理利用人力资源，实现企业的经营目标，取得良好的经济效益。

知识链接

人力资源管理的历史和发展

人力资源管理是一门新兴的学科，历史不长，但人事管理的思想却源远流长。从时间上看，从18世纪末开始的工业革命，一直到20世纪70年代，这一时期被称为传统的人事管理阶段。自20世纪70年代末以来，人事管理让位于人力资源管理。

1. 人事管理阶段

（1）科学管理阶段。20世纪初，以泰勒等为代表，开创了科学管理理论学派，并推动了科学管理实践在美国的大规模推广和开展。泰勒提出了"计件工资制"和"计时工资制"，提出了实行劳动定额管理。

（2）工业心理学阶段。以德国心理学家雨果·芒斯特伯格等为代表的心理学家的研究结果，推动了人事管理工作的科学化进程。雨果·芒斯特伯格于1913年出版的《心理学与工业效率》标志着工业心理学的诞生。

（3）人际关系管理阶段。1929年，梅奥率领一个研究小组到美国西屋电气公司的霍桑工厂进行了长达九年的霍桑实验，真正揭开了对组织中的人的行为研究的序幕。

2. 人力资源管理阶段

人力资源管理阶段又可分为人力资源管理的提出和人力资源管理的发展两个阶段。

"人力资源"这一概念早在1954年就由彼得·德鲁克在其著作《管理的实践》中提出并加以明确界定。20世纪80年代以来,人力资源管理理论不断成熟,并在实践中得到进一步发展,为企业广泛接受,并逐渐取代人事管理。进入20世纪90年代,人力资源管理理论不断发展,也不断成熟。人们更多地探讨人力资源管理如何为企业的战略服务,人力资源部门的角色如何向企业管理的战略合作伙伴关系转变。战略人力资源管理理论的提出和发展,标志着现代人力资源管理的新阶段。

二、企业人力资源规划

(一)人力资源规划的含义

人力资源规划是指根据企业组织的战略管理目标,科学地预测企业组织在未来环境变化中人力资源的供给和需求状况,制订必要的人力资源获取、利用、保持和开发策略,确保企业组织对人力资源在数量上和质量上的需求,确保企业组织目标的完成,组织和个人获得长远利益。

人力资源规划自20世纪70年代起,已成为人力资源管理的重要职能,并且与企业的人事政策融为一体。人力资源规划实质上就是在预测未来的组织任务和环境对组织要求以及为完成这些任务和满足这些要求而提供人员的管理过程。不同的人力资源规划体现了不同的人事政策,一般来说有两种人力资源规划:一种是仅考虑组织利益的观点,它认为人力资源规划就是把必要数量和质量的劳动力,安排到组织的各级工作岗位上;另一种是组织与员工利益兼顾的观点,认为人力资源规划就是在保持组织与员工个人利益相平衡的条件下,使组织拥有与工作任务相称的人力。不管从哪种观点上看,为实现组织的目标与任务,人力资源的数量、质量、结构必须符合组织特定的物质技术基础,而至于采取什么方针政策,则取决于企业的经营指导思想。

(二)人力资源规划的内容

人力资源规划的主要内容包括晋升规划、补充规划、培训开发规划、调配规划和工资规划等几个方面。

▶1. 晋升规划

晋升规划实质上是组织晋升政策的一种表达方式。对企业来说,有计划地提升有能力的人员,以满足职务对人的要求,是组织的一种重要职能。从员工个人角度上看,有计划地提升会满足员工自我实现的需求。晋升规划一般用指标来表达,如晋升到上一级职务的平均年限和晋升比例。

▶2. 补充规划

补充规划也是人事政策的具体体现,目的是合理填补组织中、长期内可能产生的职位空缺。补充规划与晋升规划是密切相关的。由于晋升规划的影响,组织内的职位空缺逐级向下移动,最终积累在较低层次的人员需求上。同时这也说明,低层次人员的吸收录用,必须考虑若干年后的使用问题。

▶3. 培训开发规划

培训开发规划的目的,是为企业中、长期所需弥补的职位空缺事先准备人员。在缺乏有目的、有计划的培训开发规划情况下，员工自己也会培养自己，但是效果未必理想，也未必符合组织中职务的要求。当我们把培训开发规划与晋升规划、补充规划联系在一起的时候，培训的目的就明确了，培训的效果也就明显提高了。

▶ 4. 调配规划

组织内的人员在未来职位的分配，是通过有计划的人员内部流动来实现的。这种内部的流动计划就是调配规划。

▶ 5. 工资规划

为了确保未来的人工成本不超过合理的支付限度，工资规划也是必要的。未来的工资总额取决于组织内的员工是如何分布的，不同的分布状况的成本是不同的。

（三）人力资源规划的功能

人力资源规划的功能，主要表现在确保组织生存的人力资源需求、控制人工成本、调动员工积极性等几个方面。

▶ 1. 确保组织在生存发展过程中对人力的需求

组织的生存和发展与人力资源的结构密切相关。在静态的组织条件下，人力资源的规划并非必要。因为静态的组织意味着它的生产经营领域不变、所采用的技术不变、组织的规模不变，也就意味着对人力资源的数量、质量和结构均不发生变化。显然这是不可能的。对于一个非静态的组织来说，人力资源的需求和供给的平衡就不可能自动实现，因此就要分析供求的差异，并采取适当的手段调整差异。由此可见，预测供求差异并调整差异，就是人力规划的基本职能。

▶ 2. 人力资源规划是组织管理的重要依据

在大型和复杂结构的组织中，人力资源规划的作用是特别明显的。因为无论是确定人员的需求量、供给量，还是职务、人员以及任务的调整，不通过一定的计划显然都是难以实现的。如什么时候需要补充人员、补充哪些层次的人员、如何避免各部门人员提升机会的不均等的情况、如何组织多种需求的培训等，这些管理工作在没有人力资源规划的情况下，就避免不了头痛医头、脚痛医脚的混乱状况。因此，人力资源规划是组织管理的重要依据，它会为组织的录用、晋升、培训、人员调整以及人工成本的控制等活动，提供准确的信息和依据。

▶ 3. 控制人工成本

人力资源规划对预测中、长期的人工成本有重要的作用。人工成本中最大的支出是工资，而工资总额在很大程度上取决于组织中的人员分布状况。人员分布状况指的是组织中的人员在不同职务、不同级别上的数量状况。当一个组织年轻的时候，处于低职务的人多，人工成本相对便宜，随着时间的推移，人员的职务等级水平上升，工资的成本也就增加。如果再考虑物价上升的因素，人工成本就可能超过企业所能承担的能力。在没有人力资源规划的情况下，未来的人工成本是未知的，难免会发生成本上升、效益下降的趋势，因此，在预测未来企业发展的条件下，有计划地逐步调整人员的分布状况，把人工成本控制在合理的支付范围内，是十分重要的。

▶ 4. 人事决策方面的功能

人力资源规划的信息往往是人事决策的基础，如采取什么样的晋升政策、制订什么样的报酬分配政策等。人事政策对管理的影响是非常大的，而且持续的时间长，调整起来也困难。为了避免人事决策的失误，准确的信息是至关重要的。例如，一个企业在未来某一时间缺乏某类有经验的员工，而这种经验的培养又不可能在短时间内实现，那么如何处理这一问题呢？如果从外部招聘，有可能找不到合适的人员，或者成本高，而且也不可能在短时间内适应工作。如果自己培养，就需要提前进行培训，同时还要考虑培训过程中人员的流失可能性等问题。显然，在没有确切信息的情况下，决策是难以客观的，而且可能根本考虑不到这些方面的问题。

▶ 5. 有助于调动员工的积极性

人力资源规划对调动员工的积极性也很重要。因为只有在人力资源规划的条件下，员工才可以看到自己的发展前景，从而去积极地努力争取。人力资源规划有助于引导员工职业生涯设计和职业生涯发展。

(四) 人力资源供求预测

人力资源供求预测主要分为人力资源需求预测和人力资源供给预测。

▶ 1. 人力资源需求预测

人力资源需求预测主要是根据企业的发展战略与目标，预测计划期内所需要的人力数量。一般包括人力需求量预测、人力资源环境预测、人力合理结构预测、人力减员量预测和补充量预测等内容。

人力资源需求预测可分为两大类：直觉预测（定性预测）和数学方法预测（定量预测）。具体预测方法目前多至上百种，常用的方法有德尔菲法、逐级估计法、经验比例法、任务分析法、生产函数预测法、统计推断法、回归分析法等。

▶ 2. 人力资源供给预测

人力资源供给预测是对企业未来发展过程中各类人力余缺状况的估计。它可分为外部人力资源供给预测和内部人力资源供给预测。

(1) 外部人力资源供给预测。无论是由于生产规模的扩大，还是由于劳动力的自然减员，企业都必须招聘和录用新员工。影响企业外部人力供给状况的因素很多，如人口和体制背景、教育状况、国家就业政策和分配政策、用人单位竞争状况、就业者的心理和价值取向等，预测时要充分考虑各种因素的影响。常用的预测方法有德尔菲法、时间序列法、回归分析法等。

(2) 内部人力资源供给预测。企业人力资源的主要来源，是企业内部现有人员以及他们的分布状况。常用的预测方法有人员核查法和马尔科夫模型。

人员核查法是一种静态的人力资源供给预测技术，通过对企业内部所拥有的人力资源进行核查，弄清人力资源在组织中的各级职务上是如何分布的。由于它是静态的预测技术，不能描述人力资源在未来的晋升、辞退、调整等变化，因此只适合于中短期人力资源供给状况的预测。

马尔科夫模型是一种动态的预测技术，可以预测等时间间隔点上的各类人员分布状况。该方法的基本思想是找出过去人事变动的规律，以此来推测未来的人事变动趋势。

单元二　企业岗位分析及企业人力资源的招聘

一、企业岗位分析

（一）岗位分析的含义

岗位分析又称为工作分析（job description，JD）。作为全面了解一项岗位的管理活动，岗位分析是对该项岗位的工作内容和岗位规范（任职资格）的描述和研究过程，即制订岗位说明和岗位规范的系统过程。

岗位分析是现代人力资源管理所有职能，即人力资源获取、整合、保持与激励、控制与调整、开发等职能工作的基础和前提，只有做好了岗位分析与设计工作，才能据此有效完成以下具体现代人力资源管理工作：制订企业人力资源规划；核定人力资源成本，并提出相关的管理决策；让企业及所有员工明确各自的工作职责和工作范围；组织有效招聘、选拔、使用所需要的人员；制订合理的员工培训、发展规划；制订考核标准及方案，科学开展绩效考核工作；设计出公平合理的薪酬福利及奖励制度方案；为员工提供科学的职业生涯发展咨询；设计、制订高效运行的企业组织结构；提供开展人力资源管理自我诊断的科学依据。

开展岗位分析，应收集以下信息：工作内容是什么；责任者是谁；工作岗位及其工作环境条件等；工作时间规定；怎样操作及操作工具是什么；为什么要这样做；对操作人员岗位职责与任职资格，如生理、心理、技能要求是什么；与相关岗位工作人员的关系要求是什么。

通过进行岗位分析所获得的信息，实际上成为具有内在联系的几种人事管理活动的基础。岗位分析所获得信息的运用可以通过图 6-1 表示出来。

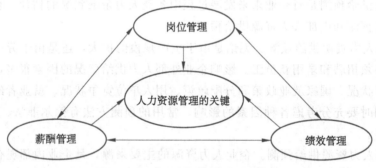

图 6-1　几种人事管理活动的联系图

（二）岗位分析的程序

岗位分析是一个全面的评价过程，这个过程可以分为四个阶段：准备阶段、调查阶段、分析阶段和完成阶段，这四个阶段关系十分密切，它们之间相互联系、相互影响。

▶ 1. 准备阶段

准备阶段是岗位分析的第一阶段，主要任务是了解情况、确定样本，建立关系，组成工作小组。具体工作如下。

（1）明确岗位分析的意义、目的、方法、步骤。

（2）向有关人员宣传、解释。

(3) 与岗位分析有关工作的员工建立良好的人际关系，并使他们做好心理准备。
(4) 组成工作小组，以精简、高效为原则。
(5) 确定调查和分析对象的样本，同时考虑样本的代表性。
(6) 把各项工作分解成若干工作元素和环节，确定工作的基本难度。

▶ 2. 调查阶段

调查阶段是岗位分析的第二阶段，主要任务是对整个工作过程、工作环境、工作内容和工作人员等主要方面做一个全面的调查。具体工作如下。

(1) 编制各种调查问卷和提纲。
(2) 灵活运用各种调查方法，如面谈法、问卷法、观察法、参与法、实验法、关键事件法等。
(3) 广泛收集有关工作的特征以及需要的各种数据。
(4) 重点收集工作人员必需的特征信息。
(5) 要求被调查的员工对各种工作特征和工作人员特征的重要性和发生频率等做出等级评定。

▶ 3. 分析阶段

分析阶段是岗位分析的第三阶段，主要任务是对有关工作特征和工作人员特征的调查结果进行深入全面的分析。具体工作如下。

(1) 仔细审核收集到的各种信息。
(2) 创造性地分析并发现有关工作和工作人员的关键特征信息。
(3) 归纳、总结出工作分析的必需材料和要素。

▶ 4. 完成阶段

完成阶段是岗位分析的最后阶段，前三个阶段的工作都是以达到此阶段作为目标的，此阶段的任务就是根据规范和信息编制工作规范和岗位说明书。岗位说明书是对有关工作职责、工作活动、工作条件，以及工作环境等工作特性方面的信息所进行的书面描述。工作规范则是全面反映工作对从业人员的品质、特点、技能，以及工作背景或经历等方面要求的书面文件。岗位说明书和工作规范可分成两份文件来写，也可以合并在一份岗位说明书之中。

(三) 岗位分析的方法

目前，岗位分析的方法有很多种，这里只介绍几种比较常用的方法。

▶ 1. 访谈法

访谈法是访谈人员就某一岗位与访谈对象按事先拟订好的访谈提纲进行交流和讨论。访谈对象包括该职位的任职者；对工作较为熟悉的直接主管人员；与该职位工作联系比较密切的工作人员；任职者的下属。为了保证访谈效果，一般要事先设计访谈提纲，事先交给访谈对象准备。

访谈法的优点是可以得到标准和非标准的、体力与脑力工作，以及其他不易观察到的多方面信息。其不足之处是访谈对象对访谈的动机往往持怀疑态度，回答问题时有所保留，且访谈对象易从自身利益考虑而导致信息失真。因此，访谈法一般不能单独使用，最好与其他方法配合使用。此外，访谈人员的观点会对工作信息正确的判断产生影响，访谈人员会问些含糊不清的问题，影响信息收集。

该方法适用于不可能实际去做某项工作，或不可能去现场观察以及难以观察到某种工作的情况；既适用于短时间的生理特征的分析，也适用于长时间的心理特征的分析；既适用于对文字理解有困难的人，又适用于脑力职位者，如开发人员、设计人员、高层管理人员等。

▶ 2. 问卷调查法

问卷调查法就是根据岗位分析的目的、内容等，事先设计一套岗位问卷，由被调查者填写，再将问卷加以汇总，从中找出有代表性的回答，形成对岗位分析的描述信息。

问卷调查法的具体实施过程是：岗位分析人员首先要拟订一套切实可行、内容丰富的问卷，然后由岗位员工自行填写。正式进行岗位分析前，考虑各部门的工作内容及可行时间，先行拟订进度表，若不可行，则可弹性调整。

问卷调查法在岗位分析中使用最为广泛，其优点是费用低、速度快，调查范围广，尤其适合于对大量工作人员进行岗位分析，调查结果可实现数量化，进行计算机处理。它免去了长时间观察和访谈的麻烦，也克服了进行岗位分析的工作人员水平不一的弱点。但这种方法对问卷设计要求较高，设计比较费工，也不像访谈那样可以面对面地交流信息，因此，不容易了解调查对象的态度和动机等较深层次的信息。

问卷法还有三个缺陷。

（1）不易唤起被调查对象的兴趣。

（2）除非问卷很长，否则就不能获得足够详细的信息。

（3）问卷需经说明，否则会理解不同，产生信息误差。

▶ 3. 观察法

观察法就是岗位分析人员在不影响被观察人员正常工作的前提下，通过观察将有关工作的内容、方法、程序、设备、工作环境等信息记录下来，最后将取得的信息归纳整理为适合使用的结果的过程。利用观察法进行岗位分析时，应力求观察的结构化，根据岗位分析的目的和组织现有的条件，事先确定观察的内容、观察的时间、观察的位置、观察所需的记录单等，做到省时高效。

应用观察法要注意所观察的工作应具有代表性；岗位分析人员在观察时尽量不要引起被观察者的注意；观察前应确定观察计划工作，计划工作中应含有观察提纲、观察内容、观察时刻、观察位置等；观察时思考的问题应结构简单，并反映工作有关内容，避免机械地记录；在适当的时间应将岗位分析人员用适当的方式介绍给员工，使之能够被员工接受。

一般来说，观察法适用于外显特征较明显的岗位工作，如生产线上工人的工作、会计员的工作等，不适合于长时间的心理素质的分析，不适合于工作周期很长的、脑力劳动的工作，偶然性、突发性的工作也不易观察，且不易获得有关任职者要求的信息。

▶ 4. 关键事件法

关键事件法要求岗位工作人员或其他有关人员描述能反映其绩效好坏的"关键事件"，即对岗位工作任务造成显著影响的事件，将其归纳分类，最后形成对岗位工作有一个全面的了解。关键事件的描述包括导致该事件发生的背景、原因，员工有效的或多余的行为，关键行为的后果，员工控制上述后果的能力。采用关键事件法进行岗位分析时，应注意三个问题。

(1) 调查期限不宜过短。
(2) 关键事件的数量应能足够说明问题,事件数目不能太少。
(3) 正、反两方面的事件要兼顾,不得偏废。

▶ 5. 参与法

参与法是指岗位分析人员直接参与某一岗位的工作,从而细致、全面地体验、了解和分析岗位特征及岗位要求的方法。参与法的优势是可获得岗位要求的第一手真实、可靠的数据资料,获得的信息更加准确。但由于分析人员本身的知识与技术的局限性,该方法运用范围有限,只适用于短期内可掌握的工作和专业性不是很强的职位,不适用于需进行大量的训练或有危险性工作的分析。

▶ 6. 工作日志法

工作日志法是让员工以工作日记或工作笔记的形式记录日常工作活动而获得有关岗位工作信息资料的方法。其优点在于,如果这种记录很详细,那么经常会提示一些其他方法无法获得或者观察不到的细节。工作日志法最大的问题可能是工作日志内容的真实性问题。

该方法适用于高水平、复杂工作的分析,可以显示出其比较经济与有效的功用。

▶ 7. 交叉反馈法

交叉反馈法是由岗位分析专家与从事被分析岗位的骨干人员或其主管人员交谈、沟通,按企业经营需要,确定工作岗位;然后由这些主管人员或骨干人员根据设立的岗位按预先设计的表式,草拟工作规范初稿;再由岗位分析专家与草拟者和其他有关人员一起讨论,并在此基础上起草出二稿;最后由分管领导审阅定稿。访谈对象最好是从事比所需要了解岗位高一个层次的岗位工作的人员或从事该项工作的关键人员,这样反映问题比较全面、客观。

这种方法适合于发展变化较快,或职位职责还未定型的企业。由于企业没有现成的观察样本,所以只能借助专家的经验来规划未来希望看到的职位状态。

(四)岗位分析的结果

岗位分析的目的之一是为企业每个职位制订一份全面、正确而符合企业需要的岗位说明书,即工作说明书。岗位分析的目的之二是制订工作规范,即职位规范或工作要求。

▶ 1. 工作说明书与工作规范的区别

工作说明书是对工作的地点、所属部门、职责范围、使用工具、危险程度以及任职人员的资格等方面的说明。工作说明书以"事"为中心,对工作岗位进行全面、系统、深入地说明,为企业的人力资源管理提供依据。

工作规范是指对担任这一岗位的人员所应具有的学历、工作经验,知识及技能和个性特征等资格进行规范。工作规范是在工作说明书的基础上,解决"什么样的人员才能胜任本岗位的工作"问题,目的是为企业员工的招聘、培训、考核、晋升及任用提供标准。

工作说明书与工作规范两者既相互联系,又存在一定的区别。

(1) 目的不同。工作说明书是对工作性质方面的说明,为人力资源管理提供依据;而工作规范是规范任职人员的资格,作为招聘、考核及培训、晋升的标准。

(2) 内容不同。工作说明书的内容范围比较广泛,既包括对工作岗位各项性质、特征等方面的说明,又包括对担任该项工作岗位人员要求的说明;而工作规范主要涉及人员任职资格条件等方面的问题,内容比较简单。严格说来,工作规范是工作说明书的一个重要组成部分。

（3）形式不同。工作说明书不受标准化原则的制约，形式多样化；而工作规范是按标准化制订的。

工作说明书与工作规范体现了以事为中心的职务管理，是考核、培训、录用及指导职务工作人员的基本文件，也是职务评价的重要依据。通过岗位分析的一些方法，可以收集到企业各职位的有关工作信息，将这些信息资料加以汇总整理，就可以进行工作说明书和工作规范的编制工作。

▶ 2. 工作说明书的编写

工作说明书是对某一职位的内容、职责等进行概括性的叙述，一般包括以下内容。

（1）工作识别。职位的名称、部门及岗位的编号等，便于工作内容描述和评定使用。

（2）工作内容概要。概述工作的性质、任务及工作目的，如人力资源经理的工作可叙述为制订、执行与人事活动相关的各方面的政策与措施。

（3）工作任务。员工工作的内容、工作的程序，即告诉员工该做什么、怎样去做。

（4）工作关系。工作受谁监督，这项工作又监督谁；此工作可晋升、转换的职位，可从哪些方面得到工作信息等。

（5）工作条件与环境。包括工作场合、工作的危险性、工作时间、易患的职业病，以及环境的舒适度。

（6）使用机械设备。

（7）资格要求。如知识要求、解决问题的能力、决策能力、个性特征与身体素质等。

图 6-2 是岗位分析说明的具体内容。

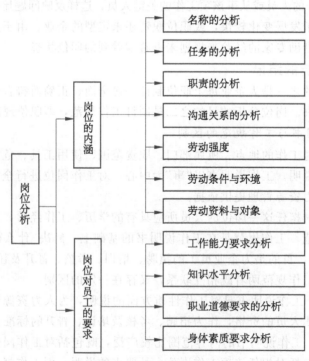

图 6-2　岗位分析说明内容

以下是总经理工作说明书的范例。

总经理工作说明书

岗位名称：总经理　　　　　　　　　**岗位编号**：0101
所在部门：岗位定员 1
直接上级：董事会所辖人员
直接下级：市场总监、副总经理、财务部经理、总经理办
本　　职：负责公司整体经营计划的制订、执行和监督工作，公司的日常经营管理工作，处理公司重大突发事件。

1. 职责与工作任务

(1) 职责一

职责表述：组织制订公司年度经营实施计划，经董事长办公会议和董事会批准后，负责组织实施。

工作任务：
- 负责公司整体经营计划和公司总目标的确定。
- 负责向董事会进行汇报，请示批准公司整体经营计划和公司总目标。
- 负责公司年度经营计划和公司总目标在各个部门内的工作，并进行审核。

(2) 职责二

职责表述：主持公司日常经营管理工作。

工作任务：
- 负责全面执行和检查落实董事长办公会议所作出的各项工作决定。
- 负责召集和主持总裁办公会议，检查、督促和协调各线业务工作进展。
- 负责代表经营班子向董事长办公会议建议并任命经营机构各有关部门和下属公司的正副经理。
- 负责签署日常行政、业务文件。

(3) 职责三

职责表述：负责公司营销和工程方面的全局工作。

工作任务：
- 负责公司项目策划和营销方面的各项工作。
- 负责公司项目工程设计与施工方面的各项工作。
- 负责审核项目阶段性策划方案和活动推广预算。
- 负责制订工程材料采购阶段性方案及预算。

(4) 职责四

职责表述：负责处理公司重大突发事件。

工作任务：
- 根据授权，处理特殊事项或重大突发事件。
- 向董事会汇报特殊事件解决方案，并请求授权。
- 事后对解决过程进行总结，向董事会进行汇报。

(5) 职责五

职责表述：由董事长授权处理的其他重要事项。

2. 权力

总体经营计划制订的建议和实施权。

解决特殊事件和重大突发事件的临时授权。

具体工作开展的决策权。

对部门计划执行结果的考核、奖惩的决策权。

对阶段性策划活动方案和费用预算的决策权。

3. 工作协作关系

内部协调关系：公司内所有部门。

外部协调关系：政府及其他相关部门。

4. 任职资格

教育水平：大学本科以上学历。

专业：经济管理专业、房地产管理专业及其他相关专业。

培训经历：市场策划培训、项目策划培训、财务培训、房地产业务培训及其他。

经验：三年以上相关工作经历。

知识：具备相应的管理知识、经济学知识、房地产专业知识、市场策划知识、财务知识、法律知识等。

技能技巧：熟练使用 Microsoft Office 专业办公软件。

具有一定的领导能力、判断与决策能力、协调能力、人际沟通能力、影响力、计划与执行能力。

5. 其他

使用工具设备：计算机、一般办公设备、网络。

工作环境：办公场所。

工作时间特征：正常工作时间，根据工作情况加班。

6. 备注

总经理由董事会聘任，其工作对董事会负责。

▶ 2. 工作规范的编写

工作规范的内容包括学历、教育、经验、培训、技巧能力、身体素质和心理素质等。在编写工作规范时，依据工作的性质、工作繁简难易以及责任轻重加以取舍规范。

工作规范的编写应注意下列两项要求。

(1) 应列出与工作有关即切实的任职资格。工作的性质不同，工作内容的区别，责任轻重的不同，工作规范的内容也应不同。如对一般性员工，工作规范的内容包括身体素质、心理素质、知识经验及职业品德等；对于管理工作岗位，工作规范的内容包括知识要求、能力要求、经历要求和职业道德要求四类，每一类又包括许多项目。

(2) 任职资格条件不能触犯法律条文。

以下是总经理工作规范的一个范例。

总经理工作规范

职务名称： 总经理

隶　　属： 董事会

教育程度： 大学本科以上

专　　业： 管理相关专业，或者与经济管理相关的专业

培训经历： 接受过 MBA 职业培训，财务、人事知识培训

经　　验： 八年以上工作经验，五年以上本行业或相近行业管理经验，两年以上高层管理经验

知识要求： 通晓企业管理知识；具备技术管理、财务管理、质量管理、法律、金融证券等方面的知识；了解领域的专业知识

技能技巧： 掌握 Word、Excel 等办公软件的使用方法，具备基本网络知识，具备一定的英语应用能力

个人素质： 具有很强的领导能力、判断与决策能力、人际能力、沟通能力、影响力、计划与执行能力以及客户服务能力

二、企业人力资源的招聘

(一) 人力资源招聘的含义及意义

▶ 1. 人力资源招聘的含义

人力资源招聘是指企业为了发展的需要，根据人力资源规划和工作分析的数量与质量要求，从组织外部吸收人力资源的过程，即人员招聘是通过招收人员来补充组织结构中的职位。职位潜在候选人的来源是受劳动力市场供求状况影响的，一般可分为内部来源和外部来源两类。

▶ 2. 人力资源招聘工作的意义

人员招聘在人力资源管理中占据着极为重要的位置，它的意义可概括如下。

(1) 人力资源招聘是组织补充人力资源的基本途径。组织的人力资源状况处于变化之中。组织内人力资源向社会的流动、组织内部的人事变动(如升迁、降职、退休、解雇、死亡、辞职等)等多种因素，导致了组织人员的变动。同时，组织有自己的发展目标与规划，组织成长过程也是人力资源拥有量的扩张过程。上述情况意味着组织的人力资源也是处于稀缺状态的，需要经常补充员工。因此，通过市场获取所需人力资源成为组织的一项经常性任务，人员招聘也就成了组织补充人员的基本途径。

(2) 有助于创造组织的竞争优势。现代的市场竞争归根到底是人才的竞争。一个组织拥有什么样的员工，在一定意义上决定了它在激烈的市场竞争中处于何种地位——是立于不败之地，还是最终面临被淘汰的命运。但是，对人才的获取是通过人员招聘这一环节来实现的。因此，招聘工作能否有效地完成，对提高组织的竞争力、绩效及实现发展目标，均有至关重要的影响。从这个角度说，人员招聘是组织创造竞争优势的基础环节。对于获取某些实现组织发展目标急需的紧缺人才来说，人员招聘更有着特殊的意义。

(3) 有助于组织形象的传播。据德斯勒在其著作中介绍，"研究结果显示，公司招募过程质量的高低会明显地影响应聘者对企业的看法"。许多经验表明，人员招聘既是吸引、招募人才的过程，又是向外界宣传组织形象、扩大组织影响力和知名度的一个窗口。应聘

者可以通过招聘过程来了解该企业的组织结构、经营理念、管理特色、企业文化等。尽管人员招聘不是以组织形象传播为目的的,但招聘过程客观上具有这样的功能,这是组织不可忽视的一个方面。

(4) 有助于组织文化的建设。有效的招聘既使企业得到了人员,同时也为人员的保持打下了基础,有助于减少因人员流动过于频繁而带来的损失,并增进组织内的良好气氛,如能增强组织的凝聚力,提高士气,增强员工对组织的忠诚度等。同时,有效的招聘工作对人力资源管理的其他职能也有帮助。

(二) 人员的招聘途径

企业员工招聘途径主要有以下四种。

▶ 1. 公开招聘

所谓公开招聘就是面向社会,向公司以外的一切合适人选开放,按照公平竞争的原则公开招聘人员。

(1) 通过人才交流会招聘。人才交流洽谈会是目前招聘员工的主要途径之一。企业为此花一定的费用参加交流会,以便应征者前来咨询应聘。

这种招聘方法的主要优点是无私人纠葛,可公事公办,按标准招聘,从交流会上可直接获取应聘人员有关资料,如学历、经历、意愿等。这种招聘会可以节省时间和精力,见效快。但是,在这种人才交流会上,小型企业特别是中小型国有企业很难招聘到优秀人才。

(2) 利用媒体广告招聘。最普遍的招聘广告大都利用报纸媒体。目前,国内一般中小型公司或刚成立的部门,大都依赖于报纸的人事广告。国外或大型公司的人力来源有20%~40%是通过报纸广告招聘来的。

这种途径费用低,又有可保存性,且发行量较大,信息扩散面大,可吸引较多的求职者,备选比率大,并可使应聘者事先对本企业情况有所了解,减少盲目应聘,但通过这一途径招聘人员存在以下几个问题。

① 招聘来源、数量不稳定,质量差别较大。
② 广告费用花费较大,并有不断上涨的趋势。
③ 广告篇幅拥挤狭小,内容单调,千篇一律。
④ 广告位置不醒目,各类广告夹杂在一起,使应聘广告效果不佳。

(3) 网上招聘。随着信息技术和互联网的发展,越来越多的企业开始通过互联网招聘人才。我国比较有名的招聘网有深圳南方招聘网、上海人才招聘网、北京人才招聘网、无忧招聘网、研究生就业网等。

▶ 2. 内部招聘

内部招聘就是由公司内部职员自行申请适当位置,或由他们推荐其他候选人应聘,许多规模较大、员工众多的公司有时采用这种方式。这种招聘主要是挖掘内部人才潜力,让人才各得其所。或者本着内举不避亲、外举不避仇的原则,让内部职员动员自己的亲属、朋友、同学、熟人,经过介绍加入公司。

利用这一渠道有许多优点。

(1) 应征者已从内部职员那里对公司有所了解,既然愿意应征,说明公司对他有吸引力;另外,公司也可以从内部职员那里了解有关应征者的许多情况,从而节省了部分招聘程序和费用。

(2) 由于应征者已对工作及公司的性质有相当的了解，工作时可以减少因生疏而带来的不妥和恐惧，从而降低了退职率。

(3) 有时因录用者与大家比较熟悉，彼此有责任要把工作做好，相互容易沟通，提高团队作战的效率。

但是，如果利用不好，这种内部招聘也会带来诸多的弊端。例如，内部职员引荐录用的人多了，容易形成"帮派"小团体成裙带关系网，造成管理上的困难。

▶ 3. 委托招聘

委托招聘就是委托一些专门机构推荐人才，主要有以下机构。

(1) 职业介绍所。许多企业利用职业介绍所来获得所需要的销售人员。一般认为这类介绍所的求职者，大多数是能力较差而不易找到工作的人。不过如果有详细的工作说明，让介绍所的专业顾问帮助筛选，既能使招聘工作简单化，也可以找到不错的人选。

(2) 人才交流中心。它是政府劳动人事部门或企业设置的常年人才市场。它们掌握人才储备、人才的介绍与推荐，乃至人才招聘以及社会人才的管理。我国的人才交流中心是"改革开放"的产物，其体制与机制还有待完善，关键在于政企要分离，使人才交流中心真正成为人才交流的常年市场。北京、上海、广州、深圳、武汉等大城市的人才交流中心均为全国有影响的人才交流中心。

(3) 行业协会。行业组织对行业内的情况比较了解，他们经常访问厂商、经销商，销售经理和销售员，如中国市场协会，高校市场营销研究会，企业可请他们代为联系或介绍销售人员。

(4) 业务接触。公司在开展业务过程中，会接触到顾客、供应商、非竞争同行及其他各类人员，这些人员都是销售人员的可能来源。

(5) "猎头"公司。它是掌握高素质人才信息，并与高素质人才有密切联系的人才公司，由这类公司推荐的人才一般都是具有丰富经验的销售人员。

▶ 4. 定向招聘

所谓定向招聘是指企业到大专院校或职业学校挑选合适人员的方式。

这种渠道招聘员工有以下几个优点。

(1) 能够比较集中地挑选员工。

(2) 大学生由于受过良好的高等教育，并系统地学习了专业方面的理论知识，为今后的培训奠定了基础。

(3) 大学生往往因为刚刚参加工作，对工作充满了热情，一般较为积极主动。

(4) 从薪金上讲，比一般招聘具有工作经验的员工代价要小些。但这种方式也有很大的缺陷，主要是大学生缺乏工作经验，适应工作较慢。

(三) 企业员工的录用过程

招聘是为了发现人才及鼓励应聘者的一种程序，而选择则是从应聘者中选拔最优秀者的一种程序。选择程序的详细程度因企业而异。大型企业的程序通常会较为复杂，一般可分为申请、面谈、测验、调查、体格检查、安置等步骤。在较小的企业中，应聘者只要经理核准便可。

▶ 1. 面试

(1) 面试的作用。面试是选择员工的重要手段，一项调查表明，美国有90%的公司倾向于用面试法收集求职者的信息。面试也是整个选聘工作的核心部分，几乎任何一种人事招聘都少不了这个环节。它在招聘中所起到的主要作用如下。

① 公司可就申请表上的疑点和不明白之处，通过面试加以讨论与验证，并可借此了解申请表上没有的更多的情况如兴趣、爱好、以往的工作经验等。

② 应聘者可利用面谈，不仅对公司及工作有更详细的了解，也是向公司销售自己，充分展示自己的才干，得到招聘主持者的好感的机会。

③ 听取应聘人员对工作设想的见解。

④ 通过申请者的表现，判断他未来实际工作的情形。面试是对应征人员的最真实的考验。

(2) 面试的形式。面试一般分为随意性的面试，模式化的面试和引导式的面试。

随意性的面试是在面试前毫无计划及准备的情况下进行的，实际上是一种临时讨论，根据不同应聘者的背景，随意性地发问。互相有利于针对不同情况，区别对待，灵活掌握，但是，若招聘者组织不好，则往往效果不好，特别是面试人多的时候会出现混乱，难以评判，所以这种形式一般用于小公司招聘人员时采用。

模式化的面试是与随意性面试相对应的一种极端。这是事先安排一整套结构严格的面试问题，从知识、智力、心理等各个方面来评判，并配有记分标准。根据应聘者的不同回答来记分，这种形式由于太死板，缺乏弹性，适应性不强，不利于发挥面试的作用。

引导式面试是上述两种方式的结合方案，即只规定提问若干规定性的问题，引导应聘者根据实际情况回答各有关问题，从而获取其真实信息。现在许多企业采用这种面试形式。

(3) 面试的评定。企业招聘的负责人，必须对面试结果做出明确的评估，以便决定是否淘汰或继续甄选。评估方法一般制订简明扼要的表格，就表格内容加以评分，最后做出全面评定。

▶ **2. 测验**

近年来，随着人才市场的日益完善，越来越多的企业对应聘者进行一些测验，以作为应聘者的个性、品格、能力的证明。测验一般分笔试与口试，主要采用向应聘者提出各种问题，或把各种相互冲突的问题摆在应聘者面前，让其给出答案，以便进一步考查人才的行为质量。测验分为智商测验、能力测验、兴趣测验、性格测验和环境测验等。

测验要保证质量，不能流于形式。为了取得对应聘者的一个客观的定量评估，关键在于测验题目的质量与测验内容是否恰当，在于测验的科学性和实际价值。一般应有理论分析题与实际应用题，后者要达到60%。既有标准试题又有随机试题，选择题、辨析题、案例分析题应多一些，用来测验应聘者的智力水平。企业人事部门应有专职管理的测验试题库，要有专人研究与管理，不断积累资料，提高测验质量，从而达到测验的效果。

▶ **3. 录用**

经过面试和测验，按招聘计划数量，对考查合格者决定录用。一次招聘能满足计划数量当然很好，但要坚持宁缺毋滥，达不到要求，宁可少招，等条件成熟时再行招聘。

正式录用时，一般要经过体检，采取聘用制，企业与应聘者正式签订劳动合同方才正式录用。录用时的控制管理条件不能太苛刻，主要用来限制频繁"跳槽"者和"反叛"者。对人才主要采取优惠的吸引政策，对关键的岗位，一定要与应聘者签订责、权、利相统一，奖罚并重的任职合同，从而保证企业工作的连续性与稳定性。

NLC 化学有限公司招聘

NLC 化学有限公司是一家跨国企业。随着生产规模的扩大,为了对生产部门的人力资源进行更为有效的管理开发,2010 年年初,分公司总经理希望在生产部门设立一个处理人事事务的职位,主要任务是协调生产部与人力资源部的工作。总经理希望通过外部招聘的方式寻找人才。

在招聘渠道的选择上,人力资源部经理于欣设计了两个方案。第一种方案是在本行业专业媒体中进行专业人员招聘。有利条件是对口的人才比例高,招聘成本低;不利条件是企业宣传力度小。第二种方案是在大众媒体上刊登招聘启事。有利条件是企业影响力度很大;不利条件是非专业人才的比例很高,前期筛选工作量大,招聘成本高。初步选用第一种方案。总经理看过招聘计划后,认为公司在中国大陆地区处于初期发展阶段,不应放过任何一个宣传企业的机会,于是选择了第二种方案。

在一周的时间里,人力资源部收到了 800 多份简历。人力资源部在 800 多份简历中初步筛选出了 70 份有效简历。经进一步筛选后,留下 5 人。于是他来到生产部门经理建华的办公室,将此 5 人的简历交给了建华,并让建华直接约见面试。部门经理经过筛选后认为可从两人中做选择:李楚和王智勇。

他们将所了解的两人资料对比如下:

李楚,男,企业管理学士学位,32 岁,有 8 年一般人事管理及生产经验,在此之前的两份工作均有良好的表现,可录用。

王智勇,男,企业管理学士学位,32 岁,有 7 年人事管理和生产经验,以前曾在两个单位工作过,第一位主管评价很好,没有第二位主管的评价资料,可录用。

从以上的资料可以看出,李楚和王智勇的基本资料相当。但值得注意的是,王智勇在招聘过程中,没有上个公司主管的评价。公司通知俩人,一周后等待通知。在此期间,李楚在静待佳音,而王智勇打过几次电话给人力资源部经理。

于欣与建华商谈何人可录用,建华说:"两位候选人看来似乎都不错。"

于欣:"两位候选人的资格审查都合格了。唯一存在的问题是王智勇的第二家公司主管给的资料太少。"

建华说:"很好,于经理,显然你我对王智勇的面谈表现都有很好的印象,人嘛,有点圆滑,但我想我会很容易与他共事,相信在以后的工作中不会出现大的问题。"

于欣:"既然他将与你共事,当然由你做出最后的决定。"于是,最后决定录用王智勇。

王智勇来到公司工作了六个月,在工作期间,经观察发现:王智勇的工作不如期望的好,指定的工作他经常不能按时完成,有时甚至表现出不胜任其工作的行为,所以引起了管理层的抱怨。显然他对此职位不适合,必须加以处理。然而,王智勇也很委屈:来公司工作了一段时间,招聘所描述的公司环境和各方面情况与实际情况并不一样;原来谈好的薪酬待遇在进入公司后又有所减少;工作的性质和面试时所描述的也有所不同,也没有正规的工作说明书作为岗位工作的基础依据。

案例分析:此次招聘显然是不成功的,不仅招聘的费用比较高,更为糟糕的是新聘人员的工作表现与公司的预期有比较大的差距。招聘不成功主要有两个原因:一是人力资源部没有为用人部门决策提供应聘者足够的客观资料,从而使用人部门的主管不能全面、准确地评价应聘者;二是用人部门的主管决策时依据直觉做出的判断被后来员工的表现证明是错误的。

王某工作表现不能达到公司对该职位的要求。可能有两个原因:一是对该职位的考核标准过高。在公司现有的条件下达到这个标准困难相当大,甚至是不太可能的,无论王某如何努力,都将完不成任务;二是职位的设置、考核标准是比较科学的,但是由于工作态度有问题或工作技能、知识等有缺陷或是兼而有之,导致工作表现不合格。

单元三 企业人力资源的考评与激励及培训与发展

一、企业人力资源的考评与激励

绩效考评是人力资源管理工作的重要内容之一,它是员工工作调动、薪酬调整的依据,更是企业帮助员工改进绩效、努力实现公司整体目标的有效手段。合理科学的绩效考评体系为企业人才的选、育、用、留等工作创造良好的基础提供客观的依据。良好的绩效考评,不但能充分调动员工的积极性,提高工作能力和业务素质,更能推动企业的可持续发展。

(一)企业人力资源绩效考评的概念和目的

▶1. 企业人力资源绩效考评的概念

绩效是指一个组织的成员完成某项任务,以及完成该项任务的效率与效能。企业的绩效是和员工的绩效紧密相连的,只有员工的高绩效才能形成企业的高绩效。高效率、高效能的员工更能成功地履行职责,对公司的贡献也更大。因此,当今企业都把人力资源管理、培养高绩效的员工作为企业管理中的重中之重。

所谓员工绩效考评,就是指根据员工的职务分析结果对企业组织成员的工作表现和工作效果的考核与正式评价,亦即收集、评价和传递员工在工作岗位上的工作行为和工作成果信息的过程,是对员工工作中的优缺点的一种系统描述。

考评包括两个方面:考评与评价。考评偏向于从定量的角度进行评价,具有客观性;评价偏向于从定性的角度进行的评价,具有主观性。事实上,任何一项考评评价都是定量与定性的结合与统一,故目前统一认定绩效考评、绩效评价等都是同一含义。考评评价是指为达到一定的目的,运用特定的指标,比照统一的标准,采取规定的方法,对事物做出价值判断的一种认识活动。简单地说,考评评价就是通过比较分析做出全面判断的过程。

▶2. 企业人力资源绩效考评的目的

绩效考评的目的主要是行政管理性的,如成为制订调迁、升降、委任、奖惩等人事决策的依据,但其目的也是培训开发性的,如根据考查结果制订与实施培训计划等。

具体来看,绩效考评的主要目的如下。

(1)绩效考评具有激励功能。绩效考评本身既是一种绩效控制的手段,也是对职工业绩进行评定与考核的方式,因此,具有激励功能。公正的绩效考评能使员工体验到成就感、自豪感，从而增强其工作满意感。另外，绩效考评也是执行惩戒的依据之一，而惩戒也是提高工作效率、改善绩效不可少的措施。

（2）绩效考评是薪酬管理的重要工具。薪酬与物质奖励无论如何仍是激励员工的重要手段。健全的绩效考评制度与措施，能使员工普遍感到公平公正，从而增强其工作满意感。

（3）绩效考评结果是职工调迁、升降、淘汰的重要依据。因为通过绩效考评可以评估员工对现任职务的胜任程度和发展潜力。

（4）绩效考评对于员工的培训和发展具有重要意义。绩效考评能发现员工的长处和不足，对他们的长处应注意保护和发扬，对其不足则需要进行辅导和培训。不但可以发现和找出培训的需要，据此来制订培训措施和计划，还可以检验培训措施与计划的效果。

（5）便于上下级之间的沟通。在绩效考评中，员工的实际工作表现经过上级的考察与测评，可以通过面谈或其他渠道，将结果反馈给员工本人，并听取其反映、说明和申诉。这样就非常便于上下级之间的沟通，促进组织内部之间的了解，有利于组织的高效运作。

（6）作为决策参考依据。绩效考评的结果可提供给生产、供给、销售、财务等其他职能部门，供其制订有关决策时作为参考依据。

(二) 企业人力资源绩效考评的分类

▶ 1. 绩效考评包括企业的绩效考评、部门的绩效考评和员工的绩效考评

由于企业、部门绩效的基础就是员工的绩效，因此，一般意义上的绩效考评是指以员工绩效考评为基础的整个部门、企业的绩效考评体系。它是工作行为的测量过程，即用事先制订的标准来比较工作绩效的完成状态以及将绩效考评的结果反馈给员工的过程，同时绩效考评也是对组织成员的绩效进行识别、测评和开发的过程，是人力资源开发与管理中一项重要的基础性工作。

▶ 2. 从内涵而言，绩效考评包括人员素质评价和业绩评定

素质评价涉及考评对象的性格、知识、技术、能力、适应性等方面的情况。而业绩评定一般包括工作态度评定和工作完成情况评定。工作态度评定是对员工工作时的态度所做的评定，它与工作完成情况的评定互相关联，但两者的评定结果也可能不一致。工作完成情况评定是绩效考评最基本的核心内容，它一般要从工作的最终结果（工作的质与量）和工作的执行过程两个方面进行分析。

▶ 3. 根据考评的内容不同，绩效考评可以分为效果主导型、品质主导型和行为主导型

效果主导型以考评工作效果为主，着眼于"干出了什么"，重点在结果，而不是行为。由于它考评的是工作业绩，而不是工作过程，所以考评的标准容易制订，考评也容易操作。许多企业目前采用的目标管理考评方法就是效果主导型的考评。这种方法适合于具体生产操作和具有销售指标的员工，对事务性工作人员的考评不太适合。

品质主导型以考评员工在工作中表现出来的品质为主，着眼于"这个人怎么样"。由于品质主导型的考评经常使用如忠诚、可靠、主动、有创造性、有自信、有协作精神等定性的形容词，所以很难具体掌握，操作性较差，但是很适合对员工工作潜力、工作精神及人际沟通能力的考评。行为主导型以考评员工的工作行为为主，着眼于"干什么"、"如何去干的"，重在工作过程，而非工作结果，考评标准较容易确定，操作型较强，比较适合于

对管理性、事务性工作进行考评。

(三) 绩效考评的一般程序和方法

▶ 1. 绩效考评的原则

(1) 全员考评原则。即对企业的高、中、低层员工均应进行考评。当然,不同级别员工考评要求和重点不同。

(2) 综合考评和单项考评相结合的原则。考评可以综合考评,也可单项进行。

(3) 可操作性原则。制订的考评方案要有可操作性,是客观的、可靠的和公平的,不能掺入考评负责人的个人好恶。

(4) 公开透明原则。考评要有一定的透明度,不能搞暗箱操作,甚至制造神秘感、紧张感。考评结果要用不同方式与被评者见面,使之心服口服、诚心接受,并允许其申诉或解释。

▶ 2. 绩效考评的一般程序

绩效考评的程序一般分为横向程序和纵向程序两种。

(1) 横向程序。这是指按工作的先后顺序形成的过程进行的,主要有以下环节。

① 制订考评标准。这是考评时为避免主观随意性而不可少的前提条件。考评标准必须以职务分析中制订的职务说明与职务规范为依据,因为那是对员工所应尽职责的正式要求。

② 实施考评。这是指对员工的工作绩效进行考评、测定和记录。根据目的,考评可以是全面的也可以是局部的。

③ 考评结果的分析与评定。考评的记录需与既定标准进行对照来做分析与评判,从而获得考评的结论。

④ 结果反馈与实施纠正。考评的结论通常应与被考评员工见面,使其了解组织对自己工作的看法和评价,从而发扬优点,克服缺点。另外,还需要针对考评中发现的问题,采取纠正措施。因为绩效是员工主、客观因素的综合结果,所以纠正不仅是针对被考评的员工的,也需要针对环境条件做相应调整。

(2) 纵向程序。这是指按组织层级逐级进行考评的程序。考评一般是先对基层考评,再对中层考评,最后再对高层考评,形成由下而上的过程。

① 以基层为起点,由基层部门的领导对其直属下级进行考评。考评分析的单元包括员工个人的工作行为(如是否按规定的工艺和操作规程进行工作,或一名干部在领导与管理其下级时是如何具体进行的等),员工个人的工作效果(如产量、废品率、原材料利用率、出勤率等),也包括影响其行为的个人特征及品质(如工作态度、信念、技能、期望与需要等)。

② 基层考评之后,便上升到中层部门的层次进行考评,内容既包括中层负责干部的个人工作行为与特性,也包括该部门总体的工作绩效(如任务完成率、劳动生产率、产品合格率等)。

③ 待逐级上升到公司领导层时,再由公司所隶属的上级机构和单位或董事会来对其进行考评,其内容主要是经营效果方面硬指标的完成情况(如利润率、市场占有率等)。

▶ 3. 绩效考评的方法

企业组织对员工的绩效评估工作的具体方法和实施技术有很多种类,我们仅从其性质来看，可以归纳为两大类。

（1）客观考评法。这种考评依靠的是对两类硬性指标的考评，一是生产指标，如产量、销售额、废次品率、原材料消耗率、能耗率等；二是个人工作指标，如出勤率、事故率等。这些指标的考评按说是过硬的、客观的、定量的，因而也应是最可信的。

（2）主观考评法。这类考评法主要凭考评人员的主观判断，易受心理偏差的左右，但较现实可行，可用于包括管理干部的各类员工；而且可数种方法并用，经过精心设计的程序，从不同的角度进行重复考评，仔细测评被考评者，以便可以显著提高考评信度，使可能出现的偏差尽可能地减少。

主观考评法又可进一步分为下列两类：一是相对考评法，即将被考评人员与别人相比较、相对照而评出顺序和等级，是较为传统的做法，又称为比较法。二是绝对考评法。这类方法不做人际比较，而是单独地直接根据被考评者的行为及表现来进行评定，并可以开发演变出许多不同的形式。

常用的考评技术和具体方法有分级法、考评清单法、量表考评法、强制选择法、关键事件法、评语法等。

▶ 4. 绩效考评的具体操作

（1）考评时间。企业员工考评分为定期考评（每周、旬、月度、季度、半年、年度）和不定期考评。基层人员考评可周期短、频繁些；中高层考评周期可长些，甚至可达3～4年。

（2）考评指标体系。对不同考评对象，根据职务、岗位不同，选择考评指标有所区别和侧重。对不同考评目的，根据奖金、晋升工资级别的不同，选择考评指标权重不同。

（3）考评人与考评形式分为以下几种情况。

① 直接上级考评。由直接上级对其部下进行全面考评和评价，其缺点是日常接触频繁，可能会掺杂个人感情色彩（常用于对一线的工人）。

② 间接上级考评。由间接上级越级对下级部门进行全面考评和评价。

③ 同事评议。同级或同岗位的职工之间相互考评和评价，须保证同事关系是融洽的，用于专业性组织（研发部门）和中层职员。

④ 自我鉴定。职工对自己进行评价，抵触情绪少，但往往不客观，会出现自夸现象。

⑤ 下级对上级评议。即下级职工（部门）对上级领导（部门）评价，弊病较多：下级怕被记恨、穿小鞋，故光说好话，或缺点一语带过；上级怕失去威信，工作中充当老好人。可改进用无记名评价表或问卷。

⑥ 外部的意见和评议。由外协单位、供应商、中间商、消费者（或传媒），对与之有业务关系的企业职工进行评价。

⑦ 外聘绩效专家或顾问。一般较为公允，避开人际矛盾，结论较为客观，但成本较高，且对某些职位工作不内行。

⑧ 现场考评或测评。企业专门召开考评会对有关人员进行现场答辩和考评，或者通过相对正式的人事测评程序和方法对候选人考评。

各种形式各有优缺点，适用于不同考评对象和目的，也可在考评中综合应用。

（4）考评办法分为以下几种。

① 查询记录。对生产记录、员工工作记录、档案、文件、出勤情况整理统计。

② 定期考评。企业视情况进行每周、月、季度、半年、年度的定期考评，以此为基础积累考评资料。

③ 书面报告。部门、个人总结报告或其他专案报告。

④ 考评表。设计单项考评主题或综合性的表单，为方便应用可使用多项式选择、评语、图表、标度或评分标准。

⑤ 重大事件法。为每一员工或部门建立绩效考评日记，专门记录其重要的工作事件，均包括好的和坏的。

⑥ 比较排序法。通过在考评群体中，对考评对象两两相互比较，优中选劣或劣中选优，逐步将员工从优到劣排队。

目前绩效考评的方法很多，企业可根据考核目标、考评对象等因素选用，或者综合各种办法，归纳出考评结果。

(5) 考评结果的反馈。主管应该如实将考评结果告诉被评人，并用实例说明考评的正确性，最后鼓励其发扬优点、改掉缺点、再创佳绩。同时主管要倾听被考评人的意见，相互讨论，以共同提高企业绩效。

二、企业人力资源的培训与发展

(一) 培训开发的含义

培训开发是指企业通过各种方式使员工具备完成现在或将来工作所需知识、技能并改变他们的工作态度，以改善员工在现在或将来职位上的工作业绩，并最终实现企业整体绩效提升的一种计划性和连续性的活动。

为企业进行人力资源培训、开发咨询，主要是在对企业人力资源培训、开发现状分析基础上，对企业建立、完善人力资源培训，开发体系提出建议。

(二) 员工培训与开发的分类与制度体系

▶ 1. 员工培训与开发的分类

员工培训与开发可以分成以下几种类型。

(1) 按培训对象分，可分为决策人员培训、管理人员培训、技术人员培训、业务人员培训和操作人员培训。培训与开发对象的不同，决定其内容、方式、时间也不同。如对决策人员进行培训，内容重点放在宏观经济理论、战略制订等方面；若培训对象是技术人员，则内容多偏重于专业技术的更新和最新技术的跟踪。

(2) 按培训内容分，可分为员工知识培训、员工技能培训和员工职业道德培训。对员工进行职业道德培训是一项长期的工作，不在于形式，应与企业文化建设联系起来。

(3) 按培训性质分，可分为适应性培训（新员工）、提高性培训（老员工）和转岗性培训（不同技能）。

(4) 按培训方式分，可分为头脑风暴法培训、参观访问法培训、工作轮换法培训、事务处理法培训、情景模拟法培训、研讨会法培训和授课法培训。在实际培训中，针对不同的培训对象，将几种方法结合起来运用，其培训与开发的效果更好。如培训主管人员，就可以采取工作轮换、事务处理和情景模拟等方法，这些方法更大程度地体现为开发的功能。

(5) 培训时间往往是造成组织进行人员培训的一个"瓶颈"，特别对骨干员工的培训更是"惜时如金"。这方面，组织可在在职培训和非在职培训的方式中进行选择。

（6）按培训地点分，可分为组织内培训和组织外培训。组织内培训除了特指培训班的地点外，还可以泛指为工作轮换、事务处理、情景模拟等类型；同样，组织外培训包括参观访问、学校进修、国外深造等形式。

▶ 2. 培训制度体系

为了保证组织的培训工作能够正常顺利地开展，有必要成立培训委员会，建立专门的诸如培训中心形式的培训机构以及一系列的培训制度。这些培训制度包括以下内容。

（1）培训委员会工作章程。
（2）培训管理制度。
（3）培训部门工作规则（内含培训人员管理制度）。
（4）培训经费预算与管理制度。
（5）培训工作评估与奖惩制度（内含培训评估实施办法）。
（6）培训档案的建立和管理制度。
（7）决策人员培训制度。
（8）培训人员培训制度。
（9）技术人员培训制度。
（10）新员工培训制度。
（11）晋升培训制度。
（12）转岗培训制度。
（13）新知识、新技能推广普及制度。

（三）培训与开发规划

▶ 1. 培训与开发规划的内容

培训与开发规划的内容一般包括培训对象、培训内容、培训方式、学员规模、培训工具、培训时间、培训场所和培训费用预算等方面。

（1）确定培训对象是根据培训需求分析，确定是对新员工、管理人员、决策者还是普通员工进行培训。

（2）培训内容是根据培训需求分析的结果——员工在知识技能水平和工作态度方面与组织要求的理想状况的差距，确定对员工开展具体的培训类型。

（3）培训方式的确定是指根据已定的培训内容决定所采用的培训方式。

（4）学员规模的确定主要是根据已定的培训对象、培训内容、培训方式以及组织的培训需求分析结果和组织的实际情况，确定参加培训学员的数量和批次。

（5）培训时间的确定是指学员的具体培训时间，如上班时间、下班时间或周末；分散培训或集中培训；培训时间一般与组织员工的多寡、工作任务的紧凑有关。

（6）培训场所的确定是指根据已知的培训对象、培训内容、培训方式、学员规模和培训时间，确定培训地点，如在专门的培训中心还是在工作岗位进行。

（7）确定培训费用是根据已定的培训方案，通过各项开支的预算决定整个培训过程所花的费用。

▶ 2. 培训与开发规划的制订

培训与开发规划按计划期长短一般分为远期规划、年度计划和单项计划三大类。其中，远期规划具有战略性和综合性，立足于开发，基本上无执行性；年度计划的战略性、综合性和执行性介于远期规划和单项计划之间，年度计划和单项计划应用较为普遍；单项计划是远期规划和年度计划的具体实施形式，具有较强的执行性，基本上无战略性。

（1）远期培训规划的制订。远期培训规划（一般指1年以上的培训计划）是人力资源战略规划的重要组成部分，也称人力资源开发规划。这种规划的特点是：培训内容较为粗略，通常只提出几个大的重点性的战略指标，如高级人才（具有高级职称、高学历或高层管理人员）所占比例、平均学历达到的程度、整个培训投资的额度等；以中高层管理人员或业务骨干等人才为规划重点；由于规划的内容较为粗略，所以，培训目标具有一定的调整弹性。远期培训规划一般不单独出现，而是作为组织战略体系中的人力资源战略的重要组成部分。

（2）年度培训计划的制订。年度培训计划是对计划年度（一般是当年）的培训工作做出具体明确的安排，具有实施性，通常由人力资源部培训主管制订。在年度计划中，明确提出当年计划完成的系列培训活动及其相关内容。年度培训计划既可单独出现，也可融入当年人力资源开发与管理计划体系中，成为其中的重要组成部分。年度培训计划一般包括以下内容。

① 培训的目标和任务。
② 开展的具体培训项目。
③ 具体的培训对象及其规模。
④ 培训的师资安排。
⑤ 培训时间的安排和应达到的培训效果。
⑥ 各培训活动具体的后勤安排，包括人力、物力、财力和场所等。
⑦ 各培训活动的经费预算。
⑧ 培训效果评估。
⑨ 根据培训效果评估，改进和完善培训管理的措施。
⑩ 其他需要安排的重要事项。

（3）单项培训计划的制订。单项培训计划也就是培训方案，指在每一项具体的培训活动开展前，为了保证培训活动的顺利进行，由人力资源部主管培训工作的管理人员制订的具体的工作方案。它属于执行型计划，与年度计划相比，单项计划具有较强的操作性，比年度计划更具体、更周全、更细致，因此，与其说是一种计划，不如说是一种工作安排或工作大纲。单项计划没有特定的时间安排，一般在每项培训活动实施之前完成，以确保培训工作的正常进行为前提。单项培训计划一般包括以下内容。

① 本次活动的培训目标和名称。
② 培训内容的大纲和课程安排。
③ 选定培训对象，包括培训对象的范围。
④ 培训活动的具体时间和地点的安排。
⑤ 选定具体的培训方式。
⑥ 培训师资的具体人选。
⑦ 授课进度安排和教材的选定。
⑧ 培训经费的预算。

⑨ 培训效果的评估。
⑩ 其他需要安排的具体事项。

3. 培训经费预算

开展培训活动，一定要有必要的经费保证。因此，为了使培训活动顺利开展和增加培训效益，事先进行准确的经费预算是十分必要的。培训经费预算有四种常用的方法，即比例法、需求法、推算法和人均法。

（1）比例法。比例法是预先规定培训经费占某基准值的一定比例，然后根据该基准值的总发生额，按比例提取。基准值指标一般有年产值、年销售额、年利润额和年工资总额等。比例法的特点是把培训活动与组织的财力结合在一起，保证各项培训活动有足够的资金支持。

（2）需求法。对计划当年安排的各培训项目，逐项计算所需经费，再将其汇总相加，得出的数额即为培训预算经费额。

（3）推算法。根据前一年（或前几年）培训经费实际发生数的平均值，结合计划当年培训项目的安排，计算出培训需要的经费数额。

（4）人均法。预先规定每名员工每年的培训经费数额，再按当年的实际员工数计算出培训的经费额。

（四）员工培训方法

实际工作中，培训员工的方法有很多，如讲授法、研讨法、观摩法、角色扮演法和工作轮换法，其中，讲授法和研讨法最常用。这些方法又分为在职培训和脱产培训两大类。

1. 在职培训法

在职培训包括一对一培训法、教练法和工作轮换法。

（1）一对一培训法。一对一培训法是一种常用的培训方法，在这种培训方法中，培训者和被培训者一一结对，单独传授，也就是传统的"传、帮、带"和"师徒制"。培训过程包括培训者描述、培训者演示和被培训者在培训者的监督下练习三个环节。当然，在此种培训方法中还可以补充各种文字材料、录像带和其他资料。

一对一培训法有明显的优点：①花费的成本低，在培训过程中，学员边干边学即"干中学"，几乎不需要格外添置昂贵的培训设备；②培训与学员工作直接相关，因为，学员在培训中使用的设备或所处的环境一般与以后工作过程中的非常相似，甚至是相同的；③培训者能立即得到培训效果的反馈；④这种培训方法比较灵活，培训者可根据情况变化随时调整培训内容和方式。

一对一培训方法也有不足：①在许多组织中一对一培训并没有周详、系统地设计，而是较为随意地进行，即组织运用此法开展培训工作较为草率；②运用一对一培训法进行培训时，培训内容常常是一些简单、常规、机械式的操作。例如，简单的机械操作、档案管理和简单的清洁工作适合用一对一培训法进行新员工培训；③组织中也许找不出合适的培训者。如组织内没有精通计算机图形设计的人，就不能用一对一培训法开展这项培训工作。

（2）教练法。不同的人对"教练"这个字眼有不同的理解，大多数人都会认为教练的含义是由监督者或教练员提供的非正式、无计划的培训开发活动。尽管教练法在培训过程中也许能对学员提供有价值的帮助，但这种方法只能作为其他系统而严格的培训方法的补充，一般不单独使用。教练法适用于下面的情况：员工表现出一种新的能力；员工对组织内的另一种工作表现出兴趣；员工的道德水平较低，妨碍组织政策的贯彻实施，或员工的行为表现有问题；员工在被一种正式培训方法进行培训而且需要帮助。

(3) 工作轮换法。工作轮换法是安排被培训者到组织内不同部门的不同工作岗位上进行实际工作(实习)的一种系统而正式的培训方法。工作轮换法的目的是让被培训者了解整个组织运作和各部门的职能，同时也使被培训者找到适合自己的工作岗位、确定自己的职业目标。因此，工作轮换法倾向于在被培训者职业生涯的早期进行，一般用于高级职员或高级管理者的培训。

工作轮换法能改进员工的工作技能、增加员工的工作满意度和给员工提供宝贵的机会。从员工的角度来看，参加工作轮换法培训的员工比未参加这种培训的员工能得到快速的提升和较高的薪水。但是，工作轮换法由于不断地进行工作轮换给被培训者增加工作负担，还会引起未参加此种培训的员工的不满。

▶ 2. 脱产培训

据调查，组织中脱产培训所花费的费用占整个培训费用的27%，可见，脱产培训得到众多管理人员的认可和青睐。脱产培训包括讲授法、角色扮演法、案例分析法、影视培训法、远程培训法和虚拟培训法六种常见的培训方法。

(1) 讲授法。讲授法是由培训者向众多学员讲解培训内容，培训者一般是该方面的专家。培训过程中，培训者会鼓励学员参与讨论或提问，但大多数情况下是单向交流，几乎没有实践时间。该方法是最为传统的脱产培训方法之一。

这种培训法的优点是：能有效提供相关的基本信息；适用于各种内容的培训；有高超讲授技巧的培训师能提供优秀的培训。当然，讲授培训法也有不少缺点：培训效果受培训师表达能力的影响较大；较少考虑被培训者的理解能力；费用昂贵，培训师每小时的收费标准在几百或几千元之间；用于某些实践性强的领域(如人际交往)收效甚微。

(2) 角色扮演法。角色扮演法需要预先设置某一情景，指派一定的角色，但没有既定详细的脚本。培训者向被培训者讲清扮演者所处的情景、角色特点与制约条件，且扮演者(或被培训者)理解后即可进行，扮演者可自发地即兴表演，如交往、对话、主动采取行动或被动做出反应，令剧情合情合理地进行下去，至培训者发出信号终止。表演虽是自发的，但却是按各自对所演角色的理解而进行的，并不是任意发挥。

角色扮演法要求学员更主动、更认真地参与。同时，为学员提供观察人们真实言行和新行为方式的机会，而不仅仅停留在理论分析上。角色扮演法尤其能使学员了解和体验别人的处境、难处和考虑问题的方式，学会设身处地、从交往对手角度想问题，并能看出自己或别人为人处世的弱点。

(3) 案例分析法。案例分析法又称个案分析法，指培训过程围绕一定的培训目的，把实际工作中的真实情景加以典型化处理，形成供学员思考分析和决断的案例，让学员以独立研究和相互讨论的方式，提高其分析解决问题的能力的培训方法。该方法是由哈佛大学开发完成，被哈佛商学院用于培养高级经理和管理精英的教育实践，逐渐发展成为今天的"案例培训法"。用于"案例培训法"的案例具有三个特点：内容真实(为了保密，有关的人名、组织名、地名可以改用假名)，基本情节不得虚假，有关的数字可以乘以一个适当的系数加以放大或缩小，相互间的比例不能改变；案例中必须包含一定的管理问题；案例的编写应针对具体的培训内容。

案例培训法的优点是：直观，易于让学员认同；学员积极地参加讨论，不仅能从讨论中获得知识、经验和思维方式上的益处，还能增强人际交流，培养学员向他人求教的精神和美德；学员能够获得分析案例所需要的信息和方法，在应用这些方法和知识的过程中，通过对案例的情况进行分析而得到锻炼。但是，案例法也有不足之处：案例所提供的情景毕竟不是真实的情景，有的甚至与真实情况相去甚远，限制了案例培训效果；编写一个好而适用的案例不容易做到；实施案例培训法需要较长的时间，其成本让许多组织无法承受。

（4）影视培训法。影视培训法是用电影、影碟、投影等手段开展员工培训，其优点是：学员直观地观察培训项目的过程、细节，引起视觉想象；能随时停下片子的播放，伴以培训师的细致讲解，加深学员的理解，收到良好的培训效果；多次反复地进行，便于学员复习所培训的内容。不足之处是：学员处于被动地位，无法进行相互的交流；高昂的制作成本限制了该培训方法的使用。尽管如此，影视培训法仍深受众多组织的喜爱。

（5）远程培训法。远程培训法指将学习内容通过远距离传输到达学员的学习地点，以供学员学习。由于采用的设备不同而有多种不同的具体形式，如广播、电视、互联网等。目前通过互联网进行培训是最常用的远程培训方式，这与培训内容易于更新、电脑的普及、互联网技术不断改进和网页界面越来越友好有很大的关系。

远程培训法由于具有可以克服空间上的距离，节省时间，在一个特定的时间宽度内能不定期、持续地接受培训，以及学员更易接近电子数据库等众多优点而受到越来越多的组织的青睐。计算机行业巨子 IBM 就是成功地开展远程化培训的典型例子。IBM 培训部将各分部员工所需培训内容进行编辑，制作成电子教材后在内部局域网发布，供学员随时随地上网进行自我培训或集体培训，节约了大量的培训费用，有效地降低了产品成本，收到了良好的培训效果。

实践表明，利用网络开展远程化培训方便、效率高，能满足各种行业的需要。另外，远程化培训利用网络实现跨地区、跨国联网，既满足了异地培训的需要，又比较容易地获取各种新的知识和信息，大大减少了有关培训的支出。

（6）虚拟培训法。虚拟培训法包括时空、内容、设备和角色的虚拟化，具有沉浸性、自主性、感受性、适时交互性、可操作性、开放性和资源共享性等优点。虚拟现实技术为现代组织的人力资源培训开辟了一条新的道路，特别为那些投资成本极高、难度很大、环境危险和操作性较强的技能培训搭建了崭新的培训平台。

经济全球化的发展，导致竞争残酷激烈，无论哪个行业都将规避风险、降低成本变为迎接激烈竞争的有力武器和首要任务。为了满足这种要求，充分利用高科技手段，综合计算机、图形、仿真、通信和传感等技术，为培训建立起一种逼真的、虚拟交互式的三维空间环境，这种与现实世界极其相像的、虚拟的人力资源培训与开发技术应运而生，并开始得到广泛的认可和运用。

建构在虚拟现实技术之上的现代人力资源培训与开发的方法，具有传统培训方法所无法替代的优点，并且体现了信息化这一社会发展特征。随着全球经济一体化，竞争越来越白热化，虚拟化的人力资源培训与开发方法有着强大的生命力和发展前景。

（五）人才资源激励

▶ 1. 人力资源激励机制

激励机制是通过一套理性化的制度来反映激励主体与激励客体相互作用的方式。激励机制的内涵就是构成这套制度的几个方面的要素。根据激励的定义，激励机制包含以下几方面的内容。

(1) 诱导因素集合。诱导因素就是用于调动员工积极性的各种奖酬资源。对诱导因素的提取，必须建立在成员个人需要进行调查、分析和预测的基础上，然后根据组织所拥有的奖酬资源的实际情况设计各种奖酬形式，包括各种外在性奖酬和内在性奖酬（通过工作设计来达到）。需要理论可用于指导对诱导因素的提取。

(2) 行为导向制度。行为导向制度是组织对其成员所期望的努力方向、行为方式和应遵循的价值观的规定。在组织中，由诱导因素诱发的个体行为可能会朝向各个方向，即不一定都是指向组织目标的。同时，个人的价值观也不一定与组织的价值观相一致，这就要求组织在员工中间培养统驭性的主导价值观。行为导向一般强调全局观念、长远观念和集体观念，这些观念都是为实现组织的各种目标服务的。

(3) 行为幅度制度。行为幅度控制是指对由诱导因素所激发的行为在强度方面的控制规则。员工行为幅度的控制是通过改变一定的奖酬与一定的绩效之间的关联性以及奖酬本身的价值来实现的。根据斯金纳的强化理论，按固定的比率和变化的比率来确定奖酬与绩效之间的关联性，会对员工行为带来不同的影响。前者会带来迅速的、非常高而且稳定的绩效，并呈现中等速度的行为消退趋势；后者将带来非常高的绩效，并呈现非常慢的行为消退趋势。通过行为幅度制度，可以将个人的努力水平调整在一定范围之内，以防止一定奖酬对员工的激励效率的快速下降。

(4) 行为时空制度。行为时空制度是指奖酬制度在时间和空间方面的规定。这方面的规定包括特定的外在性奖酬和特定的绩效相关联的时间限制，员工与一定的工作相结合的时间限制，以及有效行为的空间范围。这样的规定可以防止员工的短期行为和地理无限性，从而使所期望的行为具有一定的持续性，并在一定的时期和空间范围内发生。

(5) 行为归化制度。行为归化是指对成员进行组织同化和对违反行为规范或达不到要求的处罚和教育。组织同化是指把新成员带入组织的一个系统的过程。它包括对新成员在人生观、价值观、工作态度、合乎规范的行为方式、工作关系、特定的工作机能等方面的教育，使他们成为符合组织风格和习惯的成员，从而具有一个合格的成员身份。关于各种处罚制度，要在事前向员工交代清楚，即对他们进行负强化。若违反行为规范和达不到要求的行为实际发生了，在给予适当的处罚的同时，还要加强教育，教育的目的是提高当事人对行为规范的认识和行为能力，即再一次的组织同化。所以，组织同化实质上是组织成员不断学习的过程，对组织具有十分重要的意义。

以上五个方面的制度和规定都是激励机制的构成要素，激励机制是五个方面构成要素的总和。其中，诱导因素起到发动行为的作用，后四者起导向、规范和制约行为的作用。一个健全的激励机制应是完整的包括以上五个方面、两种性质的制度。只有这样，才能进入良性的运行状态。

▶ 2. 人力资源激励方法

(1) 物资激励。物资激励的主要形式包括奖金、实物、股票等多种形式。

(2) 精神激励。精神激励的主要形式包括表彰与批评、吸引员工参与管理和满足员工的成就感等。精神激励的内容十分丰富，常用的有以下几种。

① 目标激励。把员工个人的目标与组织的目标协调一致，通过目标激励可以使员

的自身利益与组织的集体利益相吻合,也可以使员工看到自身的价值,感到有奔头,获得一种满足感。

② 荣誉激励。对员工的成绩公开承认,并授予象征荣誉的奖品、光荣称号等,可以满足员工的自尊需要及成就感,达到激励的目的。

③ 培训激励。通过培训可以提高员工达到目标的能力,同时也使员工感到组织对他的重视,从而既满足了求知的需要,又调动了工作积极性。

④ 晋升激励。通过提升员工到更重要的岗位上给员工以希望,满足他自我实现的需要。

⑤ 参与激励。通过一系列制度和措施,使员工在企业的重大决策和管理事务中发挥作用,培养员工的参与意识,激发他们的工作动机。

⑥ 环境激励。创造一个良好的环境,即优美的工作与生活的物质环境、良好的上下级关系和融洽的同事之间的关系,从而使员工心情舒畅、精神饱满地工作。

无论是物质激励和精神激励,有两点必须特别注意:一是两者必须有机地结合起来,在不同的历史阶段、不同的环境条件下,采取恰当的"激励组合";二是由于两者都以激发员工的劳动积极性为目的,就必须通过人事考评、绩效考评等科学的方法,客观评价人的行为表现和工作成果,才能收到实效。

成就需要理论

成就需要理论是由美国心理学家麦克莱兰提出的激励需要理论,认为人的基本需要有三种,即权力需要、社交需要和成就需要。

1. 权力需要,指影响或控制他人且不受他人控制的欲望。具有较高权力欲的人,对向他人施加影响或控制表现出极大的关心,这样的人一般寻求领导者的地位。

2. 社交需要,指希望和他人建立亲近和睦的关系的愿望。极需社交的人通常从友爱中得到快乐,并总是设法避免因被某个团体拒之门外带来的痛苦。

3. 成就需要,指达到标准,争取成功的需要。极需成就的人,对成功有一种强烈的需求,同样也担心失败,他们愿意接受挑战,一般喜欢表现自己。

麦克莱兰研究表明,对于企业的管理人员来说,成就需要比较强烈。因此,这一理论常常用于管理人员的激励。

张总经理的用人之道

助理工程师黄大佑,是一所名牌大学的高才生,毕业后工作8年,于4年前应聘到一家大公司工程部工作,工作认真负责,技术过硬,很快就成为公司的"四大金刚"之一,名字仅排在公司技术部主管陈工程师之后。但是,黄大佑的工资却同仓库管理员差不多,一家三口住在刚进公司时的那间平房。对此,他心中时常有些不平衡。

张总经理是一位有名望的识才的老领导。4年前,黄大佑来公司报到时,门口用红纸写着"热烈欢迎黄大佑工程师到我公司工作"的大字。这是张总经理亲自吩咐人事部主任落实的,并交代要把"助理工程师"的"助理"两字去掉。这确实令黄大佑很感动,工作十分卖力。

两年前，公司有指标申报工程师，黄大佑属于有条件申报之列，但名额却让给了一个没有文凭、工作平平的老同志。他想找张总，张总却先找他来了，很委婉地说"黄工，你年轻，机会有的是。"去年他想反映一下工资问题，来这里工作的一个目的不就是想得到高一点工资，提高一下生活待遇吗？但几次想开口，却没有勇气说出。因为张总不仅在大会上表扬他的成绩，而且，经常当着外地取经人的面赞扬他。路上相见时，总会拍拍他的肩膀说两句诸如"黄工，干得不错，很有前途"，这确实让黄大佑兴奋。

最近，公司新建了一批职工宿舍，听说数量比较多，黄大佑决心要反映一下住房问题，谁知这次张总又先找他，笑着说，"黄工，公司有意培养你入党，我当你的介绍人"。他又不好开口了，结果家没搬成。

深夜，黄大佑面对一张报纸的招聘广告出神。第二天，张总经理的办公桌上压了张纸条："张总：您是一个懂得使用人才的好领导，我十分敬佩您，但我决定走了。"

案例分析：现代企业管理是以人为核心的管理。人力资源是现代企业各种资源中起支配作用的要素，如何有效地开发、利用、激励人力资源，不断提高现代企业人力资源管理的质量和水平，是实现企业经营目标的关键。

（六）员工职业生涯管理

▶ 1. 职业生涯的相关概念及理论

（1）职业。职业是指人们所从事的、有稳定收入的社会劳动。职业具有经济属性，体现了人的存在价值和所扮演的社会角色。

（2）职业锚。职业锚是人们对自己职业意向的定位，是在选择职业时所看重的那一部分，也是在选择职业和自我职业发展时的围绕中心。职业锚由多种因素共同确定，随着社会变化、价值取向变化而变化。

职业锚一般分为技术型职业锚、管理型职业锚、独立型职业锚和创造型职业锚四种类型。

① 技术型职业锚。技术型职业锚的人大多对管理工作不感兴趣，喜欢探讨和钻研技术，如果有充分的自我选择条件，他们一般选择技术性工作。

② 管理型职业锚。管理型职业锚的人大多对管理工作感兴趣，责任感和自控能力强，情商较高，喜欢与人打交道，有强烈的晋升欲望，一般选择管理性工作。

③ 独立型职业锚。独立型职业锚的人崇尚自由和自我才能的发挥，难以忍受限制和约束，对工作有强烈的感受。

④ 创造型职业锚。创造型职业锚的人有强烈的创造欲望，他们一般选择艺术、音乐、文学等创造性较强的职业。

（3）职业生涯管理。职业生涯指个人在一生中从事的各种工作的总称，是客观职业的总和。职业生涯管理是组织通过帮助成员设计职业发展计划，并从组织上给予这种计划实现的保证，达到满足其成员的职业发展愿望、满足组织对成员不断提升的质量要求，进而实现组织发展目标与个人发展目标的协调和相互适应，实现组织与员工的共同成长、共同受益。职业生涯管理的前提是，假定人的命运是能够被掌握的，人能够通过谋求职业上的成功获得满足。

职业生涯管理首先体现"以人为本"的理念。"以人为本"的理念首先认为"人是第一要素""人是人事管理的核心""人应获得利益",以及"应对人进行开发"四种观点,职业生涯管理正是它们的综合体现。其次,体现了组织和员工双赢的现代雇用观念。最后,体现了组织存在价值的多元化。

(4)职业生涯发展理论。对职业生涯发展理论做出贡献的有金斯·伯格、格林·豪斯、萨伯和施恩。其中,施恩提出将人的一生分为九个阶段。

① 成长阶段(0~20岁左右)。这一阶段人不仅完成身体方面的成长,而且完成了知识的获取、职业兴趣和才能的培养。

② 进入工作实践阶段(16岁以后)。在这段时间内,劳动者初次进入劳动市场寻找职业,与雇主达成协议,成为组织中的一员。

③ 基础培训阶段(16~25岁)。在这期间,劳动者获得组织成员资格,融入组织开始适应工作,完成安排的工作任务。

④ 早期职业的正式成员资格阶段(17~30岁)。在这期间劳动者开始履行与职业相关的义务,承担责任,进一步发展完善自己,为以后的职业发展奠定基础。

⑤ 职业分析阶段(25岁以后)。这一阶段,劳动者一般担当重要职务或承当重要责任,劳动者经过一段时间的工作实践,开始冷静地分析自己从事的职业,重新确定或再次做出职业选择,包括为了获得更大的职业发展而重新回到学校继续学习、充电,进行自我开发,制订长期的职业发展计划。

⑥ 职业中期危险阶段(35~45岁)。这期间,劳动者较为现实地评估自己的能力、职业目标及职业前景,对前途做出更具体的决定。

⑦ 职业后期阶段(40~退休)。在这期间内,劳动者由于各方面的成熟,承担更为重大的责任,达到事业的顶峰之后,能力、精力开始下降,开始追求职业的稳定。

⑧ 衰退与离职阶段。接受能力、精力的下降,准备退出职业生涯,接受角色的转换。

⑨ 退休阶段。劳动者从社会回到家庭,适应社会角色的转换,建立新的价值观。

(5)职业选择理论。职业选择理论主要有三种,帕森斯的"职业与人匹配理论"、霍兰德的"人与职业互择理论"和佛隆的"职业动机理论"。下面简单介绍佛隆的"职业动机理论"。

佛隆认为"人的行为受其动机驱使,人在选择职业时也不例外,不过此处主要受职业动机的影响",原理如下:

竞争系数=职业缺口数/求职者数目
职业实现概率=职业需求×竞争力×竞争系数×随机概率
职业效价=职业价值观×职业中各要素评估值
职业动机强度=职业效价×职业实现概率

职业中各要素指求职者对某项工作的兴趣、从事该职业能提供的薪酬、拥有的名望和工作环境等。

▶ 2. 职业生涯管理工作

职业生涯管理工作主要由员工和组织两方面构成。

(1)员工方面。员工应进行的工作主要有:做好自我评估,尤其是分析自己的职业锚;在自我评估和对组织发展目标了解的基础上,对发展机会进行分析判断;根据发展机会分析自己的职业锚,确定自我发展目标(包括近期目标、中期目标和长远目标);由发展目标制订具体的发展计划或规划;实施发展计划。

(2) 组织方面。从组织方面进行职业生涯管理,主要是对员工的职业发展进行引导,以期尽量达到员工与组织的共同发展,为员工提供职业发展机会,帮助员工实现职业发展计划等目的。具体包括引导员工的职业发展,开展职业发展教育活动,对员工进行个人能力和知识水平评估,为员工的职业发展指明方向,确定职业发展目标;根据已定的发展目标帮助员工制订职业发展计划;指导和支持员工的职业发展,帮助员工实现职业发展计划,如为员工提供职业培训、进行工作再设计和提供职位空缺信息等。

▶ 3. 职业生涯设计

职业生涯设计也称为职业生涯规划,是员工对自己一生职业发展总体计划和总轮廓的勾画,具有粗略性、目标性、长期性和全局性,它为一生的职业发展指明了路径和方向。那么,如何设计职业生涯呢?下面是设计职业生涯应考虑的因素和步骤。

(1) 确定志向。志向即一个人为之奋斗的最终目标,是事业成功的基本前提。没有志向,事业的成功就无从谈起。立志是人生的起跑点,反映一个人的理想、胸怀、情趣和价值观,对一个人的成就大小有决定性的影响。所以,在设计职业生涯时,首先要确立志向,这是设计职业生涯的关键,也是设计职业生涯中最为重要的一步。

(2) 自我评估。自我评估是对自己的各方面进行分析评价,包括对人生观、价值观、受教育水平、职业锚、兴趣、特长、性格、技能、智商、情商、思维方式、思维方法等进行分析评价,达到全面认识自己、了解自己的目的。只有认识、了解自己,才能选定适合自己发展的职业生涯路线,才能对自己的职业发展做出最佳抉择,增加事业成功的概率。

(3) 职业生涯机会评估。职业生涯机会评估,主要是评估各种环境因素对自己职业生涯发展的影响。环境因素包括组织环境、政治环境和经济环境。每一个人都处在一定的环境中,离开了环境便无法生存与成长。所以,在设计个人职业生涯时,应分析环境发展的变化情况、环境条件的特点、自己与环境的关系(包括自己在这个环境中的地位、环境对自己提出的要求以及环境对自己有利的条件与不利的条件)等。只有充分了解这些环境因素,才能做到在复杂的环境中趋利避害,使设计的职业生涯切实可行,具有实际意义。

(4) 职业的选择。职业选择正确与否,直接关系到人生事业的成功与失败。据统计,在选错职业的人当中,有80%的人在事业上是失败者。由此可见,职业选择对人生事业发展是何等重要。

如何才能选择正确的职业呢?至少应考虑以下几点。

① 职业锚与职业的匹配。
② 性格与职业的匹配。
③ 兴趣与职业的匹配。
④ 特长与职业的匹配。

(5) 设定职业生涯目标。设定职业生涯目标是指预先设定职业的发展目标,是设计职业生涯的核心步骤。职业生涯目标的设定,是继职业选择后,对人生目标做出的又一次抉择,是以自己的最佳才能、最优性格、最大兴趣、最有利的环境等信息为依据而做出的。目标通常分为短期目标、中期目标、长期目标和人生目标。短期目标一般为1~2年。短期目标又可分为周目标、月目标、年目标;中期目标一般为3~5年;长期目标可达5~10年。

职业生涯目标的设定,为职业发展指明了奋斗方向,犹如海洋中的灯塔,引导人们避开险礁暗石,走向成功。

(6) 职业生涯路线的选择。在确定职业和职业发展目标后,就面临着职业生涯路线的选择。职业发展路线不同,对职业发展的要求也不同。因此,在设计职业生涯时,必须做出抉择,以便为自己的学习、工作以及各种行动措施指明方向,使职业沿着预定的路径即预先设计的职业生涯发展。

职业生涯路线的选择通常要考虑向哪条路线发展、能往哪条路线发展和哪条路线可以发展三个问题。只有对三个问题进行综合分析,才能确定自己的最佳职业生涯路线。

(7) 制订行动计划与措施。无论多么美好的理想和想法,最终都必须落实到行动上才有意义,否则只是空谈。在确定了职业生涯目标和职业生涯路线后,行动便成了关键的环节。这里所指的行动,是指落实目标的具体措施,包括工作、训练、教育、轮岗等方面的措施。这些计划要特别具体,以便定时检查。

(8) 评估与调整。影响职业生涯设计的因素很多,其中环境变化是最为重要的一个因素。整个社会每天都在发生纷繁复杂的变化,但有的变化是可以预测的,而有的变化却难以预测。在这样的状况下,要使职业生涯设计行之有效,就必须不断地对职业生涯设计进行评估与调整。其调整的内容侧重于职业的重新选择、职业生涯路线的选择、人生目标的修正以及实施措施与计划的变更等。

总　　结

人力资源是指在一定时间、空间条件下,现实和潜在的劳动力的数量和质量的总和。

人力资源管理是指组织为了实现既定的目标,运用现代管理措施和手段,对人力资源的取得、开发、培训、使用和激励等方面进行管理的一系列活动的总称。

人力资源规划是指根据企业组织的战略管理目标,科学地预测企业组织在未来环境变化中人力资源的供给和需求状况,制订必要的人力资源获取、利用、保持和开发策略,确保企业组织对人力资源在数量上和质量上的需求,确保企业组织目标的完成,组织和个人获得长远利益。人力资源规划的主要内容包括晋升规划、补充规划、培训开发规划、调配规划和工资规划等几个方面。人力资源规划的功能,主要表现在确保组织生存的人力资源需求、控制人工成本、调动员工积极性等几个方面。

岗位分析又称为工作分析。作为全面了解一项岗位的管理活动,岗位分析是对该项岗位的工作内容和岗位规范(任职资格)的描述和研究过程,即制订岗位说明和岗位规范的系统过程。岗位分析是一个全面的评价过程,这个过程可以分为四个阶段:准备阶段、调查阶段、分析阶段和完成阶段,这四个阶段关系十分密切,它们之间相互联系、相互影响。

人力资源招聘是指企业为了发展的需要,根据人力资源规划和工作分析的数量与质量要求,从组织外部吸收人力资源的过程。人员的招聘途径主要有公开招聘、内部招聘、委托招聘和定向招聘四种形式。

员工绩效考评,指根据员工的职务分析结果对企业组织成员的工作表现和工作效果的考评与正式评价,亦即收集、评价和传递员工在工作岗位上的工作行为和工作成果信息的过程,是对员工工作中的优缺点的一种系统描述。

培训开发是指企业通过各种方式使员工具备完成现在或将来工作所需知识、技能并改变他们的工作态度,以改善员工在现在或将来职位上的工作业绩,并最终实现企业整体绩效提升的一种计划性和连续性的活动。

教 学 检 测

一、名词解释

人力资源 人力资源管理

二、问答题

1. 人力资源规划具有什么意义?与人力资源管理其他职能的关系如何?
2. 企业岗位分析的内容是什么?
3. 企业人力资源招聘的主要途径有哪些?
4. 绩效考评的原则是什么?绩效考评的方法有哪些?
5. 培训开发的意义何在?应当遵循哪些原则?

三、综合案例思考

中国宝洁的人力资源管理

始创于1837年的宝洁公司(P&G),是世界最大的日用消费品公司之一。自1988年宝洁公司在广州成立了广州宝洁有限公司后,到目前在内地已设有十几家合资、独资企业。宝洁的飘柔、海飞丝、潘婷、舒肤佳、玉兰油、护舒宝、碧浪、汰渍和佳洁士等产品深受消费者的喜爱,已成为家喻户晓的品牌。人们只看到了宝洁的产品开发、推销和广告,事实上,背后支持宝洁产品拥有较高市场占有率的是宝洁一整套的人才管理系统。

1. 宝洁对应届大学毕业生情有独钟

中国宝洁在用人方面,是外企中最为独特的。与其他外企强调有工作经验不同,宝洁最爱应届大学毕业生。

首先,宝洁看中的是应届大学毕业生的可塑性。应届毕业生刚出校门,思维没有条条框框,容易接受宝洁的管理模式。宝洁公司不惜每年花费2000万~4000万美元从美国本土派遣100多名美国人进驻中国。这100多名美国人带着美国宝洁的商业理念,来中国招兵买马,用优厚的薪金在中国最优秀的大学招聘最优秀的大学生,这些大学生进入宝洁后便要"洗脑",接受美国企业管理思维方式。现在,经美国宝洁训练出的中国员工,已为宝洁公司在中国攻占市场立下了汗马功劳。

其次,宝洁喜欢招收应届毕业生与其内部提升机制密切相关。内部提升机制是宝洁文化中重要的一部分,所有高级经理都是从加入公司的新人做起,一步一步成长起来的。据中国宝洁北京地区人力资源部经理傅旭明介绍,由于宝洁实行从内部提升的制度,所有的人都是从大学中刚出来,处在同一个起跑线,竞争与升迁的条件是均等的。如果突然给某人从外面聘来一个有着多年工作经验的上司,实际上等于剥夺了他的晋升机会,他自然不会心情愉快的。那些有工作经验的人如果被招聘进来,还是和应届毕业的大学生享受同样的待遇,同样也不会高兴。因此,宝洁尽量不要有多年工作经验的人。万不得已如果招来了非应届毕业生,基本上也会和应届生一样看待,得从起点职务干起。在宝洁,毕业生只要有能力、肯努力,便会很快得到升迁。

2. 宝洁讲究团队合作和个人能力

宝洁在人才招聘过程中,录用标准也很有见地。它不看专业,不看学校的牌子,也不唯学历是高,而是注重毕业生是否有进取心和合作精神,在领导能力、沟通能力、分析能力等方面表现如何,人品是否正直。而正是这些基本品格、素质和能力,确保了该毕业生进公司后具有发展潜力和培养前景。

每年11月至次年1月底,宝洁公司在全国各地大学招聘新人。宝洁一般根据往年招聘的毕业生的情况,有针对性地选择部分大学,并以大学为单位,成立专门的招聘小组。招聘小组成立后,第一项工作就是在各学校召开介绍会,由公司高级经理现场介绍宝洁公司及其招聘相关事宜,包括职业发展机会、工资福利、部门职能、求职者所需的技能素质等,并当场回答有关疑问。招聘申请表在介绍会上派发,要求在一定时间内寄回。公司相关人员阅读应聘者申请表后对报名的毕业生进行第一轮筛选,通过者还要经历三个招聘步骤。

(1) 初试。初试大约需要30~45分钟,面试官是公司部门的高级经理。

(2) 笔试。笔试包括解难能力测试和 TOEIC(Test of English for International Communication),前者主要是考核求职者解决疑难问题的能力,使用宝洁全球通用试题,试题为中文版本,题型为选择题,考试时间为65分钟。后者用于测试母语不是英语的人的英文能力,考试时间为2个小时。

(3) 复试。复试大约需要60分钟,面试官至少有3人,都是公司各部门的高级经理。如果面试官是外方经理,宝洁会提供翻译。这次面试结束,基本上就可以确定是否会被录用。如需要,一些部门还将请同学到广州总部去考察,以确认自己的选择。宝洁的招聘,特别看重应聘者以下素质:优秀的合作精神、良好的表达交流能力、出色的分析能力、创造性和领导才能。在宝洁的整个考察过程中,没有一道题是考死记硬背的知识的。

一般的招聘过程到复试结束后就完成了,但宝洁公司又推出了与众不同的"后招聘阶段"。当你被录用后,宝洁公司会主动与你联系,新年的时候,宝洁会给你寄去一张贺卡和一系列的宝洁产品。这些礼物价值可能不大,但对录用者会产生很大的触动,会使你下决心去宝洁,为宝洁努力地工作。

3. 企业教练,学无止境

内部提升机制的确立,使得宝洁公司十分注重员工的培训工作。宝洁是一家学无止境的公司,对于员工而言,公司是最好的教练。在宝洁,员工能源源不断地得到公司各种完善的培训,并建立了专司培训的"P&G学院"。宝洁公司人力资源部最重要的工作就是员工培训的安排,其独具特色的培训贯穿在整个员工的职业发展生涯中,主要包括以下几个部分。

(1) 入职培训。大学生进入宝洁后,首先要接受短期的入职培训。其目的是让新员工了解公司的宗旨、企业文化、政策及公司各部门的职能和运作方式。

（2）管理技能和商业知识培训。公司内部有许多关于管理技能和商业知识的培训课程，如提高管理水平和沟通技巧，领导技能培训等，它们结合员工个人发展的需要，帮助新员工在短期内成为称职的职员。同时，公司还经常邀请P&G其他分部的高级经理和外国机构的专家来华讲学，以便公司员工能够及时了解国际先进的管理技术和信息。通过公司高层经理讲授课程，确保公司管理人员参加学习并了解他们所需要的管理策略和技术。

（3）海外培训及委任。公司根据工作需要，选派各部门工作表现优秀的年轻管理人员到美国、英国、日本、新加坡等地的P&G分支机构进行培训和工作，使他们具有在不同国家和工作环境下工作的经验，有更全面的发展。

（4）语言培训。英语是宝洁的工作语言。公司在员工的不同发展阶段根据员工的实际情况及工作的要求，聘请国际知名的英语培训机构设计并教授英语课程。新员工还参加集中的短期英语岗前培训。

（5）专业技术的在职培训。从新员工加入公司开始，宝洁便派一名经验丰富的经理悉心对其日常工作加以指导和培训。公司为每一位新员工都制订了个人培训和工作发展计划，由其上级经理定期与员工回顾，这一做法将在职培训与日常工作实践结合在一起，最终使他们成为本部门和本领域的专家能手。在宝洁公司的培训制度中，备忘录这项做法是出了名的。公司要求员工必须养成一种习惯，清楚、简单地将信息呈给上司。备忘录主要分成两种：信息备忘录和建议备忘录。信息备忘录内容包括研究分析、现状报告、业务和市场占有率摘要、竞争分析；建议备忘录则是一种说服性的文件，这是宝洁内部沟通的重要形式，管理人员如果想要升迁，最好先学会怎样写建议备忘录，其内容主要包括目的、背景材料、建议方案，以及背后的逻辑、讨论，和下一步该怎么做，大多不超过四页。在宝洁，如果员工知道怎么写备忘录，大概也就知道怎么思考。因此，备忘录的写作甚至被当作一种训练的工具。

在录用大学生后，宝洁不会要求他们签订一个"必须为宝洁服务几年"的保证书。宝洁人力资源部道出了他们的心声："如果他要走，就不会给你好好地干，我们要通过自身的魅力吸引每一位人才——给他合适的待遇，并帮助他达到他能力的极限。"

思考：
1. 宝洁公司的人力资源管理对你有何启示？
2. 宝洁公司的人才录用标准有何独特之处？
3. 宝洁公司的招聘过程有何借鉴之处？
4. 你对宝洁公司的员工培训体系做何评价？

拓展阅读

红桃K给员工"补血"

红桃K集团有一个"猎头班子"，常年四处搜索人才，形成红桃K的"人才银行"。公司长年拿出一笔"人才风险基金"，在大范围内搜索与企业现在骨干岗位上的业务主管能力相当甚至更高一筹的各类人才。红桃K集团对企业内部人力资源管理的主要做法有以下几种。

1. 签订留住人才责任状

红桃K的每个部门负责人都必须与人力资源委员会和奖惩部门签订一份"留住人才责

任状"后方可上岗行使职权。若因本部门负责人的原因导致人才流失，人力资源委员会和奖惩部门将严加追究部门负责人的责任，给予较重的经济处罚。

2. 二不准、五要靠

不准武大郎开店，怕用能力超过自己的人才。

不准怕把钱分给别人。

靠企业目标和理想留住人，靠各部门领导做人做事的能力留住人，靠现代企业的科学制度和管理留住人，靠各部门领导与人相处的感情留住人，靠优厚的待遇留住人。

3. 内部跳槽制度

红桃K每月都有企业内部人才招聘活动，招聘广告就张贴在公司总部。员工们可以自由地前去应聘。内部招聘由总裁直接领导下的人力资源委员会进行，对所有应聘者保密。员工只需私下填好招聘登记表，用信封密封起来亲自（或委托专门的替办人员）送交招聘小组，即可进入初试和复试。复试时，员工可以放心大胆地畅谈"跳槽"的理由。一旦被聘上，即可跳到新的部门或新的岗位。即使未被聘上，也无关紧要。

4. 毛遂自荐

红桃K每周都要搞一个叫"毛遂自荐"的活动。员工可以上台演说，大胆陈述自己的才干和对某某岗位的追求，甚至指出任何部门、任何工作存在的弊端，阐述自己的改进方案。如果说得有理，人力资源委员会将对自荐者进行追踪考核，只要认定他解决问题很出色，就让他取代那个有问题部门的负责人。

5. 重视员工自我评价

红桃K实行员工业绩的"跨级考核"和年终"总裁面谈制"，在红桃K，员工干得如何、奖金如何分配，部门负责人一个人说了不算数。尽管部门负责人也要参与员工考核，但他对下属的考核评分只是作为人力资源委员会和奖惩部门的一个重要参考项目。同时重视员工对自己业绩的评价。如果部门负责人对员工的评价与员工的自我评价反差较大，人力资源委员会和奖惩部门将进行调查。年终，由于奖金数额较大，红桃K的总裁、副总裁都要抽出大量时间单独与员工一一面谈，询问分配是否公平。

学习情境七 现代企业财务管理

>>> 知识要点

- 明确财务管理的内容,了解各种财务关系。
- 理解各种财务管理目标的内容,掌握各财务管理目标的优缺点。
- 了解企业筹资动机,熟悉各种筹资渠道与方式。
- 掌握财务分析的方法。
- 掌握偿债能力、营运能力、赢利能力分析的内容。

>>> 核心概念

财务管理　财务管理目标及层次　营运资金的含义及特点　财务分析的含义及作用

情境导入

财务管理与企业亏损

2001年,厦华电子发布预亏公告,作为一家成立15年之久,又在2000年刚刚获得全国驰名商标的企业的预亏震动了厦门市。厦华总经理郭则理已经立下军令状,今年如果不能扭亏,厦华的领导层全部下岗。

厦华是一家以彩电为主的企业,而数字化是中国彩电的必由之路,根据国家的计划,中国的数字化进程一直要到2015年才能完成。传统的模拟电视已经快要走到尽头,新一代的数字电视,连标准都还没有确立。中国的彩电业已经步入了后模拟时代,对所有的中国彩电业来说,这是一个巨大的挑战。

郭则理并没有为去年的亏损辩解,他总结出了厦华存在的问题。

1. 产品结构是致命伤

厦华的五大产品,彩电、手机、传真机、计算机、显示器,都有强竞争性的产业背景,而且和国内同行相比,品质单一,利润越来越低。郭则理举例说,国外的公司,像东芝、索尼等,前几年被国产品牌挤出了中国市场,现在它们又回来了,而且与以前不一样,赢利能力更强了。这其中的关键就是它们的结构调整好了,可以在彩电领域拿出具有高附加值的东西与你竞争。

2. 迟钝的物流配送

除了淡、旺季的误区,厦华过分忽视了社会力量,过多地依靠自己的力量,到处去建自己的销售网点、自己的仓库、自己的运输队伍。国外早就通过物流配送,通过电子商务的方式运作了。郭则理说,厦华现在的信息就很不灵,这个月生产销售的情况,到下个月的15日才有一个基本准确的统计数据,什么产品好销,什么不好销,哪些产品在仓库里停住不动了,这些信息反馈太慢了。

3. 交易成本的失控

现在大家开始重视交易成本了,在传统的销售费用之外,还有几个交易成本:第一,由于存货造成的损失,即存货变现损失;第二,由于产品用了赊销的方式,账上应收款是一个数字,但是收回来绝对没有这么多,这是应收账款损失;第三,在太多的仓库放了很多货,由于一个城市不好销售,另外的城市好销,结果全国各地大量的窜货,以及窜货中的运费,这也是巨大损失,这也是交易成本。这些交易成本里面实际上有很多可以改进的地方。

交易成本最多的时候是销售额的20%。彩电的毛利在20%以上的时候,很少有人重视这个问题,当彩电价格不断地降低,利润大幅降低,降到10%以下的时候,已经不足以支付交易成本了,这就应该引起重视了。目前的产销存模式,厦华和其他中国的彩电企业都在这么做,谈到厦华的计算机为什么运用了先进的产销存模式,郭则理说,这是因为国外的客户要求你这么做,厦华也考虑到计算机的风险很大,只能按需要订原材料,只能在限定的时间内把货卖出去,一旦卖不出去就停产。

4. 财务战略的顾此失彼。

厦华在实行多元化的同时,忽视了财务战略。许多跨国公司头疼的两件大事,就是人才战略和财务战略。现在中国的许多公司已经意识到了人才的重要性,但是财务战略的重要性尚没有引起更多人的重视。

厦华的资产只有15亿元,却有5大产业,15亿元已根本不够。即使这15亿都投到手机上,也无法与摩托罗拉抗衡。所以,厦华才提出要进行资本结构和资产结构的调整,要有所为有所不为。这5大产业中,有的必须嫁给人家,有的必须让人家控股,厦华必须尽快专心做好核心竞争力的产品。

不为并不是要放弃,因为这5大产业,厦华的开发能力都是很强的,主要是因为厦华的财务问题不能解决。有一些需要大量资金的,就应当嫁出去,比如厦华的显示器、传真机、计算机,通过与人家合资,甚至让人家控股,到国外上市来寻找出路,这样就减轻了在财务上的压力,加强了核心产品的资源保证力度。剩下了手机和彩电,这两大产业在21世纪还有几十年的好日子过。彩电方面,厦华前5年毕竟花掉了1个亿开发,走到今天,有的走到数字电视,有的走到多媒体电视,应该继续做下去。

但是仅有这些还不能解决问题,包括彩电和手机,厦华都在寻找战略投资人。厦华一直在争取新的融资,在国内外的融资。经过努力,厦华到今年年底或明年初,整个财务方面就可以好一些。

厦华要有50亿的资金才能发展,否则就是死路一条。好的产品没有资金是不行的,一个企业的产品经营与资本经营要紧密联系在一起。

资料来源：泉井．厦华总经理痛陈八大失误[J]．财务管理，2002．

思考：

（1）厦华亏损的案例给你什么启示？

（2）从案例介绍的情况看，你能否推断该公司的财务目标？

单元一　现代企业财务管理概述

一、财务管理的含义

财务管理是基于企业在经营中客观存在的财务活动和财务关系而产生的，财务管理是企业管理的一个重要组成部分。随着经济的发展，它在企业管理中的地位和作用越来越重要，甚至成为企业生存和发展的关键。简单地说就是管理财务，它是企业组织财务活动，处理企业与各方面财务关系的一项经济管理工作，是企业管理的重要组成部分。要了解什么是财务管理，必须首先分析企业的财务活动和财务关系。

（一）财务活动

所谓财务活动，指资金的筹集、投放、使用、收回及分配等一系列行为。从整体上讲，财务活动包括以下四个方面。

▶ 1. 筹资活动

筹资是指企业为了满足投资和用资的需要，筹措和集中所需资金的过程。企业组织商品生产，必须占有或能够支配一定数额的资金为前提。企业从各种渠道以各种形式筹集资金，是资金运动的起点。企业通过筹资可以形成两种不同性质的资金来源：权益资金和债务资金。企业筹集资金表现为企业资金的流入。企业偿还借款、支付利息、股利以及付出各种筹资费用等，则表现为企业资金的流出。这种因为资金筹集而产生的资金的流入与流出，便是由企业筹资而引起的财务活动。

在筹资过程中，企业一方面要确定筹资的总规模，以保证投资所需要的资金；另一方面要通过筹资渠道、筹资方式或工具的选择，合理确定筹资结构，以降低筹资成本和风险，提高企业价值。

▶ 2. 投资活动

企业取得资金后，必须将资金投入使用，以谋求最大的经济效益；否则，筹资就失去了目的和效用。企业投资可以分为广义的投资和狭义的投资两种。广义的投资是指企业将筹集的资金投入使用的过程，包括企业内部使用资金的过程（如购置流动资产、固定资产、无形资产等）和对外投放资金的过程（如投资购买其他企业的股票、债券或与其他企业联营等）。狭义的投资仅指对外投资。无论企业对内投资，还是对外投资，都会有资金的流出；而当企业收回投资时，则会产生资金的流入。这种因企业投资而产生的资金的流入与流出，便是由投资而引起的财务活动。

企业在投资过程中，必须考虑投资规模即为确保获取最佳投资效益，企业应投入资金数额的多少；同时，企业还必须通过投资方向和投资方式的选择，来确定合理的投资结构，以提高投资效益、降低投资风险。

▶ 3. 资金营运活动

企业在日常生产经营过程中，会发生一系列的资金收付。首先，企业要采购材料或商品，以便从事生产和销售活动，同时，还要支付工资和其他营业费用；其次，当企业把产品或商品售出后，便可取得收入，收回资金；最后，如果企业现有资金不能满足企业经营的需要，还要采取短期借款的方式来筹集所需资金。上述各方面都会产生企业资金的收付，这种因企业日常生产经营而引起的财务活动，也称为资金营运活动。

企业的营运资金，主要是为满足企业日常营业活动的需要而垫支的资金，营运资金的周转与生产经营周期具有一致性。在一定时期内，资金周转越快，资金的利用效率就越高，就可能生产出更多的产品，取得更多的收入，获得更多的报酬。因此，如何加速资金周转，提高资金利用效果，也是财务管理的主要内容之一。

▶ 4. 分配活动

广义地说，分配是指对企业各种收入进行分割和分派的过程；而狭义的分配仅指对企业净利润的分配。企业通过投资或资金营运活动可以取得相应的收入，并实现资金的增值。企业取得的收入首先要用以弥补生产经营耗费，缴纳流转税，其余部分成为企业的营业利润；营业利润和投资净收益、营业外收支净额等构成企业的利润总额。利润总额首先要按国家规定缴纳所得税，净利润要提取公积金，其余利润作为投资者的收益分配给投资者或暂时留存企业或作为投资者的追加投资。随着分配活动的进行，资金或者退出或者留存企业，它必然会影响企业的资金运动。企业必须在国家的分配政策指导下，依据一定的法律原则，合理确定分配的规模和分配的方式，以使企业获得最大的长期利益。

以上四个方面相互联系、相互依存，构成了企业的财务活动，它伴随着企业生产经营活动过程反复不断地进行，从而也就构成了企业财务管理的主要内容。

(二) 财务关系

财务关系是指企业在组织财务活动过程中与有关各方所发生的经济利益关系。企业在资金的筹集、运用、耗费、收回和分配等财务活动中必然要与有关方面发生广泛的经济联系，从而产生与有关各方的经济利益关系，主要有以下几个方面。

▶ 1. 企业与投资者之间的财务关系

企业与投资者之间的财务关系主要是指企业的投资者向企业投入资金，企业向其投资者支付投资报酬所形成的经济关系。现行制度明确规定，投资者凭借其出资，有权参与企业的经营管理，分享企业的利润并承担企业的风险；被投资企业必须依法保全资本，并有效运用资本实现赢利。企业与投资者的财务关系体现了所有权性质的投资与受资的关系。

▶ 2. 企业与债权人之间的财务关系

企业与债权人之间的财务关系主要是指企业向债权人借入资金，并按借款合同的规定按时支付利息和归还本金所形成的经济关系。企业除利用资本进行经营活动外，还要借入一定数量的资金，以便降低企业资金成本，扩大企业经营规模。企业利用债权人的资金，要按约定的利息率，及时向债权人支付利息；债务到期时，要合理调度资金，按时向债权人归还本金。企业同其债权人的财务关系在性质上属于债务与债权关系。

3. 企业与受资者之间的财务关系

企业与受资者之间的财务关系主要是企业以购买股票或直接投资的形式向其他企业投资所形成的经济关系。随着市场经济的不断发展，企业经营规模和经营范围的不断扩大，这种关系将会越来越广泛。企业向其他单位投资，应按约定履行出资义务，并依据其出资份额参与受资者的经营管理和利润分配。企业与受资者的财务关系也体现了所有权性质的投资与受资关系。

4. 企业与债务人之间的财务关系

企业与债务人之间的财务关系主要是指企业将其资金以购买债券、提供借款或商业信用等形式出借给其他单位所形成的经济关系。企业将资金借出后，有权要求其债务人按约定的条件支付利息和归还本金。企业同其债务人的关系体现的是债权与债务关系。

5. 企业与政府之间的财务关系

中央政府和地方政府作为社会管理者，担负着维持社会正常秩序、保卫国家安全、组织和管理社会活动等任务，行使政府行政职能。政府依据这一身份，无偿参与企业利润的分配。企业必须按照税法规定向中央和地方政府缴纳各种税款，包括所得税、流转税、资源税、财产税和行为税等。这种关系体现一种强制和无偿的分配关系。

6. 企业内部各单位之间的财务关系

企业内部各单位之间的财务关系主要是指企业内部各单位之间在生产经营各环节中相互提供产品或劳务所形成的经济关系。企业在实行厂内经济核算制和企业内部经营责任制的条件下，企业供、产、销各个部门以及各个生产单位之间，相互提供的劳动和产品也要计价结算。这种在企业内部形成的资金结算关系，体现了企业内部各单位之间的经济利益关系。

7. 企业与职工之间的财务关系

企业与职工之间的财务关系主要是指企业向职工支付劳动报酬过程中所形成的经济关系。职工是企业的劳动者，他们以自身提供的劳动作为参加企业分配的依据。企业根据劳动者的劳动情况，用其收入向职工支付工资、津贴和奖金，并按规定提取公益金等，体现着职工个人和集体在劳动成果上的分配关系。

综上所述，财务管理是企业组织财务活动、处理财务关系的一项综合性管理工作，是企业管理的重要组成部分。

二、财务管理的目标

（一）财务管理目标的含义

财务管理目标又称理财目标，是指企业进行财务活动要达到的根本目的，是评价企业财务活动是否合理的基本标准。它是企业一切财务活动的出发点和归宿，决定着企业财务管理的基本方向。不同的财务管理目标会产生不同的财务管理运行机制，科学地设置财务管理目标，对优化理财行为、实现财务管理的良性循环具有重要意义。

（二）财务管理目标的层次

财务管理目标之所以具有层次性，主要是因为财务管理的具体内容可以划分为若干层次。例如，企业财务管理的基本内容可以划分为筹资管理、投资管理、营运资金管理和利润分配管理等几个方面，而每一个方面又可以再进行细分。

例如，筹资管理可以再分为预测资金需要量、选择资金渠道、确定筹资方式和决定资本结构等具体内容；投资管理可以再分为研究投资环境、确定投资方式和做出投资决策等具体内容。

财务管理内容的这种层次化和细分化，使财务管理目标成为一个由总体目标、分部目标和具体目标三个层次构成的层次体系。

▶ 1. 总体目标

总体目标指整个企业财务管理所要达到的目标。财务管理的总体目标决定着分部目标和具体目标，决定着整个财务管理过程的发展方向，是企业财务活动的出发点和归宿。

▶ 2. 分部目标

分部目标指在总体目标的制约下，进行某一部分财务活动所要达到的目标。财务管理的分部目标会随着总体目标的变化而变化，但它对总体目标的实现有重要作用。分部目标一般包括筹资管理目标、投资管理目标、营运资金管理目标、利润及其分配管理目标等几个方面。

▶ 3. 具体目标

具体目标是在总体目标和分部目标的制约下，从事某项具体财务活动所要达到的目标。具体目标是财务管理目标层次体系中的基层环节，是总体目标和分部目标的落脚点，对保证总体目标和分部目标的实现有重要意义。

(三) 财务管理的目标

明确财务管理目标是搞好财务工作的前提，也是搞好企业管理的一个重要组成部分。目前，我国企业经营的总目标是经济效益最大化，企业财务管理的总体目标应该与企业的总体目标具有一致性。

▶ 1. 利润最大化

利润最大化即假定在企业的投资预期收益确定的情况下，财务管理行为将朝着有利于企业利润最大化的方向发展。在社会主义市场经济条件下，企业作为自主经营的主体，所创利润是企业在一定期间全部收入和全部费用的差额，是按照收入与费用配比原则加以计算的。它不仅可以直接反映企业创造剩余产品的多少，而且也从一定程度上反映出企业经济效益的高低和对社会贡献的大小。同时，利润是企业补充资本、扩大经营规模的源泉。因此，以利润最大化为理财目标是有一定道理的。

利润最大化目标在实践中存在以下难以解决的问题：这里的利润是指企业一定时期实行的利润总额，它没有考虑资金时间价值；没有反映创造的利润与投入的资本之间的关系，因而不利于不同资本规模的企业或同一企业不同期间之间的比较；没有考虑风险因素，高额利润往往要承担过大的风险；片面追求利润最大化，可能导致企业的短期行为。

▶ 2. 资本利润率最大化或每股利润最大化

资本利润率是利润额与资本额的比率。每股利润是利润额与普通股数的比值。这里的利润额是净利润。所有者作为企业的投资者，其投资目标是取得资本收益，具体表现为净利润与出资额或股份数(普通股)的对比关系。这个目标的优点是把企业实现的利润额同投入的资本或股本数进行对比，能够说明企业的赢利水平，可以在不同资本规模的企业或同一企业不同期间之间进行比较，揭示其赢利水平的差异。但该指标仍然没有考虑资金时间价值和风险因素，也不能避免企业的短期行为。

▶ 3. 企业价值最大化或股东财富最大化

企业价值是指企业全部财产的市场价值，是其出售的价格。它反映了企业潜在的或预期的获利能力。投资者建立企业的重要目的在于创造尽可能多的财富，这种财富首先表现为企业的价值。他们是企业的所有者，企业价值最大化就是股东财富最大化。投资者在评价企业价值时，是以投资者预期投资时间为起点的，并将未来收入按预期投资时间的同一口径进行折现，未来收入的多少按可能实现的概率进行计算。可见，这种计算办法考虑了资金的时间价值和风险问题。企业所得的收益越多，实现收益的时间越近，应得的报酬越是确定，则企业的价值或股东财富越大。以企业价值最大化作为财务管理的目标，其优点主要表现在：该目标考虑了资金的时间价值和投资的风险价值，有利于统筹安排长短期规划、合理选择投资方案、有效筹措资金、合理制订股利政策等；该目标反映了对企业资产保值增值的要求，从某种意义上说，股东财富越多，企业市场价值就越大，追求股东财富最大化的结果可促使企业资产保值或增值，该目标有利于克服管理上的片面性和短期行为，有利于社会资源合理配置。社会资源通常流向企业价值最大化或股东财富最大化的企业或行业，有利于实现社会效益最大化。

以企业价值最大化作为财务管理的目标也存在以下问题：对于股票上市企业，虽可通过股票价格的变动揭示企业的价值，但股价是受多种因素影响的结果，特别在即期市场上的股价不一定能够直接揭示企业的获利能力，只有长期趋势才能做到这一点；为了控股或稳定购销关系，现代企业不少采用环形持股的方式，相互持股。法人股东对股票市价的敏感程度远不及个人股东，对股价最大化目标没有足够的兴趣；对于非股票上市企业，只有对企业进行专门的评估才能真正确定其价值，而在评估企业的资产时，由于受评估标准和评估方式的影响，这种股价不易做到客观和准确，这也导致企业价值确定困难。

选择一个符合企业自身特点的财务管理目标是一项非常重要的工作，它直接影响着财务管理工作的具体执行标准、工作方法和评价制度等。

知识链接

财务管理职能和财务管理目标的关系

1. 财务管理职能和目标都决定于财务管理的性质

财务管理作为企业管理的一部分，其目标的定位必须服从于企业的目标和企业管理的目标，与企业和企业管理的总体目标协调一致，但由于财务管理在企业管理中的特殊性，财务管理目标的表述与企业目标、企业管理目标不能完全混同，这是由财务管理的特性所决定的。

2. 财务管理目标和职能在内容上必须保持一致

因为财务管理目标是一个主观范畴，而财务管理的职能是一个客观范畴，所以财务管理目标受制于财务管理的职能。具有什么样的职能就只能定什么样的目标，如果提出超过财务管理职能的目标，财务管理目标的定位就等于是空中楼阁，对财务管理工作起不到指导作用，毫无意义。

3. 财务管理目标和职能相互联系，相互作用

合理的财务管理目标定位，有利于人们充分认识财务管理的职能，也有利于财务管理职能的充分发挥。如果把目标定得太低，财务管理的职能就不可能充分发挥出来。从这个角度看，财务管理目标对其职能也有反作用。

现代企业财务管理应注意的事项

财务功能离不开财务的本质，又受财务的环境影响，同时也是达到财务目标的前提。下面从这三个方面来看财务职能。

1. 从财务本质看财务职能

财务职能是由财务的本质所决定的，它是财务本身所固有的本质属性，是本质的具体化。对于财务职能的不同认识，主要是由于对财务本质的认识不一致所造成。

有关财务本质的不同观点在不同程度上反映了财务的某种特性。有一种观点认为在现代激烈的市场竞争中，企业财务管理正在向参与决策，加强事前、事中控制的职能发展。因此，现代企业财务具有财务决策、财务控制两个基本职能，在这两个基本职能中引申扩大为规划未来财务活动、监控财务活动过程、分析财务活动结果、协调财务关系等职能。这些职能相互独立、依序进行，又相互交叉、相互制约。对企业财务活动的每一项内容，如资金筹集、资金投入、资金耗费、资金收益分配等，均应行使这些职能。

在研究财务职能时要注意，财务职能可以细化成多个，但其基本职能是组织企业资金运动和处理企业与各方面的财务关系。组织企业资金运动和处理企业与各方面的财务关系，则应将财务职能同财务管理内容如筹资、投资、分配等活动区别开来，将财务职能同财务管理环节（方法）如计划、控制等区别开来，将财务职能同财务管理原则如财务协调等区别开来，将财务职能同资金运动规律如垫支资金、增值等区分开来。

2. 从财务目标看财务职能

财务职能是由财务本质所决定的，但财务职能又是财务所能达到目标的前提。财务目标是企业在特定的理财环境中组织财务活动、处理财务关系所要达到的目的，是整个财务管理工作的出发点和归宿。财务职能的内涵则是如何实施财务管理，即如何组织企业的财务活动，处理财务关系，提高资金的使用效益，以达到既定目标。

经营企业的目标是赢利，围绕这个终极目标，企业就有了一系列的过程目标，如企业的生存，避免出现财务困境和破产；扩大企业规模，扩大市场占有份额，战胜竞争对手；开发新产品，降低成本，获取最大利润，保持利润的稳定增长，促进企业的发展。企业财务目标与企业目标应是一致和相关的。企业的生存目标要求财务管理部门保持以收抵支和偿还到期债务的能力，减少破产风险，使企业能够长期、稳定地生存下去。企业的发展离不开资金，要求财务管理部门能筹集到企业发展所需资金。因此，现代企业财务应提倡一种以资本保值、增值为前提且财富积累最大、企业总价值达到最高的目标。这样的财务目标既反映了投资者的投资愿望，也符合建立中国社会主义市场经济体制的要求。

3. 从财务环境看财务职能

财务环境是企业财务管理赖以生存的土壤，是企业开展财务活动的舞台。从系统论的观点看，环境是存在于研究系统之外的对研究系统有影响作用的一切系统的总和。财务管理是一个系统，对该系统有影响作用的一切系统的总和，便构成财务管理的环境，即对企业的财务活动和财务管理产生影响作用的一切因素的总和。财务环境既包括宏观的理财环境也包括微观的理财环境，其中宏观的理财环境主要是指企业理财所面临的政治、经济、法律和社会文化环境，微观环境主要是指企业的组织形式及企业的生产、销售和采购方式等。

财务环境对企业财务活动的影响有些是直接的，有些是间接的。就财务职能而言，其内涵与外延总是伴随着经济、科技、文化、法律、市场经济体制等环境因素的变化而不断发生变化。财务环境在一定程度上限定了财务的功能作用。在不同的财务环境下，人们对财务职能的认识、评价是不同的。财务的基本职能绝不是一成不变的，其发展变化既取决于企业财务所处环境的变化，又取决于人们的思想认识水平。因此，研究财务职能应从不同环境角度把它看作是特定历史发展阶段在一定的组织之下，思想、理论、方法相协调所形成的一体化关系的集合体。

从影响财务职能的因素来看，企业面临的竞争环境更加激烈，财务的职能越来越重要，所要迎接的挑战也越来越大。企业管理模式正在发生变化，相应的也要求财务职能做出改变。财务职能中的决策支持作用日益突出，更多地渗透到财务决策中，要求财务成为核心管理活动，有待更深入的研究。

单元二　资金筹集与筹资结构优化

一、企业筹资概述

（一）企业筹资的含义与动机

企业筹资是企业根据生产经营等活动对资金的需要，通过一定的渠道，采取适当的方式获取所需资金的行为。企业筹资的基本目的是为了自身的生存和发展。具体说来，企业筹资动机有以下几种。

（1）设立性筹资动机，是企业设立时为取得资本金而产生的筹资动机。

（2）扩张性筹资动机，是企业为扩大生产经营规模或增加对外投资而产生的追加筹资的动机。

（3）调整性筹资动机，是企业因调整现有资金结构的需要而产生的筹资动机。

（4）混合型筹资动机，是企业同时既为扩张规模又为调整资金结构而产生的筹资动机。

（二）筹资的分类

▶ 1. 按照资金的来源渠道分类

按照资金的来源渠道不同分为权益筹资和负债筹资。

企业通过发行股票、吸收直接投资、内部积累等方式筹集的资金都属于企业的所有者权益。所有者权益一般不用还本，因而称为企业的自有资金、主权资金或权益资金。企业采用吸收自有资金的方式筹集资金，财务风险小，但付出的资金成本相对较高。

企业通过发行债券、向银行借款、融资租赁等方式筹集的资金属于企业的负债，到期要归还本金和利息，因而又称为企业的借入资金或负债资金。企业采用借入资金的方式筹集资金，一般承担风险较大，但相对而言，付出的资金成本较低。

2. 按照是否通过金融机构分类

按照是否通过金融机构分为直接筹资和间接筹资。

直接筹资，是指资金供求双方通过一定的金融工具直接形成债权债务关系或所有权关系的筹资形式。直接筹资的工具主要是商业票据、股票、债券，如企业直接发行股票和债券就是一种直接筹资。直接筹资的优点在于资金供求双方联系紧密，有利于资金的快速合理配置和提高使用效益。直接筹资也有其局限性，主要表现在：资金供求双方在数量、期限、利率等方面受的限制比间接筹资多；直接筹资的便利程度及其融资工具的流动性均受金融市场的发达程度的制约。

间接筹资，是指资金供求双方通过金融中介机构间接实现资金融通的活动。典型的间接筹资是向银行借款。与直接筹资比较，间接筹资的优点在于灵活便利、规模经济。间接筹资的局限性主要有：割断了资金供求双方的直接联系，减少了投资者对资金使用的关注和对筹资者的压力；金融机构要从经营服务中获取收益，从而增加了筹资者的成本，减少了投资者的收益。

3. 按照资金的取得方式分类

按照资金的取得方式不同分为内源筹资和外源筹资。

内源筹资，是指企业利用自身的储蓄（折旧和留存收益）转化为投资的过程。内源筹资具有原始性、自主性、低成本性和抗风险性等特点，是企业生存与发展不可或缺的重要组成部分。

外源筹资，是指吸收其他经济主体的闲置资金，使之转化为自己投资的过程，包括股票发行、债券发行、商业性信贷、银行借款等。外源筹资具有高效性、灵活性、大量性和集中性等特点。

4. 按照所筹资金使用期限分类

按照所筹资金使用期限的长短分为短期资金筹集与长期资金筹集。

短期资金一般是指供一年以内使用的资金。短期资金主要投资于现金、应收账款、存货等，一般在短期内可收回。短期资金常采取利用商业信用和取得银行流动资金借款等方式来筹集。

长期资金一般是指供一年以上使用的资金。长期资金主要投资于新产品的开发和推广、生产规模的扩大、厂房和设备的更新，一般需几年或十几年才能收回。长期资金通常采用吸收直接投资、发行股票、发行公司债券、取得长期借款、融资租赁和内部积累等方式来筹集。

（三）筹资的渠道与方式

1. 筹资的渠道

筹资渠道是指筹措资金的来源方向与通道。认识和了解各种筹资渠道及其特点，有助于企业充分拓宽和正确利用筹资渠道。我国企业目前筹资渠道主要包括以下几方面。

（1）银行信贷资金。银行信贷资金是指商业银行和政策性银行贷放给企业使用的资金，是我国目前各类企业最为重要的资金来源。

（2）其他金融机构资金。其他金融机构是指各种从事金融业务的非银行机构，如信托投资公司、保险公司、租赁公司、证券公司、财务公司等。它们的资金实力虽然较银行小，但它们的资金供应比较灵活，而且可以提供多种特定服务，该渠道已经成为企业资金的重要来源。

(3) 其他企业资金。企业在生产经营过程中，往往形成部分暂时闲置的资金，并为一定的目的而进行相互投资。另外，企业间的购销业务可以通过商业信用方式来完成，从而形成企业间的债权债务关系，形成债务人对债权人的短期信用资金占用。企业间的相互投资和商业信用的存在，使其他企业资金也成为企业资金的重要来源。

(4) 居民个人资金。企业职工和居民个人的结余货币，作为"游离"于银行及非银行金融机构之外的个人资金，可用于对企业进行投资，形成民间资金来源渠道，从而为企业所用。

(5) 国家财政资金。国家对企业的直接投资是国有企业特别是国有独资企业获得资金的主要渠道。现有国有企业的资金来源中，其资本部分大多是由国家财政以直接拨款或以国有资产入股等方式形成的，属于国家投入的资金，产权归国家所有。

(6) 企业自留资金。企业自留资金是指企业内部形成的资金，也称企业内部留存，主要包括提取公积金和未分配利润等。这些资金的重要特征之一是，它们无须企业通过一定的方式去筹集，而直接由企业内部自动生成或转移。

(7) 境外资金。境外资金是指我国境外投资者以及我国香港、澳门和台湾地区投资者投入的资金。随着国际经济业务的拓展，利用外商资金已成为企业筹资的一个新的重要来源。

▶ **2. 筹资的方式**

筹资方式是指可供企业在筹措资金时选用的具体筹资形式。

我国企业目前筹资方式主要有吸取直接投资、发行股票、利用留存收益、向银行借款、利用商业信用、发行公司债券和融资租赁。其中，利用前三种方式筹措的资金为权益资金；利用后四种方式筹措的资金为负债资金。

筹资渠道解决的是资金来源问题，筹资方式则解决通过何种方式取得资金的问题，它们之间存在一定的对应关系。企业在筹集资金时，必须对其进行合理组合。

二、权益资金筹集

权益资金筹资的方式主要有吸收直接投资、发行股票和利用留存收益。

(一) 吸收直接投资

吸收直接投资是指企业按照"共同投资、共同经营、共担风险、共享利润"的原则，直接吸收国家、法人、个人投入资金的一种筹资方式。吸收直接投资不以股票为媒介，无须公开发行证券，通常以合同或协议明确双方的权利和义务。

企业吸收的直接投资，根据投资者的出资形式可分为吸收现金投资和吸收非现金投资，具体包括以下内容。

(1) 现金投资，指企业吸收投资者投入的货币资金，是吸收直接投资中最主要的形式。企业在筹建时，必须吸收一定量的现金，各国的法律法规对现金在资本总额中的比例均有一定的规定。

(2) 实物投资，指企业吸收投资者以厂房、建筑物、设备等固定资产和原材料、商品等流动资产所进行的投资。一般来说，企业吸收的实物应符合如下条件：①确为企业科研、生产、经营所需；②技术性能比较好；③作价公平合理。实物出资所涉及的实物作价方法应按国家的有关规定执行。

(3) 工业产权投资，指企业吸收投资者以专有技术、商标权、专利权等无形资产所进行的投资。一般来说，企业吸收的工业产权应符合以下条件：①能帮助研究和开发出新的高科技产品；②能帮助生产出适销对路的高科技产品；③能帮助改进产品质量，提高生产效率；④能帮助大幅度降低各种消耗；⑤作价比较合理。

(4) 土地使用权投资，指企业吸收的投资者用土地使用权进行的投资。土地使用权是按有关法规和合同的规定使用土地的权利。企业吸收土地使用权投资应符合以下条件：①企业科研、生产、销售活动所需要的；②交通、地理条件比较适宜；③作价公平合理。

(二) 发行普通股

股票是指股份有限公司发行的，用以证明投资者的股东身份和权益并据以获得股利的一种可转让的书面证明。

▶ 1. 股票的分类

根据不同的标准，可以对股票进行不同的分类，现介绍几种主要的分类方式。

(1) 按股东享受权利和承担义务的大小，可把股票分成普通股票和优先股票。

普通股票简称普通股，是股份公司依法发行的具有管理权、股利不固定的股票。普通股具备股票的最一般特征，是股份公司资本的最基本部分；优先股票简称优先股，是股份公司依法发行的具有一定优先权的股票。从法律上讲，企业对优先股不承担法定的还本义务，是企业自有资金的一部分。

(2) 按股票票面是否记名，可把股票分成记名股票与无记名股票。

记名股票是在股票上记载有股东姓名或名称并将其记入公司股东名册的一种股票。记名股票要同时附有股权手册，只有同时具备股票和股权手册，才能领取股息和红利。记名股票的转让、继承都要办理过户手续；无记名股票是指在股票上不记载股东姓名或名称的股票。凡持有无记名股票，都可成为公司股东。无记名股票的转让、继承无须办理过户手续，只要将股票交给受让人，就可发生转让效力，移交股权。

公司向发行人、国家授权投资的机构和法人发行的股票，应当为记名股票。对社会公众发行的股票，可以为记名股票，也可以为无记名股票。

(3) 按股票票面有无金额，可把股票分为有面值股票和无面值股票。

有面值股票是指在股票的票面上记载每股金额的股票。股票面值的主要功能是确定每股股票在公司所占有的资本份额以及所负有限责任的最高限额；无面值股票是指股票票面不记载每股金额的股票。无面值股票仅表示每一股在公司全部股票中所占有的比例。也就是说，这种股票只在票面上注明每股占公司全部净资产的比例，其价值随公司财产价值的增减而增减。

(4) 按股票发行时间的先后，可将股票分为始发股和新发股。

始发股是公司设立时发行的股票；新发股是公司增资时发行的股票。始发股与新发股，其发行条件、发行目的、发行价格都不尽相同，但是股东的权利和义务却是一样的。

(5) 按股票发行对象和上市地区，可将股票分为 A 股、B 股、H 股和 N 股等。

A 股是以人民币标明票面金额并以人民币认购和交易的股票；B 股是以人民币标明票面金额，以外币认购和交易的股票；H 股为在香港上市的股票，N 股是在纽约上市的股票。

▶ 2. 普通股筹资的优点

(1) 没有固定利息负担。公司有盈余，并认为适合分配股利，就可以分给股东；公司盈余较少，或虽有盈余但资金短缺或有更有利的投资机会，就可少支付或不支付股利。

(2) 没有固定到期日，不用偿还。利用普通股筹集的是永久性的资金，除非公司清算才需偿还。它对保证企业最低的资金需求有重要意义。

(3) 筹资风险小。由于普通股没有固定到期日，不用支付固定的利息，此种筹资实际上不存在不能偿付的风险，因此风险最小。

(4) 能增加公司的信誉。普通股本与留存收益构成公司所借入一切债务的基础。有了较多的自有资金，就可为债权人提供较大的损失保障，因而，普通股筹资既可以提高公司的信用价值，同时也为使用更多的债务资金提供了强有力的支持。

(5) 筹资限制较少。利用优先股或债券筹资，通常有许多限制，这些限制往往会影响公司经营的灵活性，而利用普通股筹资则没有这种限制。

▶ 3. 普通股筹资的缺点

(1) 资金成本较高。一般来说，普通股筹资的成本要大于债务资金。这主要是股利要从净利润中支付，而债务资金的利息可在税前扣除，另外，普通股的发行费用也比较高。

(2) 容易分散控制权。利用普通股筹资，出售了新的股票，引进了新的股东，容易导致公司控制权的分散。

(3) 此外，新股东分享公司未发行新股前积累的盈余，会降低普通股的每股净收益，从而可能引起股价下跌。

(三) 发行优先股

优先股是一种特别的股票，它与普通股有许多相似之处，又具有债券的某些特征。但从法律的角度来讲，优先股属于自有资金。

▶ 1. 优先股的种类

按不同标准，可将优先股分为不同分类，现介绍几种最主要的分类方式。

(1) 按股利能否累积，可分为累积优先股和非累积优先股。

(2) 按是否可转换为普通股股票，可分为可转换优先股和不可转换优先股。

(3) 按是否参与剩余利润分配，可分为参与优先股和非参与优先股。

(4) 按是否有赎回优先股股票的权利，可分为可赎回优先股和不可赎回优先股。

▶ 2. 优先股股东的权利

(1) 优先分配股利权。优先股通常有固定股利，一般按面值的一定百分比来计算，且必须在支付普通股股利之前予以支付。对于累积优先股来说，这种优先权就更为突出。

(2) 优先分配剩余财产权。在企业破产清算时，出售资产所得的收入，优先股位于债权人的求偿之后，但优于普通股。其金额只限于优先股的票面价值加上累积未支付的股利。

(3) 部分管理权。在公司的股东大会上，优先股股东没有表决权，当公司研究与优先股有关的问题时有权参加表决。

▶ 3. 优先股筹资的优点

(1) 没有固定到期日，不用偿还本金。事实上等于使用的是一笔无限期的贷款，无偿还本金义务。而大多数优先股又附有收回条款，这就使得使用这种资金更有弹性，当财务状况较弱时发行，而财务状况转强时收回，有利于结合资金需求，同时也能控制公司的资金结构。

（2）股利支付既固定，又有一定弹性。一般而言，优先股都采用固定股利，但固定股利的支付并不构成公司的法定义务。如果财务状况不佳，则可暂时不支付优先股股利，那么，优先股股东也不能像债权人一样迫使公司破产。

（3）有利于增强公司信誉。从法律上讲，优先股属于自有资金，因而，优先股扩大了权益资金规模，可适当增加公司的信誉，加强公司的借款能力。

▶ 4. 优先股筹资的缺点

（1）筹资成本高。优先股所支付的股利要从税后净利润中支付，不同于债务利息可在税前扣除。因此，优先股成本很高。

（2）筹资限制多。发行优先股，通常有许多限制条款，例如，对普通股股利支付上的限制，对公司借债限制等。

（3）财务负担重。如前所述，优先股需要支付固定股利，但又不能在税前扣除，所以，当利润下降时，优先股的股利会成为一项较重的财务负担。

三、负债资金的筹集

（一）向银行借款

向银行借款就是由企业根据借款合同从有关银行或非银行融资机构借入所需资金的一种筹资方式，又称银行借款筹资。

▶ 1. 银行借款筹资的优点

（1）筹资速度快。向银行借款通常只需银行审批，而无须其他行政管理部门或社会中介机构的工作，只要具备条件，可在较短时间内，花较少的费用取得。

（2）筹资成本低。就目前我国情况来看，利用银行借款所支付的利息比发行债券所支付的利息低，另外，由于借款是在企业和银行之间直接协商确定，故不存在交易成本，也无须支付大量的发行费用。

（3）借款弹性好。企业与银行可以直接接触，可通过直接商谈，来确定借款的时间、数量和利息。在借款期间，如果企业情况发生了变化，也可与银行进行协商、修改借款的数量和条件。借款到期后，如有正当理由，还可延期归还。

▶ 2. 银行借款筹资的缺点

（1）财务风险较大。企业举借银行借款，必须定期还本付息，在经营不利的情况下，可能会产生不能偿付的风险，甚至会导致破产。

（2）限制条款较多。企业与银行签订的借款合同中，一般都有一些限制条款，如资产控制权、再借款自主权、不准改变借款用途等，这些条款可能会限制企业的经营活动。

（3）筹资数额有限。银行一般不愿借出巨额的长期借款。因此，利用银行借款筹资都有一定的上限。

（二）利用商业信用

商业信用是指商品交易中的延期付款或延期交货所形成的借贷关系，是企业之间的一种直接信用关系。商业信用是商品交易中钱与货在时间上和空间上的分离而产生的，它的形式多样,范围广泛,已成为企业筹集资金的重要方式。

▶ 1. 商业信用筹资的优点

(1) 筹资便利。商业信用与商品买卖同时进行,属于一种自然性融资,无须做特殊的安排,也不需要事先计划,随时可以随着购销行为的产生而得到该项资金。

(2) 筹资成本低。大多数商业信用都是由卖方免费提供的,如果没有现金折扣,或企业不放弃现金折扣,则利用商业信用筹资没有实际成本。

(3) 限制条件少。商业信用比其他筹资方式条件宽松,无须担保或抵押。如果企业利用银行借款筹资,银行会规定一些限制,而商业信用则限制较少,选择余地大。

▶ 2. 商业信用筹资的缺点

(1) 期限短。它属于短期筹资方式,不能用于长期资产占用。

(2) 风险大。由于各种应付款项目经常发生,次数频繁,因此需要企业随时安排现金的调度。

(三) 发行公司债券

公司债券是由企业发行的有价证券,是企业为筹措资金而公开负担的一种债务契约,表示企业借款后,有义务偿还其所借金额的一种期票。即发行债券的企业以债券为书面承诺,答应在未来的特定日期,偿还本金并按照事先规定的利率付给利息。发行债券是企业主要筹资方式之一。

▶ 1. 债券的种类

债券可以从各种不同的角度进行分类,现说明其主要的分类方式。

(1) 按有无抵押担保,可将债券分为信用债券、抵押债券和担保债券。

(2) 按债券是否记名,可以将债券分成记名债券和无记名债券。

(3) 债券还可以分为可转换债券、零票面利率债券、浮动利率债券、收益债券;直接用途债券和一般用途债券、提前收回债券和不提前收回债券、分期偿还债券和一次性偿还债券等。

▶ 2. 发行债券的程序

(1) 做出发行债券的决议或决定。

(2) 报请批准。

(3) 制作并向社会公告募集办法。

(4) 募集债款。

▶ 3. 债券的发行价格

债券的发行价格有三种:等价发行、折价发行和溢价发行。等价发行又叫面值发行,是指按债券的面值出售;折价发行是指以低于债券面值的价格出售;溢价发行是指按高于债券面值的价格出售。

在按期付息、到期一次还本,且不考虑发行费用的情况下,债券发行价格的计算公式为:

$$债券发行价格 = \frac{R}{(1+i)^n} + \sum_{t=1}^{n} \frac{R \cdot r}{(1+i)^t}$$

式中,R 为债券面值;n 为债券期限;t 为付息期限;i 为市场利率;r 为票面利率。

四、资本结构决策

（一）资本结构的含义

资本结构是指企业各种资金的构成及其比例关系。资本结构是企业筹资决策的核心问题。企业应综合考虑有关影响因素，运用适当的方法确定最佳资本结构，并在以后追加筹资中继续保持。企业现有资本结构不合理，应通过筹资活动进行调整，使其趋于合理化。

（二）最佳资本结构的确定

企业利用负债资金具有双重作用，适当利用负债，可以降低企业资金成本，但当企业负债比率太高时，会带来较大的财务风险。企业必须权衡财务风险和资金成本的关系，确定最优的资本结构。所谓最优资本结构是指在一定条件下使企业综合资金成本最低、企业价值最大的资本结构。确定资本结构的方法有每股利润无差异点法、比较资金成本法，可以有效地帮助财务管理人员确定合理的资本结构。

▶ 1. 每股利润无差异点法

负债的偿还能力是建立在未来赢利能力基础之上的。研究资金结构，不能脱离企业的赢利能力。企业的赢利能力，一般用息税前利润（EBIT）表示；负债筹资是通过它的杠杆作用来增加股东财富的。确定资本结构不能不考虑它对股东财富的影响。股东财富用每股利润（EPS）来表示。

每股利润无差异点法，又称息税前利润-每股利润分析法（EBIT-EPS分析法），是通过分析资本结构与每股利润之间的关系，计算各种筹资方案的每股利润的无差异点，进而来确定合理的资本结构的方法。这种方法确定的最佳资本结构亦即每股利润最大的资本结构。

▶ 2. 比较资金成本法

比较资金成本法，是通过计算各方案加权平均的资金成本，并根据加权平均资金成本的高低来确定资本结构的方法。这种方法确定的最佳资本结构亦即加权平均资金成本最低的资本结构。

（三）资本结构的调整

当企业现有资本结构与目标资金结构存在较大差异时，企业需要进行资本结构的调整。资本结构调整的方法如下。

▶ 1. 存量调整

在不改变现有资产规模的基础上，根据目标资本结构要求对现有资本结构进行必要的调整。存量调整的方法有债转股、股转债；增发新股偿还债务；调整现有负债结构，如与债权人协商，将短期负债转为长期负债，或将长期负债列入短期负债；调整权益资金结构，如优先股转换为普通股，以资本公积转增股本。

▶ 2. 增量调整

通过追加筹资量，用增加总资产的方式来调整资本结构，其主要途径是从外部取得增量资本，如发行新债、举借新贷款、进行融资租赁、发行新股票等。

▶ 3. 减量调整

通过减少资产总额的方式来调整资本结构，如提前归还借款、收回发行在外的可提前收回债券、股票回购减少公司股本、进行企业分立等。

> **知识链接**

资本结构优化的是市场对企业的内在要求

债务资本的优点主要表现在以下方面。

1. 可降低资金成本

从资金成本的计算公式与结果可以发现，债务资本的资金成本明显低于权益资本。所以在一定条件下，债务资本增加会降低权益资本在资本结构中的比例，从而降低企业的综合资金成本。

2. 具有节税作用

债务资本的利息作为财务费用可以从销售收入中扣除，从而减少企业所得税。

3. 具备财务杠杆作用

根据财务杠杆原理可以得出结论：适当规模的负债可以为企业带来财务杠杆利益。

我国上市公司资本结构优化的设想

1. 大力发展我国企业债券市场

在成熟的证券市场上，企业债券作为一种融资手段，无论在数量还是发行次数上都远远超过股市融资。美国的股票市场最发达，但美国 2002 年通过公司债券融资所获得的资金要比通过股票融资所获得的资金高 15 倍。相对于股票市场而言，我国企业债券不论在市场规模还是在品种结构方面，与国内股票市场和国际债券市场相比都存在较大差距。股票市场与债券市场发展的失衡，一个重要原因就是政府对企业债券的管制，国家把发行企业债券作为计划内的建设项目筹集资金，对企业债券进行统一管理，给债券融资带来一系列问题。因此建议采取以下几方面的措施，积极推进企业债券市场的发展。

(1) 改变企业债券发行的审核方式，变行政审批制为核准制。

(2) 建立和完善利率形成机制，逐步实现债券定价市场化。

(3) 建立和健全信用评级制度，大力发展信用评级机构。

(4) 建立多层次债券交易市场体系，提高企业债券的流动性。

2. 培育理性的投资者

大力发展我国的投资银行业务，减少上市公司财务决策中的盲目性。在我国，投资银行的作用还远未被充分认识，许多投资、融资活动根本就没有通过投资银行的认真咨询与分析。在政策及法规方面应该规定，凡是要求发行证券以及增发证券的公司一定要有咨询机构的详细论证，对发行的债券要进行评级等。以此促进中介服务机构的发展，同时使投资、融资行为更加理性化，加强投资者群体的教育和培训，投资者行为的理性是整个市场理性化的一个重要前提。只有有了理性的投资者，才会有理性的市场，这样的市场也才能发挥最大的效率与作用。

3. 强化债权人的"相机性控制"

所谓"相机性控制"，指当企业有偿债能力时，股东是企业的所有者，拥有企业的剩余索取权，而债权人只是合同收益的要求人；相反，当企业偿债能力不足时，在破产机制的作用下，这两种权利便转移到债权人的手中。与股东控制相比，在债权人的控制下，一方面由于企业的商贸结算和贷款都是通过银行进行的，所以债权人对企业资产负债信息的掌握比股东更多、更准确;另一方面,债权人对企业的控制通常是通过受法律保护的破产程序来进行的。所以,债权人控制比股东控制更加有效,把债权人的"相机性控制"机制引入企业的治理结构中,有利于提高企业的治理效率。目前在我国上市公司中,由于破产机制和退出机制尚未真正建立起来,因而债务没有起到应有的治理作用。而要解决这一问题,就必须在破产机制和退出机制正常而有效发挥作用的基础上,强化债权人的"相机性控制",以建立起市场性的债权债务关系。确定债权人在亏损上市公司破产清算、暂停和终止上市、重组中的优先与主导地位。

4. 进一步完善审批制度

对上市公司配股和增发新股进行严格审批,要求对配股项目和增发新股使用项目的进展情况、收益情况定期披露,对任意改变资金用途和大股东占用资金的行为进行谴责和惩罚。并且可以考虑将目前的单指标考核拓展为多指标考核,如在原有净资产收益率的基准要求上,加入适度的资产负债率、主营业务利润占总利润的比重等参考指标,以制止上市公司通过关联交易操纵利润以满足配股要求的不正之风。还可考虑将目前配股审批的单点控制改为全过程监管,即严格跟踪审查公司配股之后的相关行为,如配股资金使用是否严格按照原计划进行,项目收益情况是否与预期一致等,将这些情况作为其下一次配股审查的重要依据。加强对募集资金使用过程的监管,提高配股资金投向上的透明度;加强对配股公司资金使用上的约束;提高筹集资金的使用效率。在对配股审核中应考虑公司业绩增长及行业状况、国家产业政策,逐步杜绝上市公司在配股过程出现的盲目高价、高比例配股圈钱,以及重配轻用等问题。

单元三 资金营运管理

一、营运资金概述

(一) 营运资金的含义

营运资金也称营运资本、循环资本,是指一个企业维持日常经营所需的资金。营运资金有广义和狭义之分,广义的营运资金又称毛营运资金,是指一个企业流动资产的总额;狭义的营运资金又称净营运资金,是指流动资产减去流动负债后的差额。通常我们所提到的营运资金主要是指狭义的营运资金。

(二) 营运资金的特点

▶ 1. 流动资产的特点

(1) 投资回收期短。投资于流动资产的资金一般在一年或一个营业周期内收回,对企业影响的时间比较短。

(2) 流动性强。流动资产相对固定资产等长期资产来说比较容易变现,这对于财务上满足临时性资金需求具有重要意义。

(3) 具有波动性。流动资产易受到企业内外环境的影响,其资金占用量的波动往往很大,财务人员应有效地预测和控制这种波动,以防止其影响企业正常的生产经营活动。

2. 流动负债的特点

（1）速度快。申请短期借款往往比申请长期借款更容易、更便捷，通常在较短时间内便可获得。

（2）弹性大。与长期债务相比，短期借款给债务人更大的灵活性。

（3）成本低。在正常情况下，短期负债筹资所发生的利息支出低于长期负债筹资的利息支出。

（4）风险大。尽管短期债务的成本低于长期债务，但其风险却高于长期债务。

流动资产、流动负债以及两者之间的关系能够较好地反映企业的短期偿债能力。流动负债是在短期内需要偿还的债务，而流动资产则是在短期内可以转化为现金的资产。因此，如果一个企业的流动资产比较多，流动负债比较少，说明企业的短期偿债能力较强；反之，则说明短期偿债能力较弱。但如果企业的流动资产太多，流动负债太少，也并不是正常现象，这可能是因流动资产闲置或流动负债不足所致。根据惯例，流动资产是流动负债的两倍是比较合理的。因此，在营运资金管理中，要合理安排流动资产和流动负债的比例关系，以便既节约使用资金，又保证企业有足够的偿债能力。

二、现金管理

现金是指在生产过程中暂时停留在货币形态的资金，包括库存现金、银行存款、银行本票、银行汇票等。

（一）现金管理的目标

企业持有一定数量的现金主要是基于以下三方面的动机。

（1）交易动机，即企业在正常生产经营秩序下应当保持一定的现金支付能力。

（2）预防动机，即企业为应付紧急情况而需要保持的现金支付能力。

（3）投机动机，即企业为了抓住各种瞬息即逝的市场机会，获取较大的利益而准备的现金金额。

现金的首要特点是普遍的可接受性，即可以有效地立即用来购买商品、货物、劳务或偿还债务。因此，现金是企业中流动性最强的资产。现金管理的目标就是在现金的流动性与收益性之间进行权衡选择，通过现金管理，使现金收支不但在数量上，而且在时间上相互衔接，保证企业经营活动的现金需要，降低企业闲置的现金数量，提高资金收益率。

（二）现金的成本

企业持有现金的成本通常由以下三个部分组成。

（1）持有成本，是指企业因保留一定现金余额而增加的管理费及丧失的再投资收益。

（2）转换成本，是指企业用现金购入有价证券以及转让有价证券换取现金时付出的交易费用，即现金同有价证券之间相互转换的成本，如委托买卖佣金、委托手续费、证券过户费、实物交割手续费等。

（3）短缺成本，是指在现金持有量不足而又无法及时通过有价证券变现加以补充而给企业造成的损失，如不能及时支付材料款而停工待料给企业造成的经济损失，包括直接损失与间接损失。

三、应收账款管理

应收账款是企业因对外赊销产品、材料、供应劳务等而应向购货方或接受劳务单位收取的款项。应收账款管理的主要功能是促进销售和减少存货。

(一) 应收账款管理的目标

企业发生应收账款的主要原因是扩大销售，增强竞争力，应收账款的管理目标就是获取利润。应收账款是企业的一项资金投放，是为了扩大销售和赢利而进行的投资。投资肯定要发生成本，这就需要在应收账款信用政策所增加的赢利和这种政策的成本之间做出权衡。只有当应收账款所增加的赢利超过所增加的成本时，才应当实施应收账款赊销；如果应收账款赊销有着良好的赢利前景，就应当放宽信用条件增加赊销量。

(二) 应收账款的成本

▶ 1. 机会成本

应收账款的机会成本是指因资金投放在应收账款上所丧失的其他投资收入，如投资于有价证券便会有利息收入。这一成本的大小通常与企业维持赊销业务所需要的资金数量、资金成本率或有价证券利息率有关。其计算公式为：

应收账款机会成本＝维持赊销业务所需要的资金×资金成本率

▶ 2. 管理成本

应收账款的管理成本是指企业对应收账款进行管理而耗费的开支，是应收账款成本的重要组成部分，主要包括对客户的资信调查费用、应收账款簿记录费用、收账费用以及其他费用。

▶ 3. 坏账成本

应收账款基于商业信用而产生，存在无法收回的可能性，由此而给应收账款持有企业带来的损失，即为坏账成本。

四、存货管理

存货是指企业在生产经营过程中为销售或者耗用而储备的物资，包括材料、低值易耗品、在产品、半成品、产成品、协作件、商品等。

(一) 存货管理的目标

如果工业企业能在生产投料时随时购入所需的原材料，或者商业企业能在销售时随时购入该项商品，就不需要存货。但实际上，企业总有储存存货的需要，并因此占用或多或少的资金。这种存货的需要主要有两个原因：保证生产或销售的经营需要和出自价格的考虑。存货管理的目标，就是要尽力在各种存货成本与存货效益之间做出权衡，在充分发挥存货的功能的同时降低成本、增加收益，达到两者的最佳结合。

(二) 存货的有关成本

▶ 1. 进货成本

进货成本是指存货的取得成本，主要由存货的进价成本和进货费用两个方面构成。其中，进价成本又称购置成本，是指存货本身的价值，等于数量与单价的乘积。进货费用又称订货成本，是指企业为组织进货而开支的费用。

▶ 2. 储存成本

企业为持有存货而发生的费用即为存货的储存成本，按照与储存数额的关系分为变动性储存成本和固定性储存成本两类。

▶ 3. 缺货成本

缺货成本是因存货不足而给企业造成的损失,包括由于材料供应中断造成的停工损失、成品供应中断导致延误发货的信誉损失及丧失销售机会的损失等。

知识链接

营运资金管理

营运资金管理是对企业流动资产及流动负债的管理。一个企业要维持正常的运转就必须要拥有适量的营运资金,因此,营运资金管理是企业财务管理的重要组成部分。据调查,公司财务经理有60%的时间都用于营运资金管理。要搞好营运资金管理,必须解决好流动资产和流动负债两个方面的问题。

(1)企业应该投资多少在流动资产上,即资金运用的管理。主要包括现金管理、应收账款管理和存货管理。

(2)企业应该怎样来进行流动资产的融资,即资金筹措的管理。包括银行短期借款的管理和商业信用的管理。

可见,营运资金管理的核心内容就是对资金运用和资金筹措的管理。

提高营运资金管理效率的方法

加强营运资金管理就是加强对流动资产和流动负债的管理;就是加快现金、存货和应收账款的周转速度,尽量减少资金的过分占用,降低资金占用成本;就是利用商业信用,解决资金短期周转困难,同时在适当的时候向银行借款,利用财务杠杆,提高权益资本报酬率。

1. 规避风险

许多企业为了实现利润、销售更多产品,经常采用赊销形式。片面追求销售业绩,可能会忽视对应收账款的管理造成管理效率低下。例如,对赊销的现金流动情况及信用状况缺乏控制,未能及时催收货款,容易出现货款被拖欠从而造成的账面利润高于实际资金的现象。对此,财务部门应加强对赊销和预购业务的控制,制订相应的应收账款、预付货款控制制度,加强对应收账款的管理,及时收回应收账款,减少风险,从而提高企业资金使用效率。

2. 增加价值

会计利润是当期收入和费用成本配比的结果。在任何收入水平下,企业都要做好对内部成本、费用的控制,并做好预算,加强管理力度,减少不必要的支出,这样才能够提高利润,增加企业价值,提高企业效率。

3. 提高效率

财务管理应站在企业全局的角度,构建科学的预测体系,进行科学预算。预算包括销售预算、采购预算、投资预算、人工预算、费用预算等,这些预算使企业能预测风险,及时得到资金的各种信息,及时采取措施、防范风险、提高效益。同时,这些预算可以协调企业各部门的工作,提高内部协作的效率,而且,销售部门在销售、费用等预算指导下,还可事先对市场有一定了解,把握市场变化,减少存货的市场风险。

4. 完善制度

很多企业认为催收货款是财务部门的事,与销售部门无关,其实这是一种错误的观点。事实上,销售人员应对催收应收账款负主要责任。如果销售人员在提供赊销商品时,还要承担收回应收账款的责任,那么,他就会谨慎对待每一项应收账款。

单元四 成本与利润管理

一、成本管理

(一)成本的概念

产品成本是指企业在一定时期内为生产和销售一定的产品而发生的全部费用的总和。从财务管理与分析的角度讲,产品成本是企业在一定时期内为生产和销售一定的产品所发生的资金耗费量。企业生产经营中发生的全部费用可分为制造成本和期间费用两大类。广义的产品成本包括制造成本和期间费用,狭义的产品成本则是指制造成本。

(二)成本的构成

▶ 1. 制造成本

制造成本是工业企业生产过程中实际消耗的直接材料、直接人工、制造费用和其他直接支出。

(1)直接材料,包括企业生产经营过程中实际消耗的原材料、辅助材料、备品配件、外购半成品、燃料、动力、包装物,以及其他直接材料等。

(2)直接人工,包括企业直接从事产品生产人员的工资、奖金、津贴和补贴,以及职工福利费等。

(3)制造费用,指企业在生产车间范围内为生产产品和提供劳务而发生的各项间接费用,包括车间管理人员工资和福利费、折旧费、修理费、办公费、水电费、机物料消耗、劳动保护费、季节性及修理期间的停工损失等。

直接材料、直接人工等直接费用直接计入制造成本,制造费用等间接费用则需要按一定的标准分配计入制造成本。

▶ 2. 期间费用

期间费用是企业为组织生产经营活动发生的、不能直接归属于某种产品的费用,包括管理费用、财务费用和销售费用三个部分。

(1)管理费用,指企业行政管理部门为组织和管理生产经营活动而发生的各项费用,包括工资和福利费、工会经费、职工教育经费、劳动保险费、待业保险费、研究开发费、业务招待费、房产税、土地使用税、技术转让费、技术开发费、无形资产摊销、坏账损失等。

(2)财务费用,指企业为筹集资金而发生的各项费用,包括利息支出、汇兑净损失、金融机构手续费,以及为筹资发生的其他费用。

(3)销售费用,指企业在销售产品、自制半成品和提供劳务等过程中发生的各项费用以及专设销售机构的各项经费,包括应由企业负担的运输费、装卸费、包装费、保险费、展览费、广告费、销售服务费用、销售部门人员工资、职工福利费和其他经费等。

期间费用直接计入当期损益，从当期收入中补偿。

（三）成本管理的概念及构成

成本管理就是指对企业的成本费用进行预测、计划、控制、核算、分析与考核，并采取降低成本费用措施等管理工作。

成本预测是成本管理的起点。成本预测就是通过对企业成本的形成进行事先的估计和预测，并与国内外、行业内外、企业内外进行对比分析，从而确定出企业的成本目标、成本降低目标以及相关的保证条件。成本预测既是成本控制的目标，又是成本分析与考核的依据。

成本控制是指从技术、生产、经营各个角度对产品成本的形成过程，采用一定的标准进行经常的监督，发现问题，及时采取措施，对产品成本进行全面管理，以达到降低成本、求得最佳经济效益的目的。成本分析是指根据成本核算资料及其他有关资料，全面分析了解成本费用变动情况，系统研究影响成本费用升降的各种因素及其形成原因，挖掘企业内部潜力，寻找降低成本费用的途径。

二、利润分配概述

利润分配是企业将实现的经营成果按照法律规定和企业权力机构的决议，向投资者进行分配的过程。正确进行利润分配，协调好分配与发展的关系，对企业非常重要。利润分配因其涉及方面众多，直接关系到各方投资者的切身利益，对企业未来的发展也会产生深远的影响。因此，利润分配必须按照一定的原则进行。

（一）利润分配的原则

▶ 1. 依法分配原则

应按财经法规的要求合理确定税后利润的分配项目、有关分配的顺序及比例，必须按照规定提取最低法定比例的盈余公积金。

▶ 2. 资本保全原则

合理的利润分配关系必须建立在资本保全的原则基础之上，为此，企业应正确确认一定时期的赢利，确保向投资者分配的利润是投资者资本增值的部分，而不是投资者资本金的返还。

▶ 3. 兼顾各方面利益原则

企业的员工是企业净收益的直接创造者，企业的收益分配应当考虑到员工的长远利益。企业进行收益分配时，应当统筹兼顾，维护各利益相关团体的合法权益。

▶ 4. 分配与积累并重原则

为保障企业的长远发展，企业应保有适当的留存收益，作为企业扩大经营和扩大再生产的需要，企业在进行收益分配时，应当正确处理分配与积累之间的关系。

▶ 5. 投资与收益对等原则

企业的收益分配必须遵循投资与收益对等的原则，投资与收益对等原则是正确处理投资者利益关系的关键。

（二）利润分配的项目及顺序

▶ 1. 利润分配的项目

利润分配的项目包括法定公积金和股利。

（1）法定公积金，是从净利润中提取形成的、用于弥补公司亏损或转增资本积金。公司应按照当年税后净利润10%的比例提取法定公积金，当法定公积金累计额达到公司注册资本的50%时，可不再继续提取。任意公积金的提取由股东大会根据需要决定。

（2）股利，指股份公司向投资者分配的利润。公司向股东支付股利，是在提取公积金之后。股利的分配应以各股东持有的股份数为依据，股东取得的股利与其持有的股份数成正比。股份有限公司原则上应从累计赢利中分派股利，无赢利不分配。但有时公司为维护其股票信誉，在用公积金弥补亏损后，经股东大会特别决议，也可用公积金支付股利，但支付后留存的法定公积金不得低于公司注册资本的25%。

▶ 2. 利润分配的顺序

企业利润分配的顺序如下。

（1）弥补企业以前年度亏损。公司的法定公积金不足以弥补以前年度亏损的，在不超过税法规定的弥补期限之内，应当先用当年利润弥补亏损。

（2）缴纳所得税。按照税法的规定，计算缴纳所得税。

$$所得税额＝应纳税所得额×所得税税率$$

（3）弥补在税前利润弥补亏损之后仍存在的亏损。

（4）提取法定盈余公积金。根据公司法的规定，法定盈余公积的提取比例为当年税后利润（弥补亏损后）的10%。法定盈余公积金已达注册资本的50%时可不再提取。法定盈余公积金可用于弥补亏损、扩大公司生产经营或转增资本，但企业用盈余公积金转增资本后，法定盈余公积金的余额不得低于转增前公司注册资本的25%。

（5）提取任意盈余公积金。根据公司法的规定，公司从税后利润中提取法定公积金后，经股东会或者股东大会决议，还可以从税后利润中提取任意公积金。

（6）向股东（投资者）分配股利（利润）。根据公司法的规定，公司弥补亏损和提取公积金后所余税后利润，可以向股东（投资者）分配股利（利润），其中，有限责任公司股东按照实缴的出资比例分取红利，全体股东约定不按照出资比例分取红利的除外；股份有限公司按照股东持有的股份比例分配，但股份有限公司章程规定不按持股比例分配的除外。

知识链接

财务成本的核算对象是实在的，一般是企业销售的产品或劳务。其核算所采用的资料都是实际的生产费用、单耗水平和分配标准等，核算时必须要以有关会计凭证为依据，核算后必须要进行账务处理，并要定期地编制成本报表。其核算内容和方法及原则等，都要符合国家财务制度和成本核算条例的有关规定，最终核算出来的成本，无论是成本总额还是单位成本，都必须是实际成本，而不能用定额成本、计划成本或标准成本等来代替。所以，财务成本核算的基本要求是客观真实。

未来财务会计发展趋势对财务成本理论的影响

未来财务会计的发展将给财务成本理论带来深远的影响，具体表现为以下几个方面。

1. 资产定义的"成本观"淡出，"未来价值观"将取而代之

传统财务会计倾向于从成本的角度定义资产，这种观念将会被取代。美国会计学家菲利普斯对这种现象做过评价：会计理论的变革实质上是试图改变传统会计理论强调成本的

状况，代之以价值为中心的符合逻辑的结构。可以预见，未来将会更加强调资产的价值而不是未耗成本概念。这里所指的资产价值并不是现时价值，而是一种未来创造企业收益的潜在价值。突出资产"未来的经济价值"的性质，使得资产与收益具有同样重要的地位是现代财务会计的一个特征。因此，资产定义的"成本观"将会淡出，资产定义的"未来价值观"将取而代之。

2. 基于改良的会计收益观下的成本配比原则的适用范围将受到限制

传统的会计收益观下，成本配比原则是计算和分配成本核心理论，它与收入实现原则相配合，可以计算出传统概念的期间收益。受经济学收益观的影响，会计界已开始逐渐改进传统的收益概念，提出了吸收经济学收益概念的收益观点。因此，传统概念的成本配比的适用范围将受到限制，成本配比原则仍将用于指导销售成本等项目的分配以确定收益。不过，企业在期末也会运用公允价值或现行价值等计量属性对资产和负债等项目进行调整，以使最终会计收益中补充反映出过去期间资产的"净增值"。

3. 成本归属和成本流转观念不再被强调

传统财务会计十分强调成本归属和流转观念，可以说传统会计实质上是一个成本流转分配的过程。但随着资产重置价值重要性的突出，公允价值和现时成本被强调，现时成本的取得通过的是估价程序，因此成本归属和流转观念的重要地位将会下降。可以说，未来会计将不再是成本流转分配的过程，而变为一种价值计价的过程。

4. 不再追求绝对真实的成本理念，而开始注重条件真实性成本观念

未来财务会计信息质量十分强调前瞻性要求，在比较客观性和相关性质量特征时，未来会计更加注重相关性要求。因为会计信息质量特征与会计目标有着密切关系，它是维护会计目标的基础。未来会计目标已有所变化，美国财务会计准则委员会的概念结构中，会计目标被确定为"决策有用性"，他们认为对决策最为有用的信息是能"帮助信息使用者在预测未来时可导致决策差别"的信息，因此，相关性成为保证信息对决策有用的最重要的质量特征。

单元五 现代企业财务分析

一、财务分析概述

(一) 财务分析的概念及作用

▶ 1. 财务分析的概念

财务分析，又称财务报表分析。财务报表是企业财务状况和经营成果的信息载体，但财务报表所列示的各类项目的金额如果孤立地看，并无多大意义，必须与其他数据相比较，才能成为有用的信息。这种按照一定方法将财务报表的各项数据与有关数据进行比较、评价的过程就是企业财务分析。具体地说，财务分析就是以财务报表和其他资料为依据和起点，采用专门方法，系统分析和评价企业的财务状况、经营成果和现金流量的过程。其目的是评价过去的经营业绩，衡量现在的财务状况，预测未来的发展趋势。

▶ 2. 财务分析的作用

（1）财务分析是评价财务状况及经营业绩的重要依据。
（2）财务分析是实现财务管理目标的重要手段。
（3）财务分析是实施正确投资决策的重要步骤。

（二）财务分析的内容

财务分析信息的需求者主要包括企业所有者、企业债权人、企业经营决策者和政府等。不同主体出于不同的利益考虑；对财务分析信息有着各自不同的要求。企业所有者作为投资人，关心其资本的保值和增值状况，因此较为重视企业获利能力指标。企业债权人因不能参与企业剩余收益分享，首先关注的是其投资的安全性，因此更重视企业偿债能力指标。企业经营决策者必须对企业经营理财的各个方面，包括运营能力、偿债能力、获利能力及发展能力的全部信息予以详尽地了解和掌握。政府兼具多重身份，既是宏观经济管理者，又是国有企业的所有者和重要的市场参与者，因此政府对企业财务分析的关注点因所具身份不同而异。

总体来看，财务分析的基本内容包括偿债能力分析、运营能力分析、获利能力分析和发展能力分析，四者是相辅相成的关系。

二、财务分析的方法

（一）趋势分析法

趋势分析法又称水平分析法，是通过对比两期或连续数期财务报告中的相同指标，确定其增减变动的方向、数额和幅度，来说明企业财务状况或经营成果的变动趋势的一种方法。采用这种方法，可以分析引起变化的主要原因、变动的性质，并预测企业未来的发展前景。主要有三种方式：重要财务指标的比较、会计报表的比较和会计报表项目构成的比较。

▶ 1. 重要财务指标的比较

重要财务指标的比较，是指将不同时期财务报告中的相同指标或比率进行比较，直接观察其增减变动情况及变动幅度，考察其发展趋势，预测其发展前景。

（1）定基动态比率是以某一时期的数额为固定的基期数额而计算出来的动态比率。其计算公式为：

$$定基动态比率 = \frac{分析期数额}{固定基期数额} \times 100\%$$

（2）环比动态比率是以每一分析期的前期数额为基期数额而计算出来的动态比率。其计算公式为：

$$环比动态比率 = \frac{分析期数额}{前期数额} \times 100\%$$

▶ 2. 会计报表的比较

会计报表的比较是指将连续数期的会计报表的金额并列起来，比较其相同指标的增减变动金额和幅度，据以判断企业财务状况和经营成果发展变化的一种方法。会计报表的比较，具体包括资产负债表比较、利润表比较和现金流量表比较等。比较时，既要计算出表中有关项目增减变动的绝对额，又要计算出其增减变动的百分比。

3. 会计报表项目构成的比较

会计报表项目构成的比较是在会计报表比较的基础上发展而来的。它是以会计报表中的某个总体指标作为100%，再计算出其各组成项目占该总体指标的百分比，从而比较各个项目百分比的增减变动，以此来判断有关财务活动的变化趋势。这种方法比前述两种方法更能准确地分析企业财务活动的发展趋势。它既可用于同一企业不同时期财务状况的纵向比较，又可用于不同企业之间的横向比较。同时，这种方法能消除不同时期（不同企业）之间业务规模差异的影响，有利于分析企业的耗费水平和赢利水平。

（二）比率分析法

比率分析法是通过计算各种比率指标来确定财务活动变动程度的方法。比率是相对数，采用这种方法，能够把某些条件下的不可比指标变为可以比较的指标，以利于进行分析。主要有三类：构成比率、效率比率和相关比率。

1. 构成比率

构成比率又称结构比率，它是某项财务指标的各组成部分数值占总体数值的百分比，反映部分与总体的关系。其计算公式为：

$$构成比率 = \frac{某个组成部分数值}{总体数值} \times 100\%$$

2. 效率比率

效率比率是某项财务活动中所费与所得的比例，反映投入与产出的关系。利用效率比率指标，可以进行得失比较，考察经营成果，评价经济效益。例如，将利润项目与销售成本、销售收入、资本金等项目加以对比，可以算出成本利润率、销售利润以及资本金利润等利润率指标，可以从不同角度观察比较企业获利能力的高低及其增减变化情况。

3. 相关比率

相关比率是以某个项目和与其有关但又不同的项目加以对比所得的比率，反映有关经济活动的相互关系。利用相关比率指标，可以考察企业相互关联的业务安排得是否合理，以保障经营活动顺畅进行。例如，将流动资产与流动负债加以对比，计算出流动比率，据以判断企业的短期偿债能力。

（三）因素分析法

因素分析法是依据分析指标与其影响因素的关系，从数量上确定各因素对分析指标影响方向和影响程度的一种方法。采用这种方法的出发点在于，当若干因素对分析指标发生影响作用时，假定其他各个因素都无变化，顺序确定每一个因素单独变化所产生的影响。

三、财务指标分析

总结和评价企业财务状况与经营成果的分析指标包括偿债能力指标、运营能力指标和获利能力指标。

（一）偿债能力指标

偿债能力是指企业偿还到期债务（包括本息）的能力。偿债能力指标包括短期偿债能力指标和长期偿债能力指标。

1. 短期偿债能力指标

短期偿债能力是指企业流动资产对流动负债及时足额偿还的保证程度，是衡量企业当前财务能力，特别是流动资产变现能力的重要标志，主要有流动比率、速度比率和现金流动负债比率三项。

（1）流动比率是流动资产与流动负债的比率，它表明企业每一元流动负债有多少流动资产作为偿还保证，反映企业可在短期内转变为现金流动资产偿还到期流动负债的能力。其计算公式为：

$$流动比率 = \frac{流动资产}{流动负债} \times 100\%$$

（2）速动比率是企业速动资产与流动负债的比值。所谓速动资产，指流动资产减去变现能力较差且不稳定的存货、预付账款、一年内到期的非流动资产和其他流动资产等之后的余额。由于剔除了存货等变现能力较弱且不稳定的资产，因此，速动比率较之流动比率能更加准确可靠地评价企业资产的流动性及其偿还短期负债的能力。其计算公式为：

$$速动比率 = \frac{速动资产}{流动负债} \times 100\%$$

（3）现金流动负债比率是企业一定时期的经营现金净流量同流动负债的比率，它可以从现金流量角度来反映企业当期偿付短期负债的能力。其计算公式为：

$$现金流动负债比例 = \frac{年经营现金净流量}{年末流动负债} \times 100\%$$

▶ 2. 长期偿债能力指标

长期偿债能力，指企业偿还长期负债的能力。企业长期偿债能力的衡量指标主要有资产负债率、产权比率、或有负债比率和已获利息倍数。

（1）资产负债率又称负债比率，指企业负债总额对资产总额的比率。它表明企业资产总额中，债权人提供资金所占的比重，以及企业资产对债权人权权益的保障程度。其计算公式为：

$$资产负债率 = \frac{负债总额}{资产总额} \times 100\%$$

（2）产权比率，指负债总额与所有者权益的比率，是企业财务结构稳健与否的重要标志，也称资本负债率，它反映企业所有者权益对债权人权益的保障程度。其计算公式为：

$$产权比率 = \frac{负债总额}{所有者权益总额} \times 100\%$$

（3）或有负债比率，指企业或有负债总额对所有者权益总额的比率，反映企业所有者应对可能发生的或有负债的保障程度。其计算公式如下：

$$或有负债比率 = \frac{或有负债总额}{所有者权益总额} \times 100\%$$

（4）已获利息倍数，指企业一定时期息税前利润与利息支出的比率，反映了获利能力对债务偿付的保证程度。其中，息税前利润总额指利润总额与利息支出的合计数，利息支出指实际支出的借款利息、债券利息等。其计算公式为：

$$已获利息倍数 = \frac{息税前利润总额}{利息支出}$$

其中：

$$息前利润总额 = 利润总额 + 利息支出 = 净利润 + 所得税 + 利息支出$$

(二) 运营能力指标

运营能力指标是指基于外部市场环境的约束,通过内部人力资源和生产资料的配置组合而对财务目标实现所产生作用的大小。运营能力指标包括人力资源运营能力指标和生产资料运营能力指标。

▶ 1. 人力资源运营能力指标

人力资源运营能力通常采用劳动者效率指标来分析。劳动效率是指企业收入或净产值与平均职工人数(可以视不同情况具体确定)的比率。其计算公式为:

$$劳动效率 = \frac{劳动收入或净产值}{平均职工人数} \times 100\%$$

▶ 2. 生产资料运营能力指标

企业拥有或控制的生产资料表现为各项资产占用。资产运营能力的强弱取决于资产的周转速度、资产运行状况、资产管理水平等多种因素。

$$周转率(周转次数) = \frac{周转额}{资产平均余额} \times 100\%$$

$$周转期(周转天数) = \frac{计算期天数}{周转次数} = 资产平均余额 \times \frac{计算期天数}{周转额} \times 100\%$$

生产资料运营能力分析包括流动资产周转情况分析、固定资产周转情况分析和总资产周转情况分析等。

(三) 获利能力指标

对增值的不断追求是企业资金运动的动力源泉与直接目的。获利能力就是企业资金增值的能力,企业可以按照会计基本要素设置营业利润率、成本费用利润率、盈余现金保障倍数、总资产报酬率、净资产收益率和资本收益率六项指标,以此评价企业各要素的获利能力及资本保值增值情况。此外,上市公司经常使用的获利能力指标还有每股收益、每股股利、市盈率和每股净资产等。

▶ 1. 营业利润率

营业利润率是企业一定时期营业利润与营业收入的比率。其计算公式为:

$$营业利润率 = \frac{营业利润}{营业收入} \times 100\%$$

营业利润率越高,表明企业市场竞争力越强,发展潜力越大,从而获利能力越强。

▶ 2. 成本费用利润率

成本费用利润率是指企业一定时期利润总额与成本费用总额的比率。其计算公式为:

$$成本费用利润率 = \frac{利润总额}{成本费用总额} \times 100\%$$

▶ 3. 盈余现金保障倍数

盈余现金保障倍数是企业一定时期经营现金净流量与净利润的比值,反映了企业当期净利润中现金收益的保障程度,真实反映了企业盈余的质量,是评价企业赢利状况的辅助指标。其计算公式为:

$$盈余现金保障倍数 = \frac{经营现金净流量}{净利润} \times 100\%$$

盈余现金保障倍数是从现金流入和流出的动态角度,对企业收益的质量进行评价,在收付实现制的基础上,充分反映出企业当期净利润中有多少是有现金保障的。一般来说,当企业当期净利润大于 0 时,盈余现金保障倍数应当大于 1。该指标越大,表明企业经营活动产生的净利润对现金的贡献越大。

▶ 4. 总资产报酬率

总资产报酬率是企业一定时期内获得的报酬总额与平均资产总额的比率。它是反映企业资产综合利用效果的指标,也是衡量企业利用债权人和所有者权益总额所取得赢利的重要指标。其计算公式为:

$$总资产报酬率 = \frac{息税前利润总额}{平均资产总额} \times 100\%$$

其中:

$$息税前利润总额 = 利润总额 + 利息支出 = 净利润 + 所得税 + 利息支出$$

▶ 5. 净资产收益率

净资产收益率是企业一定时期净利润与平均净资产的比率。它是反映自有资金投资收益水平的指标,是企业获利能力指标的核心。其计算公式为:

$$净资产收益率 = \frac{净利润}{平均净资产} \times 100\%$$

▶ 6. 资本收益率

资本收益率是企业一定时期净利润与平均资本(即资本性投入及其资本溢价)的比率,反映企业实际获得投资额的回报水平。其计算公式如下:

$$资本收益率 = \frac{净利润}{平均资本} \times 100\%$$

▶ 7. 每股收益

每股收益,也称每股利润或每股盈余,是反映企业普通股股东持有每一股份所能享有企业利润或承担企业亏损,是衡量上市公司获利能力时最常用的财务分析指标。每股收益越高,说明公司的获利越强。

▶ 8. 每股股利

每股股利是上市公司本年发放的普通股现金股利总额与年末普通股总数的比值。其计算公式为:

$$每股股利 = \frac{普通股股利总额}{年末普通股股数} \times 100\%$$

▶ 9. 市盈率

市盈率是上市公司普通股每股市价相当于每股收益的倍数,反映投资者对上市公司每股净利润愿意支付的价格,可以用来估计股票的投资报酬和风险。其计算公式为:

$$市盈率 = \frac{普通股每股市价}{普通股每股收益} \times 100\%$$

四、综合指标分析

(一)综合指标分析的含义及特点

所谓综合指标分析就是将运营能力、偿债能力、获利能力和发展能力指标等诸多方面纳入一个有机的整体之中,全面地对企业经营状况、赢利状况、财务状况进行揭示与披露，从而对企业经济效益的优劣做出准确的评价与判断。

（二）综合指标分析方法

综合指标分析的方法很多，其中应用比较广泛的有杜邦财务分析体系。

杜邦财务分析体系（简称杜邦体系）是利用各财务指标间的内在关系，对企业综合经营理财及经济效益进行系统分析评价的方法，因其最初由美国杜邦公司创造并成功运用而得名。该体系以净资产收益率为核心，将其分解为若干财务指标，通过分析各分解指标的变动对净资产收益率的影响来揭示企业获利能力及其变动原因。

杜邦体系各主要指标之间的关系如下：

净资产收益率＝总资产净利率×权益乘数＝营业净利率×总资产周转率×权益乘数

其中：

$$营业净利率 = \frac{净利润}{营业收入} \times 100\%$$

$$总资产周转率 = \frac{营业收入}{平均资产总额} \times 100\%$$

$$权益乘数 = \frac{资产总额}{所有者权益总额} = \frac{1}{1-资产负债率}$$

在具体运用杜邦体系进行分析时，可以采用因素分析法，首先确定营业净利率，总资产周转率和权益乘数的基准值，分别计算分析这三个指标的变动对净资产收益率的影响方向和程度，还可以使用因素分析法进一步分解各个指标并分析其变动的深层次原因，找出解决的方法。上述指标之间的关系如下。

（1）净资产收益是一个综合性最强的财务比率，是杜邦体系的核心。其他各项指标都是围绕这一核心，通过研究彼此之间的依存制约关系，而揭示企业的获利能力，及其前因后果。财务管理的目标是使所有者财富最大化，净资产收益率反映所有者投入资金的获利能力，反映企业筹资、投资、资产运营等活动的效率，提高净资产收益率是实现财务管理目标的基本保证。该指标的高低取决于营业净利率、总资产周转率与权益乘数。

（2）营业净利率反映了企业净利润与营业收入的关系。提高营业净利率是提高企业赢利的关键，主要有两个途径：扩大营业收入和降低成本费用。

（3）总资产周转率揭示企业资产总额实现营业收入的综合能力。企业应当联系营业收入分析企业资产的使用是否合理，对资产的内部结构以及影响资产周转率的各具体因素进行分析。

（4）权益乘数反映所有者权益与总资产的关系。权益乘数越大，说明企业负债程度较高，能给企业带来较大的财务杠杆利益，但同时也带来了较大的偿债风险。因此，企业既要合理使用全部资产，又要妥善安排资本结构。

通过杜邦体系自上而下地分析，不仅可以揭示出企业各项财务指标间的结构关系，查明各项主要指标变动的影响因素，而且为决策者优化经营理财状况，提高企业经营提供了思路。提高主权资本净利率的根本在于扩大销售、节约成本、合理投资配置、加速资金周转、优化资本结构、确立风险意识等。

知识链接

财务管理是在一定的整体目标下，关于资产的购置（投资）、资本的融通（筹资）和经营中现金流量(营运资金),以及利润分配的管理。企业财务管理是通过价值形态对企业资金运动进行决策、计划和控制的综合性管理。财务不同于其他部门,本身并不能创造什么价值,但由于企业财务管理是直接向管理层提供第一手的信息,因此,企业财务管理实际上是一个隐性的管理部门。

现代企业财务管理中的问题

在现代企业财务管理当中,较为普遍的问题主要有以下几个方面。

1. 事前预算不力,事后分析不到位

很多企业管理者事前没有采集数据进行认真分析并编制预算,在事中执行过程中也没有对预算完成情况进行严格考核,事后评价和分析不到位也是企业面临的重要问题。

2. 信息化程度不高,缺乏财务创新

在现代企业管理当中,很多企业财务管理模式受网络技术的限制,采用较分散的管理模式,电子化程度不高,财务信息上下级之间无法共享,监管信息反馈滞后,工作效率低下,没有开发出能适应电子商务环境的财务管理信息系统。

3. 财务架构不健全,组织机构设置不合理

大部分企业财务机构的设置是中间层次多、效率低下;还有部分企业管理者在财务机构设置方面不够科学,有的甚至未设置专门的财务机构。

4. 内控体系不完善,缺乏风险管理意识

部分企业财务运行不够规范,权责不到位,内部控制制度等基本财务管理制度不健全。部分企业缺乏风险管理和控制机制。

5. 费用管理不规范,资产管理散乱

在费用开支上,部分企业管理不严,未建立或未实行"一支笔"审批制度。在资产管理上,部分企业没有定期对资产进行盘点,资产实物与登记簿不符,实物管理和账务管理都有很多漏洞。

6. 成本核算粗放,成本控制不严

有的企业成本核算十分粗放,将各种产品成本笼统汇总核算,不利于加强成本控制;有的企业管理者只注重生产过程的成本控制,事前、事中控制能力较低,造成不必要的浪费。

在财务管理当中应着重避免上述问题的出现,在日常企业管理方面只有加强财务管理,才会增加企业的竞争能力,提高企业抵抗市场风险的能力,扩大企业赢利,所以财务管理的有序和规范是企业可持续发展的前提。

总　　结

财务管理是企业管理的核心,企业财务管理能力的强弱直接关系到企业的兴衰成败。本情境着重理解企业财务管理的基本内容是企业筹资管理、营运资金管理、利润及其分配管理,选择符合企业自身情况的财务管理目标是财务管理工作的关键;了解企业筹集资金

的方法及筹资结构优化，着重理解权益筹资和负债筹资；了解营运资金的含义、特点及管理原则；了解成本管理和利润分析的方法；学习掌握财务分析的方法，掌握偿债能力、营运能力、赢利能力分析的内容；掌握杜邦财务分析体系。

教 学 检 测

一、名词解释

财务管理目标　营运资金

二、问答题

1. 什么是营运资金？简述营运资金的特点。
2. 营运资金的管理应遵循哪些原则？
3. 什么是财务分析？其作用有哪些？
4. 评价企业财务状况和经营成果的分析指标有哪些？
5. 如何运用杜邦财务分析体系进行财务分析？

三、综合案例思考

绍兴百大高级管理人员持股

1996年6月，绍兴百大（股票代码6000840，已从1999年8月16日起更名为"浙江创业"）发布公告称，公司的高级管理人员已于近日陆续从二级市场上购入该公司的社会公众股，平均每股购入价格为10.40元左右。公告还显示，购入股份最多的是该公司总经理王学超，持股数量达28 600股，而购入股份最少的高级管理人员也有19 000股。按照有关规定，上述人员只有在离职6个月后，才可将所购入的股份抛出。

资料显示，绍兴百大自1994年3月上市以来已经两度易主，股权几经变更。1998年11月，该公司第二大股东宁波嘉源实业发展有限公司（以下简称"嘉源公司"）通过受让原第一大股东的股权，从而成为绍兴百大目前第一大股东，嘉源公司承诺所持股份在三年之内不转让。嘉源公司入主绍兴百大之后，经过半年多的清产核资，绍兴百大的不良资产基本上得到剥离，留下的都是比较扎实的优质资产。在此基础上，1999年6月3日，公司董事会提出，公司的总经理、副总经理、财务负责人和董事会秘书等在6个月之内，必须持有一定数量的公司发行在外的社会公众股，并且如果在规定的期限内，高级管理人员没有完成上述持股要求，公司董事会将解除对其的聘任。

据绍兴百大总经理王学超介绍，此次高级管理人员持股可以说是公司董事会的一种强制行为，目的是为了增强高级管理人员对公司发展的使命感和责任感。让高级管理人员来投资自己所管理的公司，如果公司取得好的发展，他们的资产就会增值，如果公司发展不好，也会直接影响到他们的切身利益，这样把公司高级管理人员的个人利益与公司利益紧密结合起来，有利于企业的快速健康发展。

资料来源：绍兴百大高级管理人员持股案例．http://www.docin.com/p-904782084.html。

思考：公司高级管理人员持股对公司的财务管理目标会产生什么影响？如何评价绍兴百大的高级管理人员持股？

拓展阅读

现代企业财务管理的防范措施

1. 建立财务危机预警系统

企业财务危机预警系统，作为一种成本低廉的诊断工具可预知财务风险的征兆，当有可能危害企业财务状况的关键因素出现时，财务危机预警系统能发出警告，以提醒经营者早做准备或采取对策以减少财务损失，控制财务风险的进一步扩大。企业的经营者、管理者应随时加强对财务风险指标的分析，适时调整企业营销策略，合理处置不良资产，有效控制存贷结构，适度控制资金投放量，减少资金占用。还应注意加速存货和应收账款的周转速度，使其尽快转化为货币资产，减少甚至杜绝坏账损失，加速企业变现能力，提高资金使用率。

2. 建立财务风险意识

企业要时刻关注国家宏观政策的变化，关注国家产业政策、投资政策、金融政策、财税政策的变化，管理层应对企业投资项目、经营项目、筹借资金、经营成本等方面可能产生的负面效应进行提早预测，以便及时采取措施。管理层要关注市场供需关系的变化，防止企业成本费用和资金需求增加使财务成本上升和资金链的中断而出现经营亏损或资不抵债的财务危机。企业经营者要根据政策因素变化及时调整经营策略和投资方向，避免企业步入财务危机。在销售方面注重产销衔接，以销定产，及时调整营销策略，积极开拓新渠道，培育新用户，加速货款回笼，加强业务整合，提高企业整体抵抗风险的水平。

3. 建立企业内部监督制度

内部审计控制是一个企业内部经济活动和管理制度是否合规、合理和有效的独立评价系统，在某种意义上讲是对其他控制的再控制。内部审计在企业应保持相对独立性，应独立于其他经营管理部门，确保审计部门发现的重要问题能送达治理层和管理层。对于不具备条件的企业可聘请外部审计机构和人员进行内部审计。

4. 建立内部控制制度

要建立企业内部控制制度和会计控制制度，如对企业的货币资金控制、采购与付款控制、销售与收款控制、对外投资控制等。实施内部牵制制度，对不相容的岗位实行相互分离、相互制约；建立回避制度；会计负责人的直系亲属不得担任出纳人员；严禁擅自挪用、借出货币资金；严禁收入不入账；严禁一人保管支付款项所需的全部印章；不得由同一部门或个人办理采购与付款、销售与收款业务的全过程；销售收入要及时入账。

财务风险存在于财务管理工作的各个环节，任何环节的工作失误都可能会给企业带来财务风险，企业的经营者、管理者、财务人员必须将风险防范贯穿于财务管理工作的始终。及时了解企业财务运营的真实情况，优化财务结构，从而规避风险，改善不良经营状况，实现企业目标，确保企业的生存和发展壮大。

学习情境八 现代企业市场营销管理

>>> 知识要点

- 市场营销管理的含义。
- 市场营销观念的演变和发展过程及特点。
- 市场营销计划制订过程与实施。
- 市场营销组织的历史演变、组织形式。
- 市场营销组织设计的原则。
- 市场营销控制的过程和内容。

>>> 核心概念

市场营销管理　市场营销计划　市场营销组织　市场营销控制

情境导入

科利华与《学习的革命》

1998年12月8日,中央电视台在《焦点访谈》前播放的一则广告引起了不少人的兴趣。这则在最昂贵的黄金时段播出的广告,是一本定价28元的书,叫《学习的革命》。知情人介绍,在中央一套19点38分播出这则15秒的广告,需要付出的是每天25万元。

1998年12月9日,在北京的梅地亚宾馆,科利华宣布了《学习的革命》的推广计划,那就是斥资1个亿作为广告投入,要在100天卖掉1 000万册。近年来,书业不振已是人所共知。著名播音员赵忠祥的《岁月随想》卖出104万册,已是近年最高峰。北京一家书店的董事长认为,这是"疯狂的举动",就像当年秦池酒厂买下中央电视台的"标王"一样。他说,书没有这样做的,一本书也不值得这样做,因为国家经济形势和图书市场处于低潮,盗版活动很快就会冲击正版,这本书不一定有1 000万册的市场容量。广域图书公司董事长刘苏里认为,发行1 000万册太夸张,如果真能实现,销售总额则为2.8亿元。可是,1997年全国图书销售码洋,包括书籍、招贴画才275亿元,品种一共12万。一本书的销量要达到全国所有图书发行量的1%,如果不是跟更大的目的有关,那就是疯子的行为。

事实表明，科利华自己也没有对1 000万册的销售量抱多大希望。科利华老总宋朝弟曾经对部属说过，卖500万册我们就庆功。在接受记者采访时，宋朝弟解释了此次策划的思路。

第一步，就是先树立一个梦，提出销售1 000万册的目标。既然是梦，就无须用科学逻辑的道理去批驳、推翻它。

第二步，弄清楚梦想的意义。为了总结1 000万册销售成功的意义，科利华开了好多次会，从开始的十几个人到后来的上百人参加，总结了200多条意见。这些都是今后落实工作的动力，是信心。

第三步，让梦想变成现实的具体手段。要想成功推广1 000万册，一定要让这本书家喻户晓，于是就有了中央一套黄金段的广告。据说，尽管有谢晋无偿"支援"，科利华为了电视广告仍然筹备了三个月，花费200万元制作费。从一份科利华电视广告播出安排上可以看到，科利华已在中央一套、三套节目、中国教育台、凤凰卫视中文台以及各地日报、晚报上投放了广告。这则广告甚至出现在当时北京正热映的大片《拯救大兵瑞恩》的片前。

第四步，如果梦想失败，分析原因是什么。宋朝弟分析困难会有许多，最致命的可能就是盗版。科利华已经申请了有关法律保护，书的封面有防伪标记，每本书有唯一编号，同时把活动定在100天内完成，不给盗版者可乘之机。

为了推广，科利华制作了100本高76厘米、宽52厘米、重14.8千克的"书王"，制作12米高9米宽的中国最大的图书模型，并成为国内第一家为一本书开设一个网站、开通专项寻呼的单位。

从12月12日开始，名为"学习的革命"的展览在全国39个城市举行。同时，《学习的革命》一书也在几十个城市的办事处开始批发。据悉，该书头两天的销售量即达到38万册。这在图书市场低迷的大环境下，也确实算得上一个不小的"奇迹"。

此番科利华不惜血本地投入宣传，目的当然不仅仅是卖书而已。宋朝弟曾经表示："科利华是滚动投入。毕竟卖一本书科利华还有10元的毛利，投入10亿元发行1 000万本书科利华最多是赚不到现金而已，但39个城市的展览会将会有300万人左右参加，受到门票和海报等宣传的将有3 000万人，间接波及的人更会有3亿人，照此计算，科利华的无形资产会增长5~10倍。"

资料来源：吴建安．市场营销学［M］．3版．北京：高等教育出版社，2007．

思考：

(1) 科利华的营销活动是如何围绕其营销目标展开的？

(2) 科利华为实现营销目标做了哪些计划？

单 元 一　企业市场营销管理概述

随着全球经济一体化的发展，国内外市场竞争日趋激烈，市场营销已经成为决定中国企业命运的重要因素，其中机遇和挑战并存。企业必须树立现代营销观念，运用现代营销策略，勇于创新，拓展生存和发展的空间，努力完善企业市场营销的管理过程。企业采用系统的方法发现、分析和选择市场机会，开展市场营销活动，增强企业竞争力，在竞争中立于不败之地。

一、市场营销管理的含义

（一）市场营销的含义

市场营销是由英语 marketing 一词翻译而来，它是现代市场营销学的一个非常重要的概念。市场营销学以市场营销为研究对象，市场营销是在市场营销学的指导下进行的实践活动，正确地理解市场营销的含义，对于企业的营销活动有重大意义。

综合各国学者对市场营销所下定义，将市场营销较为完整的定义表达为：在不断变化的市场环境中，为适应、刺激和满足消费者的需求，企业通过有计划地组织整体销售、实现企业的目标市场、产品开发、产品定价、渠道选择、促销、提供服务等一系列与市场有关的企业业务经营活动。

（二）市场营销管理的含义

所谓市场营销管理，指为实现组织目标而对旨在创造、建立和保持与目标购买者之间有益交换关系的设计方案所做的分析、计划、实施和控制。市场营销管理的任务，就是为促进企业目标的实现而调节需求的水平、时机和性质。

二、市场营销观念

（一）市场营销观念的含义

市场营销观念是指企业的决策者在组织和规划企业的营销实践时所依据的指导思想和行为准则。它是企业决策者对市场营销的基本看法和态度，即以什么为中心开展营销活动，是一种商业哲学和思想。企业的一切营销活动都受市场营销观念的支配和影响，它决定着企业营销行为的方向和经济效益。

在市场经济发展的不同时期，企业的市场营销观念是不同的。市场营销观念的产生是企业的决策者在特定的环境条件下为了实现企业的营销目标，在实践中逐渐产生和形成的。企业决策者的营销观念一旦形成，将对企业的营销活动产生促进作用，指导和推动企业的营销活动。

（二）市场营销观念的演变

在市场经济条件下，任何企业的营销活动都要受到统一指导思想支配，并在一定的经营思想指导下进行。随着商品经济的深入发展和市场环境的不断变化，营销观念也经历了相应的演变过程。近百年来，西方国家工商企业的市场营销观念经历了一个漫长的演变过程，大体包括以下几个阶段。

▶ 1. 生产观念

生产观念是一种以生产为中心的营销观念，产生于19世纪下半叶到20世纪初，这个阶段各主要的资本主义国家已完成了工业革命，当时的生产效率还不是很高，并且工业化促进了城市化的发展，城市人口剧增，从而造成对商品的需求猛增，形成了有利于生产企业的卖方市场。对于企业来说，只要把产品生产出来就能立刻卖掉，所以企业的中心任务是扩大生产，提高生产效率以生产出更多产品。

所谓生产观念，就是企业的一切经营活动以生产为中心，围绕生产来安排一切业务。

生产观念的假设前提是：消费者可以接受任何即买得到又买得起的商品，因而企业的主要任务是提高效率、降低成本、扩大生产。持有生产观念的企业注意力只放在产品的价格高低和消费者的购买能力的比较上，而不去关心质量、品种、外观等非价格差异。

生产观念是一种"以产定销"的经营思想，它适用于市场商品需求超过供给，卖方竞争较弱，买方争购，选择余地不大；或产品成本和太高，只有提高效率，降低成本，从而降低售价，方能扩大销路。但随着科学技术的进步和社会生产力的不断发展，生产观念适用范围必然越来越小。

▶ 2. 产品观念

产品观念则认为，只要产品的质量优良，具有其他产品无法比拟的优点和特征，就会受到消费者的欢迎，消费者也愿意花更多的钱去购买优质产品，在这种观念的指导下，企业往往把注意力集中于产品的精心生产上，而根本不考虑市场上消费者是否真正接受这种产品。

产品观念是一种"营销近视症"，在市场营销管理中缺乏远见，只看见自己的产品质量好，看不见市场需求的变化。以上两种观点的共同点在于，都以生产者为中心和导向，采取"以产定销"的经营方式，生产什么就销售什么，忽略对消费需求的调查研究，轻视销售在企业经营中的作用。显然，以生产为导向的营销观念是十分陈旧的，它仅适用于商品经济不够发达，市场商品供不应求条件下的企业行为。

▶ 3. 销售观念

销售观念又称推销观念，是以推销为中心的企业市场营销观念。销售观念是生产观念的发展和延伸，盛行于20世纪初期到中期，在这一时期各主要的资本主义国家经济与市场供求状况发生了根本变化，特别是1929年爆发的空前严重的世界性经济危机，使大批企业面临产品积压、市场萧条、破产倒闭的严重威胁，竞争加剧，出现了"买方市场"。为此，绝大部分企业开始寻找刺激消费者购买行为的各种手段，推销技术受到企业的特别重视，因此就出现了以销售为中心，以销促产、产销结合的销售观念。

销售观念认为，消费者一般不会主动选择和购买某种商品，而只能通过努力销售，诱导其产生购买行为。因此，企业的中心任务是把生产出来的商品销售出去，以销售为中心，技术为销售服务，注重推销术和广告术，向现实消费者和潜在消费者大量推销商品，以期压倒竞争对手，获取最大的利润。

从生产观念和产品观念转变为销售观念是市场营销管理指导思想上的一大进步，但销售观念并没有脱离以生产为中心、"以销定产"的范畴，本质仍然是着眼于现有产品的销售，而对于如何满足消费者需求，达到消费者完全满意，则没有给予足够的重视。因此，随着经济的进一步发展，产品供给更加丰富，这种观念就不适应了。

▶ 4. 市场营销观念

市场营销观念是以消费者需求为中心的企业经营指导思想，是一种全新的经营哲学，是第二次世界大战以后在美国新的市场形势下形成的，并相继盛行于日本、欧洲各国。第二次世界大战后各国经济迅速恢复和发展，20世纪50年代后出现的新科技革命使劳动生产率大幅度提高，生产大幅度增长，市场竞争日益激烈。这时，企业的生存与发展取决于消费者的需要，取决于消费者需要的满足程度。因此，许多企业都提出了"一切为了顾客""顾客就是上帝"的口号，从而形成了以消费者为中心，一切为了满足消费者需求的现代市场营销观念。

在市场营销观念的指导下，企业营销活动由传统的"以产定销"变为"以销定产"，即首先通过市场调查和预测来分析研究市场，充分了解消费者的需要，然后根据市场需要确定经营方向，制订生产经营计划，进而采取整体营销组合方式向消费者提供能满足其需要的产品或劳务，争取消费者的信任和满意。因此，在奉行市场营销观念的企业中，市场营销部门占据主导地位。

市场营销观念是企业经营思想上的一次根本性的变革，市场营销观念的形成和在实践中的应用，对企业的经营活动有着重大的意义，甚至有人把这一经营思想的变革称为"市场营销革命"。它标志着现代企业对传统经营思想和模式的大胆摒弃与彻底决裂，也体现了企业为顺应买方市场环境的变化对自身行为的自觉调整与选择。

▶ 5. 社会市场营销观念

市场营销观念摆正了企业与顾客的关系，但在实际执行过程中，企业在满足消费者的某些需求和欲望的同时，往往可能损害消费者的其他利益，损害社会公众的长远利益，如氟利昂的生产，满足了家电行业的需要，但它破坏了臭氧层，危害人类健康。社会营销观念出现于20世纪70年代，它的提出一方面是基于"在一个环境恶化、爆炸性人口增长、全球性通货膨胀和忽视社会服务的情况下，单纯的市场营销观念是否合适"这样的认识；另一方面也是基于对广泛兴起的保护消费者利益为宗旨的消费主义运动的反思。

社会营销观念认为，企业要平衡与协调消费者利益、企业利润和社会整体利益三者之间的关系，统筹兼顾。单纯的市场营销观念提高了人们对需求满足的期望和敏感度，导致了满足当前消费者需求和长远的社会福利之间的矛盾，导致产品过早陈旧，环境污染更加严重，也损害和浪费了一部分物质资源。因此，企业的自由在于确定目标市场的需要，开展整体营销活动，比竞争者更有效地满足消费者需求，企业应视利润为消费者满意的一种报酬，以维护与增进消费者和社会福利作为企业的根本目的和职责。

社会营销观念要求企业在营销活动中处理好平衡公司利润、消费者需求满足与公共利益三者之间的关系。企业推行社会营销观念，从宏观上可以保护消费者和企业生存与发展的良好营销环境，符合社会合理、有序发展的要求；从微观上可以提高企业在消费者心中的形象，为企业的持续发展创造一个稳定的环境。

▶ 6. 关系营销观念

关系营销是20世纪70年代末到90年代初，西方国家兴起的一种新型营销观念，最早出现在服务营销和工业品营销领域。它是由美国营销专家巴巴拉·杰德·杰克逊于1985年提出的。这种营销观念的基本观点是：企业要在赢利的基础上，建立、维持与促进与顾客和其他伙伴之间的关系，以实现参与交易各方的目标，从而形成一种兼顾各方利益的长期关系。关系营销的重点对象是顾客，目的是尽可能地使每一位顾客都成为未来的长期客户，成为与企业有伙伴关系的忠诚顾客。

关系营销理念是现代市场营销理论的重要组成部分，是促进企业营销组合的重要内容。关系营销旨在加强企业与客户的关系，从公众利益的角度确定企业的经营方针和经营活动，通过宣传推广活动，使广大公众认识企业，进而取得支持，树立企业形象和促进产品销售。

三、市场营销环境

任何企业都是在不断变化着的社会经济环境中运行的,离不开与其企业、目标顾客和社会公众的相互联系。企业的经营管理活动就在于谋求企业的内部条件、外部条件和经营目标三者之间的动态平衡。企业为了更好地生存和发展,必须经常注意市场环境的变化,分析研究市场环境变化的趋势,及时调整营销策略,确保企业在激烈的市场竞争中立于不败之地。

企业营销环境由微观环境和宏观环境构成。微观环境影响企业服务于其目标顾客的能力,由企业的供应者(为本企业提供生产经营要素的其他企业、机构和个人,特别是供应商)、营销中介人(中间商、物流企业、融资企业、会计事务所、律师事务所及其他营销服务机构)、顾客(消费者或用户)、竞争对手、社会公众,以及企业内部影响营销管理决策的各个部门(计划、人事、财务、生产、营销等部门)所构成。

宏观环境影响微观环境,宏观环境由一些大范围的社会约束力量所构成,主要包括人口环境(人口的规模及其构成、教育程度、地区间移动等)、经济环境(购买力水平、消费支出模式、供求状况等)、自然环境(自然资源、能源、污染等)、技术环境(科技进步等)、政治法律环境(政治体制、法令法规等)和社会文化环境。

(一) 市场营销的宏观环境

宏观环境包括人口环境、经济环境、自然环境、科技环境、政治与法律环境,以及文化环境六个方面。这六个方面的因素对营销战略的制订有直接的影响。

▶ 1. 人口环境

人口环境是指人口的规模、密度、地理分布、年龄、性别、家庭、民族类别、职业,以及其他有关情况。人口的数量决定消费者的数量,消费者数量的多少又在一定程度上决定市场容量的大小,因此人口环境对营销者而言是至关重要的。

▶ 2. 经济环境

经济环境是影响企业营销活动的主要环境因素。它主要包括经济发展阶段、地区发展状况、产业结构、货币流通状况,收入因素和消费结构对营销活动的影响较为直接。

(1) 消费者收入水平。消费者收入的高低,直接影响着购买力的大小,从而决定了市场容量和消费者支出的模式。以中国的城市消费市场为例,当人均年收入不足3千元时,消费的能级(所谓消费能级,指大多数消费者对耐用消费品或高档服务的购买愿望及其支付能力)一般是百元商品,当人均年收入在3千～1万元时,消费能级为千元商品,当人均年收入达到1万～2万元时,消费能级为万元商品(10万元以下),当人均年收入超过3万元时,消费能级则过渡到10万元级商品。消费者的收入总水平一般与一个地区的就业率和工资水平有关,就业率越高,或者平均工资水平越高,这个地区的收入总水平也越高。消费者的平均收入水平则同这个地区的经济发展有关,经济发展越快,平均收入水平越高。根据一般的经验,人均收入一般占人均GDP的三分之一,例如,一个地区的人均GDP假如为3万元,那么人均收入一般为1万元。

(2) 消费者的倾向。所谓消费倾向,一般指消费支出占总收入的比重,在一般情况下,消费倾向与储蓄倾向正好相反,在收入中,消费支出越少、储蓄的倾向就越大;消费倾向越高,储蓄的倾向就越低。消费倾向低的地区,市场的需求往往不足,企业的新产品上市比较困难，消费者对广告的敏感度也较弱。消费倾向的高低首先与收入水平有关，收入越低，消费倾向越高。其次，消费倾向受消费者心理的影响，如果失业率上升，社会保障系统不完善，生活的安全感低，消费的倾向肯定会下降。年龄也是影响消费倾向的重要因素，青年人的消费倾向最高，中年人由于家庭负担重，消费倾向较低，老年人则次之。有时，消费倾向还受消费环境的制约，比如一个地区消费信贷比较方便，消费倾向就会高一些。

（3）消费结构。家庭中各种消费支出占总消费支出的比例。消费的结构指消费者各类支出所占的比重，如衣、食、住、行等支出结构。它主要影响市场的商品结构，进而再影响企业的投资方向。近年来，我国的消费结构发生了很大的变化。首先是恩格尔系数不断下降，所谓恩格尔系数，指食品支出占总支出的比重，目前食品支出的比重下降，其他支出的比重相应增加。从20世纪80年代初至今，我国很多地区先后经历了服装消费热、家电消费热，目前正在向汽车消费和住宅消费进军。服务消费的比重也在逐步上升，在80年代以前，市场消费主要局限在商品消费领域，随着消费能力的增加，服务消费比重正逐步上升，如交通、旅游、娱乐等消费近年来明显增加。另外，随着社会福利体系改革的深入，原先属于社会福利的教育、医疗、社会保障等也逐步市场化和商品化，从而消费结构中这一类支出也明显增加。

▶ 3. 自然环境

自然环境如气候条件差异、地理位置差异、生产原材料资源限制等都会影响企业市场营销战略的制订。

气候条件差异如冬季南北方对暖气的需求不尽相同；地理位置差异如重庆由于山区地形，对自行车的需求会有所减少；生产原材料资源限制如石油、煤等能源的缺乏，促使企业开发新产品时使用替代能源的产品，如用太阳能热水器代替液化热水器，发电厂应建在水源附近。

此外，表现为公众的生态需求增加、环保意识增加，以及政府的环保立法更加严密。

▶ 4. 科技环境

科技发展影响企业的市场营销行为，新材料、新工艺、新设备、新技术使产品寿命周期缩短（20年前产品的生命周期为8～15年，现已缩短至3～5年，甚至更短），如电视、电脑的更新等，因此企业需要不断研制新产品。新近通信技术、多媒体传播手段使广告受众者更多、更具影响力，自动售货、邮购、电话订货、电子商务、电视购物等引起分销方式的变化。

▶ 5. 政治与法律环境

政治与法律环境的第一个方面就是政治体制、经济管理体制、政府与企业的关系。就我国当前的情况而言，与企业密切相关的突出问题在于精简政府机构，规范政府行为，克服官僚主义，实行政企分开，建立现代企业制度。随着我国经济体制、政治体制改革的逐步深入，我国企业将在一个更为开放、民主、法制化的经济管理体制和政治环境中运行。

政治与法律环境的第二个方面，是企业营销中大量遇到的法律、法规，尤其是其中的经济立法。经济立法旨在建立并维护社会的经济秩序（包括市场秩序），有些是为了保障所有权，有些是为了保护竞争，有些是为了保护消费者利益，有些是为了保护社会的长远利益。每一项新的法律、法规的颁布，或者原有法律、法规的修改，都会影响企业的营销活动。目前，我国的经济立法已日臻完备。

政治与法律环境的第三个方面是政府的方针政策。如果说法律、法规是相对稳定的，那么方针政策则有较大的可变性，它随着政治经济形势的变化而变化。政府方针政策显然会对企业的营销活动产生直接或间接的重大影响。

政治与法律环境的第四个方面是公众团体，即为了维护某一部分社会成员的利益而组织起来的，旨在影响立法、政策和舆论的各种社会团体，如经国务院1985年1月批准成立的中国消费者协会等。这些社会公众团体的活动，也会对企业的营销活动产生一定的压力和影响。

▶ 6. 文化环境

文化环境包括社会阶层、家庭结构、宗教信仰、价值观念、消费习俗等。

在企业面临的诸方面环境中，社会文化环境是较为特殊的，它不像其他环境因素那样显而易见且易于理解，却又无时不在地深刻影响着企业的日常营销活动。无数事例说明，无视社会文化环境的企业营销活动必然会名于被动或归于失败。文化，作为一个社会历史范畴，涵盖面很广，一般是指人类在社会发展过程中所创造的物质财富和精神财富的总和，是人类创造社会历史的发展水平、程度和质量的状态。但在这里，文化主要是指那些在一定文明的基础上，在一个社会、一个群体的不同成员中一再重复的情感模式、思维模式和行为模式，包括人们的价值观念、信仰、态度、道德规范和民风习俗等。正是这些无形的文化因素，构成了企业营销的文化环境。

文化是影响人的欲望（包括消费需求欲望）、行为（包括消费行为、购买行为）的基本因素之一。任何人都在一定的社会文化环境中生活，存在于特定社会文化环境中的个体，其认识事物的方式、行为准则和价值观等都会异于生活在其他社会文化环境中的人们。例如，由于价值观念不同，使得人们对周围事物的是非、善恶和重要性的评价不同；同一种款式的商品，一个民族认为是美的，另一民族也许认为是丑的；同一种色彩的商品，农村居民十分喜爱，城市居民却可能很少问津；同一种消费行为，在这方土地上是习以为常的，在另一方土地上则可能认为是不可思议的。再如，由于民风习俗、礼仪交往等方面的差异，往往影响到销售促进的内容与形式（如广告内容的设计），致使商务谈判的风格与技巧呈现出不同的特点，如此等等。因此，无论在国内还是在国际上开展市场营销活动，企业都必须全面了解、认真分析所处的社会文化环境，以利于准确把握消费者的需要、欲望和购买行为，正确决策目标市场，制订切实可行的营销方案。对于进入国际市场和少数民族地区的企业来说，这样做尤为重要。

（二）企业营销的微观环境

企业营销的微观环境影响企业为目标市场服务的能力及营销策略的组合。构成企业营销微观环境的各种制约力量，与企业形成了协作、竞争、服务、监督的关系。一个企业能否成功地开展营销活动，不仅取决于能否适应客观环境的变化，适应和影响微观环境的变化也是至关重要的。

▶ 1. 企业内部的力量

企业营销的微观环境中的第一种力量是企业内部的环境力量。企业内部各个部门、各个管理层次之间的分工是否科学，协作是否和谐，能否精神振奋、目标一致、配合默契，做到心往一处想，劲往一处使，影响到企业的营销管理决策和营销方案的实施。

2. 各类资源的供应者和各类营销中介

企业营销的微观环境中的第二、第三种力量是各类资源的供应者和各类营销中介，它们与企业构成协作关系。资源供应者向企业提供为目标顾客服务所必需的原材料、零部件、能源、劳动力等；营销中介则为企业融通资金，推销产品，以及提供运输、储存、咨询、保险、广告、评估等种种便利营销活动的服务。如何在动态变化中与这些力量建立起稳定、有效的协作关系，对于企业服务于目标顾客能力的最终形成具有重大影响。

3. 顾客

企业营销的微观环境中的第四种力量是顾客，也就是目标市场，这是企业服务的对象。企业的顾客无非是个人消费者、生产者、转卖者、政府和国际市场五种类型。这些顾客不同的、变化着的需求，必然要求企业以不同的服务方式提供不同的产品（包括服务），从而制约着企业营销决策的制订和服务能力的形成。

4. 企业竞争者

企业营销的微观环境中的第五种力量是企业面对的一系列竞争者。从消费需求的角度划分，企业的竞争者包括愿望竞争者、普通竞争者、产品形式竞争者和品牌竞争者。

（1）愿望竞争者，指提供不同产品以满足不同需求的竞争者。例如，作为电视机制造商，那么生产电冰箱、洗衣机、地毯等不同产品的厂商就是愿望竞争者，如何促使更多的消费者首先购买电视机，而不是首先购买其他产品，这就是一种竞争关系。

（2）普通竞争者，指提供能够满足同一种需求的不同产品的竞争者。例如，自行车、摩托车、小轿车都可用做家庭交通工具，从而满足人们的出行需求，生产这三种产品的厂商之间必定存在着一种竞争关系，它们也就相互成为各自的普通竞争者。

（3）产品形式竞争者，指生产同种产品但不同规格、型号、式样的竞争者。

（4）品牌竞争者，指产品相同，规格、型号等也相同，但品牌不同的竞争者。

显然，后两类竞争者都是同行业的竞争者。上述不同的竞争对手，与企业形成了不同的竞争关系。这些不同的且不断变化着的竞争关系，是企业开展营销活动必须考虑的十分重要的制约力量。

5. 公众

公众是指对企业实现其市场营销目标构成实际或潜在影响的任何团体，包括以下几方面。

（1）金融公众，即影响企业取得资金能力的任何集团，如银行、投资公司等。

（2）媒体公众，即报纸、杂志、广播、电视、IT网等具有广泛影响的大众媒体。

（3）政府公众，即负责管理企业业务经营活动的有关政府机构。

（4）群众团体，且各种消费者权益保护组织、环境保护组织、少数民族组织等。

（5）地方公众，即企业附近的居民群众、地方官员等。

（6）一般公众。一个企业需要了解一般公众对它的产品和活动的态度，企业的"公众形象"，即在一般公众心目中的形象，对企业的经营和发展是很重要的。

所有以上这些公众，都与企业的营销活动有直接或间接的关系。现代企业是一个开放的系统，它在经营活动中必然与各方面发生联系，必须处理好与各方面公众的关系。为此，企业需设立"公共关系"部门，专门负责处理与公众的关系。

上述六种力量既构成了企业营销的微观环境，也是一个企业的市场营销系统。不断地疏通、理顺这个系统，常常是企业重要而又迫切的经常性任务。

知识链接

财务管理职能和财务管理目标的关系

1. 财务管理职能和目标都决定于财务管理的性质

财务管理作为企业管理的一部分，其目标的定位必须服从于企业的目标和企业管理的目标，与企业和企业管理的总体目标协调一致，但由于财务管理在企业管理中的特殊性，财务管理目标的表述与企业目标、企业管理目标不能完全混同，这是由财务管理的特性所决定的。

2. 财务管理目标和职能在内容上必须保持一致

因为财务管理目标是一个主观范畴，而财务管理的职能是一个客观范畴，所以财务管理目标受制于财务管理的职能。具有什么样的职能就只能定什么样的目标，如果提出超过财务管理职能的目标，财务管理目标的定位就等于是空中楼阁，对财务管理工作起不到指导作用，毫无意义。

3. 财务管理目标和职能相互联系，相互作用

合理的财务管理目标定位，有利于人们充分认识财务管理的职能，也有利于财务管理职能的充分发挥。如果把目标定得太低，财务管理的职能就不可能充分发挥出来。从这个角度看，财务管理目标对其职能也有反作用。

营销的种类

1. 整合营销传播

整合营销传播（integrated marketing communications，IMC），指将一个企业的各种传播方式加以综合集成，其中包括一般的广告、与客户的直接沟通、促销、公关等，对分散的传播信息进行无缝接合，从而使得企业及其产品和服务的总体传播效果达到明确、连续、一致和提升。

2. 数据库营销

数据库营销，以特定的方式在网络上或是实体收集消费者的消费行为资讯、厂商的销售资讯，并将这些资讯以固定格式累积在数据库当中，在适当的行销时机，以此数据库进行统计分析的营销行为。

3. 网络营销

网络营销是企业整体营销战略的一个组成部分，是为实现企业总体经营目标所进行的，以互联网为基本手段营造网上经营环境的各种活动。网络营销的职能包括网站推广、网络品牌、信息发布、在线调研、顾客关系、顾客服务、销售渠道、销售促进八个方面。

4. 直复营销

直复营销是在没有中间行销商的情况下，利用消费者直接通路来接触及传送货品和服务给客户。其最大特色为"直接与消费者沟通或不经过分销商而进行的销售活动"，乃是利用一种或多种媒体，理论上可到达任何目标对象所在区域——包括地区上的以及定位上的区隔，且是一种可以衡量回应或交易结果的营销模式。

通常直复营销所使用的媒体沟通工具与大众或特定多众营销媒体（如电视广告）不同，

而是以小众或非定众的营销媒体(例如,在面纸包上刊印广告讯息后再将该面纸包分送出去给潜在消费对象,以及电话推销、电视购物、网络销售等)为主。

5. 关系营销

在很多情况下,公司并不能寻求即时的交易,所以他们会与长期供应商建立顾客关系。公司想要展现给顾客的是卓越的服务能力,顾客多是大型且全球性的。他们偏好可以提供不同地区配套产品或服务的供应商,且可以快速解决各地的问题。当顾客关系管理计划被执行时,组织就必须同时注重顾客和产品管理。同时,公司必须明白,虽然关系营销很重要,但并不是在任何情况下都会有效的。因此,公司必须评估哪一个部门与哪一种特定的顾客采用关系营销最有利。

6. 绿色营销

绿色营销,指企业为了迎合消费者绿色消费的消费习惯,将绿色环保主义作为企业生产产品的价值观导向,以绿色文化为其生产理念,力求满足消费者对绿色产品的需求所做的营销活动。

7. 社会营销

社会营销是基于人具有"经济人"和"社会人"的双重特性,运用类似商业上的营销手段达到社会公益的目的,或者运用社会公益价值推广其商品或商业服务的一种手段。

与一般营销一样,社会营销的目的也是有意识地改变目标人群(消费者)行为。但是,与一般商业营销模式不同的是,社会营销中所追求的行为改变动力更多来自非商业动力,或者将非商业行为模拟出商业性卖点。

8. 病毒营销

病毒营销是一种信息传递策略,通过公众将信息廉价复制,告诉给其他受众,从而迅速扩大自己的影响。和传统营销相比,收益更多更加明显。

单元二 企业市场营销计划

任何组织的任何工作都始于计划,企业的市场营销工作也不例外。著名的营销专家菲利普·科特勒就说过,战略的正确性比它是否能立即赢利更重要,而战略始于企业的计划工作。营销计划的制订为企业如何利用其特有优势提供了一个分析框架,制订和实施市场营销计划是市场营销组织的基本任务。而在制订周密计划之前,需要先对企业所面临的营销机会进行分析。

一、企业营销机会分析

西方企业界有一句谚语:"哪里有未满足的需要,哪里就有做生意的机会。"可见,所谓的营销机会,就是做生意赚钱的机会,即市场上未满足的需要。营销人员要善于发现和识别营销机会,把握机会。市场上一切未满足的需要都是环境机会,但不是任何环境机会都能成为某一企业的营销机会。

所谓企业营销机会,就是对某个企业的营销活动具有吸引力的,在此能享有竞争优势和获得差别利益的环境机会。市场上未满足的需要是客观存在的环境机会，是否能成为企业的营销机会，要看它是否适合企业的目标资源(资金、设备、技术等)，是否能使企业扬长避短，发挥优势，比竞争者和可能的竞争者获得更大的差别利益。因此，企业营销人员对已发现和识别的市场机会，还要根据自己的目标和资源进行分析、评估，从中选择出对本企业最适合的营销机会。

为了成功地发掘出营销机会，企业不仅要对营销机会进行分析，同时，还要具体分析各类市场的需求特点以及购买者行为。这一切都需要企业进行市场调研，制订周密的市场计划。

二、企业市场营销计划的类型和基本内容

市场营销计划是关于一项业务、产品或品牌在营销方面的具体安排和规划。企业制订合理的市场营销计划是解决企业的营销目标是什么以及如何实现企业的营销目标这两大基本问题的方法。市场营销计划是企业营销战略的重要职能之一，也是企业营销战略的最终体现。因为市场营销的中心内容是企业对市场营销活动进行全面的、有效的规划和控制，是从满足消费者的需求出发，建立健全一整套系统的管理秩序和方法，把市场需求变成企业的战略目标，然后编制计划、执行计划，以保证市场营销战略目标的实现，保证企业人、财、物等资源的优化配置和最合理的利用。

(一) 市场营销计划的类型

▶ 1. 按计划时期长短分类

按计划时期长短，可将市场营销计划分为长期计划、中期计划和短期计划三大类。

长期计划是确定未来发展方向和奋斗目标的纲领性计划。

短期计划的期限通常为一年，其主要内容是分析当前的营销形势、威胁和机会、年度的营销目标、营销策略、行动方案和预算。

中期计划介于长期计划和短期计划之间，期限通常为1年以上5年以下，在长期计划和短期计划两者之间起承上启下的作用。

▶ 2. 按计划的程度分类

按计划的程度，可将市场营销计划分为战略计划、策略计划和作业计划。

战略计划是有关企业市场营销活动全局和长远的谋划，其期限一般较长，影响面较广，是企业其他各种营销计划的总纲。

策略计划是就企业营销活动某一方面所做的谋划，带有局部和战术的性质。作业计划是企业各项营销活动的执行性计划。

▶ 3. 按计划涉及的范围分类

按计划涉及的范围，可将市场营销计划分为总体营销计划和专项营销计划。

总体营销计划是企业营销活动的全面、综合性计划，它反映企业的总体营销目标，以及实现总体目标所必须采取的策略和主要的行动方案，是判定各种专项营销计划的依据。

专项营销计划是为解决某一特殊问题或销售某一产品而制订的计划，如产品计划、品牌计划、市场计划等。

(二) 市场营销计划的基本内容

一个完整的市场营销计划，应包括如下要素。

(1) 内容提要：对主要营销目标和措施的简要概括和说明。

(2) 市场营销目标：企业营销活动所要达到的最终结果，包括销售量、销售额、市场占有率、市场增长率等指标。

(3) 市场营销策略：为实现市场营销目标而采取的总体行动方案。

(4) 市场营销政策：营销决策的指南，起规范作用，使营销决策有助于企业实现营销目标。

(5) 市场营销程序：对营销活动先后顺序和具体步骤进行规定。

(6) 市场营销规则：对营销工作的具体事项加以规定。

(7) 市场营销预算：对计划期内企业营销活动预期成本的预测。

(8) 市场营销控制：对企业执行营销计划的控制。

三、市场营销计划的制订与实施

(一) 制订市场营销计划的原则

▶ 1. 系统性原则

制订市场营销计划时，要全面考虑问题，综合分析情况，注意使营销计划与企业其他部门计划协调一致。

▶ 2. 灵活性原则

由于计划的编制是先于实际情况，因此制订企业营销计划时，为了预防情况的突发性，应保持一定的灵活性，有必要的可以多制订几套计划方案，做到有备无患。

▶ 3. 连续性原则

为了保持计划的连续性，短、中、长期计划的整体目标必须相符。

(二) 制订市场营销计划的程序

▶ 1. 进行市场营销状况分析

主要包括市场状况、产品状况、分销渠道状况、宏观环境等情况分析。

▶ 2. 进行机会与问题分析

在分析市场营销现状的基础上，进行企业机会与威胁、优势与劣势，以及计划期内企业遇到的主要问题的研究分析。

▶ 3. 市场预测

在分析市场现状和机会与问题的基础上，运用科学的方法对市场的规模和发展前景、供求变化规律和发展趋势进行预测，对市场可能出现的机会做出合理的选择。

▶ 4. 确定营销目标

企业按照可行性、定量化、一致性、激励性、灵活性的原则，正视自身的条件和实力，制订出切合实际、富有挑战性的营销目标。营销目标是企业营销计划的核心部分。

▶ 5. 制订营销策略

营销策略是实现营销目标的途径或手段，包括目标市场策略、公关策略、促销策略、研究与开发策略等。

▶ 6. 制订营销政策和程序

企业为实现营销目标，必须根据营销策略制订具体的营销政策和营销活动程序，确保企业的每一项营销活动都与既定的营销目标和策略相适应。

▶ 7. 制订行动方案

具体、详细、明确地规定为实现营销目标企业应做些什么、如何做、何时做、何时完成等。

▶ 8. 编制营销预算

企业要根据企业的财务承受能力,对企业营销工作预算做出约束,找出最佳营销支出点,使企业利润达到最大化。

(三) 市场营销计划的实施

▶ 1. 制订行动方案

明确企业营销战略、计划实施的关键性决策和任务,并将执行这些决策和任务的责任落实到个人或小组。

▶ 2. 建立组织结构

战略计划实施的任务分配给具体部门和人员,规定明确的职权界限和信息沟通渠道,协调企业内部的各项决策和行动。

▶ 3. 制订相应的政策和报酬制度

在营销计划实施过程中,采用相应的政策和报酬政策激励企业员工保持为长期战略目标而努力的积极性。

▶ 4. 人力资源开发

对企业内部员工进行考核、选拔、安置、培训和激励等问题的人力资源开发。

▶ 5. 建设企业文化和创造管理风格

企业文化对企业经营思想和领导风格、对职工的工作态度和作风起着决定性的作用,企业通过正式或非正式的组织加以树立、深化和传播。

四、市场细分

(一) 市场细分的含义和作用

市场细分不是对产品进行分类,而是对消费者的需要和欲望进行分类。它是20世纪50年代中期,美国市场学家温德·史密斯在总结企业按消费者欲望与需求把一个总体市场划分成若干具有共同特征的子市场的基础上提出来的。市场细分就是在市场调查研究的基础上,根据消费者的需求、购买习惯和购买行为的差异性,把整个市场划分为若干子市场的过程。每个子市场即每个细分市场,都是一个有相似欲望和需要的消费者,而分属不同细分市场的消费者的欲望和需要存在明显的差异。

市场细分是企业营销观念的一大突破。通过市场细分,可以反映出不同消费者需求的差异,企业在市场营销活动过程中认识市场,发现市场机会,取得竞争优势。在选择目标市场过程中,企业不断提高应变能力,更加合理地使用企业资源,使企业把有限的资源和精力集中在目标市场上,取得更好的经营效益。

(二) 市场细分的标准

市场细分的基础是购买者需求的差异性,对不同的企业和不同种类产品来说,依据往往是不同的。

▶ 1. 消费品市场细分

消费品市场细分一般是按地理标准(地理区域、城乡及其规定的企业市场营销管理模式)、心理标准(生活方式、偏好状况、购买动机、购买状态、使用者状况)和人口标准(年龄、性别、家庭人口、收入、文化水平、职业、种族及宗教信仰等)三大类来细分。

▶ 2. 工业品市场细分

工业品市场细分一般可以使用与消费品市场上相同的标准,但工业品市场受个人心理因素影响较小,且用户的信息比较完整,追求的利益与消费者也有区别,因而要根据最终用户要求、产品特点和购买者集团的特点来进行细分。

(三) 市场细分的程序

企业在进行市场细分时,往往会面对市场而无从着手。一般来说,可采取比较实用的细分程序。

(1) 确定粗略市场,选定市场范围。根据企业的目标和产品特性,决定进入属于何种行业的市场。

(2) 列出市场范围内所有潜在消费者的所有需求。根据地理环境、社会经济、心理、购买行为等标准,将所有潜在消费者的需求罗列出来,这就需要收集资料并进行适当的调查。

(3) 进行需求归类。将具有共同需求的消费者归为一类,即形成一个细分市场,这样就把一个粗略市场分为若干个细分市场。

(4) 针对每一个细分市场,考虑到运输成本、可供利用的广告媒介、可利用的分销渠道、维持市场占有率的成本、各细分市场之间的关系、收入期望值的大小等因素在经济上和战略上的影响,进一步选择并决定本企业的目标市场。

例如,某牙膏生产厂对牙膏市场进行细分的程序如下。

(1) 粗略市场确定。凡是有牙齿的人都需要使用牙膏刷牙,这样有牙齿的人就构成了一个粗略市场。

(2) 消费者需求研究。企业不能把牙膏向"凡是有牙齿"的人推销。因为有牙齿的人不一定都需要牙膏,如不会刷牙的小孩、不用牙膏而用牙粉的人或使用义齿的老人等,而且需要刷牙的人也不一定都需要同类牙膏。因此,还必须对牙齿和需要购买牙膏的人,按其追求的利益和需求进行细分。例如,有的消费者需要牙膏是为了使牙齿洁白、干净;有的消费者是为了消除口臭;有的是为了防治蛀牙等。例如,高露洁面对消费群体为"防治蛀牙"的消费者,其"更有效地防止蛀牙""坚固牙齿、口气清新"的诉求,牢牢地占领了该细分市场;而"佳洁士"则以"高效防蛀、持久清新口气"定位,其特点是去除口腔异味,并抑制引起口腔异味的细菌,从根本上着手,持久清新口气。

(3) 消费者需求归类。将具有相同需求的一类消费者归类作为一个细分市场,牙膏市场可细分为:"安全保护"细分市场 A;"防口臭"细分市场 B;"防治蛀牙"细分市场 C……

(4) 分析企业的生产能力及产品特点,依据各细分市场的状况,决定细分市场 A、B 或 C 作为企业的目标市场,并制订相应的营销战略(价格、渠道、促销、产品)进入 A 目标市场经营,以满足消费者需求。

(四) 企业目标市场选择

企业的一切营销活动都是围绕目标市场进行的。选择和确定目标市场,明确企业的服务对象,关系到企业任务、企业目标的落实,是企业制订市场营销战略的首要内容和基本出发点。企业在市场细分的基础上,确定目标市场,为了实现企业营销目标,企业要有针对性地开展营销活动。首先，对目标市场进行评估，分析目标市场的市场规模和增长潜力。其次，对目标市场采取适合的营销战略，无差异市场营销、差异性市场营销、集中性市场营销。

▶ 1. 无差异性市场营销

企业把整体市场看作一个大的目标市场，认为市场上所有的消费者对于本企业的产品的需要都不存在差异性。企业只推出一种产品，运用一种市场营销组合，试图吸引尽可能多的顾客，为整个市场服务。无差异市场营销的核心，是针对市场需求中的共性开展市场营销，其优点是可以减少品种，扩大批量，易于达到规模效益，有利于开拓市场打开销路，降低成本和经营费用。不足之处，企业不能适应多变的市场形势和满足不同的消费者的需要，企业在行业中竞争能力差。

图 8-1　企业无差异性市场营销组合

▶ 2. 异性市场营销

企业根据某种标准，把整体市场细分为若干个细分市场，同时，针对每一个细分市场的需求特点，设计和生产不同的产品，采用不同的营销组合，以差异性的产品满足差异性的市场需求。

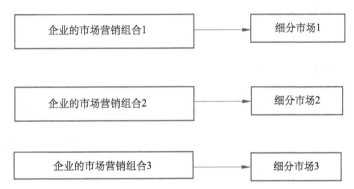

图 8-2　企业差异性市场营销组合

采用差异性市场营销战略的优点是，更多地满足了各类消费者需要，有利于扩大销售；企业在不同的几个细分市场上占有优势，提高消费者对企业的信任感、知名度，树立企业形象和信誉。缺点是企业增加生产成本和经营费用，会受到企业资源的限制。

(五) 集中性市场营销

企业把其全部精力集中在某一个或某几个少数细分市场，实行专业化的生产和销售。

图 8-3　企业集中性市场营销组合

采用集中性市场营销战略优点是有利于企业集中有限资源，提高市场占有率；降低成本，减少销售费用；充分发挥本企业优势。缺点是风险较大。

知识链接

如何预测细分市场未来需求

首先是环境预测，主要包括通货膨胀、失业、利率、消费者开支和储蓄企业投资、政府支出、输出以及与本公司有关的其他重要环境因素和事件进行预测。然后，依照预测结果进行行业预测。最后，对照行业预测的销售额，再进行公司销售预测。

人们说什么的信息主要来源于对购买者或接近购买者的人如推销员、外部专家等的意见调查，主要方法是购买意图调查法、销售员意见综合法和专家意见法，人们做什么的信息主要来源于购买者对投入市场试销的产品反映，通过分析过去购买行为的记录或采用时间序列分析或统计需求分析来得到。

市场细分程序可通过如下例子看出。

一家航空公司对从未乘过飞机的人很感兴趣（细分标准是顾客的体验）。而从未乘过飞机的人又可以细分为害怕飞机的人，对乘飞机无所谓的人以及对乘飞机持肯定态度的人（细分标准是态度）。在持肯定态度的人中，又包括高收入有能力乘飞机的人（细分标准是收入能力）。于是这家航空公司就把力量集中在开拓那些对乘飞机持肯定态度，只是还没有乘过飞机的高收入群体。

市场细分的意义

1. 有利于选择目标市场和制订市场营销策略

市场细分后的子市场比较具体，比较容易了解消费者的需求，企业可以根据自己经营思想、方针及生产技术和营销力量，确定自己的服务对象，即目标市场。针对着较小的目标市场，便于制订特殊的营销策略。同时，在细分的市场上，信息容易了解和反馈，一旦消费者的需求发生变化，企业可迅速改变营销策略，制订相应的对策，以适应市场需求的变化，提高企业的应变能力和竞争力。

2. 有利于发掘市场机会，开拓新市场

通过市场细分，企业可以对每一个细分市场的购买潜力、满足程度、竞争情况等进行分析对比，探索出有利于本企业的市场机会，使企业及时做出投产、移地销售决策或根据本企业的生产技术条件编制新产品开拓计划，进行必要的产品技术储备，掌握产品更新换代的主动权，开拓新市场，以更好适应市场的需要。

3. 有利于集中人力、物力投入目标市场

任何一个企业的资源、人力、物力、资金都是有限的。通过细分市场，选择了适合自己的目标市场，企业可以集中人、财、物及资源，去争取局部市场上的优势，然后再占领自己的目标市场。

4. 有利于企业提高经济效益

前面三个方面的作用都能使企业提高经济效益。除此之外，企业通过市场细分后，企业可以面对自己的目标市场，生产出适销对路的产品，既能满足市场需要，又可增加企业的收入；产品适销对路可以加速商品流转，加大生产批量，降低企业的生产销售成本，提高生产工人的劳动熟练程度,提高产品质量,全面提高企业的经济效益。

单元三　现代企业市场营销组织

一、企业市场营销组织的演变

市场营销组织是指企业内部涉及营销活动的各项职位安排、组合及其组织结构模式。市场营销组织是指企业内部涉及营销活动的各项职位安排、组合及其组织结构模式。企业市场营销组织以及与企业其他职能部门的关系,受到宏观市场环境和国家经济体制、运行机制、企业营销管理的指导思想、企业自身所处的发展阶段和业务特点等诸多因素的影响。现代企业的营销组织结构,就是受这些因素的影响而逐渐发展和演变而来的。西方企业内部市场营销组织结构的演变,大致经历了以下五个阶段。

（一）简单的销售部门

一般说来,企业在建立之初,都是从财务、生产、销售、人事、会计五个基本职能部门开始发展起来的。在这阶段,企业以生产观念作为经营指导思想,企业经营管理的重点是生产,生产什么、生产多少以及产品价格主要由生产部门和财务部门制订,销售部门只负责产品的推销工作,并通过管理好推销人员,促使他们销售出更多的产品,如图8-4所示。

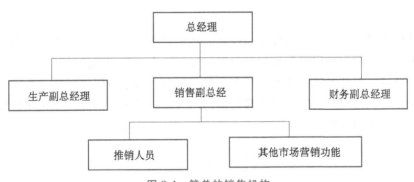

图8-4　简单的销售机构

（二）兼有营销职能的销售部门

随着企业经济的发展,规模的扩大,销售工作日益复杂,销售部门需要增加一些新的营销职能,如开展市场调研、广告宣传、销售服务等工作,于是出现了兼有营销职能的销售部门,如图8-5所示。

（三）独立的营销部门

随着企业规模和业务范围的进一步扩大,原来作为辅助性的市场营销调研、新产品开发、销售服务等工作需要进一步加强。于是,营销功能逐渐从销售部门中独立出来,开始成为一个与销售部门并立的职能部门,并由一位专门的营销副总经理领导,如图8-6所示。

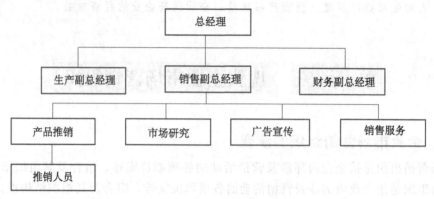

图 8-5　销售部门兼有其他附属功能的销售机构

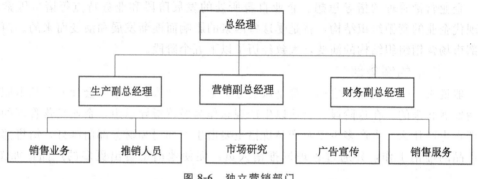

图 8-6　独立营销部门

（四）现代营销部门

尽管销售部门与营销部门需要互相配合、互相协调，但由于各个职能、目标不同，结果往往出现矛盾。销售经理通常着眼于短期目标并致力于完成当前的工作任务，而营销经理则注重长期目标和开发满足消费者长远需要的产品。两个部门之间的矛盾发展，使得企业营销组织进一步完善，产生了现代营销部门，即在总经理之下设立营销副总经理，主管销售部门和营销部门，如图 8-7 所示。

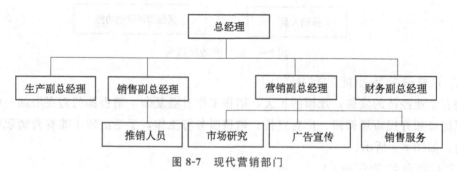

图 8-7　现代营销部门

（五）现代营销公司

一个公司可能设有现代营销部门，但不等于就是现代营销公司。是不是现代营销公司，主要应看公司中其他主管人员对营销职能的态度。如果把营销活动仅仅看作是一种销售功能，就不具备现代营销公司的条件。只有当所有的主管人员都认识到企业一切部门的工作都是"为顾客服务",营销不仅仅是一个部门的名称,而且是企业的经营宗旨时,这个公司才能成为一个真正意义上的现代营销公司。根据现代市场营销观念,市场营销是企业的基础,而不是单独的职能。从营销的最终成果亦即从顾客的观念来看,市场营销就是整个企业,为此,在企业组织结构上应做如下安排。

(1)设置独立的营销调研部门,以确定消费者的需要以及企业应提供什么样的产品或服务来满足这些需求。

(2)参与新产品的开发。在企业内,营销部门对消费者需要最为了解,而新产品开发的成功与否不仅取决于技术的先进程度,还取决于消费者的需要变化动向,因此,在决定开发新产品的种类、功能、外观、规格、式样、花色等方面,市场营销部门应起指导作用。

(3)营销部门应统一负责企业的全部营销职能,不应将其中一部分职能分散到其他部门。

二、市场营销组织形式

现代企业的营销部门的组织形式有多种,不论采取哪种组织形式,都要体现以顾客为中心的营销指导思想。具体来讲,营销组织形式主要有以下几种。

(一)职能型组织形式

这是最普通的一种组织形式,即按照需要完成的工作职能来进行组织,其结构如图8-8所示。

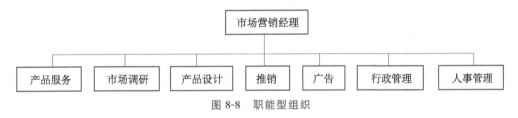

图 8-8 职能型组织

职能型组织的主要优点是结构简单,管理方便。它最适用于产品种类不多,对有关产品的专门知识要求不高,或经营地区的情况差别不大的企业。随着产品增多和市场扩大,这种组织形式会失去其有效性。首先,这是由于没有人对该产品或一个市场负全部责任,因而没有按每种产品和每个市场制订的完整计划,有些产品或市场就很容易被忽略。其次,这是因为各个职能部门常为获得更多预算或取得较其他部门更高的地位而竞争,使营销经理经常面临协调上的难题。

(二)产品管理型组织形式

生产多种产品或多种不同品牌的大企业,往往按产品或品牌建立管理组织,即采取由某专人负责一种产品或产品线的组织形式,其结构如图8-9所示。

这种组织形式的优点:一是各类产品责任明确,由于产品互不相关,各产品相互干扰不大;二是比较灵活,增加新产品时再增加一个产品部即可。其缺点是缺乏地区概念,各个产品部不可能对每一地区都兼顾并做出适当反应。

(三)地区型组织形式

此种组织形式适用于销售区域大,而经营品种单一的企业。采取地区型组织形式的企

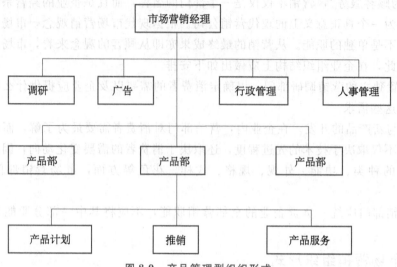

图 8-9　产品管理型组织形式

业在地区设立管理部门，负责每个地区的产品推销、产品计划与产品服务，其结构如图 8-10 所示。

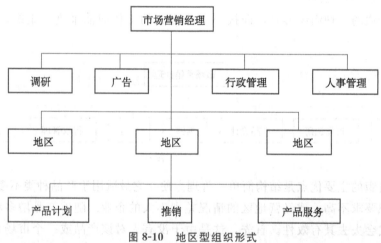

图 8-10　地区型组织形式

在这种组织体内，为避免一些不必要的职能重复，调研、广告、行政管理等仍归属原职能部门，且与各地区部门并列。它的优点是有利于发挥每个地区部门熟悉该地区情况的优势。其缺点是当企业经营品种较多时，很难按不同产品的使用对象来综合考虑，而且各地区的活动也难以协调。

（四）市场（或顾客）型组织形式

如果顾客可按其特有的购买习惯和产品偏好，予以细分和区别对待，就需要建立市场管理型组织，如图 8-11 所示。

（五）产品/市场型组织形式

这是一种产品式和市场式相结合的矩阵组织形式。适合于生产多种产品并向多个市场销售的企业。这种组织形式可以采用产品管理组织形式，那就需要产品经理熟悉广为分散的各种不同的市场；也可以采用市场管理组织形式，那就需要市场经理熟悉销往各市场的

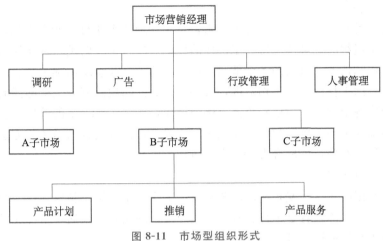

图 8-11　市场型组织形式

五花八门的产品；或者还可以同时设置产品经理和市场经理，形成一种矩阵式结构，如图 8-12 所示。

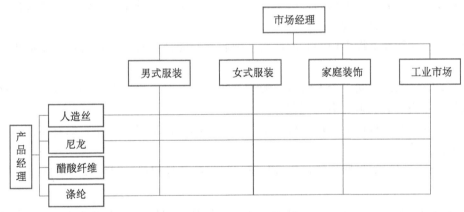

图 8-12　产品/市场型组织形式

产品经理负责产品的销售利润和计划，为产品寻找更广泛的用途；市场经理负责开发现有和潜在的市场，着眼市场的长期需要，而不只是推销眼前的某种产品。这种组织形式适用于多元化经营的企业，不足之处是费用较大，而且由于权力和责任界限比较模糊，易产生矛盾。

三、市场营销组织设计的原则

任何一个现代企业都必须要建立市场营销组织。企业设计什么样的市场营销组织，必须从实际出发，遵循以下原则。

（一）目标一致原则

市场营销组织是实现营销目标的手段和保证，它的设置必须依据并服从于营销目标，与营销目标保持高度的一致，因此，在设计市场营销组织时，坚持以营销目标为导向，以"事"为中心，因"事"设机构、因"事"配人员。也就是说，任何一个职务与机构的设置都是实现营销目标所必需的，凡是与目标无关的职位与机构都必须坚决取消，对于那些与营销目标关系不大，可有可无的职位与机构，应该予以调整或合并。

（二）分工协作原则

分工与协作是社会化大生产的客观要求，是实现现代企业目标所必需的，因此，在设计企业市场营销组织时，必须坚持分工协作的原则。应将市场营销目标层层分解，变成一项项具体的工作和任务，落实到各个部门与岗位。这就是在组织内部进行分工，明确各个部门和各个岗位的工作内容、工作范围，解决干什么的问题。有分工就必然有协作。分工将一个整体分成各个部分，为使各个部分协同运作，产生1+1＞2的效应，就必须在分工的基础上，明确规定各个部门和各个岗位之间的关系，协调配合的途径与方法，使得企业市场营销工作运行有序，形成合力，产生整体功能。

（三）命令统一原则

命令统一原则的实质，就是在市场营销管理工作中实行统一领导，形成统一的指挥中心，避免多头领导，消除有令不行、有禁不止现象，确保政令畅通、指挥灵敏。命令统一原则对营销组织结构的设计具有以下要求。

（1）各管理层次形成一条等级链。从最高层到最低层的等级链必须是连续的，不能中断或有缺口，同时，应对上下级间的职责、权限、联系方式加以明确规定。

（2）每一级只能有一个最高行政主管，统一负责本级内的全部工作。他直接向上级报告工作，并向下级下达命令。

（3）在主管领导下设副职和职能部门。副职和职能部门对正职负责，为正职提供参谋意见。

（4）下级组织只接受一个上级组织的命令和指挥。对上级的命令和指挥，下级必须无条件服从，不得各自为政、各行其是。

（5）下级只能向直接上级请示报告工作，不能越级请示报告工作，如有不同意见，可以越级上诉。

（6）上级不能越级指挥下级，以维护下级组织的领导权威，但可以越级检查工作。

（四）权责对等原则

职权和职责是两个互相关联的概念。职责是指某一职位的责任和义务，职权是指为完成某一职位的责任和义务所应具有的权力，包括决定权、命令权、审查权、提案权、支配权等，两者不可分割，因此，在设计营销组织结构时，既要明确规定各个部门、各个职位的职责范围，又要赋予完成其职责所必需的管理权限。职责与权限不仅必须统一，而且必须对等。为了履行一定的职责，就必须有相应的职权。只有职责，没有职权或权限太小，人们就没有履行职责的能力；反之，只有职权而没有责任，或权力很大责任很小，就会造成滥用权力和瞎指挥，产生官僚主义。只有职责与职权对等，才是最佳的组合。

（五）集权与分权相结合原则

集权是把权力集中于最高层领导，分权是将权力分散于组织各个层次。集权的优点是：有利于集中统一领导，加强对整个组织的控制；有利于协调组织的各项活动，提高工作效率；有利于充分发挥高层领导的聪明才智和统御能力。但集权也有其缺点，它使得管理层次增多，信息沟通渠道变长，基层组织缺乏独立性和自主权，高层领导的负荷过重。分权正好相反，它使得管理层次减少，信息沟通渠道缩短，高层管理者可以从具体事务中解脱出来，集中精力抓大事，同时又有利于调动基层管理人员的积极性和主动性，但过度分权，也有可能失去对整个组织的控制，因此，权力过于集中和过于分散，都不利于发挥整个组织的作用。为了避免权力的过于集中和过于分散,应坚持把集权和分权有机地结合起来,并把握好两者结合的度。一般而言,集权应以不妨碍基层人员积极性的发挥为限,分权应以不失去对下级的有效控制为限。

市场营销组织结构是指组织成员为了完成市场营销工作任务、实现营销组织的目标,在职责、职权等方面的分工、协作体系。它是由市场营销组织的目标和任务以及环境的情况所决定的。它对营销组织内部的正式指挥系统、沟通系统具有直接的决定作用,对组织中的人的社会行为等也有影响。因此,恰当地认识和设计组织结构。对实现组织目标是十分重要的。

四、建立企业市场营销组织的方法

市场营销活动是企业一项重要的职能活动,为了使这项活动能有效进行,就必须有专门的部门对这项活动负责,这就形成了企业的市场营销组织。建立市场营销部门组织的方法有以下六种。

(一)职能组织法

职能组织法是指按照需要完成的工作来组织营销部门的方法,它强调市场营销的各种职能的重要性。一般地说,企业设立一名营销副总经理管理营销事务,下设一名营销行政事务经理主管营销日常工作与产品促销工作,销售经理主管推销人员的招募和管理,市场研究经理主管市场调查、分析与预测等工作,新产品经理主管新产品的开发与研制工作。

这种组织存在企业内部各部门发展不平衡和难以协调的问题,容易产生部门之间争权夺利的现象,降低企业市场营销管理工作的效率。

(二)产品组织法

产品组织法是指在企业内部建立产品经理组织制度,以协调职能型组织中的部门冲突。在企业所生产的各产品差异大、产品品种多,以致按职能设置的市场营销组织无法处理的情况下,建立产品型组织制度是适宜的。

产品组织法的主要特征是突出了产品营销经理的重要性。该组织形式的优点是能够有效地协调各种市场营销职能,对市场变化做出积极反应。但该组织形式存在缺乏整体观念、部门容易冲突、接受当头领导等缺陷。

(三)市场组织法

市场组织法是指由不同人员或部门负责不同类型市场营销业务的组织方法。许多企业都在按照市场类型来安排其市场营销组织,使市场成为企业各职能部门服务的中心,一般是设立一名市场主管经理,下设其管理的几名市场经理。市场经理的职责是负责制订所辖市场的长期计划和年度计划,分析市场动向及企业应该为市场提供什么新产品等。他们的工作成绩常用市场占有率的升降情况来判断。

市场型组织形式的优点在于企业的市场营销活动是按照满足各类不同顾客的需求来组织和安排的,选最能体现企业"以顾客为中心"的经营思想,有利于企业加强销售和市场开拓。市场型组织形式的主要缺点是存在权责不清和多头领导的矛盾。

(四)地理组织法

地理组织法是指企业按照地理区域设置其市场营销部门的方法。如果企业的营销服务范围较广,则可以采取这个方法。该方法的一般做法是在各销售区域分别设立销售部门,区域内再划分若干地区，地区内再划分更小范围，每个小范围也都设立销售部门。

地理组织法的优点在于能够通过区域销售网络使产品迅速打入各地市场，其不足之处是营销队伍庞大，营销费用开支较大，所以只有企业的生产规模和营销规模达到一定程度后，才适宜采取这种方法来建立营销部门。

（五）矩阵组织法

矩阵组织法是指同时设立产品经理和市场经理的矩阵式组织方法。矩阵型组织是职能型组织与产品型组织相结合的产物，它是在原有的直线指挥体系组成垂直领导系统的基础上，又建立一种横向的领导系统，两者结合起来就组成一个矩阵。

矩阵组织法的优点在于能加强企业内部之间的协作，能集中各种专业人员的知识、技能，又不增加人员的编制，组建方便，适应性强，有利于提高工作效率；缺点主要表现在双重领导，过于分权化，稳定性差和管理成本较高。

（六）事业部组织法

事业部组织法是指为每一类产品组建一套职能部门和服务部门的方法。它是对产品组织法的一个改进，加大了产品经理的权力。事业部组织法的通常做法是将企业营销职能的执行主体由企业下放到各个类别的产品层次。在实际经济运行中，有以下四种基本的方法。

（1）企业总部一级不设立营销部门，企业的营销活动全部由各事业部负责承担。

（2）企业总部一级保留适当的营销部门，承担着全面评价企业的营销机会、向事业部提供咨询、帮助各事业部解决营销方面的问题、改变各职能部门的营销观念的任务。

（3）企业总部一级保留适当的营销部门，除执行上述（2）中的各项职能外，还向各事业部提供各种营销服务，包括专门的广告服务、促销服务、调研服务、销售行政服务等。

（4）企业总部一级设立规模较大的营销部门，深入参加各事业部营销活动的规划与控制。当然，在企业运行过程中，市场营销部门也必须处理好与各个部门的相互关系，密切配合、共同协作来实现企业的总目标。

知识链接

市场营销组织是指企业内部涉及市场营销活动的各个职位及其结构。它是以市场营销观念为理念建立的组织，是企业为了实现经营目标、发挥营销职能内有关部门协作配合的有机的科学系统，是企业内部链接其他职能部门使整个企业经营一体化的核心。它以消费者的需求为中心，把消费者需求置于整个市场运行过程的起点，并将满足消费者的需求作为其归宿点。一般情况下，企业规模越大，市场营销组织越复杂；企业规模越小，市场营销组织则相对简单。市场状况决定市场营销人员分工和负责区域的依据是市场的地理位置。产品特点包括企业的产品种类、产品特色、产品项目的关联性以及产品的技术服务方面的要求等。

企业营销部门与其他部门的联系

在一个企业中，除了市场营销部门以外，还有其他诸如研究开发、工程技术、采购、制造、存货、财务，以及相关的职能部门。因此，在企业运行过程中，市场营销部门必须处理好与各个部门的协作来完成企业的总目标。但是在实际工作过程中，由于各个部门所处的角度不同，扮演的角色不同，难免会存在一些分歧与矛盾，营销部门应本着协调一致的原则处理好与相关部门的关系，取得整合营销价值。

单元三　现代企业市场营销控制

一、市场营销控制的程序

市场营销控制是企业市场管理过程的重要组成部分，是通过市场营销计划执行情况的监督和检查，发现和提出计划事实过程中的缺陷和不足，提出纠正和防止缺点的对策建议，以保证营销战略目标的实现。

市场营销控制程序具有动态性、系统性和循环性的特征，具体步骤如下。

（一）确定评价的市场营销业务范围

企业评价市场营销业务的各个方面，包括人员计划、职能、策略等，根据需要选择不同的侧重点进行评价。

（二）建立衡量标准

营销控制的衡量标准，要以企业的主要战略目标为主，如利润、销售量、市场占有率、顾客满意程度等各种指标。

（三）确定控制检查的方法

最基本的方法是企业建立并积累营销活动及与此相关的原始资料，如营销信息系统中储存的信息，包括各种资料、报告、报表、原始账单等。及时、准确、全面、系统地记载并反映企业营销的绩效。

（四）依照标准检查实施工作绩效

在检查过程中注意数据的真实性，完成效果好的要总结推广，效果差的要进一步分析，并加以解决调整。

（五）提出分析和改进的对策建议

对工作绩效进行差异分析、对比分析、编写分析报告，提出改进方案。

二、营销控制方法

营销控制方法包括年度计划控制、利润控制和市场营销审计。

（一）年度计划控制

▶ 1. 年度计划控制的过程

年度计划控制是由企业高层管理者和中层管理者负责控制的，其目的是确保年度计划所确定的销售、利润和其他目标的实现。年度计划控制的中心是目标管理，控制过程分四个步骤。

（1）管理者必须把年度计划分解为每个月、每个季度的具体目标。

（2）随时掌握营销计划的实施情况。

(3) 及时发现实际工作与计划工作目标的差距,并找出产生差距的原因。

(4) 采取必要的补救或调整措施,以缩小实际与计划之间的差距。

2. 年度计划控制的主要内容

年度计划控制的主要内容是对销售额、市场占有率、费用率等进行控制。

1. 销售分析

销售分析就是衡量并评估实际销售额与计划销售额之间的差距。

2. 市场占有率分析

一般来说,一个公司的市场占有率上升,表示该公司营销绩效提高,市场地位提高,在市场竞争中处于优势;反之,则表示该公司在竞争中失利。

3. 市场营销费用率分析

如果费用率变化不大,在安全范围内,可以不采取任何措施;如果变化幅度过大,上升速度过快,接近或超出上限,就必须采取有效措施。

(二)利润控制

利润控制包括营销成本分析(如直接推销费用、推广费用、仓储费用、运输费用等)、赢利能力分析(销售利润率、资产收益率、净资产收益率、资产周转率、存货周转率等),从产品、地区、顾客群、分销渠道和订单规模等方面,分别衡量它们中每一项的获利能力。

(三)市场营销审计

市场营销审计,是对企业的营销环境、目标、战略、组织、方法、程序和业务做出综合的、系统的、独立的和定期性的检查,以便确定困难所在,发现机会,并提出行动计划和建议,以提高企业的营销业绩。

1. 营销环境审计

主要分析经济、技术、政治、社会文化等宏观环境,以及直接影响企业营销的因素,如市场、顾客、竞争者、经销商等的检查分析。

2. 营销战略审计

主要考察企业营销目标、战略以及当前及预期营销环境适应的程度。

3. 营销组织审计

审查营销组织在预期环境中实施组织战略的能力。

4. 营销系统审计

对企业营销信息系统、计划系统、控制系统及新产品开发系统的审查。

5. 营销效率审计

检查各营销单位的获利能力和各项营销活动的成本效益。

6. 营销职能审计

对营销组织的每个因素,如产品、定价、渠道和促销策略的检查评价。

在市场营销活动中,市场营销审计的执行过程与企业其他审计(如财务审计)是相同的,只是由于环境的迅速变化,市场营销更加经常化,它可以由企业内部人员或是外聘专家进行,正视企业营销的活动的现实,专家们的专业知识和经验能够给企业提供帮助。

知识链接

市场需求和市场竞争的发展变化，使得任何企业都不可能永远依靠现有产品和市场长久地发展，必须寻找新的市场机会。分析市场机会是企业市场营销管理的第一步骤。所谓市场机会是可以做生意赚钱的机会，即市场尚未满足的需求。

在竞争激烈的买方市场，有利可图的营销机会并不多。为了获得一个市场机会，企业营销人员必须对市场结构、消费者、竞争者行为进行调查研究，识别、评价和选择市场机会，这是企业市场营销管理的基本和首要的任务。现代市场营销学认为，哪里有消费者的需求，哪里就有市场机会。消费者的需求是广泛存在的，市场机会也可以说随处可见。许多优秀企业家总结出"企业市场机会＝顾客没有被满足的需求"。有的进一步提出，市场机会就是消费者在满足需求的过程中尚存的遗憾。消费者感到的缺憾之处、不便之处便是企业的新的市场机会。哪个企业由于本身具备某种或多种特殊条件或专长，使其在利用某个"市场机会"，从事某方面的生产和经营上，比其他竞争者具有优势，这个企业便能获得较多的"差别利益"。

完善市场营销活动管理

企业市场营销管理的最后一个程序是对市场营销活动的管理。在对市场机会的分析，选择目标市场，渠道市场营销策略等活动，在实际操作与运行中都需要进行管理，都不能离开市场营销管理系统的支持。对市场营销活动而言，需要以下三个管理系统支持。

1. 市场营销计划

现代市场营销管理，既要制订较长的战略规划，决定企业的发展方向和目标，又要有较为具体的市场营销计划，以具体实施战略计划目标。

2. 市场营销组织

营销计划制订之后，需要有一个强有力的营销组织来执行营销计划。根据计划目标，需要构建起一个高效的营销组织结构，还需要对组织人员实施筛选、培训、激励和评估等一系列管理活动。

3. 市场营销开展

在营销计划实施过程中，可能会出现很多意想不到的问题。因此，需要一个控制系统来保证市场营销目标的实施。营销控制主要包括对企业年度计划控制、企业赢利控制、营销战略控制等。

市场营销管理的三个系统是相互联系，相互制约的。市场营销计划是营销组织活动的指导，营销组织负责实施营销计划，而实施的情况和结果又受控制，保证计划得以实现。

总 结

现代企业市场营销管理是企业进行市场营销活动的重要环节。企业市场营销活动受制于、依赖于所处的市场环境。为了适应市场环境变化，实现市场营销目标，求得生存和发展,就必须预见环境的发展变化趋势,及时调整企业的行为。对营销活动从时间上、整体上、过程上进行规划与管理,制订和实施企业市场营销管理。

了解市场营销管理的含义及市场营销观念的发展;学习如何编制企业市场营销计划;理解企业市场营销组织的结构,并能在实践中运用;理解企业对市场营销活动的控制程序及方法。

教 学 检 测

一、名词解释

市场营销管理　市场营销组织设计的原则

二、问答题

1. 市场营销观念的演变大致分为哪几个阶段?
2. 目标市场定位对企业有什么意义?包括哪些程序?
3. 企业制订市场营销计划应坚持哪些原则?
4. 企业设计市场营销组织必须坚持哪些原则?
5. 现代企业市场营销控制的程序和方法。

三、综合案例思考

爱尔琴钟表公司的经营观念

美国爱尔琴钟表公司自1869年创立到20世纪50年代,一直被公认为是美国最好的钟表制造商之一。该公司在市场营销管理中强调生产优质产品,并通过由著名珠宝商店、大百货公司等构成的市场营销网络分销产品。1958年之前,公司销售额始终呈上升趋势。但此后其销售额和市场占有率开始下降。造成这种状况的主要原因是市场形势发生了变化:这一时期的许多消费者对名贵手表已经不感兴趣,而趋于购买那些经济、方便、新颖的手表;而且,许多制造商迎合消费者需要,已经开始生产低档产品,并通过廉价商店、超级市场等大众分销渠道积极推销,从而夺走了爱尔琴钟表公司的大部分市场份额。爱尔琴钟表公司竟没有注意到市场形势的变化,依然迷恋于生产精美的传统样式手表,仍旧借助传统渠道销售,认为自己的产品质量好,顾客必然会找上门。结果,致使企业经营遭受重大挫折。

思考:
1. 爱尔琴钟表公司持有什么样的经营观念?
2. 该经营观念与市场营销观念有什么区别?

拓展阅读

五粮液集团公司市场营销设计

五粮液集团有限公司位于"万里长江第一城"——中国西南腹地的四川省宜宾市北面的

岷江之滨。其前身是由20世纪50年代初几家古传酿酒作坊联合组建而成的"中国专卖公司四川省宜宾酒厂"，1959年正式命名为"宜宾五粮液酒厂"；1998年改制为"五粮液集团有限公司"。

五粮液集团有限公司是以五粮液及其系列酒的生产、销售为主，同时生产经营精密塑胶制品、大中小高精尖注射和冲压模具现代制造产业，以及生物工程、药业工业、印刷业、电子器件产业、物流运输和相关服务业的具有深厚企业文化的现代化企业集团。2005年，实现销售收入156.65亿元。集团公司现有职工3万余人，其从事制造业的厂房错落有致地掩映在7平方公里的花园般的厂区中。

五粮液集团有限公司的成名产品"五粮液酒"是浓香型白酒的杰出代表，它以高粱、大米、糯米、小麦和玉米五种粮食为原料，以"包包曲"为动力，经陈年老窖发酵，长年陈酿，精心勾兑而成。并以"香气悠久、味醇厚、入口甘美、入喉净爽、各味谐调、恰到好处、酒味全面"的独特风格闻名于世，以独有的自然生态环境、638年的明代古窖、五种粮食配方、酿造工艺、中庸品质、"十里酒城"六大优势，成为当今酒类产品中出类拔萃的珍品。自1915年代表中国产品首获"巴拿马万国博览会"金奖以来，五粮液酒又相继在世界各地的博览会上获38次金奖，1995年在"第十三届巴拿马国际食品博览会"上又再获金奖，铸造了五粮液"八十年金牌不倒"的辉煌业绩，并被第五十届世界统计大会评为"中国酒业大王"。2002年6月，在巴拿马"第二十届国际商展"上，再次荣获白酒类唯一金奖，续写了五粮液百年荣誉。同时，五粮液酒还四次蝉联"国家名酒"称号；四度荣获国家优质产品金质奖章；其商标"五粮液"1991年被评为首届中国"十大驰名商标"；数年来"五粮液"品牌连续在中国白酒制造业和食品行业"最有价值品牌"中排位第一，2005年其品牌价值达338.03亿元，具有领导市场的影响力。五粮液股份有限公司于2003年再度获得"全国质量管理奖"，成为我国酒类行业唯一两度获得国家级质量管理奖的企业。

公司系统研制开发了五粮春、五粮神、五粮醇、长三角、两湖春、现代人、金六福、浏阳河、老作坊、京酒等几十种不同档次、不同口味，满足不同区域、不同文化背景、不同层次消费者需求的系列产品。特别是十二生肖五粮液、一帆风顺五粮液、五粮液巴拿马纪念酒、五粮液年份酒等精品、珍品系列五粮液的面世，其在神、形、韵、味各方面精巧极致的融合，成为了追求卓越的典范。

五粮液人通过以质量、规模、效益为工作重心实施了成功的阶段性战略突破和高速发展，使五粮液股份有限公司已经具备了年酿造五粮液及其系列酒40多万吨的生产能力，以及年包装各类成品酒40多万吨的配套生产能力。同时，集团公司还以其开发的"仙林青梅果酒"和"亚洲干红"等优质产品来开拓国内外果酒市场。

为了给广大消费者提供更多更好的优质产品，满足社会各阶层的不同需求，将我们历史文化中的瑰宝发扬光大，公司不断地将现代科技与古老的传统工艺相结合，在提高产品质量的同时扩大企业的生产能力，以适应国内外市场发展的需求。

学习情境九 现代企业文化管理
Chapter 9

>>> 知识要点

- 企业文化的含义。
- 企业文化的构成及特点。
- 企业文化的功能及在实践中的地位。
- 企业文化建设的内涵与作用。
- 企业文化建设的原则及主要内容。
- 企业文化建设的步骤、方法与途径。

>>> 核心概念

企业文化　企业文化建设

情境导入

猴子吃香蕉

科学家将四只猴子关在一个密闭房间里,每天喂食很少食物,让猴子饿得吱吱叫。几天后,实验者在房间上面的小洞放上一串香蕉,一只饿得头昏眼花的大猴子一个箭步冲向前,可是当它还没拿到香蕉时,就被预设机关所泼出的滚烫热水烫得全身是伤,当后面三只猴子依次爬上去拿香蕉时,一样被热水烫伤。于是众猴只好望"蕉"兴叹。

几天后,实验者换进一只新猴子进入房内,当新猴子肚子饿得也想尝试爬上去吃香蕉时,立刻被其他三只老猴子制止,并告知有危险,千万不可尝试。实验者再换一只猴子进入,当这只新猴子想吃香蕉时,有趣的事情发生了,这次不仅剩下的两只老猴子制止它,连没被烫过的半新猴子也极力阻止它。实验继续,当所有猴子都已换新之后,没有一只猴子被烫过,热水机关也取消了,香蕉唾手可得,却没有猴子敢前去享用。

这就是企业文化的力量。

思考:从上面案例中评价企业文化对员工的影响?

单元一　企业文化概述

一、企业文化的产生

企业文化是一种新的企业理论，它孕育于20世纪70年代末，创立于80年代初，其实践来源于日、美之间的经济竞争。

1980年，美国《商业周刊》首先提出了"Corporate Culture"的概念。随后，美国管理学界连续推出了四部重要著作：《Z理论——美国企业界怎样迎接日本的挑战》《战略家的头脑——日本企业管理艺术》《企业文化》《寻求优势——美国最成功公司的经验》。这四部著作在当时被称为管理新潮流中的"四重奏"。它以崭新的思路、独到的见解、精辟的论述和丰富的例证，构成了企业文化这一新的理论系统，标志着企业文化理论的诞生。

二、企业文化的含义

企业文化如同文化一样，存在于一定的劳动活动之中。文化作用于企业生产经营活动，就形成了企业文化。可以说，有企业就有文化。

企业文化，指企业在长期的生产经营过程中所形成的一种基本精神和凝聚力，是企业全体成员共同遵守和奉行的价值观念、理想信仰、企业风尚和道德行为准则。从广义上讲，企业文化是指企业在社会实践中创造的物质财富和精神财富的总和；从狭义上说，企业文化是指企业在经营管理中所形成的独具特色的思想意识、价值观和行为方式。一般来说，企业文化通常指的是以价值观为核心的企业的内在素质及其外在表现，即狭义的企业文化。

现代企业文化，是以企业哲学为主导，以企业价值观为核心，以企业精神为灵魂，以企业道德为准则，以企业环境为保证，以企业形象为重点，以企业创新为动力的系统理念。现代企业文化是在一定历史条件下，在长期的生产经营过程和变革的实践中逐步形成的，是具有现代企业个性的共同思想、价值观念、经营理念、群体意识、行动方式、行为规范的总和。

知识链接

西方国家对企业文化的定义

企业文化一词出现于20世纪80年代初。从诞生之日起，专家学者就致力于企业文化含义的讨论和界定。但企业文化如同文化一样，到目前为止，国内外尚无公认的定义。

威廉·大内在《Z理论——美国企业界怎样迎接日本的挑战》一书中认为，"传统和气氛构成了一个公司的文化。同时，文化意味着一家公司的价值观，诸如进取、守成或是灵活——这些价值观构成了公司员工活动、意见和行为规范。管理人员身体力行，把这些规范灌输给员工并代代相传。"

沃特曼和彼得斯在《成功之路》中认为，"企业将其基本信念、基本价值观灌输给它的职工，形成上下一致的企业文化，促使广大职工为自己的信仰而工作，就是产生强烈的使命感，激发最大的想象力和创造力。"他们把企业文化概括为"吸取传统文化精华，结合当代先进的管理思想与策略，为企业员工构建一套明确的价值观和行为规范，创设一个优良的环境气氛，以帮助整体地、静悄悄地进行经营管理活动。"

迪尔和肯尼迪在《公司文化》一书中，对企业文化阐述得更为具体，认为企业文化由五个方面的要素组成：①企业环境，这是对企业文化的形成和发展具有关键影响的因素；②价值观是企业文化构成的核心因素；③英雄人物，他们将企业价值观人格化，为员工提供了具体的楷模；④礼节和仪式，即企业的日常惯例和常规，向员工们表明了所期望他们的行为模式；⑤文化网络，即企业内部主要的"非正式"的联系手段，是企业价值观和英雄人物传奇的"运载媒介"。

IBM公司的董事华生，他从本公司的实际经验出发，认为企业文化就是企业哲学，并认为企业哲学最重要的概念是对每个人的尊重。他说："这是个简单的概念，然而在IBM，这个观念却占去了大部分管理时间，也是我们尤其应该贯彻的观念。"

劳伦斯·米勒认为，企业文化是一种观念。他说："有一种简单的观念，能蕴藏无比的威力——能创造一个新社会和达到新的水准。观念可以成为催化剂，使人类的潜能发挥出来。"

沃森认为，一个公司的兴旺衰落，均在于"我们称之为信念的那种因素，以及这信念对其员工们的感染力。"他指出，"为了生存下去和取得成功，任何一个组织都必须具备一整套健全的信念。"

从西方学者们的定义来看，大都把企业文化界定在一个组织中形成的独特的文化观念、价值观念、信念、历史传统、价值准则和行为规范等方面。

三、企业文化的构成

企业文化内容丰富、辐射面广，企业文化由三部分内容构成：包括基础文化、主体文化和外在文化。

（一）基础文化

企业文化的基础部分主要由企业哲学、企业价值观、企业精神、企业道德等企业的意识活动组成，这是企业文化最核心的部分，是企业文化的源泉。企业文化的基础部分是企业文化的决定性因素，有什么样的基础，就会有什么样的主体文化部分和外在文化部分。

▶ 1. 企业哲学

企业文化所宣扬的企业哲学，和其他哲学一样，是企业理论化和系统化的世界观和方法论。企业哲学是企业全体员工所共有的对世界事物最一般的看法，是指导企业生产、经营、管理等活动及处理人际关系的原则。

企业哲学是企业最高层次的文化，它是企业中各种活动规律的正确反映，并主导着企业文化其他内容的发展方向。不同的企业文化，必然造成不同的企业建设与发展；不同的生产方式和处在不同地位的企业家，必然会有不同的哲学思想。

企业必须着眼于培养企业家和企业员工的哲学思想，以转变观念和思维方式，正确处理企业中人与人、人与物、人与经济规律的关系，统一全体员工的思想，激发企业活力，带动企业前进，转变观念和思维方式，最根本的是要以马克思主义哲学为指导，树立正确的世界观和方法论，确立具有特色的新观念，如新物质观、新价值观、新道德观、新知识观、新信息观、新市场观、新系统观、新创新观、新效益观等，以构成新世纪企业文化之企业哲学的基本思想。

▶ 2. 企业价值观

企业价值观是企业哲学思想体系的核心，也是企业文化的核心，它主导和支配着企业文化的其他要素。例如，企业宗旨体现企业的根本追求和精神归宿，它从企业奋斗目标和发展方向上反映企业价值观；企业信念体现企业群体对自己工作和生活中应遵循的原则和理想的信仰，是对企业一系列价值观的信奉；企业道德规范和行为准则，都是企业价值观功能发挥的必然结果，它在思想上、品德上和行动上具体体现企业价值观；企业风貌，则是建立在企业信念、道德规范和行为准则之上的表现，是企业价值观的外部表现，并形成企业形象。

企业价值观是企业文化的核心，它决定和影响着企业存在的意义和目的，企业各项规章制度的价值和作用，企业中人的各种行为和企业利益的关系，为企业的生存和发展提供基本的方向和行动指南，为企业员工形成共同的行为准则奠定了基础。

▶ 3. 企业精神

企业精神是企业文化的高度浓缩，是企业文化的灵魂。企业精神一般包括企业对远大目标的追求、企业和员工强烈的命运共同体意识、企业所肩负的崇高使命、企业正确的价值观和方法论、企业有效的激励机制等。企业精神具有强大的凝聚力、感召力和约束力，是企业员工对企业的信任感、自豪感和荣誉感的集中体现，是企业在经营管理过程中占统治地位的思想观念、立场观点和精神支柱。

企业精神具有个性、团结性、主体性、实践性的特点，这些特点是企业领导人基于世界、国家、社会要求决定的功能性、目的性而有意识培育出来的。21世纪中国企业精神必须是一种正向的、积极的、优秀的企业文化成果，能对企业产生巨大的凝聚、导向、激励、控制和辐射作用。

▶ 4. 企业道德

企业道德是调整企业与社会、企业与企业、企业与员工、企业员工与员工之间关系的行为规范的总和。企业道德是企业文化之根本。企业道德以善与恶、公正与偏私、诚实与虚伪、正义和非正义评价为标准，以社会舆论、传统习惯和信念来维持，是道德原则、道德规范和道德活动的总和。

企业道德必须要包括以下内容：一是遵纪守法，国家、企业、个人利益相统一；二是履行社会职责，对社会负责，诚实守信；三是公平竞争，互惠互利；四是优质适价，竭诚为消费者服务；五是重视人的价值，关心爱护员工；六是不断创新，追求卓越，等等。

(二) 主体文化

企业文化的主体部分主要包括战略文化、组织文化、制度文化、经营文化等，分别在企业发展战略、企业组织、企业制度和企业经营机制中体现，并发挥其作用。

▶ 1. 企业发展战略

企业发展战略是企业面对激烈变化、严峻挑战的经营环境，为求得长期生存和不断发展，对企业发展目标、达成目标的途径和手段的总体谋划。它是企业发展战略思想的集中体现，是企业经营范围的科学规定，同时又是制订规划(计划)的基础。

企业发展战略作为企业文化的主体结构，主要界定企业的使命，回答企业为什么要存在，应该干什么，并确定企业发展的目标。在符合和保证实现企业使命的条件下，在充分利用环境中存在的各种机会和创造新机会的基础上，确定企业同环境的关系，规定企业从事的经营范围、成长方向和竞争对策，合理地调整企业结构和配置企业的资源。

▶ 2. 企业组织

企业文化是一种特殊的组织文化。一定的企业文化是在一定的民族文化氛围中形成的，但它又不同于民族文化(大文化),而是属于一种既带有本民族特点又带有本企业特点的组织文化。每个企业都有自己特殊的环境和传统,都会形成自己特有的价值观念、思维方式和行为方式,形成具有自己特色的组织文化。正是这种各具特色的组织文化,构成了企业与企业之间的本质区别。因此,企业组织作为主体文化的一个重要部分,具有非常特殊的意义。

组织不是简单的一群人的联合,而是为实现某种共同目标,由一定关系和联系方式结合起来,通过管理而形成的具有特定功能的人群协作系统。企业的组织是以企业经营管理高效率为标志,科学地设置企业管理机构,建立优化的组织系统和劳动组合,把企业的各环节、各要素进行最佳结合,保证企业经营管理的正常运转。

▶ 3. 企业制度

企业制度一般指企业的规章制度或管理制度,是企业组织或群体为了维护其生产、工作和生活秩序而制订、颁布执行的书面的规划、程序、条例及法度的总和。

企业的制度是企业及其成员共同的行为规范,也是企业协调员工的力量,以实现企业目标的基本手段。制度作为企业生产经营实践经验的总结,它既是企业的价值观、道德规范、经营哲学的反映,也是企业管理民主化、科学化程度的体现,它既构成企业文化的一个重要内容,也是企业文化的主体结构。

企业制度必须要正确处理好个人与组织、民主与集中、自由与纪律的关系,显示出权威性、强制性、稳定性、变动性、群众性、有限性的特征,有利于企业内部的安定团结、统一步调、分工协作和民主管理,使企业广大员工的自觉性、能动性、创造性得到最充分的发挥。

▶ 4. 企业经营机制

企业经营机制是指所有者与经营者、劳动者之间通过采取一定的经济利益形式和经济组织形式,运用一定的调节机制,确定权力分配、责任分担和利益分享的制约关系,所形成的决定企业经营行为的机制。

企业经营机制作为企业的主体文化,其中心任务就是要建立一种充满活力的经营机制,就是要使企业有责、有权、有利,理顺所有权与经营权之间的关系,正确处理好所有者、经营者和劳动者之间的关系。

(三) 外在文化

企业的外在文化主要包括企业的信誉、企业的行为、企业的环境、企业的形象等。这是企业文化系统中最表层的部分,是人们可以直接感受到的、从直观上把握不同企业文化的依据。就好比种什么树开什么花、结什么果一样一目了然。通过企业文化的外在部分,我们就能了解到该企业特有的哲学、价值观念、精神风貌和道德规范,就能想象到该企业的精髓。

▶ 1. 企业信誉

信誉是企业的名声、企业的形象、企业的生命。一个企业信誉好,就有强大的生命力,就能不断发展,在激烈的市场竞争中站稳脚跟,求得生存;反之,就会陷入困境,甚至破产倒闭。信誉就是要遵守诺言,讲求信用,这不仅是企业的道德准则,也是做人的基本原则。孔子说:"人而无信,不知其可也。"人无信不立,店无信不开。无论古代还是现代,诚实经商都作为商人的座右铭,当作根本信条。

▶ 2. 企业行为

企业行为是指企业受其哲学、价值观、精神、道德等影响,由企业组织制度支配而表现出的外在活动,是企业文化的动态体现。

企业行为可以有多种分类。从企业行为指向上分，可以分为企业经济行为、企业社会行为、企业政治行为；从企业文化载体上分，可以分为企业家行为、企业管理层（干部）行为、企业英雄和模范人物行为、企业员工群体行为；从企业行为运作方式上分，可以分为企业礼节和仪式、企业文化活动、企业文化网络。

▶ 3. 企业环境

企业环境包括企业的内部环境和外部环境。内部环境如企业的组织环境、心理环境、人文环境、经营环境等；外部环境如企业的自然环境、政治环境、经济环境、意识环境、社会环境等。

不同的内部环境和外部环境，是企业文化具有个性的重要原因。一般来讲，企业的内部环境，是构成企业文化的重要因素；企业与外部环境的关系，则综合体现了企业的基本信念、价值观、道德风貌和经营哲学。

企业环境是企业生存和发展的最基本条件，也是企业进行正常的生产经营活动所必要的、不可缺少的条件。每个企业都生存于一定的环境之中，在环境中发展，同时又改变和创造着环境。没有了环境，企业就无法生存；企业环境不好，就会影响企业的生存和发展。不同的企业体制以及用人机制、管理机制将会使企业形成不同的企业环境。

▶ 4. 企业形象

企业形象是企业文化的外显形态，是企业哲学、价值观、精神、道德等的外在表现，是现代社会企业"文化资本积累"的价值体现，是企业文化外在部分的重要组成部分。企业形象的具体含义是指社会大众和企业员工对企业的整体印象和评价，如企业厂房、商标、员工精神风貌、企业价值观等。好的企业形象一旦形成，就会成为企业的无价之宝，不仅会产生巨大的社会效益，还会产生巨大的经济效益。

综观21世纪企业的发展趋势，企业竞争已经不仅仅是产品力的竞争、销售力的竞争，而是以企业文化建设为基础的整体企业形象的竞争。因此，在我国企业发展的过程中，不仅要注意机制和体制的变革，而且应注重经营意识的变革，在经营中注入文化力和形象力，将企业形象战略作为企业发展的重要战略之一，塑造出新世纪中国企业的形象。

知识链接

企业形象设计

企业形象设计又称企业识别（corporate identity，CI），作为一个系统，称为企业识别系统（corporate identity system，CIS）。CI是指企业有意识、有计划地将自己企业的各种特征向社会公众主动地展示与传播，使公众在市场环境中对某一个特定的企业有一个标准化、差别化的印象和认识，以便更好地识别并留下良好的印象。

CIS战略，又称企业形象战略，是指企业在明确其存在理由和社会意义的基础上，运用统一的整体传达系统，在社会公众中塑造个性独特、印象深刻的企业形象，从而达到传播企业文化、展示企业实力、开发系列产品、促进产品销售、推动企业发展的目的，将企业导向高层次、国际化、全方位的发展轨道。

1914年，德国的AEG电器公司首创CI，AEG在其系列电器产品上，首次采用彼德·贝汉斯所设计的商标，成为CI中统一视觉形象的雏形。1932—1940年，英国实施伦敦地下铁路工程，该工程由英国工业设计协会会长佛兰克·毕克负责，被称为"设计政策"

的经典之作。自 1950 年始，欧美各大企业纷纷导入 CI。1956 年，美国 IBM 公司以公司文化和企业形象为出发点，突出表现制造尖端科技产品的精神，将设计为蓝色的富有品质感和时代感的造型，这是 CI 正式诞生的重要标志。20 世纪 60 年代以后，欧美国家的企业 CI 导入出现了潮流般的趋势。60 年代的代表作是由无线电业扩展到情报、娱乐等 8 种领域的 RCA；70 年代的代表作是以强烈震撼的红色、独特的瓶形、律动的条纹所构成的 CocaCola 标志。总之，20 世纪 60—80 年代，是欧美 CI 的全盛时期；日本企业在 70 年代以后、中国企业在 90 年代后也开始创造自己的 CI，从而使之发展成为一个世界性的潮流。

四、企业文化的特点

（一）隐性

如果将身边的企业都一一考察，我们会发现并不是每一个企业都有确定的、表露出来的文化内涵，但是，作为作用于人的一种隐性的思想与理念，企业文化会沉积在每一个人的心中，并指导每个人的行动。即使某企业并没有对文化做出具体规定，企业的内外环境也会潜移默化地对企业成员形成一种无形的约束，促使他按照合乎企业行为规范的要求来进行活动。

（二）稳定性

既然企业文化的核心是精神文化，是企业的价值观念，是内化在员工灵魂深处的一种信仰，它就不会因人事的变动而随便发生改变，具备一定的稳定性和惯性。因此，那些具有好的文化传统的企业能长久稳定地发展。那些企业文化不适应外界环境发展的企业，只有通过各种变革，彻底改变人们原有的思想观念和行为规范，重新形成一种适应环境变化的企业文化，才有可能找到新的发展方向和动力。

（三）可塑性

企业文化的形成一般有两条基本途径：一是企业在长期经营中逐渐积淀而成；二是通过企业的创造者或者榜样塑造出来。

现实中的企业文化往往都是通过两种途径融合铸就的。特别是那些文化管理出色的企业，基本上都离不开人为的塑造。企业的高层管理者，主要是企业的一把手将自己的经营理念结合企业和市场的实际情况形成企业的价值观念，然后通过制度建设、员工培训以及高层的表率作用使企业文化逐步渗透到企业的成员心中，最终达到个人利益与集体利益、个人目标与企业目标的高度统一。

（四）不可模拟性

企业文化与制度、技术等不同，它不具有通用性，也就是说任何两个企业的文化都不可能是完全一致的，任何一个企业都无法简单地照搬套用其他企业的文化。因为每个企业都有自己独特的背景、环境、管理方式和人员素质，在此基础上形成的企业文化在企业内部体现出共性特征，而在企业外部则更多地体现为个性、特殊性，所以企业文化很少有固定的模式和统一的内涵，也很难量化成某个具体的指标，更不要说在不同的企业之间通用。

五、企业文化的功能

企业文化的功能，是指企业文化发生作用的能力，亦即企业这一系统整体以人为中心，以人为基本导向进行生产、经营、管理的能力。企业文化对企业管理具有不可替代的功能，这种功能体现在以下几个方面。

（一）导向功能

企业文化反映了全体员工的共同追求、共同的价值观和共同的利益，对企业经营者和生产者的思想、行为产生导向作用，使全体成员为实现企业的目标而共同奋斗。企业文化对员工行为的引导，是通过员工对企业整体的价值认同进行的，员工在本企业价值观念的熏陶下，能够自觉地按照它来行动，即使在没有各种硬性的规章制度约束的时候，也能自觉地朝着本企业的目标努力。也正因为如此，企业文化才可以将理性管理与情感管理有机地结合起来，将强制性行为转化为自觉行为，将消极的被动行为转化为积极的主动行为，并在共同的企业目标下将企业成员的行为协调起来。

（二）规范功能

企业文化虽然是无形的、非正式的、非强制性和不成文的行为准则，但对员工的思想和行为起着有效的规范作用。其作用的机制是：通过培养员工的归属感、自豪感、责任感、优胜感、荣誉感等情感因素，使员工的思想和行为与企业文化统一起来。在一个特定的文化领域中，人们的言行由于企业特定的准则，受到赞扬和鼓励，因而获得了心理上的平衡和满足。反之，则会产生失落和挫折感。这样，员工就会逐渐以企业文化为标准来规范自己的思想和行为方式，产生以企业文化为主导的"从众行为"。

（三）凝聚功能

在特定的文化氛围下，员工们通过自己的切身感受，产生出对本职工作的自豪感和使命感，产生对企业目标、准则和观念的认同感和对本企业的归属感。这使员工把自己的思想、感情、行为与整个企业联系起来，从而使企业产生一种强大的向心力和凝聚力。具体通过目标凝聚、价值凝聚、理想凝聚三个方面来实现。

（四）激励功能

企业文化创造出一种"人人受重视、个个被尊重"的文化氛围。在这种尊重人、理解人、关心人的氛围中，企业可以激发和调动全体成员的积极性和创造性。每个人的贡献都会及时受到肯定、赞赏和褒奖，而不会被埋没。这样，员工就会有极大的荣誉感和责任心，自觉地为获得新的、更大的成功而瞄准下一个目标。它对人的激励不是一种外在的推动而是一种内在引导，不是被动消极地满足人们对实现自身价值的心理需求，而是通过企业文化的塑造，使每个企业员工从内心深处产生为企业拼搏的献身精神。

（五）约束功能

企业文化对员工行为具有无形的约束力。企业文化把以尊重个人感情为基础的、无形的外部控制和以群体目标为己任的内在自我控制有机融合在一起，实现外部约束和自我约束的统一。

（六）调节与自我延续功能

企业文化作为企业根据自身特点形成的包含价值观念、行为准则的意识形态，发挥着调节企业内部人际关系、创造工作气氛、辅助企业发展决策等方面的重要功能。在企业文化的作用下，全体成员间有共同的价值观，有共同的语言、理解，能进行充分的交流，在工作中形成良好的人际关系，能很好地调整自己的心理状态去适应外界环境的变化。企业创业者的教育背景、领导风格、处事方式和作风决定了企业初期的企业文化，并通过各种形式得以延续和流传。

(七)优化功能

优秀的企业文化会产生一种无形的力量,对企业经营管理起到优化作用。企业文化的优化功能,不仅体现在"过程"之后,即对错误结果进行修正,而且也体现在"过程"之前和"过程"之中,对组织活动和个人行为起到必要的预防、警示和监督作用。

(八)辐射功能

企业文化作为一个系统,不仅在其内部从事活动,并且还要与外部环境进行交流,受到外部环境的影响并相应对环境产生反作用。企业是社会的细胞,企业文化发展到较高水平后,不仅会对企业本身产生强烈的感染力,而且还可以通过企业员工与外界的交往,把企业的优良作风和良好的精神风貌传播到企业外部,对社会文化产生重大影响。

六、企业文化在企业管理实践中的地位

(一)企业文化是企业的灵魂

一个完整的企业文化体系,几乎包容了企业经营管理的所有理念,这些理念囊括了企业运营的每个关键性的环节与步骤;企业文化的四个层面也是企业生存与发展的四个决定性因素:精神文化为企业指引方向,制度文化为企业提供制度保障,行为文化为企业建立行为规范,物质文化为企业生产的产品、设备、厂房注入文化血液,让它们也充满了灵性与魅力。在这个更加人性化的时代,企业也被赋予了生命,它的灵魂就是它特有的企业文化。

(二)企业文化是企业活力的内在源泉

企业的活力来自于体制与创新。体制表现为结构与制度。结构是由人组织构成的,制度是由人制订执行的。创新包括管理创新、技术创新、产品创新等。人是创新的主体,人的知识与技能是创新的源泉,所以企业的活力最终还是来自人,来自人的积极性。人的积极性被充分调动起来,企业的活力才会被激发出来。企业文化作为员工信奉的价值理念和遵循的行为方式,是调动员工积极性的最有效的管理工具,是企业活力的内在源泉。

(三)企业文化是培养企业核心竞争力的基础环境

拥有核心竞争力是企业保持长期竞争优势的关键。核心竞争力建立在企业核心资源的基础上,是企业的智力、技术、产品、管理、文化的综合优势在市场上的反映。具备某种优势固然重要,但使企业获得竞争优势所需要的能力组合,才能称得上真正的竞争力。企业文化是整合企业核心竞争力的工具,原因有以下两个。

▶ 1. 企业文化本身就是一种核心竞争力

核心竞争力的三个基本特征与企业文化的特点是一致的:一是用户价值,即能为用户提供根本性的好处或效用;二是独特性,企业的任何专长要成为核心竞争力必须独树一帜;三是延续性,核心竞争力犹如一个"创新源",能为企业延伸出一系列相关的领先产品或服务。

▶ 2. 企业文化是培育核心竞争力的基础要素

核心竞争力的培育不是孤立的,文化是企业核心竞争力培育的基础。企业从事生产经营活动的前提是拥有资源,包括有形的物质资源和无形的规则资源。物质资源本身不能有序运作,必须与规则资源结合,才能发挥生产要素的功效,如用企业制度、战略来规范企业各种投入要素的结合方式。但有形的物质资源与无形的规则资源都是企业载体性构成要素,唯有蕴藏在这些要素中的企业文化,才是企业形成长期竞争优势的基础要素。我们从表面上看到的企业拥有的比竞争对手更加卓越的从事生产经营活动和解决问题的能力,以

及组织结构、技术优势等，追本溯源都是企业的文化优势发挥作用的结果。

微软走下神坛　苹果重回巅峰

2010年5月26日，对于苹果公司来说，无疑是一个值得大书特书的日子。这一天，它的股价以244.05美元报收，市值达到2 221.2亿美元，一举超过微软的2 191.8亿美元。成为标准普尔500指数中的第二大公司，仅次于能源巨头埃克森美孚公司。这也意味着，苹果公司成为了全球股票市值最大的科技公司。

1997年，史蒂夫·乔布斯回归前，苹果公司几乎奄奄一息。乔布斯采取了一系列措施，才让这家公司重获生机。每当有重要产品即将宣告完成时，苹果公司都会退回最本源的思考，并要求将产品推倒重来。以至于有人认为这是一种病态的品质、完美主义控制狂的标志。波士顿咨询服务公司共调查了全球各行业的940名高管，其中有25％的人认为苹果公司是全球最具创新精神的企业。

"在苹果公司，我们遇到任何事情都会问：它对用户来讲是不是很方便？它对用户来讲是不是很棒？每个人都在大谈特谈'噢，用户至上'，但其他人都没有像我们这样真正做到这一点。"乔布斯骄傲地说。

苹果超越微软的关键转折点：1998年推出iMac；2001年发布iPod；2001年发布Mac OSX；2006年推出MacBook；2007年iPhone震撼登场；2010年iPad横空出世；2011年推出iPad2……

2011年3月2日，苹果公司CEO史蒂夫·乔布斯宣布，目前iPhone的出货量已经超过1亿部，而iPad的销量也超过了1 500万台，销售额达到95亿美元，占整个市场份额的90％。乔布斯表示，iPad能够在短时间内取得如此好的销售业绩，离不开App Store和Apple Store的支持，iPad已拥有65 000个专门为其设计的应用程序，并拥有数百家App Store，没有这两个因素，iPad难以如此成功。

Brian Blair分析师认为，在2011年，苹果iPhone和iPad的销售情况将一直保持良好的发展势头，预计苹果公司iPhone智能手机销量将达到4 500万部，而iPad平板电脑的销量将达到4 800万台。

资料来源：张军.微软走下神坛，苹果重回巅峰.新浪网.

思考：
1. 如何评价该公司的企业文化？
2. 怎样理解苹果公司的企业文化在企业发展中的作用？

单元二　企业文化建设

一、企业文化建设的内涵与作用

(一) 企业文化建设的内涵

企业文化建设，是指构造企业文化的过程，是企业经营战略中的一项长期、艰巨、细致的系统工程。现代企业正如具有意识和生命的肌体一样，它的活力不但依靠物质的代谢，也与精神文化活动紧密相连。现代企业要把建设企业文化置于生产经营活动的先导地位。

企业文化建设的目标：创造和谐的人际关系和环境，全面提高员工素质，充分发挥员工的积极性、主动性和创造性，树立企业的良好形象，从而提高企业的经济效益和社会效益，建设优秀的企业。

（二）企业文化建设的作用

成功的企业文化对外具有一定的引力作用，对内要具有一定凝聚力。

▶ 1. 能得到员工的广泛认同的价值观

员工认同的企业文化才是真正的文化。在实际企业管理工作中，很多企业老板或负责人自己都不认同的东西，还要员工去执行。

▶ 2. 使企业员工产生使命感，使企业产生积极的因素

优秀的企业文化不仅能使员工产生使命感和责任感，而且能激励员工积极地工作，使员工对未来充满憧憬，反之，会使员工产生消极，悲观厌世。

▶ 3. 能使企业产生不可复制的竞争力

事实上，企业文化已经超越了管理范畴，其实质是一种具有不可复制的竞争文化。而现代企业的竞争，归根到底是企业文化的竞争，或者说是品牌文化的竞争。优秀的企业文化是企业最有力的竞争武器，而且是不可复制的。

▶ 4. 能使员工对企业产生深厚的感情

企业文化不仅能提高员工主人翁意识和员工的高尚情操，而且能使员工对企业产生深厚感情。无论走到哪里，员工对企业的一草一木总是充满怀念，听到或看到企业代表人物、标志、广告、产品等总是有一种亲切感。

二、企业文化建设的原则

一般来说，企业文化建设应遵循以下基本原则。

▶ 1. 目标原则

每个企业都有一个明确而崇高的目标，让每个员工都明确他们的工作是与企业目标联系在一起的，是为实现企业目标而努力的。

▶ 2. 价值原则

每个企业都应有一个共同信守的价值标准。

▶ 3. 卓越原则

企业要具备追求卓越的精神，即永不自满、不断攀登高峰的精神。

▶ 4. 人本原则

在企业中，组织与个人之间，管理者与员工之间、上级与下级之间都应建立起亲密关系，满足每个员工的情谊和友爱需要。

▶ 5. 成效原则

把员工的利益与其工作成果联系起来，使员工的每项成就都能得到肯定和鼓励。

▶ 6. 整体原则

把企业作为一个整体，让管理者与员工共同参与各种活动，使每个员工感受到自己就

是企业的一员，形成一个整体环境。

三、企业文化建设的主要内容

企业文化建设一般包括表层文化、中层文化和深层文化建设三个层次。

(一) 表层文化

表层文化，又称视觉文化、标识文化。这是一种以物质为基本形态的显示在表层的企业文化。它将企业所创造的文化品位、文化理念，通过企业的物质设施和产品的造型、商标、包装等表达出来，以其直观形象而被更多的人所感知。这种视觉文化往往会让人产生"首因效应"，成为社会公众对一个企业做总体评价的起点和首要因素。视觉，是人类获取外部信息的主渠道。据统计，人类接受外界刺激所获得的信息的83%来自视觉器官，视觉器官所归集的信息，在人的记忆库中具有较高的回忆值。

表层文化是通过一个完整的有机显示系统来表现的，主要包括以下几个方面。

▶ 1. 企业名称

企业名称是企业间相互区别的特定标志，也是企业的一种无形资产和竞争工具。企业名称涉及法律、风俗习惯、公众心理、美学、语言学等方面的问题，它具有很强的社会性，体现着一种文化道德走向。所以，名称不仅仅是两三个字的组合，而且是企业的旗帜、宗旨、信念等外观标识和内在精神的统一。驰名企业，如北京同仁堂，就凝聚着几代人的智慧和资本投入所沉淀的经济利益和文化品位，反映着公众的期望、信任和良好的评价，是吸引消费者的"磁场"，是代表企业的文化符号。

▶ 2. 企业标志

企业标志是企业用以象征自己文化特征的视觉符号，也是拥有者传达、宣传信息和理念的文化载体。它由图形、文字和色彩构成，能综合反映企业的整体特点和体现企业的个性。成功的标志是科学与艺术的统一和结合，也是企业最有价值的无形资产和"竞争利器"。企业标志从广义上说，还包括厂牌、厂服、厂旗、厂歌以及商标等，这一整套企业标志明显而形象地概括出企业文化的独特色彩。

▶ 3. 企业代表色

人们生活在五颜六色的世界之中，人的生活通常受自然色的影响，对某一事物产生偏爱或舍弃，并为生活和工作创造更好的环境氛围。企业根据经营特色和产品特点，选择一种色调作为其代表色，形成企业的色调风格，在企业的整体形象传播中，发挥其显眼的识别效能，使公众产生固定印象，起到视觉聚焦作用。

▶ 4. 建筑装饰

建筑装饰犹如人的面孔和外表，是给外界留下第一印象的重要标志，是企业文化的一种外在表现。企业建筑式样和内部环境，既要体现出企业的个性、风格和审美观，又要使其与企业整体形象完美结合，把企业内在精神凝结到企业外显物之中，创造出企业外显事物和内在精神合一的最佳境界，显示出现代企业的风采。

(二) 中层文化

中层文化，又称行为文化或制度文化，是一种中介文化。它是指一个企业中从最高层领导到第一线工人，他们的言行举止中所包含、所反映的企业文化内涵；从企业的生产、经营等集体行为，到员工个人行为所反映的文化特征；企业为了保证实现目标和良好行为而形成的制度与规范等。

中层文化所包括的主要内容有规章制度、企业楷模、礼仪活动等。

▶ 1. 规章制度

规章制度是指企业内部管理的标准化、专业化和规范化的制度与实践，以及通过严格的规章制度保证命令的严肃性，即绝对服从和作为的严格规范。制度问题带有根本性、全局性、稳定性和长期性特性。一个企业的经营宗旨、管理风格、目标追求等，都需要制度来加以保证，而从众多制度的背后，往往又可以找出该企业的文化风格。企业文化对员工行为的导向和制约作用，主要也是通过制度和行为规范来体现的。每一个现代企业，为了保证其正常运转，都需要制订一套完整的规章制度。

▶ 2. 企业楷模

在企业行为文化建设中，英雄人物是一个至关重要的角色。因为无论企业领导者或企业文化建设组织者如何精心组织或多么努力，行为规范在相当一部分员工看来，仍然是比较抽象的东西，对执行行为规范之后的作用也往往持怀疑态度，这时就需要英雄人物身体力行、以身作则，通过自己的模范行为，来使广大员工切实体会到执行行为规范的重要性。因此，使企业文化得到人格化的体现，具有强大的感召力和影响力。

企业楷模一般包含两类：一类是权力人物，即企业领导者的表率作用。权力人物的影响力至关重要，这个影响力不仅来自硬权力，更主要的来自软权力，即他们的示范效应和表率作用；另一类企业楷模，则是劳动模范、先进典型等。

▶ 3. 礼仪活动

礼仪是指人们与他人交往的秩序、方式，以及实施交往时的外在表象方面的规范。它包括平常说的礼貌、礼节、仪表、仪式和礼俗等多方面的内容。企业的礼仪，对企业的发展具有重要影响，是企业文化的一个重要内容。任何企业都有其礼仪，并且具有自己的特点。企业礼仪，可以反映一个企业的精神面貌；良好的企业礼仪，可以促进和影响企业生产经营及各方面管理工作的发展；良好的企业礼仪，可以增强企业内部的凝聚力；良好的企业礼仪，还可以增强员工的集体主义精神和爱厂如家的责任感。所以，企业礼仪绝不是形式主义的东西。

（三）深层文化

深层文化主要包括企业宗旨、企业价值观、企业精神、企业道德等。

▶ 1. 企业宗旨

企业宗旨是指企业要达到的目标和追求的社会贡献，是企业员工努力争取的期望值。它体现了企业的执着追求，同时又是企业员工理想和信念的具体化。企业宗旨是企业文化追求的动力源。一个科学、合理的企业宗旨，可以激励人们不懈地努力创造卓越的成绩，有利于塑造优秀的企业文化。企业宗旨既有国家规定的共同目标，也有不同企业的独特目标。企业必须赢利，然而，单纯的赢利绝不能成为企业的最高目标或宗旨，要把单纯谋利的动机转变为企业的一种社会责任感。

▶ 2. 企业价值观

企业价值观，即企业群体共同的价值观，主要是指企业的基本信仰、追求和经营理念。也就是解决企业是为了什么、追求什么样的目的、提倡什么、反对什么等方面的问题。企业价值观是企业文化的核心要素，在企业文化中起着主导和支配作用，直接渗透于企业生产经营活动的各个方面，既影响着企业生产经营的目标、企业生产经营活动的指导思想、管理原则和企业精神，又制约着企业的行为、规范和准则，就连企业的劳动产品也毫不例外地带有价值观念的痕迹。价值观同时还是一种长期形成的文化积淀，每个人的价值观念受到其文化背景、民族传统、个人素质的影响，这种影响是这些因素在个人的长期发展中潜移默化所给予的，而不是一朝一夕就形成的。价值观作为一种最深层的文化内涵，存在于每个人的观念深处，影响着个人行为处世的一举一动。

▶ 3. 企业精神

企业精神，是指企业在生产经营活动过程中形成的，建立在共同的信念和价值观念基础上，为企业员工所认可和接受的并能激发企业员工积极性和增强企业活力的一种群体意识和信念。

企业精神有以下特点。

(1) 时代性。企业是社会的细胞，社会发展的一切痕迹和时代的烙印，都会非常清晰、明显地反映在企业行为中。同样，企业精神是时代精神在企业这一微观领域内的折射，它不会也不可能超越时代的一般特征。

(2) 哲理性。企业精神是一定深度精神境界的反映。因此，它含有完善、健康的哲理，也必然要有一个形成的过程，绝不是某一位领导头脑一热就出来、头脑一冷又改变的东西。

(3) 个性。文化贵在个性，企业精神隶属于亚文化层次的企业文化范畴，是企业这样一个具有独立法人资格、自主经营、自负盈亏的经济组织的独特信念。因此，企业必须要有个性化的体现，充分反映各自企业的历史、行业、产品、员工、地区等特点，切忌雷同化。

▶ 4. 企业道德

企业道德是调整企业与企业之间、企业内部员工之间关系的行为规范总和，是一种特殊的价值体系，是企业法规的必要补充。它是以善良与邪恶、正义与非正义、公正与偏私、诚实与虚伪等相互对立的道德范畴为标准来评价企业及员工各种行为并调整企业、员工之间关系的。它一方面通过舆论和教育的方式，影响员工的心理和意识，形成员工的是非观念，从而集中形成员工内心的信念；另一方面又通过舆论、习惯、规章制度等形式在企业和社会中确立起来，成为约束企业和员工行为的原则和规范。

四、企业文化建设的步骤

现代企业文化建设可以分为四个步骤。

▶ 1. 企业经营战略的制订

即规划企业未来一定时期内所要达到的目标及为实现目标采取的基本策略，包括进入的业务领域和在竞争中与竞争对手的相对位置等，这是企业文化系统建设的前提和基础。

▶ 2. 制订企业文化系统的核心内容

企业文化系统的核心内容包括企业价值观念和企业精神，为企业文化的建设设定基本框架和努力方向。

▶ 3. 进行企业文化表层的建设

主要指物质层和制度层的建设，从硬件设施和环境因素方面为精神层的建设做准备。

▶ 4. 进行企业文化深层价值观念的导入和渗透

向员工进行企业文化深层价值观念的导入和渗透，这是整个建设中最为重要的部分。

五、企业文化建设的方法

企业文化建设是一项综合性的系统工程,需要系统规划。首先从宣传教育抓起,然后制订企业员工行为准则,同时也要优化环境、关心员工。通过激励调动一切积极因素,使全体员工产生使命感与责任感。不断创新、探索,才能创造出适合本企业的优秀企业文化。

▶ 1. 唤起员工的忧患意识,提高员工素质

这是创造企业文化的先导。适当的忧患意识能使人产生危机感、紧迫感、责任感,将压力变为动力,不断开拓进取。

▶ 2. 扬弃传统文化,开创新的领域

这是创建企业文化的宗旨。在深化改革和加大开放力度的同时,我们应继承一些优秀的传统,同时努力学习国外先进的企业文化,古为今用、洋为中用,创造出更为先进的企业文化。

▶ 3. 抓住时代的特点,体现企业个性

这是创建企业文化的核心。企业文化建设应反映社会的本质特征和时代精神,用大文化指导小文化,同时根据企业的历史和现状集思广益,进行综合提炼,形成自己的企业文化。

▶ 4. 建设五项工程,培育五种精神

作为创造企业文化支柱的五项工程是企业形象塑造工程、产品开发工程、文化网络工程、员工福利工程和心理环境工程。五种精神是指主人翁精神、团队精神、竞争精神、开创精神和艰苦创业精神。这五项文化工程建设和五种精神的培养相互联系、相互依存、相互促进,从而推动企业文化不断发展。

▶ 5. 进行系统教育,举办定期培训

这是创建企业文化的基础。

▶ 6. 创造家庭环境,改善员工生活

这是创建企业文化的手段。

▶ 7. 提高领导认识,发挥模范作用

这是创建企业文化的保证。

▶ 8. 充分利用多种渠道,综合各方面的力量

这是创建企业文化的途径。

总　　结

企业文化,是指企业在长期的生产经营过程中所形成的一种基本精神和凝聚力,是企业全体成员共同遵守和奉行的价值观念、理想信仰、企业风尚和道德行为准则。

本情境包括两个单元,单元一讲述了企业文化概述,着重理解企业文化的含义、企业文化的构成以及特点,掌握企业文化在企业管理实践中的地位;单元二讲述了企业文化建设,着重掌握企业文化建设的内涵与作用、企业文化建设的原则和企业文化建设的主要内容,以及企业文化建设的步骤、方法以及途径。

教 学 检 测

一、名词解释
企业文化

二、问答题
1. 企业文化的构成有哪些?
2. 企业文化的特点有哪些?
3. 简述企业文化在企业管理实践中的地位?
4. 企业文化建设的内涵与作用有哪些?
5. 企业文化建设的原则有哪些?企业文化建设的主要内容有哪些?
6. 简述企业文化建设的步骤以及方法?
7. 企业文化建设的途径有哪些?

三、综合案例思考

西安杨森:文化是魂

西安杨森制药有限公司(简称:西安杨森)成立于1985年10月。合资中方以陕西省医药工业公司为代表,外方为美国强生公司的成员比利时杨森制药有限公司(简称:杨森公司)。总投资1.9亿元人民币,注册资本比例为外方占52%,中方占48%,合资期限50年。

1. 严格管理,注重激励

合资企业的工人和中层管理人员是由几家中方合资单位提供的。起初,他们在管理意识上比较涣散,不适应严格的生产要求。鉴于此,合资企业在管理上严格遵循杨森公司的标准,制定了严格的劳动纪律,使员工逐步适应新的管理模式。

通过调查研究发现,在中国员工尤其是较高层次的员工中,价值取向表现为对高报酬和工作成功的双重追求。优厚的待遇是西安杨森吸引和招聘人才的重要手段,而不断丰富的工作意义、工作的挑战性和成功的机会则是公司善于使用人才的关键所在。在创建初期,公司主要依靠销售代表的个人能力,四处撒网、孤军奋战,对员工采取的是个人激励。从"人员—职位—组织"匹配原则出发,选用那些具有冒险精神、勇于探索、争强好胜又认同企业哲学、对企业负责的人作为企业的销售代表,主要是医药大学应届毕业生和已有若干年工作经验的医药代表。这两类人文化素质较高、能力较强,对高报酬和事业成就都抱有强烈的愿望。此时,西安杨森大力宣传以"鹰"为代表形象的企业文化。他们自己这样解释:"鹰是强壮的,鹰是果敢的,鹰是敢于向山巅和天空挑战的,他们总是敢于伸出自己的颈项独立作战。在我们的队伍中,鼓励出头鸟,并且不仅要做出头鸟,还要做搏击长空的雄鹰。作为企业,我们要成为全世界优秀公司中的雄鹰。"

2. 注重团队建设

在1996年年底的销售会议中,他们集中学习并讨论了"雁的启示":"……当每只雁展翅高飞时,也为后面的队友提供了'向上之风'。由于组成V字队形,可以增加雁群71%

的飞行范围。当某只雁离队时它会感到孤独飞行的困难和阻力,它会立即飞回队伍,善用前面同伴提供的'向上之风'继续前进。"所以,每一名员工都应该像大雁一样具有团队意识,在队伍中跟随带队者与团队同奔目的地。愿意接受他人的帮助,也愿意帮助他人。

经过大力的企业文化建设,员工的素质得到了不断的提高,对公司产生了深厚的感情,工作开展得更为顺利。

3. 充满人情味的工作环境

每逢过年过节,总裁即使出差、休假,也不会忘记邮寄贺卡,捎给员工一份祝福;员工过生日,总会得到公司领导的问候;员工生病休息,部门负责人甚至总裁都会亲自前去看望,或写信问候;员工结婚或生小孩,公司都会把这视为自己家庭的喜事而给予热烈祝贺,公司还曾举办过集体婚礼;公司有的活动,还邀请员工家属参加,一起分享大家的快乐;主办的内部刊物名字就叫《我们的家》,以此作为沟通信息、联络感情、相互关怀的桥梁。

经公司中外双方高层领导间几年的磨合,终于达成共识:员工个人待业、就业、退休保险、人身保险由公司承担,由专门部门负责;员工的医疗费用可以全部报销。在住房上,他们借鉴新加坡的做法,并结合中国房改政策,员工每月按工资支出25%,公司相应支出35%,建立员工购房基金。这已超过了一般国有企业的公积金比例。如果基金不够,在所购房屋被抵押的情况下,公司负责担保帮助员工贷款。这样,在西安杨森工作4~6年的员工基本上就可以购买住房了。

4. 加强爱国主义的传统教育

1996年11月22日,西安杨森的90多名高级管理人员和销售骨干,与来自中央和地方新闻单位的记者及中国扶贫基金会的代表一起,由江西省井冈山市茅坪乡向茨坪镇挺进,进行30.8公里的"96西安杨森领导健康新长征"活动。他们每走30.8公里,就拿出308元人民币捐献给井冈山地区的人民,除此以外个人也进行了捐款。公司还向井冈山地区的人民医院赠送了价值10万元的药品。1996年冬天的早晨,北京天安门广场上出现了西安杨森的一支身穿"我爱中国"红蓝色大衣的30多人的队伍,中国人、外国人都有,连续许多天进行长跑,然后观看庄严肃穆的升国旗仪式,高唱国歌。这是西安杨森爱国主义教育的又一部分。

前任美籍总裁罗健瑞说:"我们重视爱国主义教育,使员工具备吃苦耐劳的精神,使我们企业更有凝聚力。因为很难想象,一个不热爱祖国的人怎能热爱公司?而且我也爱中国!"

资料来源:东方烟草报,2004-10-15。

思考:

1. 西安杨森的管理实践中用到了哪些管理方法?
2. 失去员工认同的经营理念会成功地得到贯彻吗?
3. 你认为本案例体现了西安杨森怎样的企业文化?

拓展阅读

万科企业文化精髓解析

万科企业股份有限公司成立于1984年5月,是目前中国最大的专业住宅开发企业。1988年万科进入住宅行业,1993年将大众住宅开发确定为公司核心业务,2006年业务覆盖到以珠三角、长三角、环渤海三大城市经济圈为重点的二十多个城市。经过多年努力，万科逐渐确立了在住宅行业的竞争优势："万科"成为行业第一个全国驰名商标。

以理念奠基、视道德伦理重于商业利益，是万科的最大特色。万科认为，坚守价值底线、拒绝利益诱惑，坚持以专业能力从市场获取公平回报，致力于规范、透明的企业文化建设和稳健、专注的发展模式是万科获得成功的基石。凭借公司治理和道德准则上的表现，万科载誉不断。

一、优秀的企业文化

万科公司给自己的定位是：做中国地产行业的领跑者。万科对内平等，对外开放，致力于建设"阳光照亮的体制"，万科把人才视为资本，倡导"健康丰盛的人生"，万科企业文化案例为业界所推崇。

企业竞争到一定阶段，企业之间的差异会直接体现在企业文化上。实际上，企业文化很大程度上反映出一个企业家的思想境界。从王石领导的万科企业文化可以看出企业文化与企业家视角下的浓郁的人文情怀是分不开的，万科"阳光照亮的体制"让其"创造健康丰盛的人生"不断成为现实，企业家的思想境界正影响着企业的健康和进步。

二、企业愿景

万科的企业愿景是成为中国房地产行业持续领跑者。为了早日达到该愿景，万科要求自己要从下面几个方面努力。

1. 不断钻研专业技术，提高国人的居住水平。
2. 永远向客户提供满足其需要的住宅产品和良好的售后服务。
3. 展现"追求完美"之人文精神，成为实现理想生活的代表。
4. 快速稳健发展公司的业务，实现规模效应。
5. 提高效率，实现业内一流的赢利水准。
6. 树立品牌，成为房地产行业最知名和最受信赖的企业。
7. 拥有业内最出色的专业和管理人员，并为其提供最好的发展空间和最富竞争力的薪酬待遇。
8. 以诚信理性的经营行为树立优秀新兴企业的形象。
9. 为投资者提供理想的回报。

三、企业宗旨

万科的企业宗旨是建筑无限生活，该宗旨有几方面的含义。

1. 对客户，意味着了解你的生活，创造一个展现自我的理想空间。
2. 对投资者，意味着了解你的期望，回报一份令人满意的理想收益。
3. 对员工，意味着了解你的追求，提供一个成就自我的理想平台。
4. 对社会，意味着了解时代需要，树立一个现代企业的理想形象。

四、核心价值观

万科的核心价值观是创造健康丰盛的人生，包括几个方面的内容。

1. 客户是万科永远的伙伴。
2. 人才是万科的资本。
3. 阳光照亮的体制。
4. 持续的增长和领跑。

致力于建设"阳光照亮的体制",坚持规范、诚信、进取的经营之道,是万科基本的价值理念。当别的开发商提出少于40％的利润不做时,万科却明确提出高于25％的利润不赚。万科不以赢利为唯一目标,不是单纯为客户提供住所,而是参与城市生长和城市文化建设的进程,坚持对城市负责、对后代负责的使命和理想。

万科的文化一直坚持简单、规范、透明。万科绝不会要求员工在公司内外采用不同的价值标准和行为准则。万科秉承"人才是万科的资本"的用人理念,使员工和公司、客户、合作伙伴之间一直保持平等、双赢的关系。二十多年来,万科一直保持行业领跑者的地位,实现了企业的稳定发展,而其中,起到有力支持因素的就是万科的一克拉文化。

五、一克拉文化的体现

20多年来,万科一克拉文化所体现的以人为本的管理思想逐步渗透到日常的管理工作中,万科一贯主张"健康丰盛的人生",重视工作与生活的平衡;为员工提供可持续发展的空间和机会;倡导简单人际关系,致力于营造能充分发挥员工才干的工作氛围。通过不断的探索和努力,万科建立了一支富有激情、忠于职守、精于专业、勤于工作的职业经理团队,形成了追求创新、不断进取、蓬勃向上的公司氛围以及有自我特色的用人之道。实践证明,万科的一克拉文化所展现的用人原则是万科多年来稳步发展的动因。

六、培养可持续发展的职业经理队伍

万科寻找人才及其对人才吸引的法宝,首推的是公司本身的发展所能给员工提供的众多机会,但最重要的一点是——万科充满理想主义色彩的企业文化是职业经理人难于抵挡的诱惑。

毕业于上海交通大学的张朋坦言,2000年找工作时,放弃在上海的工作机会,选择到万科来,就是冲着万科动人的一句话——致力于培养职业经理。

万科的人才理念是一个相当完整的体系,其中最主要的一条就是培养职业经理。对人才的基本要求都是围绕这一理念展开的。所谓"职业"的概念就是"以此谋生,精于此业",职业经理人自然就是要以管理为生,精于管理。从初级管理层到决策管理层的全部管理人员组成公司的职业经理队伍,职业经理承担了公司的主要管理任务。

万科的人力资源管理模式表明,职业经理是万科发展的依托。

万科认为,职业经理是现代企业生存、扩张所必需的第四种要素,即人、财、物等资源投入基础上的企业家才能。为此,万科于1998年就提出"职业经理年",对职业经理进行培训和开发,以实现职业经理在万科的可持续发展,同时推动整个公司的经营能力和管理能力的提高。在管理架构上,公司致力于规范化的管理,通过合理授权等一系列措施,为将职业经理的专业素质直接转化为生产力创造了广阔空间,提供了制度保障。

万科创业者很早就完成了转化为职业经理人的定位,很早就在企业内部建立了完善的经理人制度,从而避免了许多民营企业创始合伙人之间的冲突和震荡,使管理团队得以长期稳定,并且形成了系统的经理人文化,理性的创业者和优秀的职业经理团队使万科在管理上能够集中精力,做细做深做透,不仅能在本地区积聚优势,而且建成了跨地区管理的高效体系。

学习情境十 现代企业信息化管理

>>> 知识要点

- 企业信息资源管理的含义及重要意义。
- 企业信息化的含义及实施步骤。
- ERP 的概念与特点、基本原理及主要功能模块。
- 供应链管理的概念与特征、核心思想及战略意义。
- 客户关系管理的含义与思想。

>>> 核心概念

企业信息化　　企业资源计划　　企业供应链管理　　企业客户关系管理

情境导入

青岛啤酒公司的新鲜度管理

青岛啤酒公司在迅速完成扩张后，营销战略由以规模为主的"做大做强"相应转变为以提升核心竞争力为主的"做强做大"。啤酒下线后送达终端市场的速度，即所谓的"新鲜度管理"成为青岛啤酒打造企业核心竞争力的关键要素，而"新鲜度管理"的成败取决于企业的物流管理。青岛啤酒是如何成功地进行这场物流管理的呢？

首先，进行流程再造。以限产压库和减少重复装卸为核心，对发货方式、仓库管理、运输公司及相关部门进行了改革和调整。

其次，利用先进的信息化手段再造青啤的销售网络，组建青啤物流管理信息系统。这个系统对企业的发货方式、仓储管理、运输环节进行了全面改造，实现了销售体系内部开放化、扁平化的物流管理体系。

最后，与香港招商局共同出资组建了青岛啤酒招商物流有限公司，将自己的运输配送体系"外包"给招商物流。利用对方的先进管理，使自己从并不在行的领域里抽身而出。

现在，青岛啤酒运往外地的速度比以往提高30%以上，山东省内300公里以内区域的消费者都能喝到当天的啤酒，300公里外区域的消费者也能喝到出厂一天的啤酒，而原来喝到青岛啤酒需要 3 天左右。

资料来源：汤定娜. 青岛啤酒公司的新鲜度管理. 百度文库.

思考：
1. 什么是企业信息化管理？
2. 青岛啤酒公司是如何进行企业信息化管理？

对于现代企业来说，信息资源是一个企业赖以生存的重要因素之一，企业要在激烈的市场竞争中抢占先机，必须要占有信息资源，管理信息资源和运用信息资源。企业信息化管理，就是指通过各种信息系统网络加工生成新的信息资源，提供给各层次的人们，使其洞悉、观察各类动态业务中的一切信息，以做出有利于生产要素组合优化的决策，使企业资源合理配置，以使企业能适应瞬息万变的市场经济竞争环境，求得最大的经济效益。

单元一　现代企业信息化及现代企业资源计划

一、企业信息化概述

（一）企业信息资源管理

▶ 1. 信息的含义

随着当代信息技术的发展与广泛应用，人类真正步入了信息时代，信息已经渗透到人类生活的每一个领域和每一个方面。可以说，信息是当今社会使用频率最广泛的词汇之一。然而，关于信息的含义，国内外学术界意见纷呈、众说纷纭，迄今仍没有一个公认的定义。

信息是信息论中的一个术语，常常把消息中有意义的内容称为信息。早在 1948 年，美国数学家、信息论的创始人香农在题为《通信的数学理论》的论文中指出："信息是用来消除随机不定性的东西"。同年，美国著名数学家、控制论的创始人诺伯特·维纳在《控制论》一书中指出："信息就是信息，既非物质，也非能量"，这一定义后来也普遍被学术界广泛引用。

我们认为，信息就是人类一切的生存活动和自然存在所传达出来的消息，是人类赖以生存、发展的基础。信息一般有四种形态：数据、文本、声音和图像，这些形态可以相互转换。

▶ 2. 企业信息资源管理的含义

当今，对企业信息资源的管理已经成为企业信息化的核心，是企业整个管理工作的重要组成部分，也是实现企业信息化的关键，在企业经营管理中占有重要的地位。因此，企业信息资源管理已经成为企业生存和发展的关键。这里所说的企业信息资源，是指企业在信息活动中积累起来的以信息为核心的各类信息活动要素（包括信息技术、设备、信息生产者等）的集合。

企业信息资源管理是指在企业范围内，利用计算机和网络等先进的信息技术和科学的手段开发、收集各种需要的信息，并将企业生成、收集和使用的信息组织化、系统化、数字化、网络化，研究信息资源在企业生产经营活动中被开发利用的规律，并依据这些规律来科学地对信息资源进行组织、建设、协调和调控的活动，以服务于企业的管理和发展战略，提高企业竞争力的活动。

企业信息资源管理的任务是有效地搜集、获取和处理企业内外信息，最大限度地提高企业信息资源的质量、可用性和价值，并使企业各部门能够共享这些信息资源。由于企业是以利润最大化为目标的经济组织，其信息资源管理的主要目的在于发挥信息的社会效益和潜在的增值功能，为完成企业的生产、经营、销售工作，提高企业的经济效益，同时也提高社会效益。

▶ 3. 企业信息资源管理的重要意义

企业信息资源管理是企业整个管理工作的重要组成部分，也是实现企业信息化的关键，这对企业保持核心竞争优势具有战略性的意义。

(1) 企业信息资源管理是增强企业竞争力的基础和手段。当今社会信息资源已成为企业的重要战略资源，它同物质、能源一起成为推动企业发展的支柱。加强企业信息资源的管理，使企业及时、准确地收集、掌握信息，开发、利用信息，为企业发展注入新鲜血液。一方面，为企业做出迅速灵敏的决策提供了依据；另一方面，使企业在激烈的市场竞争中找准了自己的发展方向，抢先开拓市场、占有市场，及时有效地制订竞争措施，从而增强企业竞争力。

(2) 企业信息资源管理是实现企业信息化的关键。随着全球经济一体化和市场经济体制的建立以及现代信息技术的突飞猛进，企业生存和竞争的内外环境发生了根本的变化，企业信息化和信息管理也要和国际接轨。企业信息化是全方位的，不只是信息技术的延伸，更重要的是企业管理和组织的延伸。企业信息化的实质就是在信息技术的支持下，管理者及时利用信息资源，把握市场机会，及时进行决策。故企业信息化不但要重视技术研究，更要重视信息资源的集成管理，避免信息资源的重复、分散、浪费和综合效率低下，从而实现资源的共享。因而，企业信息资源的开发和利用是企业信息化建设的核心，也是企业信息化的出发点和归宿。

(3) 企业信息资源管理是提高企业经济效益的根本措施和保障。提高经济效益是企业生产经营的目的。企业之间除了在生产资料、生产技术、产品价格的竞争外，更重要的是对信息的竞争。谁抢先占有信息，谁就能把握市场动向，优先占有市场，提高企业经济效益。因而，占有和利用信息的能力已成为衡量一个企业是否具有市场竞争力的关键指标。

(二) 企业信息化

▶ 1. 企业信息化的含义

随着信息技术的广泛运用，20世纪90年代以来，以计算机为代表的信息技术在企业的经营管理、生产、设计与制造部门得到越来越广泛的应用，特别是企业业务流程重组(business process reengineering，BPR)、并行工程(concurrent engineering，CE)、精益生产(lean production，LP)、敏捷制造(agile manufacturing，AM)等新的管理模式的提出和实践，对提高企业市场竞争能力起到了巨大的促进作用。因此，企业信息化的概念也应运而生。

企业信息化是企业在其生产、经营及管理各项活动中充分利用现代化先进信息技术和信息设备，辅助以网络技术和网络设备以及自动控制技术和现代化通信系统等手段对企业进行全方位、多角度、高效和安全的改造。以实现信息资源的充分开发和信息技术的有效利用来提高企业的生产能力和经营管理水平，增强企业在国内外市场的竞争能力。一般来说，企业信息化的主要表现在以下几个方面。

(1) 生产过程的信息化，指在生产过程采用先进的信息技术和最新的科研成果来提高生产的自动化水平，增强产品的市场竞争力，包括产品开发和设计的信息化、生产环节的信息化、生产过程的综合信息化。

(2) 流通过程的信息化，指企业在采购和销售过程中利用先进的信息技术，重组企业物资流程，以信息流带动物资周转，减少流通费用的过程。

(3) 管理信息化，指管理手段的信息化，即运用信息技术和计算机、电子化设备构建管理信息系统(management information system，MIS)来发挥计划、组织、领导、协调和控制等各项管理职能和管理内容的信息化，即将管理的重点放在以信息资源为核心的管理上。

(4) 组织结构信息化，指组织内不同部门的界面在信息化过程中逐渐模糊，并由静态的递阶结构向动态的网络结构过渡，建立扁平式立体管理组织结构。

(5) 生产要素的信息化，它有两层含义：一方面，指信息这种要素在生产要素中的作用越来越大，突出信息管理职能，使信息成为创造力、利润力的源泉；另一方面，指传统生产要素的信息化，促使劳动力、劳动对象和生产工具等诸要素通过信息化的功能来释放最大价值。

从以上五个方面可以看出，企业信息化的目的就是为改善企业的运营效率、提高企业对知识的依赖程度，增强企业的核心竞争能力。而这一切的实现，并非一个信息系统所能奏效的，而是建立在充分利用企业信息资源和高效利用并整合信息系统的基础之上的。这一过程并不绝对是一个技术的过程，而是涉及经济、人文等诸多问题的。因此，必须清楚地认识到，企业信息化是一个综合化的系统工程，并非企业的信息系统建设。它涉及企业管理思想创新、业务流程重组、信息系统提升、信息资源整合等诸多方面。

▶ 2. 企业信息化建设的实施步骤

企业要在激烈的市场竞争中夺取竞争优势，就必须利用信息技术提升本身，加强企业信息化建设，制订企业信息化发展建设战略。企业信息化建设在时间上的跨度一般是3～5年。企业每年要根据面临的新环境、企业的新发展和技术上的新趋势等因素对其做出调整和完善。一般而言，企业信息化建设的实施步骤如下。

(1) 企业环境分析。对企业所处的环境进行分析是信息化建设必不可少的工作，它是建设的依据。在这部分工作中，需要深入分析企业所处的国内外宏观环境、行业环境、企业具有的优势与劣势、面临的发展机遇与威胁等。首先，要分析行业的发展现状、发展特点、发展动力、发展方向，以及信息技术在行业发展中起的作用；其次，要分析并掌握信息技术本身的发展现状、发展特点和发展方向；最后，要了解竞争对手对信息技术的应用情况，包括具体技术、实现功能、应用范围、实施手段，以及成果和教训等。

(2) 企业战略分析。企业信息化是为企业战略目标的实现服务的。为了进行企业信息化建设，在这部分，要明确企业的发展目标、发展战略和发展需求，明确企业各个关键部门要做的各种工作，同时还要理解企业发展战略在产业结构、核心竞争力、产品结构、组织结构、市场、企业文化等方面的定位。在此基础上，通过分析明确上述各个要素与信息技术特点之间的潜在关系，从而确定信息技术应用的驱动因素，使信息化与企业战略实现融合。

（3）分析与评估企业现状。对企业现状的分析与评估包括两个方面：企业的业务能力现状和企业的信息化能力现状。企业的业务能力分析与评估是对企业业务与管理活动的特征、企业各项业务活动的运作模式、业务活动对企业战略目标实现的作用进行分析，揭示现状与企业远景之间的差距，确定关键问题，探讨改进方法。信息化能力现状分析与评估是诊断企业信息化的当前状况，包括基础网络、数据库、应用系统状况，分析信息系统对企业未来发展的适应能力，给出信息化能力评估。

（4）企业关键业务流程分析与优化。它是指分析并确定那些流程中不合理、效率低、与企业战略目标不符的流程及环节，发现能够在现有环境中实现企业战略目标，并使企业获得竞争力的关键业务驱动力以及关键流程，从而根据企业战略目标和外部环境，进一步优化流程。信息系统的特点如果能够和这些直接创造价值的关键业务流程融合，这对信息技术投资回报的贡献是非常巨大的，也是信息化建设成功的一个衡量指标。

（5）企业信息化需求分析。它是指在企业战略分析和现状评估的基础上，按照优化流程的业务运作模式，指出信息化的需求。

（6）企业信息化战略的制订。制订和调整企业信息化的指导纲领，争取企业以最适合的规模，最适合的成本，去做最适合的信息化工作。首先是根据本企业的战略需求，明确企业信息化的远景和使命，定义企业信息化的发展方向和企业信息化在实现企业战略过程中应起的作用；其次是起草企业信息化基本原则。基本原则是指为加强信息化能力而提出的基本的准则和指导性的方针。然后是制订信息化目标。目标是指企业在未来几年为了实现远景和使命而要完成的各项任务。对于所形成的每一个业务构想，明确信息技术对其支持的理想状态，即信息技术战略目标。

（7）确定企业信息化的总体架构和信息技术标准。在企业发展战略目标的指导下，基于业务发展需求和对信息化的需求，首先，从系统功能、信息架构和系统体系三方面对信息系统进行建设。确定信息化体系结构的总体架构的同时，还需要拟定信息技术标准，这部分涉及对具体技术产品、技术方法和技术流程的采用，它是对信息化总体架构的技术支持。

（8）企业信息化项目分解。分析整个信息化过程中的资源投入和工作重点中存在的问题。确定弥补差距所需要的行动将整个信息化过程分解成为相互关联、互相支撑的若干子项目，定义每一个项目的范围、业务前提、收益、优先次序以及预计的时间、成本和资源；对项目进行分派和管理，选择每一项目的实施部门或小组，确定对每一项目进行监控与管理的原则、过程和手段。

（9）企业信息化保障分析。针对每个项目进行保障性分析，即按重要性排列优先顺序，进行准备度评分，并根据结果做出初步取舍，形成路标建设，然后对项目进行财务分析，根据公司财力决定取舍。

二、企业资源计划

（一）ERP 管理产生的背景

现代企业在发展过程中，尤其是内部管理中，总会遇到以下问题：企业可能拥有卓越的销售人员推销产品,但是生产线上的工人却没有办法如期交货,车间管理人员则抱怨说采购部门没有及时供应给他们所需要的原料;实际上,采购部门的效率过高,仓库里囤积的某些材料10年都用不完,仓库库位饱和,资金周转很慢;许多公司要用6~13个星期的时间,才能计算出所需要的物料量,所以订货周期只能为6~13个星期;订货单和采购单上的日期和缺料单上的日期都不相同,没有一个是确定的;财务部门不信任仓库部门的数据,不以它来计算制造成本。为了解决上述问题,企业一直在寻求有效的方法来保证生产的稳定性。

20世纪60年代前,盛行的方法是通过确定经济生产批量、订货点等方法来保证生产的稳定性,其中最重要的方法就是订货点法。

20世纪60年代后,制造业为了打破"发出订单,然后催办"的计划管理方式,设置了安全库存量,为需求与订货提前提供缓冲。

20世纪70年代,企业管理者认识到,真正的需要是有效的订货交货日期,因而产生了对物料清单的管理与利用,形成了物料需求计划(material requirement planning,MRP)。在这一阶段,企业的信息管理系统对产品构成进行管理,借助计算机的运算能力及系统对客户订单、在库物料、产品构成的管理能力,实现依据客户订单、按照产品结构清单展开并计算物料需求计划,实现减少库存、优化库存的管理目标。

20世纪80年代,企业管理者认识到"要以生产与库存控制的集成方法解决问题,而不是以库存来弥补或以缓冲时间的方式去补偿"。这样形成了制造资源计划(manufacturing resources planning,MRPⅡ)。该系统增加了对企业生产中心、加工工时、生产能力等方面的管理,以实现计算机进行生产运作的功能,同时也将财务的功能囊括进来,在企业中形成以计算机为核心的闭环管理系统,这种管理系统已能动态监察到产、供、销的全部生产过程。

20世纪90年代以来,传统的人工管理方式难以适应企业发展的要求,信息的集成度要求扩大到企业整个资源的利用和管理,因而产生了企业资源计划(enterprise resources planning,ERP)。进入ERP阶段后,以计算机为核心的企业级的管理系统更为成熟,系统增加了包括财务预测、生产能力、调整资源调度等方面的功能,配合企业实现准时制(just in time,JIT)、全面质量管理和生产资源调度管理及辅助决策的功能,成为企业进行生产管理及决策的平台工具。

进入21世纪以来,消费者的需求特征发生了前所未有的变化,经济出现了全球一体化的特征,这些变化对企业参与市场竞争的能力提出了更高的要求,原有的管理思想已经不能完全满足新的竞争形势。新的竞争环境体现了企业竞争优势要素的改变,导致了企业管理模式的转变。在当前环境下,企业的竞争表现在如何快速响应市场要求,满足不断变化的多样性需求等方面。传统的企业竞争模式很难快速地组织生产资源,把产品送到用户手中,资源饥渴让企业感到无奈。在这种情况下,精明的企业率先摆脱"纵向一体化"的阴影,将资源延伸到企业以外的地方,借助其他企业的资源达到快速响应市场的目的,于是出现了"横向一体化"的管理模式。

总地来说,企业在上述不同阶段的发展态势如图10-1所示。

(二)ERP的概念与特点

▶ 1. ERP的概念层次

ERP是由美国Gartner Group于1990年提出来的一种管理理念。它是以不断发展的

图 10-1　ERP 的发展

信息技术条件下的企业管理方式 MRPⅡ为基础的。ERP 是为了适应当前知识经济时代的特征——顾客、竞争、变化，整合了企业内部和外部的所有资源，使用信息技术建立起来的面向供应链的管理工具。

ERP 对企业的业务流程进行了重新定义，用新经济时代的"流程制"取代了旧经济时代的"科层制"管理模式，建立以顾客和员工为核心的管理理念。借助信息技术，使企业的大量基础数据共享，以信息代替库存，最大限度地降低库存成本和风险，并借助计算机对这些基础数据进行查询和统计分析，提高决策的速度和准确率，体现了事先预测与计划，事中控制，事后统计与分析的管理思想。如图 10-2 所示，我们可以从管理思想、管理软件、管理系统三个层面给出定义。

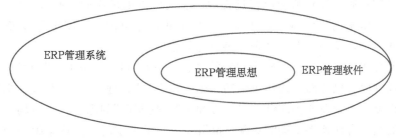

图 10-2　ERP 的概念层次

（1）ERP 是一种管理思想，它是由 Gartner Group 提出的一整套企业管理系统体系标准，其实质是在 MRPⅡ基础上进一步发展而成的面向供应链的管理思想。

（2）ERP 也是管理软件，是综合应用了 client/server 体系、关系数据库结构、面向对象技术、图形用户界面、第四代语言、网络通信等信息产业成果，以 ERP 管理思想为灵魂的软件产品。

（3）ERP 同时是一种管理系统，是整合了企业管理理念、业务流程、基础数据、人力和物力、计算机硬件和软件于一体的企业资源管理系统。

概括地说，ERP 是建立在信息技术基础上，利用现代企业的先进管理思想，全面地集成了企业所有资源信息，为企业提供决策、计划、控制与经营业绩评估的全方位和系统化的管理平台。

从上述 ERP 的概念层次可以看出，ERP 是一种融合了企业最佳实践和先进信息技术的新型管理工具，它扩展了 MRP、MRPⅡ的管理范围，给出了新的结构，将客户需求和企业内部的制造活动及供应商的制造资源整合在一起，体现了完全面向用户的管理思想。ERP 可对供应链上的所有环节进行有效管理，实现对企业的动态控制和各种资源的集成与优化，提升基础管理水平，追求企业资源的合理高效利用。

ERP 实质上仍然以 MRPⅡ为核心，但 ERP 至少在两方面实现了拓展。

（1）将资源的概念扩大，不再局限于企业内部的资源，而是扩大到整个供应链的资源，将供应链内的供应商等外部资源也作为可控对象集成进来。

(2) 把时间也作为资源计划的最关键的一部分纳入控制范畴，这使得决策支持系统被看成 ERP 不可缺少的一部分，将 ERP 的功能扩展到企业经营管理中的半结构化和非结构化决策问题。ERP 被认为是顾客驱动的、基于时间的、面向整个供应链管理的制造资源计划。ERP 是一个集成的信息系统，这种集成包括人力资源、财务、销售、制造、任务分派和企业供应链等各项管理业务。

ERP 是在 MRPⅡ 的基础上通过前馈的物流和反馈的信息流和资金流，把客户需求和企业内部的生产活动以及供应商的制造资源整合在一起，体现完全按照用户需求进行经营管理的一种全新管理方法。其核心思想是，通过加强企业间的合作，强调对市场需求的快速反应、高度柔性的战略管理以及降低风险成本，实现高效率目标等优势，从集成化的角度管理供应链问题。

▶ 2. ERP 管理思想的特点

(1) ERP 体现了对整个供应链资源进行管理的思想。现代企业的竞争已经不是单一企业与单一企业间的竞争，而是一个企业供应链与另一个企业供应链之间的竞争，即企业不但要依靠自己的资源，还必须把经营过程中的有关各方如供应商、制造工厂、分销网络、客户等纳入一个紧密的供应链中，才能在市场上获得竞争优势。ERP 系统正是适应了这一市场竞争的需要，实现了对整个企业供应链的管理。

(2) ERP 体现了精益生产、敏捷制造的思想。一方面是"精益生产"的思想，即企业把客户、销售代理商、供应商、协作单位纳入生产体系，同他们建立起利益共享的合作伙伴关系，进而组成一个企业的供应链；另一方面是"敏捷制造"的思想。当市场上出现新的机会，而企业的基本合作伙伴不能满足新产品开发生产的要求时，企业组织一个由特定的供应商和销售渠道组成的短期或一次性供应链，形成虚拟工厂，把供应和协作单位看成是企业的一个组成部分，运用并行工程组织生产，用最短的时间将新产品打入市场，时刻保持产品的高质量、多样化和灵活性，这即是"敏捷制造"的核心思想。

(3) ERP 体现了事先计划与事中控制的思想。ERP 系统中的计划体系主要包括主生产计划、物流需求计划、能力计划、采购计划、销售执行计划、利润计划、财务预算和人力资源计划等，而且这些计划功能与价值控制功能已完全集成到整个供应链系统中。另外，ERP 通过定义事务处理相关的会计核算科目与核算方式，在事务处理发生的同时自动生成会计核算分录，保证了资金流与物流的同步记录和数据的一致性，从而实现了根据财务资金现状追溯资金的来龙去脉并进一步追溯所发生的相关业务活动的目标，便于实现事中控制和实时做出决策。

▶ 3. ERP 的基本原理

在理解 ERP 的基本原理前，必须要理解企业 ERP 能解决什么问题，不少企业在信息化建设上已自行开发了一些部门应用的单项业务系统，如工资管理、合同管理、库存管理、产品配套管理等，不少企业认为这就实现了信息化了。但是，这些系统往往缺少统一的整体建设、没有建立一套规范的管理基础，各个单项业务之间很难形成一个有机的整体，难以进行信息资源共享和业务流程优化。信息系统在一个部门可能用得非常得心应手，但是对整个企业并没有带来什么明显的效益，它们之间即使联网互通，也不能实现信息资源集成的要求，仍然是一群"信息孤岛"。只有实现信息集成的管理信息系统，才是市场竞争所需要的"利剑"。ERP 软件将一个企业的不同部门所使用的信息统一在一个整体的计算机系统当中，这意味着企业内部的不同部门不再使用不同的数据库来管理信息，如员工记录、客户数据、订货单和存货数量，而是依赖于同一个数据库来管理这些信息，这就使得企业内部不同部门的员工能够获得相同的信息。

(1) MRP 的基本原理。

任何一个企业在编制生产计划时，都必须回答以下四个问题，称为制造业的通用公式。

① 要生产什么？（由主生产计划确定）

② 要用到什么？（由产品结构确定）

③ 已经有了什么？（由库存记录确定）

④ 还缺什么？什么时候下达计划？（由系统运算得出建议的加工和采购计划确定）

图 10-3 所示为 MRP 的逻辑流程图，图中有编号的四个方框解决了制造业通用公式提出的四个问题。

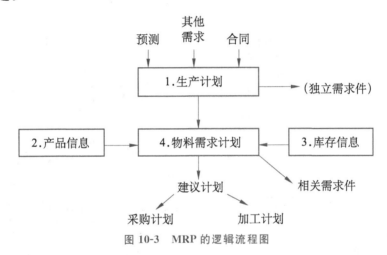

图 10-3 MRP 的逻辑流程图

(2) MRP Ⅱ 的基本原理。

20 世纪 80 年代，企业开始通过对整个内部供应链的监控和计划来指导生产，以面向市场为管理中心，随时了解和控制产品的最终成本，因此，MRP Ⅱ 应运而生。MRP Ⅱ 最主要的进步在于，它实现了业务数据同财务数据的集成，同时将 JIT 的运营模式和 MRP 的计划模式进行了整合，改变了财务信息严重滞后于生产信息的现象，并成为指导和修正生产活动的标准，从而达到企业整体赢利的总体目标。在 MRP Ⅱ 中，强调了对企业内部的人、财、物等资源的全面管理，把制造企业归类为不同的生产方式（如重复制造、批量生产、按订单生产等）来管理，每一种生产方式类型都对应一整套管理标准。

MRP Ⅱ 涉及的企业主要业务有市场、销售、计划、生产、物料、成本、财务和技术等，它已经不是一群单项业务"信息孤岛"的组合，而是相关业务信息的集成。所以，MRP Ⅱ 是以计划与控制为主线，实现企业整体效益的管理信息系统。图 10-4 所示为 MRP Ⅱ 的逻辑流程图。

(3) 在 MRP Ⅱ 基础上的 ERP 的基本原理。

ERP 在 MRP Ⅱ 的基础上，扩展了管理范围，给出了新的结构。它把客户需求和企业内部的制造活动以及供应商的制造资源整合在一起，形成企业一个完整的供应链并对供应

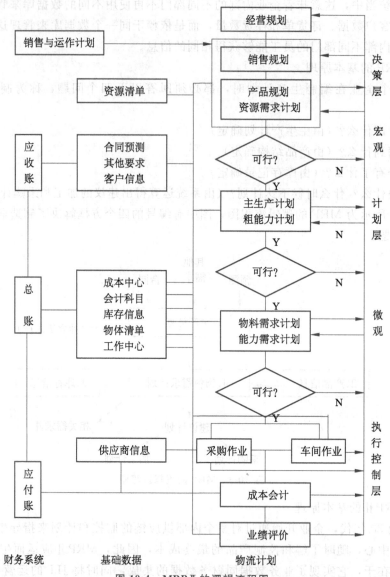

图 10-4 MRP Ⅱ 的逻辑流程图

链上所有环节如订单、采购、库存、计划、生产制造、质量控制、运输、分销、服务与维护、财务管理、人事管理、实验室管理、项目管理、配方管理等进行有效管理。此外，随着信息技术的飞速发展，网络通信技术的应用，ERP 系统能实现对整个供应链信息进行集成管理，ERP 系统采用 client/server 体系结构和分布式数据处理技术，支持 Internet/Intranet/Extranet、电子商务、电子数据交换（electronic data interchange，EDI）等。此外，还能实现在不同平台上的互操作。

(4) ERP 的主要功能模块。

ERP 是将企业所有资源进行整合集成管理，简单地说是将企业的三大流：物流、资金流、信息流进行全面一体化管理的管理信息系统。它的功能模块已不同于以往的 MRP 或 MRP Ⅱ 的模块，它不仅可用于生产企业的管理，而且在许多其他类型的企业，如一些非生产、公益事业的企业也可导入 ERP 系统进行资源计划和管理。在这里，我们将仍然以生产企业为例子来介绍 ERP 的功能模块。

在企业中，一般的管理主要包括三方面的内容：生产控制（计划、制造）管理、物流管理（分销、采购、库存管理）和财务管理。这三大系统本身就是集成体，它们互相之间有相应的接口，能够很好地整合在一起来对企业进行管理。另外，随着企业对人力资源管理重视的加强，已经有越来越多的 ERP 厂商将人力资源（HR）管理纳入了 ERP 系统，成为 ERP 系统的一个重要组成部分。

① 生产控制管理模块。这一部分是 ERP 系统的核心所在。它将企业的整个生产过程有机地结合在一起，使得企业能够有效地降低库存，提高效率。同时各个原本分散的生产流程的自动连接，也使得生产流程能够前后连贯地进行，而不会出现生产脱节，耽误生产交货时间。生产控制管理是一个以计划为导向的先进的生产、管理方法。首先，企业确定它的一个总生产计划，再经过系统层层细分后，下达到各部门去执行，即生产部门以此生产，采购部门按此采购等。这一部分包括主生产计划、物料需求计划、能力需求计划、车间控制等子模块。

② 物流管理模块。这一部分包括分销管理、库存管理和采购管理等子模块。

③ 财务管理模块。一般 ERP 软件的财务部分分为会计核算与财务管理两大块。会计核算模块主要记录、核算、反映和分析资金在企业经济活动中的变动过程及其结果。财务管理主要是基于会计核算的数据，再加以分析，从而进行相应的预测、管理和控制活动。其中会计核算模块又可分为总账模块、应收账模块、现金管理模块、固定资产核算模块、多币制模块、工资核算模块、成本模块。财务管理模块又可分为财务计划、财务分析、财务决策模块等。

④ 人力资源管理模块。这一部分主要包括人力资源建设的辅助决策、招聘管理、工资核算、工时管理和差旅核算等子模块。

美的基于 MRP Ⅱ 的物流管理

美的与 Oracle 公司合作实施的 MRP Ⅱ 项目在诸多方面取得成效：如系统中的供应链计划利用分销清单和来源准则同步计划整个生产流程，使生产和采购随时响应市场的需求，避免了生产采购的盲目性，解决了新订单不能及时交货、库存产品积压和库存资金占用太多等一系列问题，令企业能对市场迅速反应，从而及时调整产品结构，缩短了生产周期，提高了企业的生产率。至于物流管理，由于美的集团生产所需物料达上万种之多，项目实施之前，物料和账务管理十分烦琐，容易出现错误、原材料采购也随意性较大，从而造成计划不能贯彻执行、物料短缺或不配套，给采购、生产及销售环节都造成损失。Oracle 的物料管理系统支持用户按自己的需要定义仓库结构并进行控制，还可以灵活地按批次、系列号和版本号管理物料，Oracle Inventory 通过 ABC 分析和严格的周期性盘点使库存保持准确无误，企业还可以随时运用产品提供的自动数据采集功能来捕获所有的物料处理信息，为企业提供精确度更高的物料管理信息。项目实施后，美的能通过市场所提供的信息来确定物料的需求时间和需求量，并结合国内外市场的物料供应情况和企业自身的生产经营信息，来最终确定物料的采购提前期、最佳订货批量和制品定额，使企业的物流、资金流和信息流得到统一的管理。

资料来源：美的基于 MRP Ⅱ 的物流管理．中国机械网．

单元二　现代企业供应链管理及现代企业客户关系管理

一、企业供应链管理

（一）供应链管理产生的背景

20 世纪 80 年代以来，由于新的制造技术和战略（如准时制、精益生产、全面质量管理等）的产生，企业的生产成本得到了大幅度的降低，竞争优势有了明显的提升，这些新的制造技术和战略在当时成为企业的重要利润源泉。于是，企业纷纷将大量的资源投资于实施这些战略。

20 世纪 90 年代以来，随着传统利润源的萎缩，为了进一步挖掘降低产品成本和满足客户需求的潜力从而寻找到新的利润源，人们开始将目光从管理企业内部生产过程转向产品的供应环节和整个供应链系统。供应链管理这一新的管理理念应运而生，并逐步得到发展和完善。供应链管理（supply chain management，SCM），是基于全球经济一体化和信息社会高科技迅速发展、市场竞争日益激烈、客户需求不断变化而产生的一种新的管理思想和企业经营与运作模式。

一些企业通过有效的供应链管理已经能够大幅度地增加收益或降低成本。惠普、爱立信、宝洁公司等世界著名大公司都已采用了这种管理新方法，并因此增强了国际竞争力。据宝洁公司透露，他们能够使其零售客户在一定时期内节约了数千万美元，其方法的实质在于制造商和供应商紧密地合作，共同创造商业计划来消除整个供应链中浪费的根源。

实践表明，供应链管理这一新的管理模式，可以使企业在最短的时间内找到最好的合作伙伴，用最低的成本、最快的速度、最好的质量赢得市场，受益的不只是一家企业，而是一个企业群体。供应链管理可以被认为是 21 世纪企业利润增长的新源泉。

（二）供应链管理的概念与特征

▶ 1. 供应链的概念

供应链是围绕核心企业，通过对信息流、物流、资金流的控制，从采购原材料开始，制成中间产品以及最终产品，最后由销售网络把产品送到消费者手中，将供应商、制造商、分销商、零售商直到最终用户连成一个整体的网链结构和模式。它是一个范围更广的企业结构模式，它包含所有加盟的节点企业，从原材料的供应开始，经过链中不同企业的制造加工、组装、分销等过程直到最终用户。这个概念强调了供应链的战略伙伴关系，各种物料在供应链上移动，是一个不断采用高新技术增加其技术含量或附加值的增值过程。因此，供应链不仅是一条连接供应商到用户的物料链、信息链、资金链，而且还是一条增值链。物料在供应链上因加工、包装、运输等关系而增加其价值，给相关企业都带来收益。

根据上述定义，供应链的网链结构可以用图 10-5 来表示。

从图10-5所示可以看出，供应链由所有加盟的节点企业组成，其中一般有一个核心企业(可以是产品制造企业，也可以是大型零售企业，如美国的沃尔玛)。节点企业在需求信息的驱动下和信息共享的基础上，通过供应链的职能分工与合作(生产、分销、零售等)，以资金流、物流或服务流为媒介实现整个供应链的不断增值。

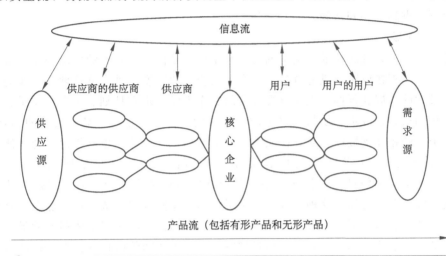

图 10-5　供应链的网链结构模型

▶ 2. 供应链的特征

由于供应链是一个网链结构，因此供应链具有以下特征。

(1) 复杂性。因为供应链节点企业组成的层次不同，供应链往往是由多个、多类型甚至多国企业所组成，所以供应链结构模式比一般单个企业的结构模式更为复杂。

(2) 动态性。因为企业战略和适应市场需求变化的需要，供应链中节点企业需要动态更新，使得供应链具有明显的动态性。

(3) 面向用户的需求。供应链的形成、存在、重构，都是基于一定的市场需求。用户需求的拉动是供应链中信息流、物流和资金流运作的驱动源。

(4) 交叉性。节点企业可以是多个供应链的成员，众多的供应链形成交叉结构，增加了协调管理的难度。

(三) 供应链管理的核心思想

供应链管理作为一种全新的管理思想，强调通过供应链各节点企业间的合作和协调，建立战略伙伴关系，将企业内部的供应链与企业外部的供应链有机地集成起来进行管理，达到全局动态最优目标，最终实现共赢的目的。由此，我们可以看到供应链管理着重强调了三种思想：系统思想、合作思想和共赢思想。这是贯穿供应链管理始终的三个核心思想，也是其区别于传统管理模式的根本所在。

▶ 1. 系统思想

供应链本身就是一个系统，这个系统是由核心企业、供应商以及供应商的供应商、用户以及用户的用户所组成的，整个系统在信息共享的基础上实现物流和资金流的顺利流动，实现系统的增值。所以当我们对供应链进行管理的时候，首先要用系统的思想作为指导。系统观念的核心思想是不再孤立地看待各个企业及各个部门,而是考虑所有相关的内外联系体——供应商、制造商、销售商等,并把整个供应链看成是一个有机联系的整体。系统思想是供应链管理思想中的核心思想,是共赢思想和合作思想的基础。也就是说,只有当我们用系统的观念来思考供应链中的问题时,如赢利问题、产品研发问题、库存问题等,才能真正做到合作和共赢。

▶ 2. 合作思想

合作是供应链管理成功的最基本的要求和条件,是供应链管理的力量源泉,整个供应链竞争力的大小直接取决于供应链各节点企业间合作的程度。供应链管理中合作的含义较以往有了较大的扩展和延伸。供应链管理中的合作不仅要求在计划、生产、质量、成本等方面的信息沟通和在成本、质量改进上的互相帮助等,还要求在产品开发中的相互交流,双方在资金上的相互支援以及双方在人力资源上的相互交流等。也就是说,合作伙伴关系不仅是"风险分担、利益共享",还包括"信用互守、信息共享、团结互助"等含义。它涉及了从物流、资金流到信息流,包含了整个供应链的所有节点企业,因此它是一种更深层次、更大范围的企业合作。这种全方位、深层次的合作要求供应链的各节点企业有强烈的合作意识和整体意识,把供应链的整体利益当作自身利益,以实现整体利益的最大化为目标。供应链管理的研究和实践表明:加强供应链节点企业间的联系和合作,提高信息共享程度,使整个供应链各个环节都能清楚地观察物流、资金流、信息流和工作流,以达到更好的协调,降低供应链成本,降低各个环节的延迟时间,清除信息扭曲的牛鞭效应,是实施供应链管理的关键。只有加强供应链节点企业间的联系和合作,在它们之间建立战略合作伙伴关系,才能使服务与顾客需求之间的缝隙越来越小,最终形成无缝隙供应链。无缝隙供应链的形成能够有效地减轻供应链中的牛鞭效应。

▶ 3. 共赢思想

在 20 世纪 80 年代,供应链中各节点企业通常都只注重企业内部的资源管理,它们的经营策略是一种零和博弈竞争的策略,即总利润一定,一方利润的增加则以另一方利润的减少为前提。因此,各节点企业通常都想方设法以减少对方的利润来提高自己的利润。进入 20 世纪 90 年代,企业逐渐发现通过合作能提高整个供应链的总利润。因此,它们改变其经营策略,采取合作竞争策略,强调通过企业间的合作达到整个供应链的绩效最优,以此来实现各节点企业对利润的追逐。因此,共赢思想是系统思想和合作思想得以贯彻实施的保障。

(四)实施供应链管理的战略意义

供应链管理模式是顺应市场形势的必然结果。供应链管理能充分利用企业外部资源快速响应市场需求,同时又能避免自己投资带来的建设周期长、风险高等问题,赢得产品在成本、质量、市场响应、经营效率等各方面的优势。供应链管理事实上就是一种资源的整合,借助链内企业的合力来提高经营绩效。尤其是目前许多企业已经尽可能地降低了制造成本,进一步增加利润和市场占有率的措施就必然在于有效的供应链管理。当然,供应链管理追求的是一种多赢的局面,不仅供应链核心企业受益,链内成员企业同样可以获利。供应链管理这一管理模式可以从以下几个方面增强企业的竞争力。

▶ 1. 供应链管理能提高企业间的合作效率

现代社会,大部分产品需要各种企业的分工协作才能完成。例如,波音 747 飞机的制造需要 400 万余个零部件，可这些零部件的绝大部分并不是由波音公司内部生产的，而是由 65 个国家中的 1 500 个个人企业和 15 000 个中小企业提供的；福特公司在马来西亚生产零部件后，要送至日本组装成发动机，然后再将发动机送至美国的总装厂组装成整车，最后汽车返回日本销售；我国一些运营良好的家电企业，如春兰空调公司，在其生产经营过程中也是把很多零部件生产任务外包给其他厂家；春兰公司有近 100 家零部件协作厂。在这些企业合作生产的过程中，大量的物资和信息在很广的地域间转移、储存和交换，这些活动的费用构成了产品成本的重要组成部分。不仅如此，大量零部件的外包加工使企业的管理难度加大。众多的供应商、生产商、分销商、零代商构成了供应链的冗长的、复杂的流通渠道。在这样的流通渠道中，消费者信息的反馈缓慢而零乱，甚至产生信息失真，使供应无法协调，企业之间的合作效率极低。

供应链管理的实质是跨越分隔顾客、厂家、供应商的有形或无形的屏障，把它们整合为一个紧密的整体，并对合作伙伴进行协调、优化管理，使企业之间形成良好的合作关系。供应链管理消除了信息水平的波动，加强了企业的合作，提高了企业的管理效率。同时，良好的供应链企业间的合作还可以在进入新市场、开发新产品、开发新的分销渠道、改善售后服务水平等方面获得满意的效果。

▶ 2. 供应链管理可提高客户满意度

供应链从客户开始，到客户结束。供应链是真正面向客户的管理。从前的生产是大批量生产，但随着客户越来越个性化需求的出现，供应链管理把客户作为个体来进行管理，并及时把客户的需求反映到生产上，能够做到对客户需求的快速响应，因而不仅满足了客户的需求，而且还挖掘客户潜在的需求。例如，供应链管理中的客户关系管理，就可以根据客户的历史记录，分析客户的潜在需求，在客户想到之前把客户需求的产品生产出来。

▶ 3. 供应链管理是企业新的利润源泉

供应链管理思想与方法目前已在许多企业中得到了应用，并且取得了很大的成就。1997 年，PRTM 公司进行了一项关于集成化供应链管理（购买者、供应商和顾客的联盟以及他们共同努力达到一个其有竞争力的先进组织的过程）的调查，涉及六个行业的 165 个企业，其中化工行业占 25％，计算机、电子设备行业占 25％，通信行业占 16％，服务行业占 15％，工业行业占 13％，半导体行业占 6％。该调查表明，通过实施供应链管理，企业可以达到以下多方面的效益：供应链管理的总成本占收入的百分比降低 10％以上，中型企业的准时交货率提高 15％，订单满足提前期缩短 25％～35％，中型企业的生产率提高 10％以上，绩优企业资产运营业绩提高 15％～20％，中型企业的库存降低 3％，绩优企业的库存降低 15％，绩优企业在现金流周转周期上具有比一般企业少 40～65 天的优势。

二、企业客户关系管理

进入 21 世纪后，随着全球经济一体化进程的加快和竞争的加剧，企业已逐步由传统的以产品和规模为中心的粗放式经营管理模式向以客户为中心、服务至上、实现客户价值和达到企业利润最大化的集约化经营管理模式转变，良好的客户关系是企业求得生存与发展的重要资源。企业为获得满意的客户关系，重要的思路是通过实施客户关系管理项目来实现。

(一) 客户关系管理产生的背景

客户关系管理 (customer relationship management，CRM) 这个概念最初由 Gartner

Group 提出来。对 CRM 的定义，目前还没有个统一的表述。但就其功能来看，CRM 是通过采用信息技术，使企业市场营销、销售管理、客户服务和支持等经营流程信息化，实现客户资源有效利用的管理软件系统。其核心思想是以"客户为中心"，提高客户满意度，改善客户关系，从而提高企业的竞争力。CRM 究竟是什么呢？还是先看看 CRM 的产生背景，以便更好地理解它。

现代 CRM 产生的原因可以归纳为以下三个方面：对客户资源价值的重视、需求的拉动和技术的推动，如图 10-6 所示。

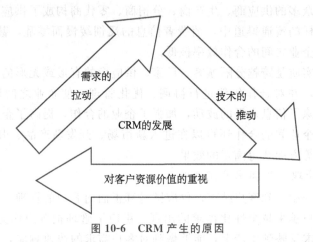

图 10-6　CRM 产生的原因

▶ 1. 对客户资源价值的重视

获得和维持竞争优势是企业生存与发展的基础。企业的竞争优势从内容看包括规模优势、绝对的低成本优势、差别化优势等。资源能力学派认为，今天形成企业竞争优势和核心竞争力的，再也不是依靠那些有形的机器设备、厂房、资本、产品等物质资源，因为这些资源很容易从市场中得到，你可以买到，你的竞争对手同样也很容易从市场中得到；而是管理、人才、技术、市场、品牌形象等无形资源，这些资源不易流动、不易被复制、交易频率低，其他企业不容易从市场中得到，具有相对的垄断作用，可以产生一定的垄断优势。客户资源就是这样一种重要的市场资源，它对企业具有重要的价值。

客户资源对企业的价值除了市场价值即客户购买企业的产品和服务、使企业的价值得以实现外，主要体现在以下几个方面。

（1）成本领先优势和规模优势。

（2）市场价值和品牌优势。

（3）信息价值。

（4）网络化价值。

▶ 2. 需求的拉动

与客户发生业务几乎涉及公司所有的部门，但在很多企业，销售、营销和服务部门的信息化程度越来越不能适应业务发展的需要，我们会从客户，销售、营销和服务人员，企业经理那里听到各种抱怨。越来越多的企业要求提高销售、营销和服务的日常业务的自动化和科学化，这是客户关系管理应运而生的需求基础。

▶ 3. 技术的推动

计算机、通信技术、网络应用的飞速发展，使得上述需求的实现不再停留在梦想阶段，信息技术的发展使得信息在以下几个方面的应用成为可能。

（1）企业的客户可通过电话、传真、网络等访问企业，进行业务往来。

（2）任何与客户打交道的员工都能全面了解客户关系，根据客户需求进行交易，了解如何对客户进行纵向和横向销售，记录自己获得的客户信息。

（3）能够对市场活动进行建设、评估，对整个活动进行360°的透视。

（4）能够对各种销售活动进行追踪。

（5）系统用户可不受地域限制，随时访问企业的业务处理系统，获得客户信息。

（6）拥有对市场活动、销售活动的分析能力。

（7）能够从不同角度提供成本、利润、生产率、风险率等信息，并对客户、产品、职能部门、地理区域等进行多维分析。

（二）客户关系管理的含义与思想

▶ 1. 客户关系管理的不同含义

关于客户关系管理的含义，不同的研究机构有不同的表述，代表性的有以下四种。

（1）Gartner Group 认为，客户关系管理就是为企业提供全方位的管理视角，赋予企业更完善的客户交流能力，最大化客户的收益率。

（2）Carlson Marketing Group 认为，客户关系管理是指通过培养公司的每一个员工、经销商或客户对该公司更积极的偏爱或偏好，留住他们并以此提高公司业绩的一种营销策略。

（3）Hurwitz Group 认为，客户关系管理的焦点是自动化，并改善与销售、市场营销、客户服务和支持等领域的客户关系有关的商业流程。

（4）IBM 所理解的客户关系管理包括企业识别、挑选、获取、发展和保持客户的整个商业过程。IBM 把客户关系管理分为三类：关系管理、流程管理和接入管理。

▶ 2. 客户关系管理的思想

综合所有 CRM 的定义，可以将其理解为理念、技术、实施三个层面。其中，理念是 CRM 成功的关键，它是 CRM 实施应用的基础和土壤；信息系统、信息技术是 CRM 成功实施的手段和方法；实施是决定 CRM 成功与否、效果如何的直接因素。三者构成 CRM 稳固的"铁三角"，如图 10-7 所示。

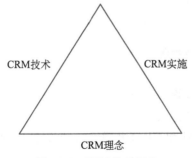

图 10-7　CRM 的铁三角

企业客户关系管理中，理念、技术、实施，一个都不能少。只有借助先进的理念，利用发达的技术，进行妥善的实施，才能优化资源配置，在激烈的市场竞争中获胜。

总　结

　　企业信息化是企业在其生产、经营及其管理各项活动中充分利用现代化先进信息技术和信息设备，辅助以网络技术和网络设备以及自动控制技术和现代化通信系统等手段，对企业进行全方位、多角度、高效和安全的改造，以实现信息资源的充分开发和信息技术的有效利用，来提高企业的生产能力和经营管理水平，增强企业在国内外市场的竞争能力。

　　企业资源计划是一种管理理念，可以从管理思想、管理软件、管理系统三个层面给出定义。①ERP是一种管理思想，是在MRPⅡ基础上进一步发展而成的面向供应链的管理思想。②它是以ERP管理思想为灵魂的管理软件。③ERP同时是一种管理系统，是整合了企业管理理念、业务流程、基础数据、人力和物力、计算机硬件和软件于一体的企业资源管理系统。

　　供应链管理是一种系统的管理思想和方法，它执行供应链中从供应商到最终用户的物流的计划和控制等职能。供应链管理不仅是种新型的管理模式，更是一种全新的管理思想。

　　客户关系管理是通过采用信息技术，使企业市场营销、销售管理、客户服务和支持等经营流程信息化，实现客户资源有效利用的管理软件系统。其核心思想是以"客户为中心"，提高客户满意度，改善客户关系，从而提高企业的竞争力。

教学检测

一、名词解释

　　企业信息化　　企业资源计划

二、问答题

　　1. 企业信息化有哪些实施步骤？
　　2. 它有哪些功能模块？
　　3. 供应链管理体现了哪些管理思想？
　　4. 客户关系管理的内涵是什么？
　　5. 有人认为，ERP、SCM和CRM被称为企业信息化的三大法宝，请说明三者在企业信息化方面的具体作用。

三、综合案例思考

海尔的企业信息化经验

　　海尔，这个享誉世界的家电王国，经过20多年的发展，海尔品牌已成为世界最具有影响力的品牌之一。海尔能取得如此大的发展，其中一个重要因素是海尔的企业信息化建设作为海尔管理体系的支撑,在海尔的发展中起到了非常重要的作用。

一、ERP系统管理方面

2000年3月,海尔开始进行企业自身的ERP改造,着手搭建BBP(B2B procurement)采购平台。从平台的交易量来讲,海尔可以说是中国最大的一家电子商务公司。张瑞敏在评价该物流中心时说:"在网络经济时代,一个现代企业如果没有现代物流就意味着没有物可流。对海尔来讲,物流不仅可以使我们实现3个'零'的目标,即零库存、零距离和零营运资本,更给了我们能够在市场竞争取胜的核心竞争力。"在海尔,仓库不再是储存物资的水库,而是一条流动的"河","河"中流动的是按单来采购生产必需的物资,也就是按订单来进行采购、制造等活动,这样,从根本上消除了呆滞物资,消灭了库存。海尔每个月平均接到6 000多个销售订单,这些订单的订制产品品种达到7 000多个,需要采购的物料品种达15万余种。新的物流体系将呆滞物资降低了73.8%,仓库面积减少了50%,库存资金减少了67%。

二、供应链管理方面

1. 通过内部资源整合,优化全球供应链资源网络

海尔通过内部资源的整合,获取更多的外部资源。业务流程重组前,海尔实施产业事业部制。采购与配送职能分散在事业部,这样就无法利用集团整体规模的优势。物流部门成立后,首先整合了内部的资源,成立了采购事业部、配送事业部与储运事业部。整合后,集团对所有的物资实施统一采购,利用集团整合的资源优势获得了巨大的经济效益,每年节约资金上亿元。

同时,通过整合内部资源也优化了外部资源,将原来2 336家供应商优化至978家,国际化供应商比原来翻了两倍,建立了强大的全球供应链网络,GE、爱默生、巴斯夫等世界500强企业都已成为海尔的供应商,有力地保障了海尔产品的质量和交货期。不仅如此,更有一批国际化大公司已经以其高科技和新技术参与到海尔产品的前期设计中,目前,可以参与产品开发的供应商比例已高达32.5%。

2. ERP信息系统与B2B电子商务平台的建设

海尔在内部实施ERP信息系统与B2B电子商务平台的建设,使信息流快速带动实物流的流动。经销商、顾客通过访问海尔网站,根据模块化的设计,下达B2B订单,订单数据直接进入后台的ERP系统,并通过BBP的采购平台,将采购订单下达给供应商。这使原来需要半个月才能处理完毕的工作在几个小时内就可以完成,加快了订单响应速度。目前通过海尔的BBP采购平台,所有的供应商均在网上接收订单,并通过网络查询计划与库存,及时补货,实现了JIT供货;供应商在网上还可接收图样与技术资料,使技术资料的传递时间大大缩短;通过网上进行招标竞价,使招标更加公平、公正;海尔与招商银行联合,与供应商实现网上货款的支付,一方面付款及时率与准确率均达到100%;另一方面每年可为供应商节约上千万元费用。海尔通过BBP采购平台加快了整个供应链的反应速度,获取了基于时间的竞争优势。

3. 三个JIT——JIT采购、JIT材料配送和JIT分拨物流

海尔通过三个JIT,即JIT采购、JIT材料配送和JIT分拨物流来实现同步流程。通过海尔的BBP采购平台,所有的供货商均在网上接受订单,并通过网上查询计划与库存,及时补货,实现JIT采购;货物入库后,物流部门可根据次日的生产计划利用ERP信息

系统进行配料，同时根据看板管理 4 小时送料到工位，实现 JIT 配送；生产部门按照 B2B、B2C 订单的需求完成订单以后，满足用户个性化需求的定制产品通过海尔全球配送中心送到用户手中。

4. 与供应商建立战略合作关系

海尔变传统的买卖关系为战略合作伙伴关系，从采购管理向资源管理转变，与供应商实现公平、互动、双底的战略合作伙伴关系。对外实施日付款制度，保证对供应商付款及时率为 100%，加快了整条供应链的实物流与资金流的速度。实施并行工程由国际化供应商参与设计与开发。不但保证了海尔产品技术的领先性，增强了产品的技术含量，同时开发的速度也大大加快。

此外，海尔因与供应商建立了双点的战略合作伙伴关系，很快地推动了寄售模式的广泛应用。寄售模式一方面减少了供应商租赁、装卸与运输的费用，降低了自身的物流成本；另一方面避免了海尔由于原材料的供应不足而导致的停产，从而节约了库存管理的人力、物力和时间。

三、客户关系管理方面

海尔 CRM 管理系统围绕一个中心，面向两类用户，提供两种服务。一个中心是以订单信息流为中心，可实现客户对订单的下达、审核、跟踪的全过程服务；两类用户分别是外部客户用户和内部业务人员用户；三种服务分别是面向外部客户的网上财务对账、费用查询等在线服务，面向外部客户的管理咨询、客户投诉及面向内部业务人员的库存查询、日期查询、客户进销存查询、商业智能分析等在线系统服务，和企业文化、产品推介、促销活动等网上信息服务。海尔业务流程再造的目标是实现顾客满意度的最大化，而海尔 CRM 管理系统通过搭建与客户之间的统一高效的平台向客户提供更加个性化、专业化的服务。

资料来源：海尔的企业信息化经验．百度文库．

思考：

1. 海尔的企业信息化经验对企业管理者有什么启示？
2. 结合以上案例，谈谈企业信息化建设与企业核心竞争力的提升之间的关系。

拓展阅读

Bruegger's 面包圈店

Bruegger's 面包圈店制造和出售各种面包圈，有无馅的、加洋葱的、加栗子和加提子的。此外，它还制作并出售多种风味的奶油干酪。面包圈是该店的主要经济来源。烤面包业是一个具备 30 亿美元市场的行业。面包圈的顾客群体很庞大，不仅因为它的脂肪含量较低，也因为它能填饱肚子，味道也不错！投资者喜欢这个行业是因为预期利润率很高：做一个面包圈成本只要 0.10 美元，但是售价却至少可以到 0.50 美元。尽管近年来也有面包圈店由于经营不善发展得不好，Bruegger's 的生意却一直很兴旺，已雄居全国第一，其连锁店多达 450 家，出售面包圈、咖啡以及三明治成品与半成品。Bruegger's 的许多连锁店通常都能达到年均 80 万美元的销售额。

面包圈的生产方式是根据风味进行批量生产，每种风味只制作一天的需要量。Bruegger's 的面包圈的生产都始于同一个加工车间，在那里，面粉、水、酵母、调味品等基本成分都在一台特制的搅拌设备中充分搅拌。生面完全和好后，在送往另外一台机器成型，出来的就是一只只单个的面包圈。面包圈成型后就被送上冷藏车运往各个分支商店，一抵达商店，就马上卸下并储备。最后的两个加工步骤是将面包圈在一壶煮沸的水和麦芽中煮一分钟，以及在火炉中焙烤15分钟。

对成功企业来说，质量是一个很重要的方面。顾客主要是依据其外貌（大小、形状与光泽）、味道和软硬度判断面包圈质量。此外，顾客对购买过程中体会到的服务也很敏感。Bruegger's对运作过程各阶段的质量都投入了大量精力，从选购原料、监控搅拌过程、使设备处于良好的运作状态，一直到监控加工过程各步骤的输出。各商店员工都被告知，要密切注意观察已变形的面包圈，一旦发现就将它们剔除出去（变了形的面包圈被送回主车间，再次将它们切片、包装，然后仍然送回商店出售，如此一来，残次品便可大大降低）。各商店的雇员都是经过精挑细选和严格培训才上岗的，因此这些人完全有能力胜任店内的关键设备的操作，以及向顾客提供高水平的服务。

在公司的运作过程中，车间内的原材料与面包圈半成品库存很少，商店里的面包圈库存也极少，原因之一是为保持产成品的绝对新鲜，需要持续不断地向商店供应新鲜产品；原因之二则是降低成本，库存最小意味着所需存储空间也较少。

参 考 文 献

[1] 王利平. 现代企业管理基础[M]. 北京：中国人民大学出版社. 1994.
[2] 徐汉文. 现代企业管理概论[M]. 大连：东北财经大学出版社. 2005.
[3] 曾琢. 现代企业管理[M]. 北京：科学出版社. 2008.
[4] 金占明. 企业管理学[M]. 北京：清华大学出版社. 2010.
[5] 孙金霞. 现代企业经营管理[M]. 北京：高等教育出版社. 2010.
[6] 刘善敏. 人力资源开发与管理[M]. 北京：科学出版社. 2008.
[7] 钟新桥. 现代企业财务管理[M]. 武汉：武汉理工大学出版社. 2008.
[8] 周建忠. 现代企业生产与运作管理[M]. 北京：科学出版社. 2011.
[9] 韩国立. 现代工业企业管理[M]. 北京：邮电大学出版社. 2012.
[10] 葛楚华. 现代企业管理[M]. 北京：机械工业出版社. 2012.
[11] 杜玉梅. 企业管理[M]. 3版. 上海：上海财经大学出版社. 2012.
[12] 闫彦. 企业管理[M]. 7版. 北京：清华大学出版社. 2010.
[13] [美]库珀. 企业管理研究方法[M]. 北京：中国人民大学出版社. 2013.
[14] [美]卢森斯. 国际企业管理：文化、战略与行为[M]. 北京：机械工业出版社. 2015.
[15] 刘芳. 企业管理[M]. 北京：机械工业出版社. 2014.